화엄경청량소
華嚴經淸凉䟽

화엄경청량소

제22권

제6 타화자재천궁법회 ⑦

[제26 십지품 · 정종분 ⑯ - ⑱, 유통분 ⑲]

제9. 선혜지 - 제10. 법운지

청량징관 저

석반산 역주

담앤북스

일러두기

1. 본 화엄경소초의 번역에 사용된 원본은 봉은사에 소장된 목판 80권 『화엄경소초회본』이다.

2. 교정본은 민국(民國) 31년(1942) 대만의 화엄소초편인회(華嚴疏鈔編印會)에서 합본으로 교간(校刊)한 『화엄경소초 10권』을 사용하였다. 그리고 원본현토는 화엄학 연구소의 원조각성 강백의 현토본을 참고하였다.

3. 대장경 속에 경전과 합본으로 수록된 것은 없고, 다만 大正大藏經 권35에 『화엄경소 60권』이 있으며 권36에 『화엄경수소연의초(華嚴經隨疏演義鈔) 90권』이 있지만 경의 본문과의 손쉬운 대조를 위해 회본(會本)을 기본으로 하였으며, 일일이 찾아서 대장경과 대조하지는 못하였다.

4. 교재본이라 한 것은 민족사에서 1997년에 발간한 『현토과목 화엄경』(전 4권)을 지칭하며, 원문 인용은 이 본을 기본으로 하였다.

5. 본『청량소』전권에서는 소(疏)의 전문을 해석하였고, 초문(鈔文)은 너무 번다하고 중복되는 부분을 필자가 임의로 생략하였다.

6. 본문의 이해를 돕기 위하여 도표로 작성한 것은 전강 스승이신 봉선사 능엄학림의 월운강백께 허락을 얻어『화엄경과도(華嚴經科圖)』를 준용(準用)한 것이다.

7. 목차(目次)는『화엄경소초』의 과목을 사용하였고『화엄경과도』를 준용하였다. 과목에 이어지는 ( ) 안에는 간편한 대조를 위하여 목판본의 페이지를 표시하였다. 예) 一. 一) (一) 1 1) (1) 가. 가) (가) ㄱ. ㄱ) (ㄱ) a. a) (a) ㊀ ① ㉮ ㉠ ⓐ ㉯ ㊊ Ⓐ ㊀ ① ㉮ ㉠ ⓐ Ⓐ ㊀ ① ㉮ ㉠ ⓐ Ⓐ

8. 목차는 되도록 현대적 번역어로 제목을 삼으려 하였고, 제목에 이어 표기된 아라비아 숫자는 문단의 개수이다.

9. 경과 소문(疏文)은 조금 띄워서 차별화하였고 소문(疏文) 앞에는 ■ 표시를, 초문(鈔文) 앞에는 ● 로 표시하여 번역문을 수록하였다. ❖ 표시는 역자의 견해를 밝힌 부분이다.

10. 경구(經句)의 번역문은 한글대장경과 민족사 간(刊)『화엄경 전10권』을 참고하였고, 소(疏) 문장의 번역은 직역을 원칙으로 하였고, 인용문은 주로 한글대장경의 번역을 따르고자 노력하였다.

11. 본 청량소 번역에 참고한 주요 도서는 다음과 같다.
   (1) 한글대장경『화엄경1, 2, 3』『보살본업경』『대승입능가경』『대반열반경』『보살영락경』; 동국역경원 刊
   (2) 한글대장경『성유식론』『십지경론』『아비달마잡집론』『유가사지론』『대지도론』『섭대승론』『섭대승론석』『대승기신론소별기』『현양성교론』『신화엄경론』; 동국역경원 刊
   (3)『대정신수대장경』; 大正一切經刊行會 刊

(4) 현토과목『화엄경』; 민족사 刊

(5) 『망월대사전』; 세계성전간행협회 刊,『불교학대사전』; 홍법원 刊,『중국불교인명사전』; 明復 編,『인도불교고유명사사전』; 法藏館 刊

(6) 『신완역 주역』; 명문당 刊,『장자』; 신원문화사 刊,『노자도덕경』; 교림 刊,『논어』; 전통문화연구회 編

12. 주)의 교정본 양식

   (1) 소초회본; 대만교정본[華嚴疏鈔編印會]

   (2) 宋元明淸南續金纂本 등; 소초회본의 출전 소개 양식

『화엄경청량소』 제22권 차례

大方廣佛華嚴經疏鈔 제38권의 ② 夜字卷 上
제26. 십지법문을 설하는 품[十地品] ⑯

　　제9절. 훌륭한 지혜의 지 7. ··16
　　1. 오게 된 뜻 ···17
　　2. 명칭 해석··17
　　3. 장애를 단절하다 ··20
　　4. 진여를 증득하다 ··24
　　5. 행법을 성취하다··25
　　6. 과덕을 얻다··26
　　7. 경문 해석 3. ···26
　　1) 찬탄하며 청법하는 부분 ··26
　　2) 바로 설법하는 부분 2. ···34
　　　가. 제9지의 행상 4. ···36
　　　가) 법사의 방편을 성취하다 3. ··36
　　　나) 지혜를 성취하다 2. ··43
　　　다) 행법에 들어감을 성취하다 3. ······································54
　　　ㄱ. 총합하여 가름의 문을 표방하다 ································55
　　　ㄴ. 가름에 의지하여 자세하게 해석하다 9. ·····················67
　　　　(ㄱ) 마음의 조림 67　　　(ㄴ) 번뇌의 조림 79
　　　　(ㄷ) 업의 조림 96　　　　(ㄹ) 근기의 조림 124
　　　　(ㅁ) 세 가지 조림과 유례하다 137　(ㅂ) 따라 잠들게 하는 조림 138
　　　　(ㅅ) 태어남의 조림 155　(ㅇ) 습기의 조림 164

(a) 행하고 행하지 않는 차별·····························173
(b) 갈래를 따라 익힌 습기······························174
(c) 중생의 행을 따라 익힌 습기························177
(d) 업과 번뇌를 따라 익힌 습기························179
(e) 착하고 착하지 않은 무기로 익힌 습기················181
(f) 뒷세상의 존재를 따라 익힌 습기·····················181
(g) 차례로 익힌 습기···································183
(h) 끊임없이 번뇌로 익힌 습기··························184
(i) 진실하고 진실하지 않은 것으로 익힌 습기············185
(j) 교법을 보고 들으며 익힌 습기······················187
(ㅈ) 삼정취의 조림···································189

大方廣佛華嚴經疏鈔 제38권의 ③ 夜字卷 下
제26. 십지법문을 설하는 품[十地品] ⑰

ㄷ. 안주함으로 총합하여 결론하다······················196
라) 설법을 성취하다 3. ·······························196
(ㄱ) 지혜를 성취하다 199   (ㄴ) 구업을 성취하다 211
a) 설법의 자질을 구비하다·····························212
b) 구업 성취에 대해 바로 밝히다 2. ····················226
① 경문에 앞서 의미를 말하다··························236
② 경문에 의지해 바로 해석하다 10. ··················238
㉮ 자체적 모양에 의지하다····························238
㉯ 동일한 모양에 의지하다····························245
㉰ 행법의 모양에 의지하다····························248

㉗ 설하는 모양에 의지하다 ························· 251
㉘ 지혜로운 모양에 의지하다 ························· 253
㉙ 아만이 없는 모양에 의지하다 ························· 267
㉚ 대소승의 모양에 의지하다 ························· 272
㉛ 보살지의 모양에 의지하다 ························· 277
㉜ 여래지의 모양에 의지하다 ························· 281
㉝ 주지하는 모양에 의지하다 ························· 284
(ㄷ) 법사의 자재함을 성취하다 ························· 289
(a) 총지를 성취하다 291   (b) 설법을 성취하다 295
(c) 문답으로 성취하다 298   (d) 받아 지님을 성취하다 299
나. 제9지의 과덕 3. ························· 300
가) 조화롭고 부드러운 결과 300   나) 보답으로 거둔 결과 303
다) 서원과 지혜의 결과 304
3) 거듭 노래하는 부분 3. ························· 305
가) 제9지의 행상을 노래하다 ························· 305
나) 제9지의 과덕을 노래하다 ························· 313
다) 결론하여 설함을 노래하다 ························· 315

大方廣佛華嚴經疏鈔 제39권의 ① 光字卷 上
제26. 십지법문을 설하는 품[十地品] ⑱

제10절. 법의 구름 같은 지 7. ························· 318
1) 오게 된 뜻 319   2) 명칭 해석 321
3) 장애를 단절하다 333   4) 진여를 증득하다 335

5) 행법을 성취하다 335　　　　6) 과덕을 얻다 335

7) 경문 해석 2. 336

가. 찬탄하며 청법하는 부분 ···336

나. 바로 설법하는 부분 ··344

(가) 제10지의 행상을 밝히다 6. ··348

ㄱ. 방편으로 지은 것이 십지를 만족하는 부분··················348

ㄴ. 삼매를 얻는 부분 8. ··353

㊀ 비밀에 들어감에 때가 없다 ···356

㊁ 가까움에 때가 없다 ···356

㊂ 방광함이 때가 없다 ···356

㊃ 다라니가 때가 없다 ···357

㊄ 신통력 일으킴이 때가 없다 ···357

㊅ 불국토를 깨끗이 함에 때가 없다 ···································357

㊆ 중생을 교화함에 때가 없다 ···358

㊇ 바른 깨달음이 때가 없다 ···358

ㄷ. 직책을 받는 지위를 얻는 부분 6. ·································361

a) 어떤 자리에 따르는가 363　　　b) 어떤 몸을 따르는가 367

c) 어떤 권속을 따르는가 367　　　d) 어떤 모양을 따르는가 367

e) 어떤 광명 나온 장소를 따르는가 368

f) 지위를 얻다 379

ㄹ. 크게 다함에 들어가는 부분 3. ······································388

a. 지혜가 광대하다 7. ···391

① 모은 지혜가 광대하다 ··392

② 응하여 변화하는 지혜가 광대하다 ································400

③ 가지하는 지혜가 광대하다 ··403

④ 미세함에 들어가는 지혜가 광대하다 ····························406

⑤ 비밀한 곳에 들어가는 지혜가 광대하다 …………………………408
⑥ 겁에 들어가는 지혜가 광대하다………………………………411
⑦ 갈래에 들어가는 지혜가 광대하다……………………………413
b. 해탈이 광대하다……………………………………………………418
c. 나머지 세 가지가 광대하다…………………………………………421
ㅁ. 명칭을 해석하는 부분……………………………………………422
ㅂ. 신통력이 최고이거나 최고가 아닌 부분………………………435
a. 바로 신통을 밝히다 ………………………………………………436
b. 의심을 끊고 뛰어남을 드러내다 2. ……………………………444
(a) 신통력으로 의심을 끊다 …………………………………………444
㈠ 신통력이 최고임을 밝히다 ………………………………………445
㈡ 신통력이 최고가 아니다……………………………………………451
(b) 법문을 설하여 의심을 끊다 4. ……………………………………455
① 조화롭고 부드러운 결과 3. 456 ② 보답으로 거둔 결과 463
③ 서원과 지혜의 결과 464

大方廣佛華嚴經疏鈔 제39권의 ② 光字卷 下
제26. 십지법문을 설하는 품[十地品] ⑲

(八) 십지가 영상처럼 비치는 부분 4. ………………………………466
1. 연못으로 수행 공덕에 비유하다………………………………477
2. 산으로 뛰어난 공덕에 비유하다………………………………480
3. 바다로 큰 과덕의 공덕에 비유하다……………………………497
4. 마니 구슬로 견고한 공덕에 비유하다…………………………503
제3장. 십지품의 유통분……………………………………………508

(九) 십지의 이익에 관한 부분·····················508
1. 법의 이익을 드러내다 2. ·····················509
1) 믿음을 내는 공덕 2. ·····················509
(1) 이익을 말하여 믿음을 내게 하다·····················509
(2) 대지가 진동하니 믿음이 생겨나다·····················513
2) 공양하는 공덕·····················515
2. 결론하고 시방과 통하다·····················515
3. 다른 방소에서 와서 증명하다·····················515
(十) 십지를 거듭 노래하는 부분 3. ·····················516
1) 듣기를 권함에 대해 총합하여 찬탄하다·····················519
2) 여러 지를 바로 밝히다 8. ·····················520
(1) 방편으로 만족하는 부분을 노래하다·····················520
(2) 삼매를 얻은 부분을 노래하다·····················525
(3) 직위를 받는 부분을 노래하다·····················525
(4) 크게 다함에 들어가는 부분을 노래하다·····················527
(5) 명칭을 해석하는 부분을 노래하다·····················529
(6) 신통력이 최고이거나 아닌 부분을 노래하다·····················530
(7) 제10지의 결과 부분을 노래하다·····················531
(8) 제10지의 영상인 부분을 노래하다 3. ·····················532
가. 산의 비유를 노래하다·····················532
나. 바다의 비유를 노래하다·····················534
다. 마니주의 비유를 노래하다·····················534
3) 설함이 끝없음으로 결론함을 노래하다·····················535

십지품 작업을 마무리하면서·····················538

大方廣佛華嚴經 제38권
大方廣佛華嚴經疏鈔 제38권의 ② 夜字卷 上
제26 十地品 ⑯

정종분 Ⅸ 제9. 선혜지(善慧地)

제9 선혜지는 미묘한 네 가지 걸림 없는 지혜[四無礙智 혹은 四無礙辯]를 성취하여, 능히 시방에 두루 해서 법을 잘 말하기 때문입니다. 선혜지는 설법자재(說法自在)를 이룩한 대법사의 지위에 해당합니다. 이런 대법사의 지위를 성취하기 위해서는 먼저 갖가지 번뇌의 빽빽한 숲[稠林]을 제거하여야 함을 말하고 있습니다.

"이 보살이 이러한 지혜로써 중생들 마음의 빽빽한 숲[稠林]과 번뇌의 빽빽한 숲과 업의 빽빽한 숲과 근기의 빽빽한 숲과 지혜의 빽빽한 숲과 근성의 빽빽한 숲과 욕망의 빽빽한 숲과 따라다니며 자게 하는[隨眠] 빽빽한 숲과 태어나는 빽빽한 숲과 버릇[習氣]이 계속하는 빽빽한 숲과 세 종류 차별의 빽빽한 숲을 사실대로 아느니라.

그지없는 번뇌와 함께 있으며	煩惱無邊恒共伴과
자고 일어남이 한뜻이고 갈래가 계속	眠起一義續諸趣와
업의 성질 가지가지 차별한 것과	業性種種各差別과
인이 가고 과가 모임 모두 다 알고,	因壞果集皆能了로다"

大方廣佛華嚴經疏鈔 제38권의 ② 夜字卷 上

제26 십지법문을 설하는 품[十地品] ⑯

제9절 훌륭한 지혜의 지[善慧地] 7.

❖ 제6회 십지품 제9 善慧地 (科圖 26-84; 夜字卷 上)

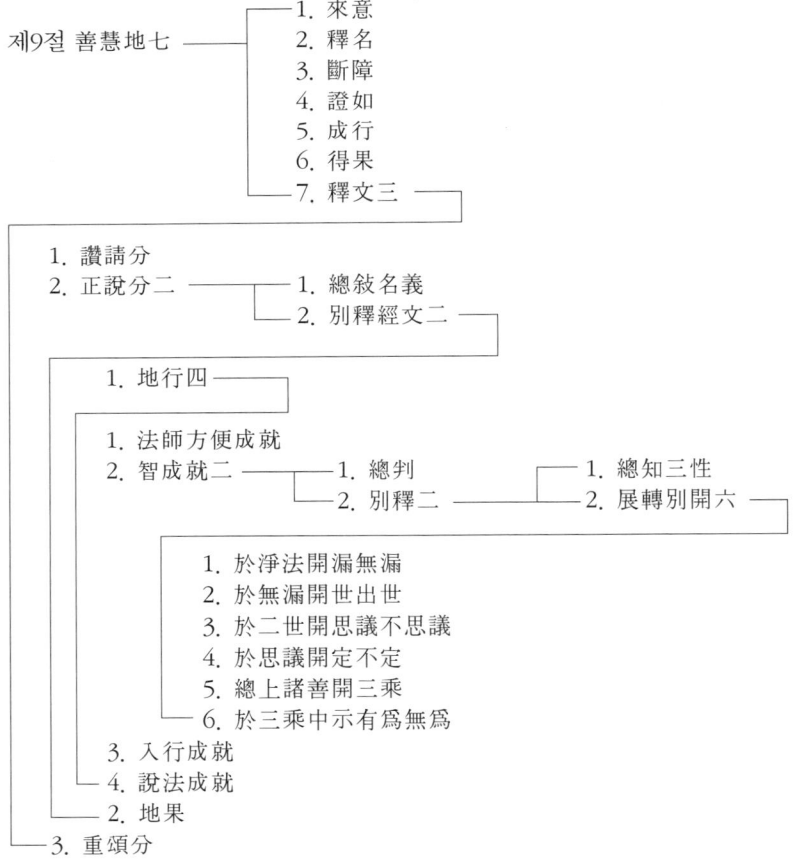

1. 오게 된 뜻[來意] (第九 1上5)

[疏] 第九, 善慧地라 所以來者는 瑜伽에 意云, 前雖於無相住中에 捨離功用하며 亦能於相에 自在나 而未能於異名衆相訓辭差別과 一切品類宣說法中에 得大自在하니 爲令此分으로 得圓滿故라하니 次有此來니라

■ 제9절 훌륭한 지혜의 지(地)이다. 1. 오게 된 뜻은 『유가사지론』의 의미로 말하면, "앞은 비록 모양 없이 머무는 가운데 공용을 여의었으며 또한 능히 모양에 자재하긴 하지만 아직 능히 다른 명칭의 여러 모양과 언사의 차이와 모든 품류로 법을 연설하는 중에 크게 자재함을 얻지는 못하였으니, 이런 부분적인 것으로 하여금 원만함을 얻게 하려고"라고 하였다. 그래서 다음으로 여기에 오게 된 것이다.

2. 명칭 해석[釋名] (言善 1上9)

[疏] 言善慧者는 攝大乘에 云, 由得最勝無礙智故라하니 無性이 釋云호대 謂得最勝四無礙解니 無礙解智가 於諸智中에 最爲殊勝이라 智卽是慧니 故名善慧라하나니 卽下文中의 十種四無礙가 是也니라 莊嚴論에 云, 於九地中에 四無礙慧가 最爲殊勝이니 云何勝耶아 於一刹那에 三千世界의 所有人天異類·異音·異義[1]問을 此菩薩이 能以一音으로 普答衆問하야 徧斷衆疑故라하니 此同下文이니라 金光明에 云, 說法自在하야 無患累故며 增長智慧하야 自在無礙者는 此는 兼顯離障名勝이라 深密도 意亦同此하며 瑜伽住品과 十住論과 成唯識等이

---

[1] 義下에 論有異字.

文辭小異나 義旨無殊라 仁王에 名爲慧光者는 言兼法喩오 智論에 名善相은 從所了得名이니 能所雖殊나 皆明說法之慧니라

■ '훌륭한 지혜'라 말한 것은 『섭대승론』에 이르되, "가장 훌륭하고 걸림 없는 지혜를 얻음으로 인한 까닭이다"라고 하였다. 무성(無性)보살이 해석하되, "이를테면 가장 훌륭한 네 가지 걸림 없는 이해를 얻었으니 걸림 없이 아는 지혜가 모든 지혜 가운데 가장 뛰어남이 된다." 지(智)가 곧 혜(慧)이므로 '훌륭한 지혜'라고 이름하였으니 곧 아래 경문의 열 종류의 네 가지 걸림 없음이 그것이다. 『대승장엄론(大乘莊嚴論)』에서는, "제9지 중에는 네 가지 걸림 없는 지혜가 가장 뛰어나나니 어떻게 뛰어난가? 한 찰나 사이에 삼천대천세계에 사는 인간과 천상의 종류가 다르고 음성이 다르고 의미가 다른 질문을, 이 보살이 능히 한 가지 음성으로 널리 여러 질문에 대답하여 두루 여러 가지 의문을 단절하기 때문이다"라고 하였으니, 이것은 아래 문장과 같다. 『금광명경(金光明經)』에서는, "설법에 자재하여 병통이나 번뇌가 없는 까닭이며, 지혜를 증장하여 자재롭고 걸림이 없다"고 말한 것은 장애를 여의었으므로 뛰어나다고 지칭한 것을 겸하여 밝힌 내용이다. 『해심밀경』에도 의미는 역시 이것과 같으며, 『유가사지론』의 주품(住品)과 『십주비바사론(十住毘婆沙論)』, 『성유식론』 등에서 문장이나 언사가 조금 다르긴 하지만 의미는 다름이 없다. 『인왕경』에 '지혜 광명의 지[慧光地]'라 이름한 것은 말 속에 법과 비유를 겸하였고, 『대지도론』에 '좋은 모양의 지[善相地]'라고 이름한 것은 깨달은 것으로부터 얻은 명칭이니 주체와 대상은 비록 다르지만 모두 법문을 설하는 지혜인 것은 분명하다.

[鈔] 言善慧下는 二, 釋名이라 總有九釋하니 一, 攝論은 當第七論이라 從卽下文下는 疏會經이라 二, 莊嚴論은 卽第十三이니 頌에 云, 四辯智力으로 巧2)善說3)稱善慧라하니라 今疏는 卽是彼論의 長行이니라 此同下文은 卽疏會經이니라 三, 金光明은 卽第三卷이오 從此兼下는 疏會釋이라 四, 深密4)意者는 卽第四卷이니 經에 云, 獲得廣大無礙智慧라하니라 五, 瑜伽住品은 卽四十八論이라 上文來意가 亦同此卷이니 論에 云, 由此地中에 一切有情을 利益安樂인 意樂淸淨하야 逮得菩薩無礙解慧라 由此하야 善能宣說正法일새 是故로 此地를 名爲善慧라하니라 六, 十住論은 亦當第一이니 論에 云, 其慧轉明하야 調柔增上故라하니라 七, 成唯識은 亦當第九니 論에 云, 成就微妙四無礙解하야 能徧十方하야 善說法故라하니라 從文辭下는 會上三論이라 八, 仁王下는 亦卽下卷이라 九, 智論은 可知로다

- 2. 言善慧 아래는 명칭 해석이다. 총합하면 아홉 가지 해석이 있으니 1) 『섭대승론』은 제7권에 해당한다. 卽下文부터 아래는 소가가 경문과 회통한 내용이다. 2) 『대승장엄론』은 제13권이니 게송으로 이르되, "네 가지 변재의 지력으로 교묘하게 훌륭한 지혜와 걸맞게 잘 연설한다"고 하였다. 지금의 소문은 곧 저 장엄론의 장항이다. '이것이 아래 문장과 같다'는 것은 곧 소가가 경문과 회통한 내용이다. 3) 『금광명경』은 제3권이요, 此兼부터 아래는 소가가 회통하여 해석한 내용이다. 4) 『해심밀경』의 의미란 곧 제4권에 해당한다. 경문에서 이르되, "광대하고 걸림 없는 지혜를 획득한다"고 하였다. 5) 『유가사지론』의 주품(住品)은 곧 제48권을 가리킨다. 위의 오게 된 뜻도 이 권

---

2) 巧는 甲南續金本作善.
3) 善說은 論作說善, 甲南續金本作巧說.
4) 密下에 南續金本有經字.

수와 같나니 논에 이르되, "이 지(地)에서 모든 중생을 이익되고 안락하게 하는 의요(意樂)가 청정함으로 인해 보살의 걸림 없이 아는 지혜를 얻기에 이른다. 이로 말미암아 능히 바른 불법을 잘 선설(宣說)하게 되므로 이 제9지를 훌륭한 지혜의 지라 이름한다"고 하였다. 6) 『십주론』은 역시 제1권이니 논에, "그 지혜가 더욱 밝아져서 조화롭고 부드러움이 더욱 나아지는 까닭이다"라고 하였다. 7) 『성유식론』도 제9권에 해당하나니 논에 말하였다. "미묘한 네 가지 걸림 없이 아는 지혜를 성취하여 능히 시방에 두루 하도록 법을 잘 연설하는 까닭이다." 文辭부터 아래는 위의 세 가지 논문을 회통한 내용이다. 8) 仁王 아래는 역시 하(下)권을 가리킨다. 9) 『대지도론』은 알 수 있으리라.

3. 장애를 단절하다[斷障] (故所 2下2)

[疏] 故所離障이 離利他中의 不欲行障이니 有四辯故라 四無礙障가 分成二愚니 前三은 爲一이니 名於無量所說法無量名句字後後慧辯陀羅尼自在愚라 謂所說法은 是義오 名句字는 是法이오 後後慧辯은 是辭오 陀羅尼自在愚는 通於上三이라 二, 辯才自在愚는 卽愚第四無礙니라

- 그러므로 여읠 대상인 이타행(利他行) 중에 실천하지 않으려는 장애를 여의나니 네 가지 변재가 있는 까닭이다. 네 가지 걸림 없는 지혜의 장애가 나누면 두 가지 어리석음이 되나니 앞의 셋은 하나로 삼았다. (1) '설해진 많은 법문과 수많은 명칭·문구·글자와 세 번째[後後]인 지혜로운 언사를 모두 지녀서[陀羅尼] 자재한 데 대한 어리석음'이라

칭한다. 말하자면 설해진 많은 법문은 뜻의 무애[義無礙解]요, 수많은 명칭·문구·글자는 법의 무애[法無礙解]요, 세 번째인 지혜로운 변재는 언사의 무애[辭無礙解]에 해당하고, '모두 지녀서 자재한 데 대한 어리석음'이란 위의 셋에 다 통하는 말이다. (2) 변재가 자재한 데 대한 어리석음이니, 곧 위의 넷째 변재에 무애한 지해[辯無礙解]에 대한 어리석음을 말한다.

[鈔] 故所離下는 第三, 離障이라 亦唯識文이니 具云하면 九, 利他中에 不欲行障이니 謂所知障中에 俱生一分이라 令於利樂有情事中에 不欲勤行하고 樂修己利하니 彼障九地四無礙解라 入九地時에 便能永斷이라 由斯九地에 說斷二愚와 及彼麤重이니 一, 於無量所說法無量名句字後後慧辯陀羅尼自在愚니(此는 總標也라 論에 自釋云호대) 於無量所說法陀羅尼自在者는 謂義無礙解니 即於所詮에 總持自在하야 於一義中에 現一切義故라(一也) 於無量名句字陀羅尼自在者는 謂法無礙解니 即於能詮에 總持自在하야 於一名句字中에 現一切名句字故라(二也) 於後後慧辯陀羅尼自在者는 謂辭無礙解니 即於言音展轉訓釋에 總持自在하야 於一音聲中에 現一切音聲故니라 二, 辯才自在愚니 辯才自在者는 謂辯無礙解니 善達機宜하야 巧爲說故라 愚能障此四種自在하니 皆是此中의 第九障攝이라하니라 釋曰, 此用이 能障四無礙解와 所知障種으로 以爲體性이니 以八地已上에는 六識中所知障이 無現行故라 金光明에 亦云호대 一은 說法無量과 名句味無量과 智慧分別無量5)에 不能持無明이오 二는 四無礙辯에 未得自在無明이라하니라 釋曰, 此則第二愚는 亦許通四나 但上은 能持

---

5) 上四字는 各本無, 據經及探玄記補.

오 此約能說이니 卽說上三耳니라 梁論에 云, 一은 無量正[6]說法과 無量名句味에 難答[7]巧言自在陀羅尼無明이오 二는 依[8]四無礙解決疑生解無明이라하니라 釋曰, 第二愚는 亦通四無礙解라 本論에는 名離不能利衆生障이라하니라 釋曰, 唯識에는 不欲이라하고 此論에는 不能이라하니 不能故로 不欲耳니라 疏但撮略하야 以對論文하니 廣狹을 可知오 互相映發하면 疏論이 俱易니라

● 3. 故所離 아래는 장애를 여읨이다. 또한 『성유식론』의 문장이니 구비하여 말한다면, "제9는 남을 이롭게 하는 행법 도중에 실천하려고 하지 않는 장애이다. 소지장(所知障) 중에서 선천적으로 일어나는 것의 일부분이, 중생을 이롭고 안락하게 하는 일을 부지런히 실천하려 하지 않고, 자신의 이익만을 즐겨서 닦게 하는 것이다. 그것은 제9지 중의 네 가지 걸림 없는 지혜[四無礙解]를 장애한다. 제9지에 들어갈 때에 문득 능히 영원히 단멸한다. 그러므로 제9지에서 "두 가지 어리석음과 그것의 추중(麤重)을 끊는다"고 말한다. (1) 설해진 많은 법문, 수많은 명칭·문구·글자, 세 번째[後後]인 지혜의 언사를 모두 지녀서[陀羅尼] 자재한 데 대한 어리석음이다."(이것은 총합적으로 표방함이다. 『유식론』에 스스로 해석하기를) '설해진 수많은 법문을 모두 지녀서 자재하다'는 것은, ① 온갖 교법의 이치에 걸림 없는 지혜[義無礙解]를 말한다. 곧 표현할 대상을 모두 지녀서 자재한 것이다. 하나의 의미에서 모든 의미를 나타내기 때문이다.(첫째이다) '수많은 명칭·문구·글자를 모두 지녀서 자재하다'는 것은, ② 온갖 교법에 통달한 지혜[法無礙解]를 말한다. 곧 능히 표현하는 것을 모두 지녀서 자재한 것이

---

6) 正은 各本作所, 據論及探玄記改正.
7) 答은 各本作善, 據論及探玄記改正.
8) 依는 各本作於, 據論及探玄記改正.

다. 하나의 명칭·문구·글자 중에서 모든 명칭·문구·글자를 나타내기 때문이다. (둘째이다) '세 번째 지혜의 언어를 모두 지녀서 자재하다'는 것은, ③ 모든 언사에 통달한 지혜[詞無礙解]를 말한다. 곧 음성이 전전하여 해석하고 명명하는 것을 모두 지녀서 자재함을 뜻한다. 하나의 음성 속에서 모든 음성을 나타내기 때문이다. (2) 변재가 자재한 데 대한 어리석음이니, ④ 변재에 걸림 없는 지혜[辯無礙解]를 말한다. 근기의 적절함을 잘 통달해서 훌륭하게 말하기 때문이다. 어리석음이 능히 이 네 가지 자재함을 장애하기 때문에 모두 이 중에서 제9의 장애에 포섭된다"고 하였다. 해석한다면, 이런 작용이 네 가지 걸림 없는 지혜를 장애하고 소지장의 종자로 체성을 삼는다. 제8지 이상에는 6식 중의 소지장이 현행하는 것은 없기 때문이다. 『금광명경』에서도, "하나는 설법이 한량없음과 명칭·문구의 의미가 한량없음과 지혜로 분별함이 한량없음에 능히 간직하지 못하는 무명이요, 둘은 네 가지 걸림 없는 변재에 자재함을 얻지 못한 무명이다"라고 하였다. 해석한다면 여기서 둘째 어리석음은 역시 위의 네 가지 걸림 없는 지혜에 통함을 허용하지만 단지 위[첫째 무명]는 간직하는 주체에만 의지한 분석이요, 이 둘째 무명은 설법하는 주체에 의지한 분석이니, 그래서 위의 세 가지라 말했을 뿐이다. 『양섭론(梁攝論)』에서는, "첫째는 한량없이 바르게 설한 법과 한량없이 많은 단어와 명칭·문구·글자로써 교묘한 언사로 다라니에 자재하게 대답할 수 없는 무명이다. 둘째는 네 가지 걸림 없는 지혜에 의해서 결정코 의심하는 것에 견해를 일으키는 무명이다"라고 하였다. 해석한다면 둘째, 어리석음도 또한 네 가지 걸림 없는 지혜에 통하며, 논경에는 "능히 중생을 이롭게 하지 못하는 장애를 여읜다"고 말하였다. 다시 해석한다면 『유식론』에는 '하려고 하지 않는다[不欲]'고 하였고, 이 논경에는 '할 수 없다[不能]'고 하였으니, 할 수 없으므로 하려 하지 않은 것일 뿐이다. 소에서는 단지 요약하여 논경과 대조하기만 하였으니 넓고 좁은 의미는 알 수 있을 것이며, 서로서로 비추어 보면 소와 논이 모두 쉽게 이해될 것이다.

4. 진여를 증득하다[證如] (故所 4上1)

[疏] 故所證眞如를 名智自在所依니 謂若證得此眞如已에 於無礙解에 得自在故니라

- 그러므로 증득할 대상인 진여를 '지혜로운 자재함의 의지처'라고 이름한다. 말하자면 만일 이 진여를 증득하고 나면 걸림 없는 지해에서 자재함을 얻게 되는 까닭이다.

[鈔] 故所證下는 四는 所證如니 亦唯識文이라 攝論에도 名同하니 無性이 釋云호대 謂此地中에 得無礙解所依止故로 分證得智波羅蜜多하야 於一切法에 不隨其言하고 善能了知諸意趣義하야 如實成就一切有情하고 受勝法樂이라하니라 釋曰, 無礙解[9]等은 釋自在義오 分證得 等은 釋於智義니라 中邊論에 云, 有四自在하니 一은 無分別自在오 (卽相自在) 二는 淨土自在오 三은 智自在오 四는 業自在라 法界가 爲此四種所依일새 名四自在所依[10]止義라 第八地는 唯能通達初二自在所依止義하고 後二는 如次하야 在後二地라하니라

- 4. 故所證 아래는 진여를 증득함이니 또한 유식론의 문장이다. 『섭

---

9) 解는 南續金本及探玄記作辯.
10) 上六字는 各本無, 據論及探玄記補.

대승론』에도 명칭이 같나니 무성(無性)보살은, "말하자면 이 제9지 중에 걸림 없는 지해의 의지처를 얻은 연고로 지혜바라밀을 부분적으로 증득해서 모든 법에서 그 말을 따르지 않고 능히 모든 의취(意趣)의 뜻을 잘 깨달아서 사실대로 모든 중생을 성숙하고 뛰어난 법의 즐거움을 받게 된다"고 해석하였다. 해석한다면 걸림 없는 지해 등이란 '자재'를 해석한 말이요, '부분적으로 증득한다'는 등은 '지혜'의 뜻을 해석한 말이다. 『중변론(中邊論)』에서는, "네 가지 자재함이 있으니 1) 분별이 없는 자재함이요(곧 형상의 자재함이다), 2) 정토에 자재함이요, 3) 지혜가 자재함이요, 4) 업에 자재함이다. 법계가 이런 네 가지의 의지처가 되기 때문에 네 가지 자재가 의지할 곳이라는 의미라 이름한다. 제8지는 오로지 1)과 2)의 자재함의 의지처의 뜻만 통달하고, 뒤의 둘은 차례대로 뒤의 제9지와 제10지에 두었다.

5. 행법을 성취하다[成行] (便成 4下1)

[疏] 便成善達法器自在說法行이니라
- 법의 그릇을 잘 통달하여 자재롭게 설법하는 행법을 문득 성취한다.

[鈔] 便成善達下는 第五, 成行이라 莊嚴論에 云,[11] 四辯이 自在하야 成熟

---

11) 인용문은 『大乘莊嚴論』 제13권 行住品 제23의 내용이다. 論云, "次說菩薩十一住相. 偈曰《證空證業果 住禪 住覺分 觀諦觀緣起 無相無功用 / 化力淨二門 及以菩提淨 以此諸所說 立地相應知》釋曰. 十一住者 卽十一地. 住者 名地故. 證空者 顯初住相. 多住人法二無我故. 證業果者 顯第二住相. 證業及果不壞能護戒故. 住禪者 顯第三住相. 能生欲界而不退禪故. 住覺分者 顯第四住相. 能入生死而不捨覺分故. 觀諦者 顯第五住相. 以明敎化惱唯惱心以我無故. 觀緣起者 顯第六住相. 能不起染心而依緣起受生故. 無相者 顯第七住相. 行雖功用而上參一道多住無相故. 無功用者 顯第八住相. 雖淨佛土而無起作多住無功用故. 化力者 顯第九住相. 四辯自在能成熟一切衆生故. 淨二門者 顯第十住相. 三昧門陀羅尼門極淸淨故. 淨菩提者 顯第十一住相. 一切智障斷究竟故. 已說菩薩十一住相."(대정장 권31 p.657 -)

衆生하며(卽此經의 自在說法이라) 無邊總持로 廣受法行이라하니라(卽此經의 善達法器니라)

- 5. 便成善達 아래는 행법을 성취함이다. 『대승장엄론(大乘莊嚴論)』에 이르되, "네 가지 변재가 자재함으로 중생을 성숙하며(곧 본경의 '자재롭게 설법함'을 가리킨다) 끝없는 총지다라니로 널리 법기의 행법을 받게 된다(곧 본경의 '법기를 잘 통달함'을 가리킨다)."

6. 과덕을 얻다[得果] (梁論 4下4)

[疏] 梁論에 云, 由通上眞如하야 得應身果라하며 金光明中에 得智藏三昧라하니 皆一義耳니라

- 『양섭론』에 이르되, "위의 진여에 통함으로 인해 응신의 과덕을 얻는다"고 하였으며, 『금광명경』에는 "지혜가 저장된 삼매를 얻는다"고 하였으니 모두 같은 의미일 뿐이다.

[鈔] 梁論云下는 第六, 得果니 初는 卽成熟衆生果오 後는 卽總持法義果니라

- 6. 梁論云 아래는 과덕을 증득함이니 1) 중생을 성숙하게 하는 과덕이요, 2) 법과 이치를 총지하는 과덕이다.

7. 경문 해석[釋文] 3.

1) 찬탄하며 청법하는 부분[讚請分] 3.
(1) 두 게송은 부처님이 모습을 나타내다[初二偈頌如來現相] (次正 5上1)

說此菩薩八地時에
震動十方諸國土하시니
보살이 제8지를 말씀할 적에
여래께서 큰 신통 나타내시어
시방의 모든 국토 진동하나니
한량없는 억천만 부사의하고

如來現大神通力하여
無量億數難思議로다

一切知見無上尊이
照耀彼諸無量土하여
일체를 알고 보는 부처님께서
몸으로 큰 광명을 널리 놓아서
한량없는 저 국토 밝게 비추며
중생들로 하여금 안락 얻게 해

其身普放大光明하사
悉使衆生獲安樂이로다

[疏] 次, 正釋文이라 三分之內에 初는 讚請이라 中에 有十三頌을 分三이니 初二는 如來現相이니 顯說無功用行과 無動之動에 難思議故로 特此現通12)이라

- 7. 경문 해석이다. 셋으로 나눈 중에 1) 찬탄하며 청법하는 부분이다. 그중에 13개의 게송을 셋으로 나누었으니 (1) 처음의 두 게송은 부처님이 모습을 나타냄이니, 공용 없는 행법과 동요 없이 움직임을 생각으로 헤아릴 수 없다고 드러내어 설하였으므로 특별히 신통을 나타낸 것이다.

---

12) 案初偈經文說此前에 麗本有第九地三字, 宋元明宮聖福淸合綱杭鼓纂續金本無.

(2) 열 게송은 개별로 찬탄함을 노래하다[次十偈別讚] 3.
가. 보살의 공양을 찬탄하다[初一偈頌菩薩供] (次十 5上6)

菩薩無量百千億이　　　俱時踊在虛空住하여
以過諸天上妙供으로　　供養說中最勝者로다
한량없는 백천억 저 보살들이
한꺼번에 허공에 솟아 있으며
하늘보다 더 좋은 공양거리로
가장 설법 잘하는 이에게 공양하도다.

[疏] 次十頌은 別讚이오 後一頌은 結請이라 別讚中에 亦三이니 初一은 菩薩供이오

■ (2) 다음의 열 게송은 개별로 찬탄함이요, (3) 뒤의 한 게송은 결론적으로 청법함이다. (2) 개별로 찬탄함 중에도 셋이니 가. 한 게송은 보살의 공양을 노래함이요,

나. 천왕의 공양을 찬탄하다[次一偈頌天王供] (次一 5上10)

大自在王自在天이　　　悉共同心喜無量하여
各以種種衆供具로　　　供養甚深功德海로다
대자재천왕들과 자재천왕이
같은 마음 한량없이 기뻐하면서
제각기 여러 가지 공양거리로
깊고 깊은 공덕 바다 공양하오며

[疏] 次一은 天王供이오
- 나. 한 게송은 천왕의 공양을 노래함이요,

다. 여덟 게송은 천녀들이 공양 올리며 찬탄하다[後八偈頌天女供讚] 2.
가) 공양을 노래하다[初一偈頌供] (後八 5下3)

復有天女千萬億이　　　　　身心歡喜悉充徧하여
各奏樂音無量種하여　　　　供養人中大導師로다
또다시 억천만 명 하늘 여인들
온몸에 기쁜 마음 가득하여서
한량없는 가지가지 풍류를 연주하여
천상 인간 대도사께 공양하더라.

[疏] 後八은 天女供讚이라 於中에 二니 初一은 供이오 餘七은 讚이라
- 다. 여덟 게송은 천녀들이 공양 올리며 찬탄함이다. 그중에 둘이니 가) 한 게송은 공양을 노래함이요, 나) 나머지 일곱 게송은 찬탄함을 노래함이다.

나) 일곱 게송은 찬탄함을 노래하다[後七偈頌讚] 2.
(가) 찬탄함을 표방하다[初一偈頌標讚] (讚中 5下6)

是時衆樂同時奏하니　　　　百千萬億無量別이라
悉以善逝威神力으로　　　　演出妙音而讚歎이로다
여러 종류 음악을 한꺼번에 연주하여

가지각색 곡조가 각각 다르나
모두 다 부처님의 위신력으로
묘한 음성 내어서 찬탄하는데

[疏] 讚中에 二니 初一은 標讚이오
■ 나) 찬탄함을 노래함 중에 둘이니 (가) 한 게송은 찬탄을 표방함이요,

(나) 여섯 게송은 언사로 밝히다[後六偈頌顯辭] 2.
ㄱ. 두 게송은 보살이 제8지와 설법주에 통함을 찬탄하다
[初二偈讚菩薩通於八地及說法主] (後六 6上1)

寂靜調柔無垢害하여　　隨所入地善修習하며
心如虛空詣十方하여　　廣說佛道悟群生이로다
고요하고 부드럽고 때 없는 이들
들어가는 지위 따라 닦아 익히니
마음이 허공같이 시방에 가서
부처님 법 말하여 중생 깨닫게

天上人間一切處에　　悉現無等妙莊嚴하니
以從如來功德生이라　　令其見者樂佛智로다
천상이나 인간에 가는 곳마다
독특하게 묘한 장엄 나타내시니
여래의 공덕으로 생겨나는 것
보는 이들 부처 지혜 즐겨 하도다.

[疏] 後六은 顯辭라 於中에 亦二니 初二는 讚菩薩이니 通於八地와 及說法主오
■ (나) 여섯 게송은 언사로 밝힘이다. 그중에 또한 둘이니 ㄱ. 두 게송은 보살이 제8지와 설법주를 통틀어 찬탄함이요,

ㄴ. 네 게송은 부처님과 보살이 삼륜으로 교화하는 이익을 함께 찬탄하다 [後四偈雙讚佛及菩薩三輪化益] 2.
ㄱ) 바로 해석하다[正釋] (後四 6下1)

不離一刹詣衆土가　　　　如月普現照世間하며
音聲心念悉皆滅하시되　　譬猶谷響無不應이로다
이 나라 떠나잖고 각국에 가니
한 달이 여러 세간 비추이듯이
음성이나 생각이 모두 없지만
골짜기에 메아리 울려 퍼지듯

若有衆生心下劣이면　　　爲彼演說聲聞行하고
若心明利樂辟支면　　　　則爲彼說中乘道하며
어떤 중생 생각이 용렬하거든
그에게는 성문법을 연설해 주고
마음이 총명하고 영리한 이에겐
벽지불의 도리를 말하여 주며

若有慈悲樂饒益이면　　　爲說菩薩所行事하고
若有最勝智慧心이면　　　則示如來無上法이로다

자비로 이익하기 좋아하거든
보살의 행할 일을 말하여 주고
가장 나은 지혜를 가진 이에겐
위없는 여래의 법 보여 주나니

譬如幻師作衆事에　　　種種形相皆非實인달하여
菩薩幻智亦如是하여　　雖現一切離有無로다
요술쟁이 여러 일을 지어내는데
가지각색 형상이 참이 아니듯
보살의 지혜들도 그와 같아서
모든 것 나투지만 있는 것 없어

[疏] 後四는 雙讚佛及菩薩의 三輪化益이라 此文에 云菩薩幻智라하고 後結에 云讚佛已라하니 故로 文中에 通讚八九地라 如月普現은 前地有故니 此法師位에 隨機說權實故라

■ ㄴ. 네 게송은 부처님과 보살이 삼륜(三輪)[13]으로 교화하는 이익을 함께 찬탄함이다. 이 경문에 '보살의 허깨비 같은 지혜'라 하였고, 뒤의 찬탄을 결론함에서 "부처님을 찬탄한 뒤에"라고 하였으니, 그러므로 경문에 제8지와 제9지를 통틀어 찬탄한 내용이다. '달빛이 널리 나타나듯이'란 앞의 제8지에 있었기 때문이니, 이 법사의 지위에 근기를 따라 방편과 실법을 말하기 때문이다.

[鈔] 如月普現者는 偈에 云, 譬如日月이 住虛空에 一切水中에 皆現影하

---

[13] 三輪은 부처님이 三業으로 三輪을 돌려 교화하는 방편을 삼나니, 神通輪(신업) 敎誡輪(구업) 記心輪(의업)을 말한다. (불교학대사전, 726쪽)

야 住於法界無所動이나 隨心現影도 亦復然이라하니라 從此法師下는 卽九地之德이니 下文에 廣具니라
- '달빛이 널리 나타나듯이'란 게송에 이르되, "비유하면 허공에 뜬 해나 달이 여러 곳 물 가운데 영상 비치듯 법계에 있는 보살 변동 없지만 마음 따라 나투는 영상도 그래"라고 하였다. 此法師부터 아래는 제9지의 공덕이니 아래 문장에 널리 구비되어 있다.

ㄴ) 총합하여 과목 나누다[總判] (文中 6下7)

[疏] 文中에 三이니 初一은 身無心而普應이오 次二는 口隨機而演說이오 後一은 喩結이니 心常契中이라 旣特云最勝智心示如來法이라하니 權實明矣로다 故로 瓔珞經中에 說十種善하나니 前九는 依三乘人하야 各成三乘이오 第十은 名佛乘種性이니 謂初聞佛法에 卽發佛心이라 唯觀如如하야 修佛智慧하고 終不爲悲願纏心하며 一向不起二乘作意라 第九는 爲悲願纏心일새 故로 此에 云慈悲樂饒益이라 明文若斯어니 云何不信이리오

■ 경문에 셋이니 (ㄱ) 처음 한 게송은 몸은 무심하게 널리 응함이요, (ㄴ) 두 게송은 입은 근기를 따라 연설함이요, (ㄷ) 뒤의 한 게송은 비유로 결론함이니 마음은 항상 중도에 계합함이다. 이미 특히 "가장 뛰어나고 지혜로운 마음으로 여래의 법을 보여 준다"고 하였으니 방편과 실법인 것이 분명하다. 그러므로 『보살영락경(菩薩瓔珞經)』에서 열 가지의 선근을 말하였으니, 앞의 아홉 가지는 삼승의 사람에 의지하여 각기 삼승을 이루고, 열 번째는 '일불승(一佛乘)의 종성'이라 이름한다. 말하자면 처음 불법을 듣고 바로 불심을 일으킨다는 뜻이

다. 오로지 여여(如如)를 관찰하여 부처님의 지혜만을 닦고 마침내 대비와 원력에 마음이 얽히지 않으며 한결같이 이승에 마음 쓰지 않는다. 아홉 번째는 대비와 원력에 얽힌 마음인 연고로 여기서 "자비로 이익하기 좋아한다"고 하였다. 분명한 지문이 이와 같은데 어떻게 믿지 않으리오.

(3) 결론하여 찬탄함을 노래하다[後一偈頌結讚] (經/如是 7上4)

如是美音千萬種으로 　　　　歌讚佛已黙然住어늘
解脫月言今衆淨하니 　　　　願說九地所行道하소서
이렇게 아름다운 여러 음성들
부처님 찬탄하고 잠잠했는데
이제 대중 청정하니 9지에 올라
행할 도를 말하소서, 해탈월의 말.

2) 바로 설법하는 부분[正說分] 2.

(1) 총합적으로 명칭의 뜻을 말하다[總敍名義] 3.
가. 총합하여 과목 나누다[總科] (第二 7上8)

[疏] 第二, 正說分이라 先은 明地行이라 文有四分하니 一은 法師方便成就니 謂此地에 能起辯才說法일새 名法師地이며 趣地行立일새 名方便故오 二는 智成就니 具能知法之智慧故오 三은 入行成就니 達所化器之心行故오 四는 說成就니 稱根正授故라

■ 2) 바로 설법하는 부분이다. 가) 제9지의 행상을 밝힘이다. 경문을 네 부분으로 나누면 ㄱ. 법사의 방편을 성취함이다. 말하자면 이 제9지에 변재로 설법함을 능히 일으키므로 '법사의 지위'라 칭하였고, 제9지의 행상을 향하여 건립하였으므로 방편의 지위라 이름하였다. ㄴ. 지혜를 성취함이니 구체적으로 법의 지혜를 능히 알기 때문이요, ㄷ. 행법에 들어감을 성취함이니 교화할 대상인 중생의 근기의 심행(心行)을 통달한 까닭이요, ㄹ. 설법을 성취함이니 근기에 걸맞게 바로 주는 까닭이다.

나. 세 마음과 회통하다[會三心] (四中)

[疏] 四中에 初一은 入心이오 餘皆住心이라 亦攝三位니 至下當知니라
■ 네 가지 중에 처음 하나[ㄱ. 法師方便成就]는 들어가는 마음이요, 나머지[ㄴ. 智成就, ㄷ. 入行成就, ㄹ. 說法成就]는 모두 머무는 마음이다. 또한 세 가지 지위를 포섭하나니 아래에 가서 알게 되리라.

다. 제9지의 행상을 구분하다[顯地別相] (然第)

[疏] 然第八地中에는 但淨佛土하야 敎化衆生하고 此地에는 辯才力故로 敎化衆生하야 成就一切相하니 能敎化故며 一切相者가 具上四分故라
■ 하지만 제8지 중에는 단지 불국토를 깨끗이 하여 중생을 교화하기만 하였고, 이 제9지에서는 변재의 힘으로 중생을 교화하여 모든 모양을 성취하는 것이니 능히 교화하기 때문이며, 모든 모습이란 위의 네 부분을 구비한 까닭이다.

[鈔] 第二, 正說文이라 三이니 一, 總科오 二, 四中初一下는 會三心이오 三, 然第八地中下는 顯地別相이니 此是論文이라 亦是通難이니 恐有難云호대 第八地中에 於三世間에 已得自在하야 普與衆生身心同事하며 復能多身多音으로 說法하야 利樂衆生이어늘 何以此地에 方名法師가 有說成等고할새 故爲此通이니라 從成就一切相下는 辨勝過劣이니라

- 나. 바로 설법하는 부분에 셋이니 (가) 총합하여 과목 나눔이요, (나) 四中初一 아래는 세 가지 마음으로 회통함이요, (다) 然第八地 아래는 제9지의 행상을 구분함이니 이는 논경의 문장이다. 또한 힐난에 대해 해명한 부분이니, 아마 어떤 이가 힐난하되, "제8지에서 세 가지 세간에서 자재를 얻고서 널리 중생의 몸과 마음과 함께 일하며, 다시 능히 여러 몸과 여러 음성으로 법문을 연설하여 중생을 이롭고 즐겁게 하는데, 어째서 이 제9지에서 '비로소 법사가 설법을 성취한다'는 등의 말이 있게 되었는가?"라고 하였으므로 이렇게 해명하였다. 成就一切相부터 아래는 뛰어난 것이 열등한 것보다 초과함을 구분한 내용이다.

(2) 경문을 개별로 해석하다[別釋經文] 2.
가. 제9지의 행상[地行] 4.

가) 법사의 방편을 성취하다[法師方便成就] 3.
(가) 앞을 따와서 뒤를 시작하다[牒前起後] (初分 8上1)

爾時에 金剛藏菩薩이 告解脫月菩薩言하시되 佛子여 菩

薩摩訶薩이 以如是無量智로 思量觀察하여
이때 금강장보살이 해탈월보살에게 말하였다. "불자여, 보살마하살이 이렇게 한량없는 지혜로 생각하며 관찰하고는,

[疏] 初分中에 三이니 初, 牒前起後니 前得二諦等智故오 次, 欲更下는 正顯方便이오 三, 得入下는 結行入地니라
- 가) 중에 셋이니 (가) 앞을 따와서 뒤를 시작함이니 앞의 제8지에 두 가지 진리 등의 지혜를 얻은 까닭이요, (나) 欲更 아래는 바로 방편을 밝힘이요, (다) 得入 아래는 행법을 결론하여 제9지에 들어감이다.

[鈔] 前得二諦等者는 二諦는 卽是淨土分中이오 等者는 等取諸佛의 勸起라 無量智慧로 思量觀察이 卽是思修라 若準論經云인대 無量智慧로 善思量智라하야늘 遠公이 云, 廣謂無量이오 深曰善思量이니 上에 佛勸與無量智가 卽是廣也오 淨忍이 卽是深智라하니라 然이나 不出二諦일새 故로 疏에 但以二諦로 等之니라
- 앞의 제8지에 두 가지 진리 등에서 두 가지 진리는 곧 정토의 부분에 있고, '등(等)'이란 말은 부처님이 권유하여 일으킴을 동등하게 취한 표현이다. 한량없는 지혜로 생각하여 헤아리고 관찰함이 곧 사혜(思慧)와 수혜(修慧)이다. 만일 논경에 준하여 말한다면 "한량없는 지혜로 훌륭하게 생각하고 헤아리는 지혜이다"라고 해야 한다. 혜원법사는 이르되 "넓은 것을 '한량없다'고 하였고, 깊은 것을 '훌륭하게 생각하고 헤아린다'고 하였다. 위에서 부처님이 한량없는 지혜를 권유하고 준 것이 곧 '넓다'는 의미이고, 청정한 법인이 곧 깊은 지혜이다"라

고 하였다. 하지만 두 가지 진리에서 벗어나지 않으므로 소에서 단지 두 가지 진리만으로 평등하게 말하였다.

(나) 바로 방편을 밝히다[正顯方便] 3.
ㄱ. 두 구절은 통틀어 2리행(二利行)을 밝히다[初二句通顯二利] (正顯 8下2)

欲更求轉勝寂滅解脫하며 復修習如來智慧하며 入如來秘密法하며 觀察不思議大智性하며 淨諸陀羅尼三昧門하며 具廣大神通하며 入差別世界하며 修力無畏不共法하며 隨諸佛轉法輪하며 不捨大悲本願力하여

다시 더 좋은 적멸한 해탈을 구하며, 또 여래의 지혜를 닦으며, 여래의 비밀한 법에 들어가며, 부사의한 큰 지혜의 성품을 관찰하며, 다라니와 삼매의 문을 깨끗이 하며, 광대한 신통을 갖추며, 차별한 세계에 들어가며, 힘과 두려움 없음과 함께하지 않는 법을 닦으며, 부처님들을 따라 법륜을 굴리며, 크게 가엾이 여기는 본래의 원력을 버리지 아니하려고

[疏] 正顯中에 文有十句하니 不離二利라 論에 云, 一一이 五와 三句로 示現者는 初句는 利他오 次句는 自利니 故云一一이라 次五는 利他오 後三은 自利니 故云五三이라 示現之言은 通上四段이니 初句는 依無色得解脫想可化衆生하야 利益他故니 化其하야 令得大般涅槃일새 故云轉勝이라 論主가 謂菩薩이 不求自滅일새 故作此釋이라 然이나 經에 旣云更求寂滅하니 何妨自求리오 以七八九地가 同得無生이라 八地는 得忍에 寂滅現前하야 依勸起修오 此求上品일새 名爲轉勝이

니 卽用而寂하야 眞解脫故라 若依此義인대 前二는 自利라 亦可十句가 俱通二利니 於理無失이어니와 且依論解라 二는 依未得究竟自利益故로 復修習如來智慧니라

■ (나) 바로 방편을 밝힘 중에 경문이 열 구절이니 2리행(二利行)을 여의지 않은 내용이다. 논경에서 '하나와 하나, 다섯 구절과 세 구절로 나타내 보인다'라고 한 것은 ㄱ. 첫 구절은 이타행(利他行)이요, 둘째 구절은 자리행(自利行)이므로 '하나와 하나'라고 했다. ㄴ. 다섯 구절은 이타행이요, ㄷ. 뒤의 세 구절은 자리행이므로 '다섯 구절과 세 구절'이라 하였다. '나타내 보인다'는 말은 위의 네 문단을 통틀어 말한 부분이다. 첫 구절은 무색계에서 해탈을 얻었다고 생각하는 중에 교화될 수 있는 중생에 의지하여 남을 이익하게 하는 까닭이니, 그들을 교화하여 대열반(大涅槃)을 얻게 하므로 '더욱 좋은[轉勝]'이라 하였다. 논주가 "보살이 자신의 적멸은 구하지 않으므로 이렇게 해석한다"고 말하였다. 그러나 경문에 이미 '다시 적멸을 구한다'고 하였으니 어째서 스스로 구함에 방해되리오! 제7지와 제8지와 제9지가 똑같이 무생인(無生忍)을 얻은 것이다. 제8지는 무생인을 얻을 적에 적멸이 앞에 나타나 부처님의 권유에 의지하여 수행을 시작한 내용이고, 이 제9지에서는 상품의 적멸을 구하는 내용이므로 '더욱 좋은'이라 하였다. 작용에 합치한 적멸이어서 진실한 해탈인 까닭이다. 만일 이런 이치에 의지한다면 앞의 두 구절은 자리행(自利行)이 될 것이다. 또 열 구절이 모두 2리행(二利行)에 통한다고 하여도 이치에 잘못이 없지만 우선은 논경의 해석에 의지한다. 둘째 구절은 아직 궁극적인 자리행(自利行)의 이익을 얻지 못하였으므로 "또 여래의 지혜를 닦는다"고 하였다.

[鈔] 初句利他者는 此依論主의 有兩對二利라 疏意에 更有二意하니 一은 爲三節이니 以合初二하야 爲自利故오 二者는 十句가 皆通二利라 然이나 遠公은 云, 自分所成으로 以用化人이오 勝進所成으론 未¹⁴⁾堪化人이니 業未熟故로 但可自利라하니라 疏意에 云, 更求勝進이어니 豈無利他아

● '첫 구절은 이타행(利他行)'이란 이것은 논주가 두 가지로 2리행(二利行)에 배대함에 의지한 해석이다. 소가의 주장에는 다시 두 가지 의미가 있으니 1) 세 문단으로 나누었다. 처음의 두 구절[——]을 합쳐서 자리행으로 삼은 까닭이요, 2) 열 구절이 모두 2리행(二利行)에 통하는 것으로 보는 견해이다. 그러나 혜원법사는 "자분(自分)을 성취한 결과로 인해 중생을 교화한 것이요, 승진(勝進)을 성취한 결과로는 중생을 교화하지 못하나니, (利他의) 업이 성숙되지 않은 까닭에 단지 자리행이라고만 해야 한다"고 하였다. 소가의 생각으로는 "다시 승진을 구하였는데 어찌 이타(利他)의 뜻이 없겠는가?"라고 하고 싶다.

ㄴ. 다섯 구절은 이타행(利他行)을 밝히다[次五句利他] (三依 9上7)

[疏] 三은 依根熟菩薩하야 化入如來秘密인 三密化益故오 四는 依邪念修行可化衆生하야 令觀察不思議智하야 得正念故니 謂觀無念하야 見智性故라 五는 依未知法衆生하야 轉法輪하야 令得知故니 卽淨陀羅尼三昧門이 皆說法所依故라 六은 依邪歸依衆生하야 具廣大神通하야 令入正法故라 七은 依信生天衆生하야 令入差別世界니 佛淨土故라 上五中에 一은 無證이오 二는 無行이오 三은 無解오 後二는 無

---

14) 未는 南金本作果, 甲本作黑誤.

信이니라

- ㄴ. 셋째 구절은 근기가 성숙된 보살에 의지하여 교화하여 부처님의 비밀법인 삼밀(三密)로 교화하는 이익에 들어가기 때문이요, 넷째 구절은 삿된 생각으로 수행하는 중에 교화할 수 있는 중생에 의지하여 생각으로 헤아릴 수 없는 지혜를 관찰하여 바른 생각을 얻게 하는 까닭이다. 말하자면 무념(無念)을 관찰하여 지혜의 체성을 보기 때문이다. 다섯째 구절은 법을 제대로 알지 못하는 중생에 의지하여 법륜을 굴려서 하여금 알게 하는 까닭이니, 곧 다라니와 삼매의 문을 깨끗이 하는 것이 모두 설법의 의지처이기 때문이다. 여섯째 구절은 삿된 법에 귀의한 중생에 의지하여 광대한 신통을 구비하여 바른 법에 들어가게 하는 까닭이다. 일곱째 구절은 천상에 태어나는 것을 믿는 중생에 의지하여 차별된 세계에 들어가게 하는 것이니, 부처님의 정토인 까닭이다. 위의 다섯 구절 중에 첫째는 증득이 없음이요, 둘째는 수행이 없음이요, 셋째는 이해가 없음이요, 넷째[15]는 믿음이 없음으로 볼 수 있다.

[鈔] 三依根熟下는 五門은 利他라 言根熟者는 阿含行成하야 堪能入證이며 絕念修行하야 可利生故라 四는 不觀智性하면 盡爲邪念이오 五는 未知令知오 六은 邪歸依者는 卽諸外道가 取信耳目이니 故以通化오 七은 諸佛淨土가 超過諸天하야 無退轉故라 上五下는 結上이니 以利他가 竟故라 後三은 易知로다

- ㄴ. 三依根熟 아래 다섯 문은 이타행(利他行)이다. '근기가 성숙되었다'는 말은 아함도(阿含道)의 행법을 성취하여 들어가는 주체인 증도

---

15) 이는 뒤의 둘 곧 具廣大神通, 入差別世界를 가리킨다. (譯者註)

(證道)를 감당하며, 망념을 끊고 수행하여 중생을 이롭게 하는 까닭이다. 넷째 구절에서 지혜의 체성을 관찰하지 않으면 모두 삿된 망념이 되고, 다섯째 구절은 모르는 사람을 알게 함이요, 여섯째 구절에서 삿되게 귀의한 이는 곧 모든 외도가 귀와 눈을 취하여 믿는 것이므로 교화에 통하고, 일곱째 구절은 부처님의 정토가 천상을 초과하여 물러남이 없는 까닭이다. 上五 아래는 위를 결론함이니 이타행이 끝났기 때문이다. 뒤의 세 구절은 쉽게 알 수 있으리라.

ㄷ. 세 구절은 자리행(自利行)을 밝히다[後三句自利] (下三 9下8)

[疏] 下三은 自利中에 八은 依正覺內證智德일새 故修力等이오 九는 依轉法輪外化恩德이오 十은 依無住涅槃斷德이니라
■ ㄷ. 뒤의 세 구절은 자리행(自利行)을 밝힘 중에 여덟째 구절[8. 修力無畏不共法]은 바르게 깨달아서 안으로 증도의 지덕(智德)에 의지하였으므로 십력(十力) 등을 닦는 것이요, 아홉째 구절[9. 隨諸佛轉法輪]은 법륜을 굴려서 밖으로 교화하는 은덕(恩德)에 의지한 까닭이요, 열째 구절[10. 不捨大悲本願力]은 머무름 없는 열반의 단덕(斷德)에 의지한 까닭이다.

(다) 행법을 결론하여 제9지에 들어가다[結行入地] (經/得入 8下1)

得入菩薩第九善慧地니라
보살의 제9 선혜지에 들어가느니라."

나) 지혜를 성취하다[智成就] 2.
(가) 총합하여 과목 나누다[總判] (第二 10上4)

佛子여 菩薩摩訶薩이 住此善慧地에 如實知善不善無記法行과 有漏無漏法行과 世間出世間法行과 思議不思議法行과 定不定法行과 聲聞獨覺法行과 菩薩行法行과 如來地法行과 有爲法行과 無爲法行이니라
"불자여, 보살마하살이 이 선혜지에 머물러서는 선과 악이 둘이 아닌 법의 행과, 새고 새지 않는 법의 행과, 세간과 출세간의 법의 행과, 헤아리고 헤아릴 수 없는 법의 행과, 결정하고 결정하지 못하는 법의 행과, 성문과 독각의 법의 행과, 보살행의 법의 행과, 여래지의 법의 행과, 함이 있는 법의 행과 함이 없는 법의 행을 사실대로 아느니라."

[疏] 第二, 佛子菩薩住此下는 智成就라 此下에 二三段이 攝王子住니 知法과 知根이 皆法王의 軌度等故라 且依智成이라 文中에
- 나) 佛子菩薩住此 아래는 지혜를 성취함이다. 여기부터 아래의 두세 문단은 제9. 법왕자주(法王子住)를 포섭하나니 법을 아는 것과 근기를 아는 것이 모두 법왕의 모범과 같은 까닭이다. 우선 지혜를 의지하여 성취한 것이다. 경문 중에,

(나) 개별로 해석하다[別釋] 2.
ㄱ. 총합하여 세 가지 체성으로 이해하다[總知三性] (初總 10上6)

[疏] 初, 總知三性이니 謂淨染不二라 不二가 即無記니라
- ㄱ. 총합하여 세 가지 체성으로 이해함이니 (1) 청정성과 (2) 잡염성과 (3) 불이성(不二性)을 말한다. 불이성은 곧 무기성(無記性)을 가리킨다.

[鈔] 第二, 智成이라 不二即無記者는 不同前二니 故云不二라 淨은 即是善이니 順理淸昇故오 染은 即不善이니 違理雜穢故니라
- 나) 지혜를 성취함이다. '불이성은 곧 무기성(無記性)이다'라고 말한 것은 앞의 둘[청정성과 잡염성]과는 다르므로 '둘이 아니다'라고 말하였다. 청정은 곧 좋은 것을 뜻하나니 이치에 따르게 되면 청정함이 상승하는 까닭이요, 잡염은 곧 좋지 않은 것을 뜻하나니 이치에 어긋나게 되면 섞이고 더러워지는 까닭이다.

ㄴ. 점차 바꾸어 따로 전개하다[展轉別開] 6.
ㄱ) 청정법에서 유루와 무루로 전개하다[於淨法開漏無漏] (後有 10上9)

[疏] 後, 有漏下는 展轉別開니 一은 於淨法에 開漏無漏니 謂施戒等에 取相心修하면 與漏로 相應이니 名爲有漏오 無漏는 反此니라
- ㄴ. 有漏 아래는 점차 바꾸어 따로 전개함이니 ㄱ) 청정법에서 유루와 무루로 전개함이다. 말하자면 보시와 지계 등에 '모양을 취착하는 마음[取相心]'으로 수행하면 번뇌와 상응하나니, 유루(有漏)라 이름하며 무루(無漏)는 이와 반대이다.

[鈔] 於[16)]淨法下는 俱舍에 云, 有漏無漏法에 除道하고 餘는 有爲니 於彼

에 漏隨增일새 故說名有漏라하니라 四諦之中에 苦集二諦는 是有漏法이라 漏卽煩惱니 漏[17]過가 無窮故라 漏法이 於彼苦集에 隨增하니 苦集에 有彼漏故로 名爲有漏니라 論에 云, 無漏는 謂道諦와 及三種無爲라하니 由其道諦는 是有爲無漏니 故於有漏에 除於道諦니라 今疏中에 云, 與漏相應은 卽漏隨增義라

言施戒等取相心修者는 以於善中에 開出漏故라 擧其施等하야 等取忍進禪慧라 今漏가 於彼施等善法에 而隨增故라 相心修善은 是集諦攝이니 三界因故니라 言無漏反此者는 卽離相心修에 漏不隨增이니 卽屬道諦라 俱舍에 云, 緣滅과 道諦에 諸漏雖生이나 而不隨增일새 故非有漏라하니 約於見道하야 分世出世라 前來에 頻有니라

ㄱ) 於淨法 아래는 『구사론』에서는, "번뇌 있음[有漏]과 번뇌 없음[無漏]의 법에서 도(道)를 제외한 외에는 모두 유위[有爲]이며 거기에는 번뇌가 따라 더하나니 그러므로 번뇌 있음[有漏]이라고 말하네"라고 하였다. 사성제 가운데 괴로움의 진리[苦諦]와 괴로움의 원인의 진리[集諦]는 유루법이다. 루(漏)는 번뇌이니 새는 허물이 끝없는 까닭이다. 새는 법[유루법]이 저 고제와 집제에 따라 증가하나니 고제와 집제에 저 번뇌가 있는 연고로 유루(有漏)라고 이름한다. 저 논에서 이르되, "번뇌 없음인 그것을 말하자면 도의 진리[道諦]와 세 가지 무위(無爲)(허공과 두 가지의 사라짐[二滅; 곧 擇滅과 非擇滅]인데 이 중에서 허공은 걸림 없으며)"라고 하였다. 그 도의 진리는 유위의 무루로 인하였으니 그래서 유루에서 도의 진리를 제외하였다. 지금 소에서 '번뇌와 상응한다'고 말한 것은 곧 번뇌가 따라 늘어난다는 뜻이다.

---

16) 於는 甲南續金本作一於.
17) 漏는 南續金本作泄.

'보시와 지계 등에서 모양을 취하는 마음으로 수행한다'고 말한 것은 선법(善法) 중에서 전개하여 번뇌가 나온 까닭이다. 그 보시 지계 등을 거론하여 인욕과 정진 선정 지혜를 함께 취하였다. 지금은 번뇌가 저 보시 등의 선법과 따라 증가한 까닭이다. '모양을 취착하는 마음으로 선법을 닦는다'는 것은 괴로움의 원인의 진리[集諦]에 포섭되나니 삼계에 태어나는 원인인 까닭이다.

'번뇌 없음은 이와 반대이다'라고 말한 것은 모양을 여읜 마음[離相心]으로 수행하면 번뇌가 따라 증가하지 않나니 곧 도의 진리에 속하게 된다. 『구사론』에는, "그리고 사라짐[滅]과 도(道)의 진리에 반연함에 있어서는 온갖 번뇌가 비록 난다고 하지만, 따라 더 증가되지 않기 때문에 번뇌가 있음[有漏]이라고 하지 않는다"라고 하였으니, 견도위(見道位)에 의지하여 세간과 출세간으로 구분한 까닭이다. 이것은 앞에서부터 자주 나온 내용이다.

ㄴ) 무루에서 세간과 출세간으로 전개하다[於無漏開世出世]

(二於 11上3)

ㄷ) 두 가지 세간에서 사의(思議)와 부사의(不思議)로 전개하다

[於二世開思議不思議] (三卽)

ㄹ) 사의(思議)에서 정성과 부정성으로 전개하다[於思議開定不定] (四彼)

[疏] 二는 於無漏에 開出이니 見道已前은 名世오 見道已去는 名出世니라 三은 卽就上二世出世異하야 名爲思議오 卽世出世하야 名不思議라 亦可於出世中에 約敎證二道니라 四는 彼有漏思議中에 定能證入을 名之爲定이오 爲緣所動을 名爲[18]不定이라 亦可佛性은 定有오 餘一

切法은 皆悉不定이라 三聚定等은 下文에 自說이니라

- ㄴ) 무루에서 전개하여 나온 부분이니 견도 이전은 세간이라 이름하고, 견도 이후는 출세간이라 이름한다. ㄷ) 위의 두 가지인 세간과 출세간이 다름에 입각하여 '사의(思議)'라고 이름하고, 세간과 출세간에 합치함에 의지하면 '부사의(不思議)'라고 이름한다. 또한 출세간에서 교도와 증도의 두 가지에 의지하여 말하기도 한다. ㄹ) 저 번뇌 있음인 사의함 중에 결정코 능히 증득해 들어감을 정성(定性)이라 이름하고, 반연에 동요되는 것을 부정성(不定性)이라 칭한다. 또한 불성은 결정코 존재하며, 나머지 모든 법은 모두 다 정성(定性)이 아니라고 말할 수 있다. 세 가지 정성[三定聚; 正定聚, 邪定聚, 不定聚] 등은 아래 문장에 가서 자연히 설명할 것이다.

[鈔] 三卽就下에 思不思議는 乃有二意하니 前은 約圓融行布와 地前地上하야 對明19)이오 後는 約敎證二道하야 唯就地上이니라 四彼有漏者는 以思議가 通20)二義니 今明定能證入이라 意取地前思議일새 故兼取有漏之善이니라 言定能證入者는 大乘之中에 種性堅固를 名之爲定이오 爲緣所動을 名爲不定이라 故로 仁王受持品에 云, 習忍已前에 行十善菩薩이 有退有進이 譬如輕毛가 隨風東西라 是諸菩薩도 亦復如是하야 雖以十千劫에 行十正道하야 發三菩提心이나 乃當入習忍하야 亦常學三伏忍法이니 而不可定名이라 是不定人이니라 是定人者는 入生空位니 聖人性故로 必不起五逆이며 十重等이라하니라 若通諸乘說인대 小乘은 忍心已去에 名定이오 餘必不定이니라

---
18) 爲는 金本作之.
19) 對는 南續金本作相對以.
20) 通은 南續金本作通於.

● ㄷ) 即就 아래는 사의(思議)와 부사의(不思議)에 두 가지 의미가 있으니 1) 앞은 원융문과 항포문, 십지 이전과 십지 이후에 의지하여 상대하여 밝힌 주장이요, 2) 뒤는 교도와 증도의 두 가지에 의지하여 오로지 십지 이후에만 입각한 구분이다.

ㄹ) 彼有漏는 사의함이 두 가지 뜻에 통하나니, 지금은 결정코 능히 증득해 들어감을 설명한 내용이다. 십지 이전에 사의함을 의미로 취하는 연고로 유루의 선법을 겸하여 취하였다. '결정코 능히 증득해 들어간다'고 말한 것은 대승법 중에 종성(種性)[21]이 견고한 것을 정성(定性)이라 이름하고, 반연에 동요되는 것을 부정성(不定性)이라 이름한다. 그러므로 『인왕반야경』의 수지품(受持品)에 말하였다. "오인(五忍)을 익히기 이전에 십선법을 수행하는 보살이 물러나거나 승진함이 있는 것은 마치 가벼운 털이 바람을 따라 이쪽에서 저쪽으로 날아다니는 것과 같다. 모든 보살들도 또한 그와 같아서 비록 십천 겁을 지나도록 열 가지 바른 도를 수행하여 올바른 보리심을 발하였지만 비로소 당래에 들어가 법인을 익히고는 또한 항상 세 가지 복인[伏忍 곧 十住, 十行, 十廻向][22]을 배우나니 그러나 명칭을 정하지는 못한다. 이

---

21) 種性地: 種性은 범어 gotra의 번역이며, 種姓이라고도 한다. 성문·연각·보살의 三乘이 각각의 깨달음을 開得하는 종자가 되는 본래적 素性, 素質을 말한다. 여기에 선천적으로 갖추는 本性住種性과 후천적 수행에 의해 갖추는 習所成種性이 있다. 『仁王經』上에는 習種性, 性種性, 道種性을 세워 보살의 十信心, 十住心, 十堅心에 배당하였고, 『瓔珞經』上에는 習種性, 性種性, 道種性, 聖種性, 等覺性, 妙覺性을 세워 보살의 十信, 十住, 十行, 十廻向, 十地, 等覺, 妙覺를 배당하였다. 이 중 妙覺性을 제외하여 五種性이라 칭한다.

* 八忍 八智 : 忍은 忍可의 뜻이며 智가 생기는 因. 見道位에 들어가서 생기는 智의 앞자리. 그 理法을 확실히 인정하고 안 無漏心을 말한다. 苦法忍·苦類忍·集法忍·集類忍·滅法忍·滅類忍·道法忍·道類忍을 칭한다. 8智는 번뇌를 끊어버린 자리이다. 『俱舍論』의 교학에서는 見道位에서 無漏의 8忍을 얻는다고 하며, 四諦에 대해서 말한다. (1) 苦法忍: 욕계의 고제를 관찰하여 생기는 무루심. (2) 苦類忍: 색계·무색계의 苦諦를 관찰하여 생기는 것. (3) 集法忍: 욕계의 集諦를 관찰하여 생긴 것. (4) 集類忍: 색계·무색계의 集諦를 관찰하여 생긴 것. (5) 滅法忍: 욕계의 滅諦를 관찰하여 생긴 것. (6) 滅類忍: 색계·무색계의 滅諦를 관찰하여 생긴 것. (7) 道法忍: 욕계의 道諦를 관찰하여 생긴 것. (8) 道類忍: 색계·무색계의 道諦를 관찰하여 생긴 것. (불교학대사전 p.1622-)

를 부정성의 사람이라 한다. 정성의 사람은 '중생이 공한 지위[生空地]'에 들어가나니 성인의 성품인 연고로 반드시 오역(五逆)과 열 가지 무거운 범계 등을 일으키지 않는다." 만일 여러 교법의 주장을 회통한다면 소승의 인심(忍心)[23] 이후를 정성(定性)이라 이름하고, 나머지는 반드시 부정성(不定性)이라 해야 한다.

ㅁ) 위의 모든 선법(善法)을 총합하여 삼승으로 전개하다
　　[總上諸善開三乘] (五總 12上1)

[疏] 五는 總上諸善하야 開出三乘이니 謂諦緣度等은 皆通上四라 故唯佛果一이 是唯無漏等이로대 而屬菩薩乘果니라
■ ㅁ) 위의 모든 선법을 총합하여 삼승으로 전개하여 보임이다. 말하자면 사성제가 육바라밀을 반연하는 등은 모두 위의 네 문단에 통하므로 오로지 부처님의 과덕 하나만이 무루와 동등하지만 그러나 보살승(菩薩乘)의 결과에 섭속된다.

[鈔] 五總上者는 三乘에 皆有[24]漏無漏와 世[25]出世와 敎證二道와 定不定等하니 故云皆通이니라

---

22) 5忍의 하나. 번뇌를 완전히 단절한 것이 아니라 일단은 制伏하여 일어나지 않는다는 뜻이다. 忍은 범어 kṣānti. 忍辱 忍耐 堪忍 忍可 등의 뜻으로 번역한다. 다른 侮辱惱害 등을 받아도 참고 견디어 성내지 않고, 스스로의 괴로움을 만나도 마음이 동요하지 않고, 진리를 깨달아서 認證하고, 이치 위에 마음을 편안히 하는 것을 말한다. (앞의 책 p.1279-) * 5忍은 (1) 伏忍; 번뇌를 制伏했지만 아직 단멸하지 못한 地前의 三賢. (2) 信忍; 無漏의 信을 얻은 初·2·3地. (3) 順忍; 理에 순하여 無生의 깨달음에 향하는 4·5·6地. (4) 無生忍; 諸法無生의 理를 인정하고 안주한 7·8·9地. (5) 寂滅忍; 모든 惑을 끊고 寂靜의 깨달음에 안주한 제10지 및 佛果.[인왕반야경 卷上] (앞의 책 p.1114-).
23) 忍心은 忍法을 말한다. 인법은 四善根位의 하나. 苦·集·滅·道의 四諦를 인정하여 받아들이는 작용을 뜻한다. (앞의 책 p.1294-)
24) 有下에 南續金本有有字.
25) 世下에 甲南續金本有及字.

- ㅁ) '위를 총합한다'는 것은 삼승법에 모두 유루(有漏)와 무루(無漏), 세간과 출세간, 교도와 증도, 정성과 부정성 등이 있으므로 '모두 통한다'고 말하였다.

ㅂ) 삼승법 중에서 유위와 무위를 보이다[於三乘中示有爲無爲]
(六於 12上5)

[疏] 六, 於三乘法中에 示有爲無爲니 依順行故로 此是善體라 故後明之니 謂滅諦와 緣性26)과 彼岸眞理는 皆名無爲오 道諦와 緣智는 能證修起일새 皆名有爲라 如來는 一切가 皆是無爲라 佛智有爲는 非極說故니 涅槃에 令覆有爲相故라 三乘聖人이 依此起行이며 依此差別일새 故名順行이니라

- ㅂ) 삼승법 중에서 유위와 무위를 보임이니 순인(順忍)에 의지하여 수

---

26) 『俱舍論』제7권 分別根品 제2의 ⑤의 내용이다. (대정장 권29 p. 36 b-) [이미 자세하게 因을 말했으니, 緣은 또 어떠한 것인가를 다음의 게송으로 말하겠다. 네 가지 緣이 있다고 말하나니 因緣은 다섯 因인 성질이요, 等無間緣은 최후가 아닌 것으로서 마음과 심소가 이미 생긴 그것이며 所緣緣은 온갖 법을 의미하고 增上緣은 바로 能作因이네 / 논하건대 그것을 어느 곳에서 말씀하셨느냐 하면 경에서 말씀하셨다. 경에서 네 가지 연[四緣]의 성질을 말씀하셨으니 이를테면 因緣性과 等無間緣性과 所緣緣性과 增上緣性 그것이다. ① 이 중에서 性이란 바로 緣의 종류를 말함이다. 6因 중에서 能作因을 제외하고 그 밖의 다섯 가지 因이 바로 인연성이다. ② 아라한이 열반할 때의 최후 마음과 心所의 법을 제외하고는 그 밖의 이미 생긴 마음과 심소의 법은 바로 등무간연성이다. 이의 연으로 생기는 법은 평등하여 간단이 없으므로 이 뜻에 의하여 等無間이라는 명칭을 세운 것이다.] 이어서 所緣緣性에 대해서 말한다. … ③ 所緣緣性은 바로 온갖 법이니 마음과 심소의 그 응하는 바를 따른 그것이다. 말하자면 눈의 인식과 상응하는 법은 온갖 빛깔로써 반연하는 바의 緣, 즉 소연연이 된다. 그와 같아서 귀의 인식과 그리고 상응하는 법은 온갖 소리로써 소연연이 되며 코의 인식과 그에 상응하는 법은 온갖 냄새로써 소연연이 되고 혀의 인식과 그에 상응하는 법은 온갖 맛으로써 소연연이 되고 몸의 인식과 그에 상응하는 법은 온갖 닿임으로써 소연연이 되고 의식과 그에 상응하는 법은 온갖 법으로써 소연연이 된다. 어떤 법이 저 법과 더불어 所緣 즉 반연할 바가 되는 이것이 저것으로 더불어 반연하는 바가 아니냐 반연하지 않는 위치도 역시 소연에 포섭되나니 저 반연함과 반연 아니함이 그 모양이 하나이기 때문이다. 비유컨대, 섶 따위가 불타지 아니했을 때에도 역시 '불타는 것 즉 땔감이다'라고 이름함과 같나니, 그 모양이 다름없기 때문이다.… ④ 增上緣性은 곧 能作因이니 능작인으로써 증상연이 되기 때문이다. 이 緣의 자체는 넓기 때문에 증상연이라고 이름한 것이니, 온갖 것이 모두 증상연이기 때문이다.… 게송으로 말하리라. 둘의 因은 바로 사라지는 현재요 셋의 因은 바로 생김의 위치에서이며 그 밖의 두 緣은 위의 것과 어기면서 與果의 작용을 일으키고 있네.]

행하는 연고로 이것은 선법의 체성이다. 그래서 뒤에 밝힌 것이니, 말하자면 멸도의 진리와 연기의 본성과 피안의 진리이므로 모두 무위라 이름하고, 도의 진리와 연기의 지혜는 증득하는 주체가 수행하기 시작하므로 모두 유위라 한다. 부처님은 모든 것이 다 무위법이다. 부처님의 지혜를 유위법이라 말한 것은 궁극적인 말씀이 아닌 까닭이니, 열반이 유위의 양상을 덮게 하기 때문이다. 삼승의 성인들이 이를 의지하여 행법을 시작하며 이를 의지하여 차별하므로 순행(順行)이라 이름한다.

[鈔] 六於三乘下는 先, 擧論이오 後, 此是下는 疏釋이라 於中에 二[27]니 先, 辨次오 二, 謂滅諦緣下는 正釋이라 然[28]이나 有爲無爲와 及漏無漏는 如十藏品이오 世及出世와 敎證二道는 初地에 已廣하니라 今隨三乘하야 略明爲無爲等이니라 滅諦는 卽是小乘無爲니 小乘四諦에 三是有爲故라 緣性은 卽是中乘無爲니 逆順觀等이 皆是緣相이니 緣[29] 性離를 是名無爲라 彼岸眞理는 大乘無爲니 大는 約六度일새 故云 彼岸이라 彼岸有二하니 一은 是涅槃이니 修六度因하야 得涅槃果라 居然無爲오 二, 窮行究竟이니 卽同無爲라 又眞理言은 通於三乘이니 同入二空之眞理故니라 道諦已下는 三乘有爲니 對前可知로다 如來無爲는 前已頻釋하니라 三乘聖人下는 釋上論文의 依順行言이라 然有二意하니 一은 依起行이오 二는 亦依無爲하야 成差別位니라

● ㅂ) 於三乘 아래는 (ㄱ) 논경을 거론함이요, (ㄴ) 此是 아래는 소가의 해석이다. 그중에 또 둘이니 a. 순서를 분별함이요, b. 謂滅諦緣

---

27) 二는 南續金本無作又二.
28) 然下에 甲南續金本有有字.
29) 緣은 南續金本作因緣.

아래는 바로 해석함이다. 그러나 '피안의 진리'는 대승의 무위법이니 '크다'는 것은 육바라밀을 의지하였으므로 '저 언덕'이라 하였다. 저 언덕에 두 가지가 있으니 하나는 열반이니, 육바라밀의 인행을 닦아서 열반의 결과를 얻었으므로 편안히 무위인 것이요, 둘은 궁극적인 행법의 끝이니 곧 무위와 같은 개념이다. 또 진리라는 말은 삼승에 통하나니, 함께 두 가지 〈공〉의 진리에 들어가는 까닭이다. 道諦 아래는 삼승의 유위법이니 앞과 대조하면 알 수 있으리라. 여래가 무위법이라 한 것은 앞에서 자주 해석한 내용이다. 三乘聖人 아래는 위 논경의 '순인(順忍)에 의지하여'라는 말을 해석한 내용이다. 그런데 두 가지 의미가 있으니 1) 시작하는 행법에 의지함이요, 2) 역시 무위법에 의지하여 차별적인 지위를 성립하기 때문이다. 하지만 유위와 무위, 유루와 무루는 십무진장품(十無盡藏品)의 내용과 같으며, 세간과 출세간, 교도와 중도는 초지에 이미 자세하게 다루었다. 지금은 삼승을 따라 유위와 무위 등을 간략히 설명하였다. '괴로움이 사라진 진리'는 바로 소승의 무위법이니, 소승의 네 가지 진리 중에 셋은 유위법인 까닭이다. 연기의 본성은 곧 중승(中乘)의 무위이니 역관과 순관 등이 모두 연기의 양상이니 연기의 본성이 여읜 것을 무위법이라 이름한다.

❖ 三賢・十地位 相互交攝(도표 26-4)

	十住	十行	十廻向	十地	行法	攝報果
1	發心住 (보시)	歡喜行	救護衆生離 衆生相廻向	歡喜地 - 見道로 五怖畏를 극복	治貪	人王 (南瞻部 洲王)
2	治地住 (지계)	饒益行	不壞廻向	離垢地 - 發起淨(열 가지 마음)과 自體淨(삼취계)	治瞋	轉輪王
3	修行住 (인욕)	無違逆行	等一切佛 廻向	發光地 - 四禪과 四空의 禪定	治癡	三十三天王 (帝釋天王)
4	生貴住 (정진)	無盡行	至一切處 廻向	焰慧地 - 四念處로부터 八正道까지 37菩提分法	治慢	須夜摩天王
5	具足方便住 (선정)	離癡亂行	無盡功德藏 廻向	難勝地 - 五明으로 세간법을 익혀 포교에 활용	治疑	兜率天王
6	淨心住 (반야)	善現行	隨順堅固 一切善根 廻向	現前地 - 十二緣起의 열 가지 관법	治見	善化天王
7	不退住 (방편)	無着行	等隨順一切 衆生廻向	遠行地 - 功用道로 보면 최상지위요, 無功用道로 가기 직전 지위	超隨惑	自在天王
8	童眞住 (서원)	尊重行	眞如相廻向	不動地 - (1) 無功用行이 상속하고 (2) 無相의 正思惟이며 (3) 無分別智이므로 不動	無分 別智	梵天王
9	法王子住 (역)	善法行	無縛無着解 脫廻向	善慧地 - 四無礙解智를 얻어 利他行을 완수하여 大法師가 됨	四無 礙智	二千主 梵天王
10	灌頂住 (지혜)	眞實行	等法界無量 廻向	法雲地 - 시방 무량세계에 일시에 법雨를 내려 중생제도	證大 法身	大自在天王 (摩醯首 羅天王)

다) 행법에 들어감을 성취하다[入行成就] 2.

❖ 제6회 십지품 제9 善慧地 (科圖 26-85; 夜字卷上)

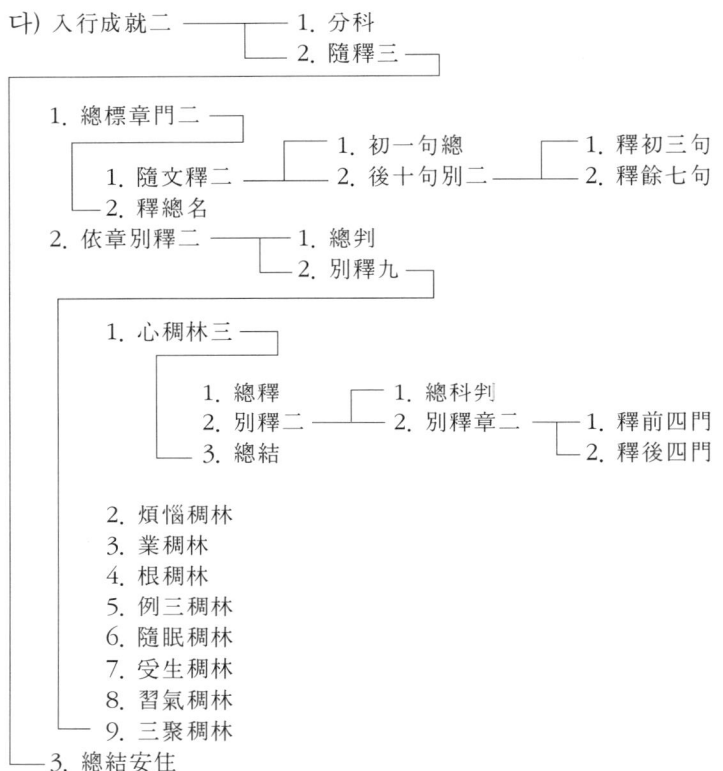

(가) 과목 나누기[分科] (第三 13上4)

此菩薩이 以如是智慧로 如實知衆生 心稠林과 煩惱稠林과 業稠林과 根稠林과 解稠林과 性稠林과 樂欲稠林과 隨眠稠林과 受生稠林과 習氣相續稠林과 三聚差別

稠林이니라

"이 보살이 이러한 지혜로써, 중생들의 (1) 마음의 빽빽한 숲과 (2) 번뇌의 빽빽한 숲과 (3) 업의 빽빽한 숲과 (4) 근기의 빽빽한 숲과 (5) 지해의 빽빽한 숲과 (6) 근성의 빽빽한 숲과 (7) 욕망의 빽빽한 숲과 (8) 따라다니며 자게 하는 빽빽한 숲과 (9) 태어나는 빽빽한 숲과 (10) 버릇이 계속하는 빽빽한 숲과 (11) 세 종류 차별의 빽빽한 숲을 사실대로 아느니라.

[疏] 第三, 此菩薩以如是下는 明入行成就라 於中에 三이니 初, 總標章門이오 二, 此菩薩如實知下는 依章廣釋이오 三, 佛子菩薩隨順下는 總結安住라

■ 다) 此菩薩以如是 아래는 행법에 들어감을 성취함이다. 그중에 셋이니 ㄱ. 총합하여 가름의 문을 표방함이요, ㄴ. 此菩薩如實知 아래는 가름에 의지하여 자세하게 해석함이요, ㄷ. 佛子菩薩隨順 아래는 안주함으로 결론함이다.

(나) 과목에 따라 해석하다[隨釋] 3.
ㄱ. 총합하여 가름의 문을 표방하다[總標章門] 2.

ㄱ) 경문에 따른 해석[隨文釋] 2.
(ㄱ) 총상 해석[初一句總] (今初 13上6)

[疏] 今初에 有十一林하니 一, 衆生心者는 是總이라 故로 論에 云, 依共이라하니 以通是下十染淨이 共依故라 菩薩이 依此而知일새 故名爲依

라 下依義도 準之니라

■ 지금은 (ㄱ)에 11가지 빽빽한 숲[稠林]이 있으니 a) '중생심의 조림'이란 총상이다. 그러므로 논경에서 '공통적인 것에 의지한다'고 하였으니, 아래의 열 가지 잡염과 청정이 통틀어 함께 의지하는 까닭이다. 보살이 여기에 의지하여 알기 때문에 '의지한다'고 한다. 아래 의 자(依字)의 뜻도 여기에 준한다.

[鈔] 一衆生心下는 疏文有二하니 初는 隨文釋이오 後는 釋總名이라 前中에 此言總別이 通有三意하니 一은 約本末이니 卽如今文에 心爲本이 是總이오 十林이 是別이라 然이나 本末은 容可由一生多오 總과 別은 要一具多니 是經宗意라 二는 就末中의 三雜染은 爲總이오 餘七은 是別이니 此約依本開末이니 七不離三故라 三은 以三聚로 爲總이오 根等으로 爲別이니 此約以時該於法故라 今初에 心爲總者는 論에 云依共者는 論唯二字오 以通是下는 疏釋이니 先釋共字니 其染淨共依는 但釋共字오 菩薩依此下는 方釋依字니라

● ㄱ. 衆生心 아래는 소의 문장에 둘이 있으니 ㄱ) 경문에 따른 해석이요, ㄴ) 총상의 명칭을 해석함이다. ㄱ) 중에 (ㄱ) 총상과 (ㄴ) 별상을 말한 것에 통틀어 세 가지 의미가 있다. (1) 근본과 지말에 의지한 분석이니 곧 본경의 문장에 '마음'으로 근본을 삼은 것이 총상이 되고, 열 가지 조림이 별상이 된다. 하지만 근본과 지말은 하나로 인해 여러 개가 생겨남을 허용할 수 있고, 총상과 별상은 하나에 여럿을 구비하려는 것이니 본경의 근본적인 종지이다. (2) 지말에서 세 가지 잡염은 총상이요 나머지 일곱 가지는 별상인 것에 입각한 분석이다. 이것은 근본에 의지하여 지말을 전개함에 입각한 내용이니, 일곱 가

지 별상은 세 가지 총상을 여의지 않기 때문이다. (3) 삼취정계(三聚淨戒)로 총상을 삼고 근기 등으로 별상을 삼은 분석이니, 이것은 시간적으로 법을 포괄함에 의지한 까닭이다. 지금은 (ㄱ)에서 마음으로 총상을 삼은 것은 논경에서 의공(依共)이라 말한 중에 오로지 두 글자뿐이요, 以通是 아래는 소가의 해석이다. 먼저 공 자(共字)를 해석함이니, '그 잡염과 청정이 공통적으로 의지한다'는 것은 단지 공 자(共字)만 해석한 말이요, 菩薩依此 아래는 비로소 의 자(依字)를 해석한 내용이다.

(ㄴ) 별상 해석[後十句別] 2.
a. 처음의 세 구절을 해석하다[釋初三句] (餘十 13下7)

[疏] 餘十은 是別이니 不出三雜染故라 論에 云, 依煩惱와 業과 生이라하니 生是苦果니 今當第九니라
■ (ㄴ) 나머지 열 구절은 별상이니 세 가지 잡염에서 벗어나지 않은 까닭이다. 논경에서 "번뇌와 업과 생겨남에 의지한다"고 하였으니, 태어남은 고통의 결과이니 본경의 아홉째[g 受生稠林]에 해당한다.

[鈔] 餘十是別者는 卽第二重總別義也라 言生是苦果今當第九者는 是疏釋論이라 然이나 論經과 今經에 以前은 是因이오 生是苦果라 皆當第九니 論以三是總일새 故以生으로 居前이라 後의 習氣와 三聚는 俱通因果니라
● '나머지 열 구절은 별상이다'라고 말한 것은 곧 두 번째의 총상과 별상의 뜻이다. '태어남은 고(苦)제의 결과이니 본경의 아홉째에 해당한

다'고 말한 것은 소가가 논경을 해석한 내용이다. 그러나 논경과 본
경에서 앞은 원인이요, 태어남은 고제의 결과이며 모두 아홉째에 해
당하나니, 논경에서는 세 가지가 총상이므로 태어남을 앞에 둔 것이
다. 뒤의 h) 습기조림과 i) 삼취조림은 원인과 결과에 모두 통한다.

b. 나머지 일곱 구절을 해석하다[釋餘七句] 4.
a) 일곱 가지 조림에 대해 총합적으로 해석하다[總釋七林] 3.
(a) 표방하여 거론하다[標擧] (論釋 13下8)
(b) 논경을 거론하다[擧論] (依共)

[疏] 論에 釋餘七云호대 依共染煩惱染淨等이며 依定不定時라하니
- 논경에서 나머지 일곱 구절을 해석하기를, "번뇌의 잡염과 청정에 함께 물듦 등에 의지하며 정취와 부정취의 시간에 의지한다"고 하였다.

(c) 소가의 해석[疏釋] 4.
㊀ 공 자(共字)에 대한 설명[釋共字] (謂次 13下9)
㊁ 염 자(染字)에 대한 설명[釋染字] (隨眠)
㊂ 앞의 업번뇌를 가리키다[指前業煩惱] (受生)

[疏] 謂次根等四가 同是業故로 名共이오 隨眠은 卽煩惱種이라 名染이니
眠伏藏識하야 令心染汚故라 受生은 卽生이니 如前已說이니라
- 말하자면 다음으로 근기 등의 네 가지 조림이 모두 업인 연고로 '공통적으로'라고 한 것이요, (ㅂ) 수면(隨眠)조림은 곧 번뇌의 종자이므로 '잡염'이라 하였으니 장식(藏識) 속에 잠들고 있다가[眠伏] 마음을

물들게 하는 까닭이다. (ㅅ) 수생(受生)조림은 곧 '태어남'의 뜻이니 앞에 이미 설명한 내용이다.

㈣ 논경의 셋째와 넷째 부분을 해석하다[釋論第三四節] 2.
① 총합하여 해석하다[總釋] (餘二 14上1)

[疏] 餘二는 通三이니 故不出三也라
- 나머지 두 구절은 세 가지 잡염에 통하나니 그래서 세 가지 잡염에서 벗어나지 않는다.

② 개별로 설명하다[別釋] 2.
㉮ 질문하다[徵] (二云 14上2)
㉯ 습기조림과 삼취조림을 설명하다[釋] (謂習)

[疏] 二는 云何通고 謂習氣는 無別體니 是染淨等氣分故오 三聚는 但是 約時定不定故니라
- 둘째는 어떻게 통하는가? 말하자면 (ㅇ) 습기조림은 개별적인 체성이 없나니 잡염과 청정이 평등한 습기의 부분인 까닭이요, (ㅈ) 삼취조림은 단지 시간에만 의지해 정취(定聚)와 부정취(不定聚)로 나누었다.

[鈔] 論釋餘七下는 二, 釋餘七이라 於中有四니 一은 總釋七林이오 二는 重釋根等이오 三은 例釋三聚오 四는 會二名殊라 今初[30]에 有三하니 初句는 標擧오 二, 依共染下는 擧論이오 三, 謂次根等下는 疏釋이라

---

30) 上十七字는 南金本無, 此下에 甲南續金本有文中二字.

然上論七林이 總有四節하니 一, 依共字로 攝根解性欲四林이오 二, 染字는 卽隨眠林이오 三, 煩惱染淨等은 卽習氣林이오 四, 依定不定時는 卽三聚林이니 四節에 皆合有其依字어늘 初一과 後一에 有依하고 中二에는 略無니 以初依字로 該於中二라 若具인댄 應云依共이며 依染이며 依煩惱染淨이며 依定不定時也니라 今釋四節에 文亦有四하니 初는 釋共字니 謂[31]根과 解와 性과 欲이 同是業故오 二, 隨眠卽煩下는 釋染字라 故로 三地中에 顯超煩惱를 名貪瞋癡라하고 顯超隨眠을 名爲染也니 以常隨心하야 令心穢濁하야 無時暫淨일새 故名爲染이라 然이나 論經에 名使는 如下當釋이라

三, 受生卽生下는 此非釋論이라 以經次第가 至於生故로 指前總中故니 前에 云不出業煩惱生也니라 四, 從餘二通三下는 釋論의 第三四節의 習氣와 三聚인 二稠林也라 於中에 有二하니 上二句는 總釋이라

言餘二通三者는 二는 卽是習氣와 及三聚林이니 通三雜染故라 不出者는 隨眠이 是煩惱오 根等은 是業이라 今二復通일새 故로 上標에 云不出三雜染也니라

● b. 論釋餘七 아래는 나머지 일곱 구절에 대한 설명이다. 그중에 넷이 있으니 a) 일곱 가지 조림에 대해 총합적으로 설명함이요, b) 거듭하여 근기의 조림 등을 설명함이요, c) 유례하여 삼취(三聚)를 설명함이요, d) 두 가지 명칭이 다른 것을 회통함이다. 지금은 a)에 셋이 있으니 (a) 첫 구절은 표방하여 거론함이요, (b) 依共染 아래는 논경을 거론함이요, (c) 謂次根等 아래는 소가의 설명이다. 그런데 위에서 논경의 일곱 가지 조림을 총합하면 네 부분이니 1) 依共이란 글자로 근(根)·지해[解]·근성[性]·욕망[欲]의 네 가지 조림을 포괄함이요,

---

31) 謂下에 南績金本有次字.

2) 염(染)이란 글자는 곧 수면조림이요, 3) 번뇌염정(煩惱染淨) 등은 곧 습기조림이요, 4) 의정부정시(依定不定時)는 곧 삼취조림이니 네 부분에 모두 그 '의(依)'라는 글자가 있어야 합당할 텐데 처음 하나와 뒤의 하나에만 의 자(依字)가 있고 중간의 둘에는 생략하여 없으니, 처음의 의 자(依字)로 중간의 둘을 포괄해야 한다. 만일 갖추어 말한다면 "공통적으로 의지하며 잡염에 의지하며 번뇌의 잡염과 청정에 의지하며 정취와 부정취의 시간에 의지한다"고 해야 할 것이다. 지금 네 부분에 대해 설명하는 문장도 네 부분이니 ㊀ 공 자(共字)에 대한 설명이다. 이를테면 근기와 지해와 근성과 욕망이 모두 업인 까닭이다. ㊁ 隨眠卽煩 아래는 염 자(染字)를 설명함이다. 그래서 제3지에서 번뇌를 초월함에 대해 밝히면서 탐심과 진심과 치심이라 이름하였고, 수면을 초월함에 대해 밝히면서 잡염(雜染)이라 이름하였으니, 항상 마음을 따라서 마음을 더럽고 혼탁하게 하여 잠시도 깨끗하지 못하게 하므로 '물들인다'고 이름하였다. 하지만 논경에서 '사(使)'라 이름한 것은 아래에서 해석하리라. ㊂ 受生卽生 아래는 이것은 논경을 설명한 내용이 아니다. 본경의 순서가 g) 수생(受生)조림에 이르게 된 연고로 앞의 총상을 가리킨 것이니, 앞에서 이르되 "업과 번뇌에서 벗어나지 않고 태어난다"고 한 것을 말한다. ㊃ 餘二通三부터 아래는 논경의 셋째와 넷째 부분인 습기조림과 삼취조림의 둘에 대해 설명한 내용이다. 그중에 둘이 있으니 위의 두 구절은 ① 총합적인 설명이다. '나머지 두 구절은 세 가지에 통한다'는 말에서 둘은 곧 습기조림과 삼취조림이니 세 가지 잡염[惑・業・苦]에 통하는 까닭이다. 불출(不出)이란 수면조림은 번뇌요, 근기조림 등은 업이요, 지금의 두 가지 조림은 또한 세 가지에 통하므로 위의 ㄱ. 총합적으로 표방함에서, "세 가지

잡염에서 벗어나지 않는다"고 하였다.

二云何通下는 二, 別釋二林이니 此句는 徵問이오 後, 謂習氣下는 釋이라 前論第三에 云煩惱染淨等이 是習氣林이라 染攝煩惱일새 故疏에 略無煩惱之言이라 又欲將染淨하야 通根解性欲이라 而言等者는 等取生雜染이니 以三雜染에 皆有習氣故라 故下釋中에 有煩惱習氣와 業習氣와 道差別習氣하니 即是生故라 不言心習氣者는 心是總故며 爲十依故니라

三聚但是下는 釋上論의 第四節依定不定時니 是三聚林故니라

● ② 二云何通 아래는 개별로 두 가지 조림에 대한 설명이니, 이 구절은 ㉮ 질문이요, ㉯ 謂習氣 아래는 설명이다. 앞의 논경의 세 번째 부분에서 "번뇌의 잡염과 청정이 평등한 것이 습기의 조림이다"라고 하였다. 잡염은 번뇌에 포섭되므로 소에서 번뇌라는 말을 생략하였고, 또 잡염과 청정을 가지고 근기와 지혜와 근성과 욕망에 통하려고 하였다. 그러나 '평등하다'는 말은 잡염과 태어남을 똑같이 취한 것이니, 세 가지 잡염에 모두 습기가 있기 때문이다. 그래서 아래의 설명 중에 번뇌습기와 업의 습기와 도의 차별된 습기가 곧 태어남인 까닭이다. 아래에 '마음의 습기'라고 말하지 않은 것은 마음은 총상인 까닭이며 열 가지의 의지처가 되기 때문이다.

三聚但是 아래는 위의 논경의 네 번째 부분인 정취와 부정취의 시간에 의지하여 삼취조림에 대해 설명한 까닭이다.

b) 거듭하여 근기의 조림 등을 설명하다[重釋根等] (論又 15上10)

[疏] 論에 又別釋根과 信과 性과 欲이 相似之義云호대 彼復定不定時와 根等次第와 根等相似信等者는 由下經文에 以根으로 例三일새 故此重釋相似之義오 亦須約時일새 故云彼復定不定時라 約何論時오 亦約根等의 四事次第也니라 云何次第오 謂根等相似라 似何等耶아 謂信等故니 如宿習을 名根이오 印持를 名解오 依根起解일새 故云次第오 解必似根일새 故云相似라 習解成性일새 性必似解오 依性起欲일새 欲復似性이니라

- 논경에 또 근기와 믿음과 근성과 욕망이 비슷하다는 뜻을 개별적으로, "저기서 다시 정취와 부정취의 시간과 근기 등의 순서와 근기 등과 비슷한 믿음" 등이라 해석한 것은, 아래의 경문에 근기로 세 가지를 유례하였으므로 여기서 거듭하여 비슷하다는 뜻으로 설명한 것이요, 또한 모름지기 시절에 의지한 연고로 "저기서 다시 정취와 부정취의 시간"이라 하였다. 무엇에 의지하여 시간을 논하였는가? 또한 근기 등의 네 가지 일의 차례에 의지하였다. 어떤 차례인가? 근기 등과 비슷하다는 말이다. 무엇 등과 같은가? 말하자면 믿음과 같은 까닭이니 마치 숙세로 익은 것을 '근기'라 하고, 인장처럼 가지는 것을 '지해'라 하고, 근기에 의지하여 지해를 일으키므로 '차례대로'라고 하였다. 지해는 반드시 근기에 의지한 연고로 '비슷하다'고 하였으니, 지해를 익혀서 성품을 이루므로 성품은 반드시 지해와 비슷하며, 성품에 의지하여 욕망이 일어나므로 욕망은 다시 성품과 비슷하다.

[鈔] 論又別釋下는 第二, 重釋根等相似之義니 即重釋上依共之言이라 以言共者는 共是於業에 復相似故라 於中에 四[32]니 一, 生起論文이

---

32) 四는 南續金本作有四.

오 二, 彼復定不定下는 擧論이오 三, 由下經文下는 彰釋所以니 由相似故라 經擧根林하야 以例三林이라 論上에 云共故일새 今顯共相似之義니라 四, 亦須約時下는 正釋論文이니 爲四展轉相生이 皆徵上起下라 而文이 分五니 一, 釋彼復定不定時하야 云亦須約時니 躡上四義하야 但云亦須約時나 合云根等四林도 亦須約時라 亦者는 釋論復字니 以前釋三聚約時하고 今重約時일새 故云亦也니라 二, 約何論時下는 第二節에 徵於上句하야 釋下根等次第니라 三, 云何次第下는 徵上第二하야 釋下根等相似니라 四, 似何等下는 徵上第三하야 釋下信等二字니라 五, 如宿習下는 顯上相似次第之義라 唯初根과 解인 此二를 相望에 有於次第와 及與相似일새 以性과 欲으로 但明相似之義하고 次第를 可知일새 故略無之니라

- b) 論又別釋 아래는 거듭하여 근기의 조림 등과 비슷하다는 뜻을 설명함이니 곧 위의 의공(依共)이란 말을 다시 해석한 내용이다. '공통적으로'라는 말에서 '공(共)'은 업이 또한 비슷한 까닭이다. 그중에 넷이니 ① 논문을 시작함이요, ② 彼復定不定 아래는 논경을 거론함이요, ③ 由下經文 아래는 이유를 밝혀 설명함이니 비슷하기 때문이다. 경문에서 근기의 조림을 거론하여 세 가지 조림에 유례한 내용이다. 논경의 위에서 '공통인 까닭이다'라고 하였으므로 지금은 공통적으로 비슷하다는 뜻을 밝혔다. ④ 亦須約時 아래는 바로 논문을 해석함이니 네 가지가 점차 서로 생겨나게 함이 모두 위를 질문하여 아래를 시작함이다. 그러나 문장을 다섯으로 나누었으니 ㉮ 彼復定不定時를 해석하여 '또한 모름지기 시절에 의지한다[亦須約時]'고 하였다. 위의 네 가지 의미를 토대로 단지 '또한 모름지기 시절에 의지한다'라고 말하였지만 합당하게 말한다면 "근기 등의 네 가지 조림도 또한

모름지기 시간에 의지한 해석이다"라고 해야 하리라. 역(亦)이란 논경의 부 자(復字)를 해석한 내용이니, 앞에서 삼취조림(三聚稠林)은 시간에 의지한 해석이고, 지금 다시 시간에 의지하였으므로 역(亦)이라 하였다. ⓓ 約何論時 아래는 둘째 부분에서 위 구절[근기조림 앞의 구절]을 질문하여 아래의 근기 등을 차례로 해석한 내용이다. ⓔ 云何次第 아래는 위의 둘째 부분을 질문하여 아래 근기 등과 비슷하다고 해석하였다. ⓕ 似何等 아래는 위의 셋째 부분을 질문하여 아래 '신등(信等)'의 두 글자를 설명한 내용이다. ⓖ 如宿習 아래는 위의 비슷한 차례라는 뜻을 밝힌 내용이다. 오로지 처음 근기와 지해인 이 둘만 서로 대조하면 차례와 비슷한 점이 있으므로 근성과 욕망으로 단지 비슷하다는 뜻만 밝혔고, 차례대로 알 수 있으므로 생략하였다.

c) 유례하여 삼취(三聚)에 대해 설명하다[例釋三聚] (若相 15下6)

[疏] 若相似가 未熟時에 卽名不定이오 熟名正定이라 全無邪定이니 故時依根等이니라
- 만일 비슷한 것이 성숙되지 않았을 때는 부정취(不定聚)라 이름하고, 성숙되면 정정취(正定聚)라 칭한다. 사정취(邪定聚)는 전혀 없으니 그래서 시간적으로 근기 등에 의지한 것이다.

[鈔] 若相似未熟下는 第三, 例釋三聚니 三聚가 亦由上四生故라 是故로 上에 云三聚爲總이니라
- c) 若相似未熟 아래는 유례하여 삼취(三聚)에 대해 설명함이니, 삼취(三聚)가 또한 위의 네 가지[根·解·性·欲]로 인하여 생기는 까닭이다.

이런 연고로 위에서 "삼취(三聚)가 총상이 된다"고 말하였다.

d) 두 가지 명칭이 다른 점을 회통하다[會二名殊] (論經 15下8)

[疏] 論經에 名解爲信은 是信解故니라
- 논경에서 지해를 '믿음'이라 칭한 것은 믿음으로 알게 되는 까닭이다.

[鈔] 論經名解下는 第四, 會二名殊니 可知로다
- d) 論經名解 아래는 두 가지 명칭이 다른 점을 회통함이니 알 수 있으리라.

ㄴ) 총합 명칭을 해석하다[釋總名] 3.
(ㄱ) 조림에 대한 해석[正釋稠林] (十皆 16下4)
(ㄴ) 두 경전을 모아서 해석하다[會釋二經] (論經)
(ㄷ) 자세하게 지적하여 다른 점을 밝히다[指廣辨異] (然此)

[疏] 十皆名稠林者는 多故로 名林이오 難知日稠라 論經에는 十林에 皆有行字하니 謂不正信義故라 名心行等稠林이니 心行이 若絶하면 證信圓明일새 非稠林行이라 然此十名은 多如發心品辨이니라 而習氣一은 通於二義하니 一者는 殘習이오 二者는 種子熏習이니 如下當辨이니라
- 열 가지에 모두 '빽빽한 숲'이라 이름한 것은 많기 때문에 숲이라 하였고, 알기 어려워서 '빽빽하다'고 하였다. 논경에는 열 가지 조림에 모두 '행(行)'이란 글자가 붙어 있으니, 말하자면 '바르게 믿는다[正信]'는 뜻이 아닌 연고로 심행(心行) 등의 조림이라 이름한다는 뜻이다.

마음의 지어 감[心行]이 만일 단절되면 증지의 믿음이 두렷이 밝아지므로 조림의 행이라 하지 않는다. 그런데 이 열 가지 명칭은 대부분 발심품(發心品)에서 밝힌 내용과 같다. 그러나 (ㅇ) 습기조림 하나만은 두 가지 뜻에 통하나니, 첫째는 남은 습기요, 둘째는 종자가 훈습함이니 아래에 가서 밝힐 것이다.

[鈔] 十皆名稠林下는 第二, 釋總名이라 於中에 三이니 初, 正釋稠林이오 二, 論經十林下는 會釋二經이오 三, 然此下는 指廣辨異니라
- ㄴ) 十皆稠林 아래는 총합적으로 명칭을 해석함이다. 그중에 셋이니 (ㄱ) 바로 조림을 해석함이요, (ㄴ) 論經十林 아래는 두 경문을 회통하여 해석함이요, (ㄷ) 然此 아래는 자세하게 지적하여 다른 점을 밝힘이다.

ㄴ. 가름에 의지하여 자세하게 해석하다[依章廣釋] 2.
ㄱ) 총합하여 과목 나누다[總判] (第二 17上3)
ㄴ) 개별로 해석하다[別釋] 9.

(ㄱ) 마음의 조림[心稠林] 3.
a. 총합하여 해석하다[總釋] (今初 17上4)

此菩薩이 如實知衆生心種種相하나니 所謂雜起相과 速轉相과 壞不壞相과 無形質相과 無邊際相과 淸淨相과 垢無垢相과 縛不縛相과 幻所作相과 隨諸趣生相과
이 보살이 중생들의 마음의 가지가지 모양을 사실대로 아

나니, 이른바 섞이어 일어나는 모양과, 빨리 구르는 모양과, 헐리고 헐리지 않는 모양과, 바탕이 없는 모양과, 가이없는 모양과, 청정한 모양과, 때 묻고 때 묻지 않은 모양과, 얽매이고 얽매이지 않은 모양과, 요술처럼 지어지는 모양과 여러 갈래에 나는 모양 등과,

[疏] 第二, 依章廣釋이라 文分九段이니 以解性欲으로 合一例故라 今初心中에 三이니 謂總과 別과 結이라
- ㄴ. 가름에 의지하여 자세하게 해석함이다. 경문을 아홉 문단으로 나누었으니 지해와 근성과 욕망을 하나로 합하여 유례한 까닭이다. 지금은 (ㄱ) 마음의 조립에 셋이니 a. 총합하여 해석함과 b. 개별로 설명함과 c. 총합하여 결론함이다.

b. 개별로 설명하다[別釋] 2.
a) 총합하여 과목 나누다[總科判] (別中 17上4)

[疏] 別中에 略擧十門하야 攝之爲八이니 二三과 後二를 合故라
- b. 개별로 설명함 중에 간략히 열 문을 거론하여 여덟 가지로 포섭하였으니 둘째·셋째와 뒤의 둘[幻所作相과 隨諸趣生相]을 합한 까닭이다.

b) 개별적으로 가름을 설명하다[別釋章] 2.
(a) 앞의 네 문으로 설명하다[釋前四門] 4.
㊀ 첫 구절에 대한 설명[釋初一句] (一差 17上6)

[疏] 一, 差別相이니 心意와 及識六種이 別故라 此八이 緣境에 許得齊起 일새 故名雜起라 又雜起者는 必與所俱오 極少라도 猶有徧行五故라
㉠ 차별된 모양이니 마음과 생각과 인식의 여섯 가지가 다른 까닭이다. 이런 여덟 가지가 경계를 반연할 적에 동시에 일어남을 허용하는 연고로 '섞여 일어난다[雜起]'고 지칭한다. 또 '섞여 일어난다'는 것은 반드시 심소와 함께하는 것이요, 지극히 적더라도 아직도 다섯 가지 변행(徧行)심소가 남아 있기 때문이다.

[鈔] 心意及識下는 第八을 名心이오 第七을 名意오 前六을 名識이라 然有 通別하니 已見問明이어니와 今更略釋호리라 大乘法師가 云,[33] 心은 積集義오 意는 思量義오 識은 了別義라 積集에 有二하니 一은 集行相이오 二는 集種子라 初는 通諸識이오 後는 唯第八이니라 思量에 有二하니 一은 無間覺이오 二는 現思量이니 初는 通諸識이오 後는 唯第七이니라 了別에 有二하니 一은 細오 二는 麤니 細는 通諸識이오 麤는 唯前六이라하니라
此八緣境者는 唯識第七에 云, 依止根本識하야 五識이 隨緣現호대 或俱或不俱가 如濤波依水라하니라 釋曰, 此有二門하니 初句는 六識共依門이오 下三句는 六識俱轉門이니 此中에 正是後門이니라 論에 云, 根本識者는 阿陀那識이니 染淨諸識이 生根本故오 依止者는 謂前六轉識이니 以根本識으로 爲共親依라하니라 釋曰, 此釋第一句를 擧阿陀那는 通至佛果故라 若言賴耶인대 位局染故니라 但言六者는 第七識이 緣恒時具故라 又此는 正明六識義故라

心意及識 아래는 제8식을 '마음'이라 하고 제7식을 '생각'이라 하고

---

33) 云은 南續金本作釋云.

앞의 육식(六識)을 '의식'이라 한다. 하지만 통함과 개별적인 것이 있으니, 이미 문명품(問明品)에서 보았지만 지금 다시 대략 설명하겠다. 대승법사[窺基대사]가 말하되, "마음은 '쌓고 모은다[積集]'는 뜻이요, 생각은 '생각하고 헤아린다[思量]'는 뜻이요, 의식은 '분별하여 안다[了別]'는 뜻이다. '쌓고 모음'에 두 가지가 있으니 1) 행법과 양상을 모으는 것이요, 2) 종자를 쌓는 것이다. 앞은 여러 인식에 통하며 뒤는 제8식에만 해당된다. '생각하고 헤아림'에 두 가지가 있으니 1) 간단없는 깨달음이요, 2) 현재의 생각과 헤아림이니 1)은 여러 인식에 통하며 2)는 제7식에만 해당된다. '분별하여 안다'는 것에도 둘이 있으니 1) 미세함이요, 2) 거침이다. 1) 미세함은 여러 인식에 통하며 2) 거침은 오로지 앞의 육식에만 해당된다고 하였다.

此八緣境이란 『성유식론』 제7권에 이르되, "근본식에 의지하나니 전5식은 반연에 따라 일어난다. 어느 때는 함께하고 어느 때는 함께하지 않나니 파도가 물에 의지하는 것과 같도다"라고 하였다. 해석하자면 여기에 두 가지 문이 있으니 첫 구절은 여섯 가지 인식이 공통적으로 의지하는 문이요, 아래 세 구절은 여섯 가지 인식이 함께 바뀌는 문이니, 여기서는 바로 뒤의 문[六識俱轉門]을 가리킨다. 『성유식론』에 말하였다. "근본식이란 아타나식이다. 잡염과 청정의 모든 식이 현행하는 근본이기 때문이다. 의지하는 것은 6전식(六轉識)을 말한다. 근본식을 공통적인 의지처[34]와 직접적인 의지처[35]로 삼는다." 해석하자면 여기서 첫 구절을 해석하면서 아타나식을 거론한 것은 (아타나식을) 통하여 불과에 이르는 까닭이다. 만일 아뢰야식을 말한다면 지위가 잡염에

---

34) 현행 제8식은 6식 모두의 의지처이므로 공통적인 의지처[共依]라고 한다.
35) 직접적인 의지처[親依]는 공통되지 않는 의지처[不共依]라는 의미로서 종자의 근본식을 가리킨다. 6식은 각각의 자기 종자를 그 親因緣으로 한다.

국한되기 때문이다. 단지 6식만을 말한 것은 제7식이 항상 함께 반연하는 까닭이다. 또 이것은 바로 6식의 뜻을 밝힌 까닭이다.

言爲共親依者는 共依는 卽是現行本識이니 識皆共故오 親依는 卽是彼種子識이니 各別種故라 次釋下三句는 六識俱轉門이니 論에 云, 五識者는 謂前五轉識이니 種類相似일새 故總說之라 隨緣現言은 顯非常[36]起라 緣은 謂作意根境等緣이니 謂五識身이 內依本識하고 外隨作意五根境等이니 衆緣和合하야사 方得現前이라 由此하야 或俱或不俱等이라 外緣合者가 有頓漸故로 如水濤波가 隨緣多少니 此等法喩는 廣說如經이라하니라 釋曰, 言種類相似者는 一은 俱依色根故오 二는 同緣色境이오 三은 俱緣現在오 四는 俱有間斷이라 言謂作意等은 卽眼具九緣等이라 經初에 已說하니라

言廣如經者는 卽解深密에 云, 廣慧여 如大暴流水가 若有一浪生緣이 現前하면 唯一浪轉이오 乃至若多浪生緣이 現前하면 有多浪轉이라 諸識도 亦爾라하며 然彼更有淨明鏡喩하니 恐繁不引하니라 極少猶有下는 卽如第八心所俱門이니 謂唯與[37]觸과 及作意와 受와 想과 思로 俱라 餘識心所多少之義는 廣如彼論하니라

● '공통적인 의지처와 직접적인 의지처로 삼는다'고 말한 것은 공통적인 의지처는 바로 현행하는 근본식이니 식이 모두 함께 하는 까닭이고, 직접적인 의지처는 바로 저것의 종자식(種子識)이니 각기 종자와 구별되는 까닭이다. 다음으로 아래 세 구절을 해석한 것은 육식이 함께 바뀌는 문[六識俱轉門]이다. 논에 이르되, "오식은 앞부분의 다섯 전식을 말한다. 부류가 비슷하기 때문[38]에 총체적으로 그것을 말한다.

---

36) 常은 南金本作當誤.
37) 與下에 南續金本有於字.

'반연에 따라 일어난다'는 말은 항상 일어나는 것이 아님을 나타낸다. 반연이란 작의(作意)·감관·대상 등을 말한다. 오식(五識)은 안으로는 근본식에 의지하고, 밖으로는 작의와 다섯 감관과 대상 등의 여러 반연의 화합에 따라서 바야흐로 일어날 수 있다. 이것에 의해서 어느 때는 함께하고 어느 때는 함께하지 않는다. 외부세계의 반연이 화합하는 것은, 단박에 이루어지는 것과 점차 이루어지는 것이 있기 때문이다. 물의 파도가 반연에 따라 많고 적음이 있는 것과 같다. 이와 같은 등의 법과 비유를 구체적으로 말한 것은 경전[39]에서와 같다." 해석하자면 '부류가 비슷하다'고 말한 것은 1) 물질과 감각기관에 함께 의지하는 까닭이요, 2) 똑같이 물질경계를 반연함이요, 3) 모두 현재를 반연함이요, 4) 모두 간단이 있음이다. 작의(作意) 등이라 말한 것은 곧 눈이 아홉 가지 인연 등을 구비한다. 경전[해심밀경]의 첫 부분에 설하였다.

'구체적으로 경에 말한 것'이란 곧 『해심밀경』에서, "광혜여, 비유컨대 큰 폭포의 물이 흐름과 같나니 만일 한 물결이 생기는 반연이 나타나면 오직 한 물결만이 구르고, 나아가 만일에 많은 물결이 생길 인연이 나타나면 많은 물결이 구르게 되나니라. (그러나 이 폭포의 물 자체는 항상 흘러서 끊임없고 다함이 없나니라.) 여러 식도 그와 같다"고 하였다. 그리고 저기에 다시 깨끗한 거울의 비유[淨明鏡喩]도 있나니 번거로울 것 같아 인용하지 않는다. 極少猶有 아래는 곧 여덟째 심소[心]와 함께 하는 문과 같다. 말하자면 닿음과 작의(作意)와 감수와 생각과 사량과만 함께한다는 뜻이다. 나머지 식과 함께하는 심소의 여러 가지 의

---

38) 5식의 공통점은 다음과 같다. 첫째, 다같이 감각기관에 의지한다. 둘째, 물질계의 대상을 인식대상으로 한다. 셋째, 오직 현재법을 인식대상으로 한다. 5식은 과거와 미래의 법을 인식대상으로 할 수 없다. 넷째, 現量知이다. 5식은 比量 등의 작용이 없다. 다섯째, 잠시 중단됨이 있다.
39) 『解深密經』 제1권 (고려장 권10, p.715上; 대정장 권16, p.692 b-).

미에 관해 자세한 것은 저 논의 설명과 같다.

㈂ 둘째와 셋째 구절에 대한 설명[釋第二三] (二速 18下5)

[疏] 二, 速轉下二句는 明行相이니 四相遷流故라 速은 卽是住니 住體輕危하야 速就異故라 轉者는 是異오 壞卽是滅이오 不壞는 是生이라 故로 論經에 但一句云輕轉生不生相이라하야늘 論에 云, 住異生滅行故라하니라

- ㈂ 速轉 아래의 두 구절[速轉相, 壞不壞相]은 행법의 양상을 밝힘이니 네 가지 모양으로 천류하는 까닭이다. 속(速)은 곧 '존속한다'는 뜻이니 존속하는 본체가 가볍고 위태하여 빠르게 달라지기 때문이다. 전(轉)은 '달라진다'는 뜻이요, 괴(壞)는 '소멸한다'는 뜻이요, 불괴(不壞)는 '생성한다'는 뜻이다. 그래서 논경에서 단지 한 구절로 말하되, "마음이 가볍게 굴러서 일어나기도 하고 일어나지 않기도 하는 모습"이라 하였는데, 논경의 해석에는, "존속하다가 달라져서 생성하거나 소멸하는 행법인 까닭이다"라고 하였다.

[鈔] 論云住異者는 住는 釋上輕이오 異는 釋上轉이오 生은 釋於生이오 滅은 釋不生이니라

- 論云住異에서 주(住)는 위의 경 자(輕字)를 해석한 말이요, 이(異)는 위의 전 자(轉字)를 해석한 말이요, 생(生)은 생 자(生字)를, 멸(滅)은 위의 불생 자(不生字)를 해석한 말이다.

㈂ 넷째 구절에 대한 설명[釋第四句] (三無 18下10)

[疏] 三, 無形質者는 第一義相이니 觀彼心이 離心故라 云何離오 謂心身을 不可得故라 身者는 體며 依며 聚義니 卽同起信에 心體離念等이라

■ ㈢ '바탕이 없다'는 것은 제일가는 이치의 모양이니, 저 마음이 마음을 여의었음을 관찰하는 까닭이다. 어떻게 여의는가? 말하자면 마음과 몸을 얻을 수 없는 까닭이다. 몸이란 본체이며 의지처이며 덩어리라는 뜻이니, 곧 『기신론』에서 말하는 "마음의 본체가 망념을 여의었다"는 등이다.

[鈔] 云何離者는 從初로 至不可得은 唯除此句假徵코는 餘皆論文이라 從身者下는 疏釋이라 言心體離念等者는 等取等[40)]虛空界하야 法界一相이니 皆無形義니라

● '어떻게 여의는가'란 처음부터 不可得까지는 이 질문하는 구절[云何離]만 제외하고 나머지는 모두 논경의 문장이다. 身者부터 아래는 소가의 해석이다. '마음의 본체가 망념을 여의었다' 등이라 말한 것은 '망념을 여읜 모습이란 허공계와 같아서 두루 하지 않은 곳이 없어서 법계와 하나인 모습'임을 함께 취한 부분이니, 모두 '바탕이 없다'는 뜻이다.

㈣ 다섯째 구절에 대한 설명[釋第五句] (四無 19上5)

[疏] 四, 無邊際는 卽自相이니 順行無量境界取故라 取境不同일새 故名爲自라

■ ㈣ '가이없다'는 것은 자체적인 모습[自相]이니 순행(順行)하여 한량없

---

40) 等은 原本無, 論南續金本有.

는 경계를 취하는 까닭이다. 경계를 취함이 같지 않은 연고로 '자체'라 하였다.

[鈔] 取境不同者는 此下는 疏釋이니 八識緣境이 有同有異하고 前五轉識이 緣五塵境은 是現量故오 第六意識이 緣一切法은 通三量故라 第七末那는 緣賴耶爲境하니 是非量故오 第八賴耶는 緣於三境[41]種子와 根身과 器世間故로 亦現量攝이라 廣如唯識하니라

- '경계를 취함이 같지 않다'는 것은 이 아래는 소가의 해석이니, 8식이 경계를 반연함이 같은 것과 다른 것이 있다. 앞의 다섯 가지 전식(轉識)이 다섯 가지 경계를 반연하는 것은 현량(現量)인 까닭이요, 제6 의식이 온갖 법을 반연함은 '세 가지 비량[三量]'에 통하는 까닭이다. 제7 말나식은 제8 아뢰야식을 반연함으로 경계를 삼으므로 비량이 아닌 것이요, 제8 아뢰야식은 세 가지 경계의 종자와 감각기관인 몸과 의지처인 기세간을 반연하는 연고로 또한 현량(現量)에도 속한다. 자세한 것은 유식론의 내용과 같다.

(b) 뒤의 네 문에 대한 설명[釋後四門] 2.
㈠ 앞을 결론하고 뒤를 표방하다[結前標後] 2.
① 앞을 결론하다[結前] (上四 19下1)
② 뒤를 표방하다[標後] (由第)

[疏] 上之四相은 初一은 是所相이오 二는 是能相이니 此二는 並心之相이라 三은 是心之空性이니 性相不同일새 合爲心體라 四는 卽心用이니

---

41) 境下에 南續金本有謂字.

此四는 並通染淨이니라 後四는 明淨心隨緣이니 由第五가 隨煩惱緣하야 成六과 七하고 隨業生緣하야 成第八이라

■ 위의 네 가지 모습에서 처음 하나[1. 雜起相]는 대상인 모습이요, 둘째 [2. 速轉相 3. 壞不壞相]는 주체인 모습이니 이 둘은 함께 마음의 모습이다. 셋째[4. 無形質相]는 마음의 공성(空性)이니 체성과 양상이 같지 않으므로 합하여 마음의 본체로 삼는다. 넷째[5. 無邊際相]는 마음의 작용이니 이 넷은 함께 잡염과 청정에 통한다. 뒤의 넷[6. 淸淨相 7. 垢無垢相 8. 縛不縛相 9. 幻所作相]은 청정한 마음으로 인연에 따르는 것을 밝힌 내용이다. 다섯째[6. 淸淨相]가 번뇌의 인연을 따름으로 인하여 여섯째[7. 垢無垢相]와 일곱째[8. 縛不縛相]를 이루고, 업에서 생겨난 인연을 따라 여덟째[9. 幻所作相 10. 隨諸趣生相]를 이루게 된다.

[鈔] 上之四相下는 結前이라 言心之空性者는 空如來藏故니 涅槃에 云, 空者는 所謂生死故라하니라 後四明淨心者는 標也요 次, 由第五下는 總釋也라 隨現煩惱일새 故有第六이오 隨煩惱種일새 故成第七이라 故로 論에 云, 第六과 七心은 染不染故며 心縛解故니 此二句는 煩惱 染示現이라하니라 第八은 雙隨業生染이니 故로 論에 云, 第八句는 心隨道故로 生染示現이라하니 以隨業受生일새 故云隨業生緣이라 菩薩 幻生이 亦菩薩業이니라

● ① 上之四相 아래는 앞을 결론함이다. '마음의 공성(空性)'이라 말한 것은 〈공〉여래장(空如來藏)인 까닭이니『열반경』에서, "〈공〉이란 이른바 나고 죽는 것을 말한다"고 하였다. '뒤의 넷은 청정한 마음을 밝혔다'고 말한 것은 ② 뒤를 표방함이니, ㉮ 次由第五 아래는 총합하여 해석함이다. 번뇌를 따라 나타나므로 제6식이 있는 것이고, 번

뇌의 종자를 따르는 까닭에 제7식이 이루어진다. 그래서 논경에서는, "여섯째와 일곱째의 마음은 더럽기도 하고 더럽지 않기도 한 까닭이며, 마음이 속박되기도 하고 속박되지 않기도 한 까닭이니, 이 두 구절은 번뇌의 오염을 나타내 보인다"고 하였다. 여덟째는 동시에 업을 따라 오염이 생겨나는 것이다. 그래서 논경에서는, "여덟째 구절은 마음이 도에 따라 일어나는 연고로 오염이 생겨남을 나타내 보인다"고 하였으니, 업을 따라 태어났으므로 '업을 따라 인연이 생겨난다'고 하였다. 보살의 허깨비 같은 태어남이 또한 보살의 업이다.

㊁ 바로 네 문을 해석하다[正釋四門] 4.
① 여섯째 구절에 대한 설명[釋第六句] (謂第 20上2)

[疏] 謂第五淸淨者는 自性不染相이니 卽自覺聖智인 眞妄所依不空性也라 染而不染을 名自性淨이라 次下二句는 卽不染而染이니

- ① '청정하다'고 말한 것은 자성이 오염되지 않은 모습이니 곧 자각성지(自覺聖智)이며 진여와 망념의 의지처인 〈불공〉의 체성을 말한다. 물들되 물들지 않음을 자성이 청정함이라 말한다. 다음의 아래 두 구절[垢無垢相, 縛不縛相]은 물듦이 없이 물드는 것이다.

[鈔] 謂第五淸淨下는 當句別釋이니 此卽自性淸淨心이니 對前空性에 是不空性이라 是則相辨眞空이오 性爲妙有也라 不染染等은 前已頻釋하니라

- 謂第五淸淨 아래는 해당 구절을 개별로 설명한 부분이니 이것이 바로 '자성이 청정한 마음[自性淸淨心]'이다. 앞의 공성(空性)에 상대하면

〈불공〉의 체성이 된다. 이렇다면 양상으로는 진공(眞空)이요 체성으로는 묘유(妙有)임을 밝힌다. 물들지 않음과 물듦 등에 관한 것은 앞에서 이미 여러 번 설명한 내용이다.

② 일곱째 구절에 대한 설명[釋第七句] (謂六 20上7)
③ 여덟째 구절에 대한 설명[釋第八句] (七縛)
④ 뒤의 두 구절에 대한 설명[釋後二句] (八有)

[疏] 謂六垢無垢者는 卽同煩惱不同煩惱相이니 隨緣有垢나 性恒離故라 七, 縛不縛者는 同使不同使相이니 義不異前이나 但種과 現이 有別耳니라 八, 有二句는 同名因相이니 隨因受生故라 菩薩은 以幻智願力으로 生故며 餘衆生은 隨業諸趣生故니라

■ ② '때 묻고 때 묻지 않는다'고 말한 것은 곧 번뇌와 같아졌거나 번뇌와 같아지지 않은 모습이니, 인연 따라 때 묻을 수 있지만 체성은 항상 여의었기 때문이다. ③ '얽매이고 얽매이지 않는다'라는 것은 속박[使]과 같거나 속박과 같지 않은 모습이니, 뜻은 앞[垢無垢]과 다르지 않지만 단지 종자와 현행인 것만 다를 뿐이다. ④ 두 구절[9. 幻所作相 10. 隨諸趣生相]은 모두 원인의 모습[因相]이라 이름하나니 원인에 따라 태어나는 까닭이다. 보살은 허깨비 같은 지혜와 서원의 힘으로 태어나는 까닭이며, 나머지 중생들은 업을 따라 여러 갈래에 태어나기 때문이다.

[鈔] 隨因受生者[42]는 通釋二句라 菩薩以下는 別釋二句니 幻所作相은

---

42) 者는 甲南續金本作相.

同於摩耶大願智幻耳니라

- '원인에 따라 태어난다'는 것은 두 구절을 통틀어 해석한 부분이다. 菩薩 아래는 두 구절을 개별적으로 설명한 부분이니 '요술처럼 만들어진 모양'은 마야(摩耶)부인의 큰 서원[43]과 지혜의 요술과 같은 것일 뿐이다.

c. 총합하여 결론하다[總結] (經/如是 17上1)

如是百千萬億으로 乃至無量을 皆如實知니라
이처럼 백천만억이며 내지 무량한 것을 모두 사실대로 아느니라.

(ㄴ) 번뇌의 조림[煩惱稠林] 3.

a. 총합하여 과목 나누다[總科] (第二 20下9)

又知諸煩惱種種相하나니 所謂久遠隨行相과 無邊引起相과 俱生不捨相과 眠起一義相과 與心相應不相應相과 隨趣受生而住相과 三界差別相과 愛見癡慢如箭深入過患相과 三業因緣不絶相과 略說乃至八萬四千을 皆如實知니라
또 여러 번뇌의 가지가지 모양을 아나니, 이른바 오래부터 멀리 따라다니는 모양과 그지없이 끌어 일으키는 모양과 함

---

43) 『화엄경소초』 제76권 入法界品의 摩耶夫人條에 나오는 내용이다. (대정장 권10 p. 413 c9-)

께 나서 버리지 못하는 모양과 자는 것과 일어남이 한 뜻인 모양과 마음과 서로 응하거나 응하지 않는 모양과 갈래를 따라 태어나서 머무는 모양과 삼계가 차별한 모양과 애정과 소견과 어리석음과 교만이 화살처럼 깊이 들어가 걱정되는 모양과 세 가지 업의 인연이 끊어지지 않는 모양과 간략히 말하여 내지 팔만사천을 모두 사실대로 아느니라.

[疏] 第二, 釋煩惱稠林이라 亦三이니 別中에 九句를 攝爲三種事니 後七을 合故라
- (ㄴ) 번뇌의 조림이다. 또한 셋으로 나누리니 b. 개별로 해석함 중에 아홉 구절을 세 종류의 현상으로 묶었으니 뒤의 일곱 구절을 합한 까닭이다.

[鈔] 第二煩惱稠林이라 攝爲三種事者는 一은 卽遠入相이오 二는 難知相이오 三은 染相이라
- (ㄴ) 번뇌의 조림이다. '세 종류의 현상으로 묶는다'는 것은 a) 멀리 들어가는 모습이요, b) 알기 어려운 모습이요, c) 오염된 모습이다.

b. 개별로 해석하다[別釋] 3.
a) 멀리 들어가는 모습[遠入相] (一遠 21上2)

[疏] 一, 遠入相이니 乃至有頂故라 此約四住現行으로 下至金剛은 自約種說이라 久者는 無始常隨故니라
- a) 멀리 들어가는 모습이니 유정천(有頂天)까지인 까닭이다. 이것은 사

주(四住)번뇌의 현행에 의지한 분석이요, 아래로 金剛까지는 자연히 종자에 의지한 설명이다. '오래'란 시작도 없이 항상 따라다니기 때문이다.

[鈔] 一遠入者는 明分齊니 深至於有頂故라 四住는 揀於無始無明이오 現惑은 揀種故라 彈古에 云, 下至金剛自約種說을 遠公이 見偈에 云, 禪定境排에 仍退轉이오 金剛道滅에 方畢竟하고 便釋有頂云, 謂至十地金剛頂故라하니 今彈云호대 彼頌隨眠稠林하야 約俱生種이니 何得證此리오

- a) '멀리 들어간다'는 것은 영역을 밝힌 부분이니 깊이 유정천(有頂天)에까지 이른 까닭이다. 사주(四住)번뇌는 시작함 없는 무명번뇌와 구분한 것이요, 현행번뇌는 종자와 구분하기 위함이다. 옛 어른들을 비판하여 말하되, "아래로 금강까지는 자연히 종자에 의지한 설명이다"라고 한 것을 혜원법사가 게송을 보여 주며 말하되, "선정의 경계를 물리침으로 인해 퇴전하게 되고, 금강의 도가 없어지면 비로소 끝마치게 된다"고 하였고, 문득 유정천(有頂天)에 대해, "말하자면 십지의 금강유정의 끝까지 이른 까닭이다"라고 해석하였다. 지금 소가가 비판하되, "저기서는 수면조림을 노래하면서 구생번뇌의 종자에 의지하였으니 어찌 이것을 증득하였겠는가?"

b) 알기 어려운 모습[難知相] (二無 21上9)

[疏] 二, 無邊引起者는 難知相이라 言無邊者는 修習無量善根故오 引起者는 引起惑故라 惑與善俱일새 所以難知니 卽勝鬘中의 恒河沙等上煩惱也라 上明竪深이오 此辨橫廣이니라

■ b) '그지없이 끌어 일으킨다'는 것은 알기 어려운 모습이다. '그지없다'고 말한 것은 한량없는 선근을 수습한 까닭이요, '끌어 일으킨다'는 것은 번뇌를 끌어 일으키는 까닭이다. 번뇌가 선근과 함께하므로 알기 어려운 것이니 곧 『승만경(勝鬘經)』에서 말한 '항하의 모래 수와 같이 많은 상번뇌(上煩惱)'이다. 위에서는 수직으로 깊음을 밝혔고 여기서는 수평으로 넓음을 밝힌 내용이다.

[鈔] 二無邊引起者는 論에 云, 二는 難知無量善根等에 修業行故라하니라 餘如疏釋하니라 言恒沙等上煩惱者는 以善無邊하니 一一善上에 皆有煩惱故라 亦卽所知未盡이니 則無法之上에 而無惑也니라

● b) '그지없이 끌어 일으킨다'는 것은 논경에서는, "한량없는 선근 등에 업행을 닦는 것을 알기 어렵기 때문이다"라고 하였다. 나머지는 소가의 해석과 같다. '항하의 모래 수와 같은 상번뇌'라는 것은 선근이 그지없으니 낱낱의 선근에 모두 번뇌가 있는 까닭이다. 또한 아는 것이 다하지 않았으니 한 법에도 의혹 없는 것이 없다.

c) 오염된 모습[染相] 2.
(a) 총합하여 해석하다[總釋] (三俱 21下6)

[疏] 三, 俱生下七句는 合爲染相이니 卽三雜染이라 謂此煩惱가 亦與業生하야 二俱起故라 卽分爲三이니

■ c) 俱生 아래의 일곱 구절은 모두 합해 오염된 모습이 되었으니 곧 세 가지 잡염이다. 말하자면 이런 번뇌가 또한 업과 함께 생겨나서 둘이 함께 일어나는 까닭이다. 곧 셋으로 나누었다.

[鈔] 三俱生下는 先, 總釋이라
- c) 俱生 아래는 (a) 총합하여 해석함이다.

(b) 개별로 해석하다[別釋] 3.
㊀ 세 구절은 그 자체로 번뇌임을 밝히다[初三句當體明煩惱] 3.
① 얽매이는 대상에 따름을 밝히다[明隨所縛] (初三 21下8)

[疏] 初, 三句는 當體明煩惱染이라 一, 俱生不離者는 明隨所縛이라 此句는 總明能所라 所縛은 卽妄心이니 謂惑與妄心으로 遞共同事일새 故云俱生이니 生卽是事라 然離惑하야는 不名妄心이니 離心하야는 惑依何住리오 故迭共相依니 名爲不捨니라
- ㊀ 세 구절은 그 자체로 번뇌에 오염된 것을 밝힘이다. ① '구생번뇌가 여의지 않는다'는 것은 얽매이는 대상에 따름을 설명하였다. 이 구절은 총합적으로 주체와 대상을 밝힘이다. (여기서) 얽매이는 대상은 곧 망녕된 마음이다. 말하자면 미혹과 망심으로 서로 바꾸면서 함께 일하는 연고로 구생(俱生)이라 하였으니 '태어남'이 곧 '일'이다. 하지만 미혹을 여의면 망녕된 마음이라 하지 않나니, 마음을 여의고서 미혹이 무엇을 의지하여 머물겠는가? 그래서 서로 번갈아 함께 의지하는 것이므로 '버리지 못한다'고 하였다.

② 무엇으로 얽어매는가[辨以何縛] (二眠)

[疏] 二, 眠起一義者는 是以何縛고 謂使爲能縛이니 使卽隨眠이오 起卽現行이라 現行이 由使하야 不得解脫하니 以現及種이 同一惑義故라

然下辨使에 不必與現行으로 俱어니와 此中現行은 必由於使니 如有種子에 未必有芽어니와 若已有芽에 必依種子라 故云一義니라

- ② '자는 것과 일어나는 것이 한 뜻이다'라고 말한 것은 무엇으로 얽어매는가? 속박함이 얽어매는 주체라는 말이니, 속박이란 따라 잠드는 것이요 일어남은 곧 현행번뇌이다. 현행번뇌가 속박으로 인해 벗어나지 못하나니 현행과 종자가 함께 미혹의 의미인 까닭이다. 그러나 아래에 속박을 구분할 적에 반드시 현행과 함께하는 것은 아니지만 여기서의 현행은 반드시 속박으로 말미암은 것이다. 마치 종자가 있다고 반드시 새싹이 나오는 것은 아니지만 만일 이미 새싹이 나왔다면 반드시 종자에 의지한 것을 아는 것과 같으므로 '동일한 뜻'이라 말하였다.

③ 얽매이는 대상의 일[所縛事] (三與)

[疏] 三, 與心相應不相應者는 是所縛事니 事卽眞心이라 若被妄染하면 名與相應이니 是縛非解라 心性淨故로 名不相應이니 示可解脫이니라

- ③ '마음과 서로 응하거나 서로 응하지 않는다'는 것은 얽매이는 대상의 일이니, 일이 곧 '참된 마음[眞心]'이다. 만일 망녕된 마음에 물들지 않으면 함께 서로 응한다고 칭하였으니, 이것은 얽매이는 것이지 벗어나는 것이 아니다. 마음의 체성이 깨끗한 연고로 '서로 응하지 않는다'고 하였으니 벗어날 수 있음을 보여 준 내용이다.

[鈔] 後, 初三句下는 別釋三段이라 就此三中하야 初句는 旣總이라 卽能所縛이니 卽二爲能縛이오 三卽所縛妄心이니라 今初에 論自釋隨所縛

云호대 迭共同事하고 迭共相依하야 不相離故라하니라 今疏取意開展 釋之하야 以論同事하야 釋經俱生이니라 言生卽是事者는 然有二義 하니 一은 夫言俱生인대 必有二物하니 煩惱是一이어늘 與何物俱오 卽 妄心事가 同時生也니라 二는 生卽生雜染이니 則煩惱가 與生事로 俱 也니라 從然離惑下는 以論相依하야 釋經不捨니라

二, 眠起一義者는 別明能縛이니 如世縛賊에 爲用繩耶아 爲用鎖等 가 云以何縛이니라 從謂使爲能縛下는 出能縛體오 從現行由使下는 釋其縛義니 煩惱縛心하야 使縛煩惱가 如毛繩으로 縛人에 由入水故 로 令繩縛44)急이니라 然下辨使等者는 通相濫妨이니 此中에 使가 同 下使故라 答意에 云, 此는 約使爲惑因이오 後는 正顯使니 故로 不濫 也니라 遠公이 云45)호대 使有二義하니 一은 繫縛義니 通性及起오 二 는 隨逐義니 局在性成이라 今約繫縛이라하니 亦是一理로다 而下隨眠 에 亦有繫縛일새 故但依疏니라

● (b) 개별적인 해석에서 三句 아래는 세 문단으로 따로 해석함이다. 이 세 문단에 입각하여 ① 첫 구절[俱生不捨相]은 이미 총상이다. 곧 얽 어매는 주체와 대상이니 곧 ② 둘째 구절[眠起一義相]은 얽어매는 주체 가 되고, ③ 셋째 구절[與心相應不相應相]은 얽매이는 대상인 망녕된 마 음이다. 지금은 처음에 논경에서 스스로 수소박(隨所縛)에 대해, "서 로 번갈아 일을 함께하고 서로 번갈아 함께 의지하여 서로 여의지 않 는 까닭이다"라고 해석하였다. 지금은 소에서 의미를 취하여 전개하 고 해석하여 논경의 동사(同事)로 경문의 구생(俱生)을 해석하였다. '태 어남이 곧 일이다'라고 말한 것은 두 가지 뜻이 있으니 1) 대개 구생 (俱生)을 말한다면 반드시 두 가지 물건이 있으니, 번뇌는 하나인데

---

44) 繩縛은 甲南續金本作縛轉.
45) 云은 甲南續金本作釋云.

어떤 물건과 함께하는가? 곧 망녕된 마음의 일이 동시에 생겨나게 된다. 2) 태어남은 곧 잡염이 생겨난 것이니 번뇌가 생겨난 일[妄心事]과 함께하는 것을 가리킨다. 然離惑부터 아래는 논경의 상의(相依)로 경문의 불사(不捨)를 해석한 내용이다.

② '자는 것과 일어남이 한 뜻'이란 얽어매는 주체를 따로 밝힌 부분이니, 마치 세상에서 도둑을 묶을 적에 노끈을 써야 하는가, 쇠사슬 등을 써야 하는가? 무엇으로든 묶는다고 한다. 謂使爲能縛부터 아래는 얽어매는 주체의 근본을 내보인 부분이요, 現行由使 아래는 '그 얽어맨다'는 뜻을 풀이한 내용이다. 번뇌가 마음을 얽어매어 속박함이 번뇌를 얽어매는 것이 마치 노끈으로 사람을 묶을 적에 물에 들어감으로 인해 노끈이 더욱 단단해지는[轉急] 것과 같다. 그러나 아래에 속박을 구분한다는 등은 서로 잘못 비방함에 대해 해명하는 내용이니, 여기의 속박이 아래의 속박과 같은 까닭이다. 대답한 의미를 말한다면 여기서는 속박이 미혹의 원인임을 의지한 내용이고, 뒤에는 바로 속박에 대해 밝힌 내용이다. 그래서 잘못된 것이 아니다. 혜원법사가 말하되, "속박에 두 가지 뜻이 있으니 1) 얽어매는[繫縛] 뜻이니 본성과 일어남에 통하는 것이요, 2) 쫓아간다[隨逐]는 뜻이니 본성으로 이루어짐에 국한되어 있다. 지금은 얽어매는 뜻에 의지한다"고 하였으니 또한 일리 있는 견해이다. 하지만 아래 수면(隨眠)에도 계박(繫縛)의 뜻이 있으므로 다만 소에만 의지한 내용이다.

三與心相應下는 卽別擧所縛이라 然雖別顯能縛과 所縛이나 而必互有가 如繩縛人이라 若言以何物로 縛하면 是單說能이나 而必有所縛

之人이라 不⁴⁶⁾爾者인대 何得縛名고 如說何人被縛에 必有能縛之物이라 故下二句에 各兼能所하니 而二는 正取能이오 三은 正取所니 思之니라

事即眞心者는 出所가 縛體이니 即自性淸淨心이니라 若被下는 即被縛相이니 因無明風動하야 不守自性하야 成其染心也라 染而不染일새 云心性淨이니라 言示可解脫者는 若定是染인대 則不可脫이니 故로 中論에 云, 集⁴⁷⁾若有定性인대 先來所未斷을 於今에 云何斷고하니라

- ③ 與心相應 아래는 얽어매는 대상을 따로 거론한 부분이다. 그러나 비록 얽어매는 주체와 대상을 따로 밝혔다 하더라도 반드시 서로 존재하는 것은 마치 노끈으로 사람을 묶는 것과 같다. 만일 '어떤 물건으로 묶느냐?'고 묻는다면 주체 하나만 말하게 되지만 반드시 묶임을 당하는 사람도 있을 것이다. 그렇지 않다면 어떻게 묶는다고 말할 수 있겠는가? 어떤 사람이라도 묶임을 당할 적에 반드시 묶는 물건이 있는 것과 같다. 그러므로 아래 두 구절에 각기 주체와 대상을 겸하였으니, ㉡ 둘째[眠起一義相]는 바로 주체를 취한 것이고, ㉢ 셋째[與心相應不相應相]는 바로 대상을 취한 것이니 생각해 보라.

'현상은 곧 참된 마음이다'라고 말한 것은 얽매이는 대상의 근본을 내보임이니 곧 자성청정심(自性淸淨心)을 가리킨다. 若被 아래는 얽매이는 모습이니 무명번뇌의 바람이 동요함으로 인하여 자성을 지키지 못하고 그 물든 마음을 이루게 된다. 물들면서도 물들지 않기[染而不染] 때문에 '마음의 본성이 청정하다'고 말한다. '해탈할 수 있음을 보여준다'고 말한 것은 만일 오염된 것으로 정해진다면 해탈할 수 없을 것이다. 그래서 『중론(中論)』에서는, "집제(集諦)가 만일 결정된 체성이

---

46) 不은 甲南續金本作若不.
47) 集은 甲續金本作準, 南本作集皆誤.

라면 이제까지 단절하지 못한 것을 지금 어떻게 단절하겠는가?"라고 하였다.

㈢ 두 구절은 태어남에 의지하여 번뇌를 밝히다[次二句約生明煩惱]

(二隨 23下1)

[疏] 二, 隨趣下의 有二句는 約生하야 明煩惱染이니 論에 云, 身事生이 道界因故者는 苦報集起를 名身事生이라 上句는 是道因이오 下句는 是界因이니라
- ㈢ 隨趣 아래 두 구절은 태어남에 의지하여 번뇌에 오염된 것을 밝힘이다. 논경에서 '몸에서 일이 생겨나는 것이 세상과 갈래의 원인'이라 말한 것은 고통의 보답으로 '고통의 원인[集諦]'이 일어나는 것을 '몸에서 일이 생겨난다'고 한다. 위 구절은 도제(道諦)의 원인이고 아래 구절은 갈래의 원인이 된다.

[鈔] 二隨趣下는 謂就生雜染中하야 明於煩惱니 先, 擧論總釋이오 從苦報下는 釋論이오 從上句下는 以經으로 對論의 道界因이라 道界因言은 彰惑之過니라
- ㈢ 隨逐 아래는 말하자면 태어남의 잡염에 입각하여 번뇌를 밝힘이다. ① 논경을 거론하여 총합적으로 해석함이요, ② 苦報부터 아래는 논경을 해석함이요, ③ 上句부터 아래는 본경으로 논경의 도계인(道界因)을 상대한 내용이다. '세상과 갈래의 원인'이란 말은 미혹의 허물을 밝힌 내용이다.

㊂ 두 구절은 업에 의지하여 오염을 밝히다[後二句約業明染]

(三愛 23下6)

[疏] 三, 愛見下의 二句는 約業하야 明煩惱染이니 初句는 明於三分中에 業因이 障解脫故라 言三分者는 愛는 是欲求中에 追求現報하야 受欲行者오 見은 是邪梵行求오 癡는 是欲求中에 追求現報하야 習惡行者라 故로 論에 云無戒衆生이라하니 爲現少樂하야 習衆惡行하야 愚癡之甚이라 慢은 通上三이나 而多屬見이라 有求는 屬生染所攝이니 故此略無니라 上三이 俱障解脫에 過患難拔이 如箭入木이니 故로 外道는 得非想定하야 尙與見慢相應이라 上卽論意니라 亦可見愛等이 通七識中煩惱니 故云深入이니라 下句는 明此惑이 隨順世間身口意業하야 不斷起因故니라

㊂ 愛見 아래의 두 구절은 업에 의지하여 번뇌에 오염된 것을 밝힘이다. 첫 구절[愛見癡慢如箭深入過患相]은 세 부분 중에 업의 원인이 해탈을 장애함에 대해 밝힌 까닭이다. 세 부분이라 말한 것은 '애정'은 욕구 중에 현재의 과보를 추구하여 행하고자 하는 것을 받은 것이요, '소견'은 사견으로 범행을 구하는 것이요, '어리석음'은 욕구 중에 현재의 과보를 추구하여 악행을 익히는 것이다. 그러므로 논경에서 '계행이 없는 중생[無戒衆生]'이라 하였으니 조그만 즐거움을 나타내기 위하여 여러 가지 악행을 익혀서 어리석음이 깊어진 것이다. '거만함'은 위의 세 가지에 통하긴 하지만 대부분 '소견'에 속한다. 구함이 있는 것은 오염을 생겨나게 함에 포섭되나니 그래서 생략하였다. 위의 세 가지가 모두 해탈을 장애하여 허물과 근심을 뽑아 내지 못하는 것이 마치 화살이 나무에 박히는 것과 같다. 그래서 외도들은 비상비비상

처의 선정을 얻어서 오히려 소견과 거만함과 상응한다. 위는 논경의 주장이다. 또한 애정 등이 7식 중의 번뇌와 통함을 볼 수 있나니 그래서 '깊이 들어간다'고 하였다. 아래 구절[三業因緣不絶相]은 이런 미혹이 세간의 몸과 입과 뜻의 업을 따라서 끊임없이 일어나는 원인이 되는 까닭이다.

[鈔] 三愛見下는 先, 總明이오 初句下는 別釋이라 釋初句中에 先, 牒論이오 言三分下는 疏釋이라 三은 卽愛見癡니 是業之因이니라 疏文委具나 而文有四節하니 一은 以二求로 釋三分業因이오 二, 慢通上三下는 會通經論이라 經有四惑이어늘 論但說三故라 又三求中에 唯說二故라 通意는 可知로

三, 上三俱障下는 以論의 障解脫言으로 釋經如箭深入過患이라 四, 亦可[48]下는 疏別立理니 下句下는 釋三業因緣의 不斷相이니라

● ㈢ 愛見 아래는 ① 총합적인 설명이오, ② 初句 아래는 개별적인 설명이다. ① 첫 구절을 해석하는 가운데 ㉮ 논문을 따옴이오, ㉯ 言三分 아래는 소가의 해석이다. '세 부분'이란 애정과 소견과 어리석음이니 업을 일으키는 원인이다. 소문에 자세히 구비되어 있지만 문장이 네 부분이니 1) 두 가지의 구함으로 세 부분의 업의 원인을 해석한 내용이오, 2) 慢通上三 아래는 본경과 논경을 회통한 내용이다. 경문에는 네 가지 미혹이 있는데 논경에는 단지 셋으로만 설명한 까닭이다. 회통한 의미는 알 수 있으리라.

3) 上三俱障 아래는 논경의 장해탈(障解脫)이란 표현으로 본경의 '화살처럼 깊이 들어가 걱정된다'고 해석한 내용이다. 4) 亦可 아래는

---

48) 可下에 原南續金本有知字, 據疏刪.

소가가 따로 이치를 세운 부분이다. 下句 아래는 삼업의 인연이 끊어지지 않는 모습이라고 해석한 내용이다.

c. 총합하여 결론하다[總結] (結中 24下2)

[疏] 結中의 八萬四千煩惱는 隨好品에 自明이오 賢劫經中에 亦有其相하니라
- c. 총합하여 결론함 중에 팔만사천 가지 번뇌는 수호공덕품(隨好功德品)에 가면 자연히 밝힐 것이오, 『현겁경(賢劫經)』 중에도 그 양상이 있다.

[鈔] 結中八萬下는 然隨好品에 正明煩惱하고 賢劫에는 自說八萬度門이나 而取所治가 亦是煩惱일새 故復引之라 此經은 具名賢劫定意經이라 有十三卷[49]하니 第二卷末에 有喜王菩薩이 宴坐七日하야 過七日已하고 詣佛咨請호대 行何三昧하야사 能悉通達八萬四千諸度法門이닛고 佛告喜王하사대 有三昧門하니 名了諸法本行이라 菩薩이 行時에 便能通達諸度法門이니라 諸度法門者는 諸佛이 有三百五十功德하나니 一一功德이 各修六度로 爲因이라하며 然彼第二卷末에 喜王菩薩이 起請하사대 如來가 初列章門하니라 第三卷初에 喜王이 再請이어늘 一一解釋하사 至第九卷經하야 方終이라 其三百五十度中에 最初를 名修習進行法修度無極이라 其度無極言은 即波羅蜜義라 乃是三百五十之總名이오 其光耀度가 乃當第二오 其分布舍利가 是最後度라 其間에 諸相隨好와 力과 無所畏와 十八不共과 三十七品과 五眼과 六通等이 皆是所成이라 即以六度로 爲二千一百이오 其一一

---

49) 案賢劫經 麗藏八卷, 宋元明宮本皆十卷, 惟聖語藏十三卷 與疏合.

에 各有六度호대 隨事하야 各各不同이라 而初에 言二千一百竟하고 卽云하사대 是二千一百인 其中에 別有一百度無極하니 主除四大六衰하야 令無有餘오 獨步三界라 亦可將此하야 都成[50]前度하니 言如是二千一百諸度無極과 及是百度無極이라 是二千一百諸度無極에 貪欲과 恚와 癡와 等分인 四事와 二千一百이 合八千四百이오 各有十事하야 合八萬四千이라하고 不言十事가 是前四大六衰라 及至第九經에 總釋竟하고 卽云하사대 是八千四百에 一度가 爲十하야 合八萬四千諸度無極이라하고 亦不言十對四大六衰라 次云하사대 此八萬四千諸度가 除八萬四千衆垢塵勞하야 遂成[51]八萬四千三昧門이며 立八萬四千空行이라하니 設以義取인대 應以四大六衰로 成[52]八千四百이라 而人이 以四大六衰로 成[53]二千一百하니 似非經意로다 又此가 皆是菩薩所修之法이오 亦非如來一代經에 如是多度를 多會說法이라 下諸卷에 廣說千佛名과 及因緣하사대 然不說四大六衰之相하고 第十三卷[54]末에 云, 三毒과 五陰과 十二牽連과 四大와 六衰와 諸蔽睡眠이라하니 則義當四大六塵이니 六塵이 衰損善法故라 經中에 但言一度爲十하고 經旣不釋하니라

● 結中八萬 아래는 수호공덕품에 바로 번뇌에 대해 밝힌 내용이고, 『현겁경(賢劫經)』에는 자연히 팔만사천 바라밀문에 대해 설명하였지만 다스릴 대상도 역시 번뇌임을 취한 연고로 다시 인용하였다. 이 경은 『현겁정의경(賢劫定意經)』의 약칭인데 모두 13권이다. 제2권 끝부분에 희왕(喜王)보살이 칠 일 동안 좌선정진[宴坐]을 하고 나서 부처님

---

50) 成은 南續金本作乘.
51) 遂成은 經南續金本作乘.
52) 成은 甲南續金本作乘.
53) 成은 南續金本作乘.
54) 麗藏卷八, 宋元明宮本卷十.

을 찾아뵙고 여쭈어 청하되, "어떤 삼매를 닦아야만 팔만사천의 모든 다라니 법문을 모두 통달할 수 있사옵니까?" 부처님께서 희왕(喜王)보살에게 말씀하시되, "삼매문이 있으니 이름은 '모든 법을 요달한 근본수행'이라 한다. 보살이 수행할 적에 문득 능히 모든 바라밀 법문을 통달할 수 있다. 모든 바라밀의 법문이란 부처님께 350가지 공덕이 있으니 낱낱의 공덕이 각기 육바라밀을 닦는 것으로 원인을 삼는다"라고 하셨다. 그리고 제2권 끝부분에 희왕보살이 일어나 청법하니 부처님께서 처음으로 가름의 문을 나열하셨다. 제3권 첫 부분에 희왕보살이 다시 청법하였는데 부처님께서 낱낱이 해석하시어 제9권에 가서야 끝나게 된다. 그 350가지 바라밀 중에 최초의 것은 정진행법을 닦아 익혀서 바라밀[度無極]을 수행한다고 말한다. 그 도무극(度無極)이란 말은 곧 '바라밀'이란 뜻으로 350가지 바라밀의 총합적인 명칭이요, 그 광요(光耀)바라밀이 둘째에 해당하며 분포사리(分布舍利)바라밀이 최후의 바라밀이다. 그 사이에 여러 모습[相]과 따르는 분위기[好]와 십력과 두려움 없음과 18가지 함께하지 않는 법과 37가지 보리분법과 다섯 가지 눈과 여섯 가지 신통 등이 모두 성취할 대상이다. 곧 육바라밀을 곱하면 2,100가지가 되고, 그 하나하나에 각기 육바라밀이 있는데 현상을 따라 각각 다르다. 그런데 처음에 2,100가지를 말하고 나서 곧 말하되, "이런 2,100가지 중에 개별적으로 100가지 바라밀이 있어서 주로 사대(四大)와 육쇠(六衰)[55]를 제거하여 남음이 없게 하는 것이요, 혼자서 삼계를 거닐게 된다. 또 이를 가져서 앞의 바라밀을 모두 이루게 되나니 '이런 2,100가지 여러 바라밀과 100가지 바라밀'이라 말한다. 이런 2,100가지 바라

---

55) 六衰: 色 등 六塵이 능히 사람의 진성을 쇠퇴시키기 때문에 六衰라 한다(=六賊). (불교학대사전 p.1201-)

밀에 탐욕과 성냄과 어리석음과 분량이 같은 네 가지 현상에 2,100을 곱하면 8,400가지가 되고, 각기 열 가지 현상이 있어서 합하면 84,000가지가 된다"고 하였는데, '열 가지 현상[十事]'이 앞의 4대와 6쇠를 말하는 것은 아니다. 제9권에 이르러 총합적인 해석을 마치고 곧 말하되, "이 8,400가지에 한 바라밀에 10을 곱하여 84,000가지 모든 바라밀이 된다"고 하였고, 또한 10은 사대(四大)와 육쇠(六衰)를 상대하여 말한 것은 아니다. 다음에는, "이 84,000가지 바라밀이 84,000가지의 여러 번뇌를 제거하여 드디어 84,000가지 삼매문을 이루며, 84,000가지 공행(空行)[56]을 세운다"고 하였다. 설사 의미로 취한다면 응당히 사대(四大)와 육쇠(六衰)로 8,400가지를 이룬다. 하지만 사람이 사대(四大)와 육쇠(六衰)로 2,100가지를 이루었으니 본경의 의미가 아닌 것 같다. 또 이것은 모두 보살이 닦아야 할 법이요, 역시 부처님의 일대의 경전에 이러한 여러 바라밀을 여러 차례 설법한 것은 아니다. 아래 여러 권에 널리 천 부처님의 명호와 인연을 설명하였지만 사대(四大)와 육쇠(六衰)의 모습은 말하지 않았고, 제13권 끝부분에 이르되, "삼독과 오음과 12가지 견연(牽連)과 사대(四大)와 육쇠(六衰)와 여러 가지 오래된 수면이다"라고 하였으니, 곧 뜻으로는 사대와 육진(六塵)에 해당한다. 육진(六塵)이 선법을 훼손하는 까닭이다. 경문에는 단지 '한 바라밀이 열 가지로 된다'고만 말하였고, 논경에서는 더 이상 해석하지 않았다.

今以義推컨대 乃有二義하니 一은 如古釋이니 四大六衰로 成[57]之오

---

56) 空行 : 空法을 닦는 행. 空法에는 大・小・淺・深이 있어서 대승・소승・보살・성문으로 구분한다. (앞의 책 p.96-)
57) 成은 甲南續金本作乘.

二[58]는 義推컨대 如一施度下에 經具十하야 餘五도 亦然하면 則八千四百이라 旣一一具十하니 斯理無失이로다 亦有云호대 四大者는 貪・瞋・嫉妬와 及衆生想이니 此能障四無量故라 六衰者는 慳嫉・放逸・不忍・懈怠・散亂・愚癡니 能障六種波羅蜜故라하니 此乃理求오 未有所出일새 難以取憑이로다 又經中에 旣云於其一百에 對四大六衰하니 若如向說인대 則盡對四大六衰로다 又有云호대 若依大乘菩薩藏說인대 貪・瞋과 邪見과 及慢이 爲四種이니 各二萬一千이라 有唯貪香味觸法色하고 不貪聲等하며 有唯貪聲하고 不貪色等하며 有俱貪香味觸法도 當知亦爾[59]라 色中에 多種이니 有貪外色하고 不貪內色하며 有反此者하고 亦有俱者하며 外色中에 有多差別하니 十形과 四顯과 八差別等이라 各別俱貪하며 或少와 或多와 或徧이오 貪着聲香味觸이 各亦多門이라 是故로 貪行이 二萬一千이오 瞋・邪見・慢도 當知亦爾라하니라 釋曰, 非無所以나 未詳所據로다

- 지금의 의미로 미루어 본다면 두 가지 의미가 있으니 1) 예전과 같은 해석이니 사대(四大)와 육쇠(六衰)로 이룬 것이요, 2) 의미로 미루어 보면 저 처음의 보시바라밀 아래에 경문에서 열 가지를 구비하고 나머지 다섯 가지에도 똑같이 적용하면[亦然] 8,400가지가 된다. 이미 낱낱에 열 가지를 구비하였으니 이치로는 잘못된 점이 없다. 또한 어떤 이가 말하되, "사대란 탐욕・성냄・질투와 중생심을 말하나니 이것이 능히 네 가지 한량없는 마음[四無量心]을 장애하는 까닭이다. 6쇠란 아끼고 미워함・방일함・참지 못함・게으름・산란심・어리석음을 가리키나니 능히 육바라밀을 장애하는 까닭이다"라고 하였다. 이것은 이치적으로 구함이요, 나올 것이 있지 않으므로 취하여 의지할

---

58) 二下에 南續金本有以字.
59) 爾는 南續金本作是.

수 없다. 또 경문에 이미 '그 100가지에 사대(四大)와 육쇠(六衰)를 상대한다'고 하였으니 만일 앞에 말한 것과 같다면 사대(四大)와 육쇠(六衰)를 모두 상대한 것이로다. 또 어떤 이는, "만일『대승보살장경(大乘菩薩藏經)』에 의지하여 말한다면 탐욕・성냄과 사견과 거만함이 네 종류이니 각기 21,000이 된다. 어떤 때는 오로지 향기와 맛과 닿임과 색만 탐내고 소리 등은 탐내지 않으며, 어떤 때는 오로지 소리만 탐내고 색 등은 탐내지 않으며, 어떤 때는 향기와 맛과 닿임과 법을 함께 탐내는 것도 마찬가지임을 알아야 한다. 색 중에도 여러 종류이니 어떤 때는 외부의 색을 탐내고 내부의 색은 탐내지 않으며, 어떤 때는 이와 반대로 하고 또 함께하는 때도 있다. 외부의 색 중에도 여러 가지 차별이 있으니, 열 가지 형태와 네 가지로 밝힘과 여덟 가지 차별 등이 있다. 각기 다르게, 혹은 함께 탐내며, 혹은 작게, 혹은 많게, 혹은 두루 하게도 한다. 소리와 향기와 맛과 닿임을 탐내는 것이 각기 또한 여러 문이 있다. 이런 까닭에 탐내는 행법이 21,000가지요, 성냄과 사견과 거만함도 마찬가지인 줄 알지니라." 해석하자면 이유가 없는 것은 아니지만 근거가 자세하지 않은 주장이다.

(ㄷ) 업의 조림[業稠林] 3.

a. 총합하여 표방하다[總標] (第三 27上3)

又知諸業種種相하나니 所謂善不善無記相과 有表示無表示相과 與心同生不離相과 因自性刹那壞而次第集果不失相과 有報無報相과 受黑黑等衆報相과 如田無量相

과 凡聖差別相과 現受生受後受相과 乘非乘定不定相과 略說乃至八萬四千을 皆如實知니라

또 여러 업의 가지가지 모양을 아나니, 이른바 선과 악이 둘이 아닌 모양과, 표시할 수 있고 표시할 수 없는 모양과, 마음과 함께 나서 떠나지 않는 모양과, 인의 성품이 찰나에 무너지지마는 차례로 결과가 모여 잃지 않는 모양과, 갚음이 있고 갚음이 없는 모양과, 검고 검은 따위의 여러 가지 갚음을 받는 모양과, 밭과 같아 한량없는 모양과, 범부와 성인이 차별한 모양과, 이승에 받고 저승에 받고 뒤 승에 받는 모양과, 승과 승 아닌 것이 결정하고 결정하지 않은 모양과, 간략히 말하여 내지 팔만사천 가지를 모두 사실대로 아느니라.

[疏] 第三, 釋業이라 亦三別이니 中에 十句를 爲九種差別이니 後二를 合故니라

- (ㄷ) 업의 조림이다. 역시 세 가지로 구분한 중에 열 구절을 아홉 종류로 나누었으니 뒤의 두 구절을 합한 까닭이다.

[鈔] 第三은 業稠林이라 然이나 論에 有二하니 先은 正解오 後는 重分別이라 今疏에 將下重分別文하야 合在前文의 正解中用이라 九句를 分二니 前八은 對果辨業이오 後一은 明定不定이라 就前八中하야 遠公이 攝爲三對하니 初三이 一對오 次三이 一對오 後二가 一對라 三對之中에 皆初는 對果하야 明業爲因이오 後[60)]는 就業體하야 隨義分別이니라

---

60) 後下에 南續金本有復字.

- (ㄷ) 업의 조립이다. 하지만 논경에는 둘이 있으니 a. 바로 해석함이요, b. 거듭 구분함이다. 지금 소에서는 아래 거듭 구분한 문장을 가져 앞 문장의 바로 해석함 중에 합하여 사용하였다. 아홉 구절을 둘로 나누었으니 (1) 앞의 여덟 구절은 과보에 상대하여 업을 밝힘이요, (2) 뒤의 한 구절은 정함과 정하지 못함을 밝힘이다. 앞의 여덟 구절에 입각하여 혜원법사는 세 가지 대구(對句)로 묶었으니 처음 세 구절이 한 대구요, 다음의 세 구절이 한 대구요, 뒤의 두 구절이 한 대구가 된다. 세 가지 대구 중에 모두 처음은 과보에 상대하여 업이 원인임을 밝힌 내용이고, 뒤는 업의 체성에 입각하여 의미를 따라 구분한 내용이다.

b. 개별로 해석하다[別釋] 9.
a) 도의 원인으로 차별하다[道因差別] 2.
(a) 통틀어 세 가지 체성이 다섯 갈래의 결과를 감득함[通三性感五趣果]

(初一 27上9)

(b) 도의 원인은 선악이 분명함을 설명하다[明道因明是善惡] (又俱)

[疏] 初一은 道因差別이니 謂通說三性이 爲六趣因이라 引業은 唯善惡이오 各有三品하니 二地에 已說하니라 滿業은 通三性이라 名言熏習도 亦通三性하니 許爲因種61)故라
又俱舍十七에 以三性因으로 對五種果하고 無記도 亦能招果라 故로 論主가 通以三으로 爲道因이라 或62)旣不招異熟인대 則論主의 言總意別이니라

---
61) 因種은 南續金本作種因.
62) 或은 續金本作惑.

- a) 한 구절[善不善無記相]은 도의 원인으로 차별함이다. 말하자면 통틀어 세 가지 체성이 여섯 갈래의 원인이라는 말이다. 업을 끌어옴[引業]은 오로지 선과 악뿐이며 각각 세 품이 있으니 제2지에서 이미 설명하였다. 업을 원만케 함은 세 가지 체성에 통한다. 명언으로 훈습함도 역시 세 가지 체성에 통하나니 허용하여 종자로 인하는 까닭이다. 또 『구사론』제17권에 세 가지 체성의 원인으로 다섯 종류의 결과를 상대하였고, 무기도 역시 결과를 초래할 수 있다. 그래서 논주가 통틀어 세 가지로 도의 원인을 삼은 것이다. 혹은 이미 이숙을 초래하지 않았다면 논주의 언사는 총합적이지만 의미는 개별적인 것이 된다.

[鈔] 初一道因者는 此卽對果明業이라 疏文有二하니 先은 通三性이 感五趣果오 後[63)]는 唯善惡이라 今初引業이 唯善惡者는 俱舍業品에 云, 一業이 引一生하고 多業이 能圓滿이라하니라 釋云, 引業은 謂總報業이니 但由一業하야 唯引一生이라 若許一業이 能引多生인대 時分定業이 應成雜亂이오 若此一生이 多業所引인대 應衆同分이며 分分差別이니 以業果가 別故라…〈中略〉…

- a) '한 구절은 도의 원인'이라 말한 것은 결과를 상대하여 업을 밝힌 내용이다. 소의 문장에 둘이 있으니 (a) 통틀어 세 가지 체성이 다섯 갈래의 결과를 감득함이요, (b) 오로지 선과 악뿐이다. 지금은 처음에 업을 끌어옴은 선과 악뿐이란 『구사론』업품(業品)에서는, "한 가지 업이 한 생을 이끌어 오고 많은 업이 그를 원만하게 한다"고 하였다. 해석한다면 업을 이끌어 옴은 총합적인 과보의 업을 말하나니, 단지 한 가지 업으로 인하여 오로지 한 생만 이끌어 오는 것이다. 만

---

63) 後는 甲南續金本作故誤, 案此卽次科明道仁唯是善惡.

일 한 가지 업이 능히 여러 생을 이끌어 옴을 허용한다면 시분(時分)이 정해진 업이 응당히 잡란을 이룰 것이고, 만일 이 한 생이 많은 업으로 인해 이끌어진 것이라면 응당히 중동분(衆同分)이어야 할 것이며, 부분 부분마다 차별될 것이니 업의 결과가 다른 까닭이다.…〈중간 생략〉…

滿業通三性者는 唯識第八에 云, 然諸習氣가 總有三種하니 一은 名言習氣니 謂有爲法에 各別親種이오 二는 我執習氣오 三은 有支習氣라 下二習氣는 六地에 廣明이오 其名言習氣는 問明에 已釋이어니와 爲明三性일새 故復重擧니라 論에 釋名言習氣云호대 名言에 有二하니 一은 表義名言이니 卽能詮義音聲差別이오 二는 顯境名言이니 卽能了境心心所法이라 隨二名言의 所熏成種하야 作有爲法各別因緣이라하야늘 彼疏에 釋云호대 名言熏習은 卽三性法의 各自親種이라 表義名言卽能詮義音聲差別者는 揀無詮聲에 彼非名故라 然이나 名은 乃是聲上屈曲이오 唯無記性일새 不能熏成色心等種이나 然이나 因名起種일새 名名言種이니 謂因於名하야 令心으로 了知而成種故라 今經에 從因起之義는 乃顯境名言이니 故云許爲因種이니라…〈下略〉…

- '업을 원만하게 함은 세 가지 체성에 통한다'는 것은 『성유식론』 제8권에 이르되, "그런데 모든 습기에 총체적으로 세 종류가 있다. 1) 명언습기(名言習氣)이니, 유위법의 각기 다르게 직접 훈습된 종자를 말한다.[64] 2) 아집습기(我執習氣)요, 3) 유지습기(有支習氣)이다." 여기서 아래 두 습기는 제6지에서 자세히 밝힌 적이 있고, 그 명언습기는 문

---

64) 名言習氣는 명언종자·명언훈습종자라고도 하며, 언어[名言]를 사용한 개념적인 사고에 의해 인식된 종자이다. 또는 모든 종자를 총칭하여 명언종자라고 하기도 하는데, 심리활동의 대부분이 언어에 의한 개념으로 구성되기 때문이다. 종자는 언어활동에 의해 아뢰야식에 이식된 잠재적인 에너지이며, 또한 언어활동을 일으키는 원동력이다.

명품(問明品)에서 이미 해석하였는데 여기서는 세 가지 체성을 밝히기 위해 거듭하여 다시 거론하였다. 논에서 명언습기를 설명하되. "언어[名言]에 두 가지가 있다. 하나는 '뜻을 표현하는 언어[表義名言]'이니, 능히 뜻을 나타내는 음성의 차이이다. 다른 하나는 '대상을 나타내는 언어[顯境名言]'이니, 곧 능히 대상을 요별하는 심왕과 심소법이다. 두 가지 언어에 따라서 훈습된 종자가 유위법의 각기 다른 인연이 된다." 저 소에서는, "명언훈습은 곧 세 가지 체성의 법으로 각기 스스로 직접 훈습된 종자이다"라고 해석하였다. 표의명언(表義名言)이 곧 능히 뜻을 나타내는 음성의 차이라고 한 것은 소리로 나타냄이 없으며 명언이 아님을 구분한 까닭이다. 그러나 명칭은 음성에 있는 굴곡이요 오로지 무기의 성질일 뿐이므로 능히 색법과 심법 등의 종자를 훈습할 수 있지만 명칭으로 인해 종자가 생겨났으므로 '명언종자'라 이름한다. 말하자면 명칭으로 인하여 심법으로 하여금 요달해 알아서 종자를 이루게 하기 때문이다. 지금 본경에 '원인에서 생겨난다[因起]'는 뜻은 곧 대상을 나타내는 언어일 것이므로 '허용하여 원인종자가 된다'고 말하였다. …〈아래 생략〉…

b) 자성으로 차별하다[自性差別] (二有 29下10)

[疏] 二, 有表示等者는 自性差別이라 然이나 論經에는 此句를 云作未作相이라하니 此則並以思로 爲自性故라 論에 云, 此有二種하니 一은 籌量時라하니 此在意地라 唯有審慮一種思故니 釋未作義오 二는 作業時라하니 釋經作字니 有決定思라 若在身語하면 唯發動思니라 成唯識[65]에 云, 動身之思도 名爲身業이오 發語之思를 名爲語業이라하니

라 然이나 今旣云有表示等이라하니 卽表無表業이라 各通三業이니 表則三皆是思오 無表則非心非色이라 或說色收하니 義如別說이니라

■ b) 有表示 등이란 자성으로 차별함이다. 그러나 논경에는 이 구절을 '지음이 있거나 아직 짓지 않은 모습'이라 하였으니 이렇다면 함께 생각으로 자성을 삼은 까닭이다. 논경에서는, "여기에 두 종류가 있으니 (1) 헤아려 생각할 때[籌量時]이다"라 하였으니 이것은 생각하는 단계[意地]에 있을 때이다. 오로지 '살피고 염려하는 생각[審慮思]' 한 가지만 있는 까닭이니 '아직 짓지 않았다'는 뜻으로 해석한 부분이요, "(2) 업을 지을 때[作業時]이다"라고 하였다. 이것은 논경의 작 자(作字)를 '결정하는 생각[決定思]'으로 해석한 부분이다. 만일 몸이나 말에 있었다면 오로지 '동작을 일으키려는 생각[發動思]'일 뿐이다. 『성유식론』에 이르되, "능히 신체를 움직이는 의지의 심소를 신업(身業)이라고 한다. 능히 언어를 일으키는 의지의 심소를 어업(語業)이라고 한다. (살펴서 생각하고 결정하는 두 가지 의지의 심소[審慮思와 決定思]를, 의식과 상응하고 의식을 작용하게 하기 때문에 意業이라고 이름한다.)"[66] 하지만 지금은 이미 표시할 수 있는 등이라 하였으니 표업(表業)과 무표업(無表業)이 각기 세 가지 업에 통한다. 표업이라면 세 가지가 모두 생각이요, 무표업이라면 심법도 색법도 아니며 혹은 색법에 포함하여 말하기도 하나니 이치는 개별로 설명한 부분과 같다.

---

65) 인용문은 『成唯識論』 제1권의 내용이다. 論云, "能動身思說名身業, 能發語思說名語業. 審·決二思. 意相應故·作動意故, 說名意業."(대정장 권31 p.4 c-)
66) 身業·語業·意業의 자체[體]를 밝힌다. 신·구·의 삼업은 모두 제6식에 상응하는 思의 심소를 자체로 한다. 그 思의 심소에 審慮·決定·動發勝의 세 가지가 있다. 審慮思는 제6식에 상응하는 思가 선 또는 악을 짓고자 살피고 사려하는 것이다. 그 다음에 나아가 선 또는 악을 반드시 이와 같이 하겠다고 결정하는 것이 決定思이다. 여기서 더 나아가 바로 선과 악의 업을 조작하는 것이 動發勝思의 심소이다. 따라서 審慮思와 決定思는 意業에, 動發勝思는 신업과 어업에 통한다. 세 가지 思의 심소 중에서 제3의 動發勝思가 바로 신업과 어업을 일으키는 것이며, 이것이 곧 신업과 어업의 자체이다. 또한 심려사와 결정사가 의업의 자체가 된다.

[鈔] 二有表示等者自性差別은 此下二句가 唯就業體하야 隨義差別이라 云自性者는 造作之義가 是業自性이라 論初釋中에 但云自性差別이라하니라 論云此有二種下는 此是論主가 後重釋文이니 論主가 但云호대 一은 籌量時오 二는 作業時라하니라 從此在意地下는 疏釋初義라 言在意地者는 未形身口라 言有審慮와 決定인 二種思者는 今言唯有審慮一種思者는 正明論中의 未作之意니 雖在意地나 未有決定하야 未成業道일새 未受報故라 如六地에 業有二義하야 不受果報[67]하니 一은 未作業이니 上引瑜伽하야 已廣顯示니라 二作業時者는 此句는 論文이오 從釋經作字下는 疏釋通三業也라 言[68]決定思者는 卽是意業이니 至決定思하야사 方成業道하야 能招報故라

- b) '有表示 등은 자성으로 구분함'이라 말한 것은 이 아래의 두 구절[有表示無表示相, 與心同生不離相]이 오로지 업의 체성에 입각하여 이치를 따라 구분한 내용이다. '자성'이라 말한 것은 '지어 만든다'는 뜻이니 업의 자성을 가리킨다. 논경에서 처음 해석한 중에 단지 '자성으로 구분한다'고만 하였다. 論云此有二種 아래는 논주가 뒤에 다시 설명한 문장이니 논주가 단지 "첫째는 헤아려 생각할 때이고, 둘째는 업을 지을 때이다"라고만 하였다. 此在意地부터 아래는 소에서 첫째 의미를 풀이한 것이다.

'생각하는 단계에 있다'는 말은 신업과 구업으로 표현되기 전에 살피고 염려하고 결정하는 두 가지 생각을 말하는 것이지만, 지금 '오로지 살피고 염려하는 한 가지 생각만 있다'고 말한 것은 바로 논경의 '아직 짓지 않은 의미'를 밝힌 부분이다. 비록 생각의 단계에 있긴 하

---

67) 疏文을 참고하면 2. 擧今經明受報業(今無 11上4) 疏云, "今無明이 緣行은 則顯已作이오 現識等五는 則顯已潤已受요 愛取有三은 則知未得對治라 於已作業에 旣有潤과 未潤이 殊하니 斯爲異因이라."
68) 言은 甲南續金本作有.

지만 아직 결정하지 않아서 업도를 이루지 않은 것이므로 과보를 받지 않기 때문이다. 마치 제6지에서 업에 두 가지 뜻이 있어서 과보를 받지 않는 것과 같다. 1) 아직 업을 짓지 않음이니 위에서 유가론을 인용하여 이미 널리 밝혀 놓았다. 2) '업을 지을 때'란 이 구절은 논경의 문장이요, 釋經作字부터 아래는 소에서 세 가지 업에 통한다고 해석한 내용이다. '결정하는 생각'이라고 말한 것은 곧 의업을 가리키나니 결정하는 생각에 가서야 비로소 업도를 이루어 능히 과보를 초래할 수 있는 까닭이다.

言若在身語[69]下는 辨餘二業이니라 成唯識下는 引論證成이니 彼論第一에 廣破外宗의 表無表色竟하고 小乘이 引經問言호대 世尊이 經中에 說有三業이어늘 撥身語意하니 豈不違經고 故로 論에 答云호대 不撥爲無오 但言非色이니 能動身思를 說名身業이오 能發語思를 說名語業이오 審決二思로 意相應故며 動作意故로 說名意業이라하니라 釋曰, 此는 出三業體라 然이나 思有三種하니 一은 審慮思오 二는 決定思오 三은 動發思라 然이나 初二思는 是發身語遠近加行이라 然發動思는 正發身語니 卽[70]二業體라 然初二思는 與意俱故며 作動意故로 名爲意業이니 故總以思로 爲三業體라하니라 釋曰, 故意業中에 要具二思하야사 方成業道니 如上已明이니라 今約成業하야 但云決定이라 故로 晉經에 云, 分別不可分別相이라하니라

- (a) 若在身語 아래는 나머지 두 가지 업에 대해 밝힌 내용이다. (b) 成唯識 아래는 논문을 인용하여 증명함이니 저『성유식론』제1권에 널리 다른 종파의 표색과 무표색에 대해 타파하고 나서 소승이 경문

---

69) 語는 甲南續金本作口.
70) 卽下에 南續金本有是字.

을 인용하여 질문하되, "세존께서 경전 중에 세 가지 업이 있다고 말씀하셨다. '신체와 언어의 업이 없다'고 말하는 것이 어째서 경전에 위배되지 않는가?" 그래서 논에 대답하되, "부정해서 없다고 말하는 것이 아니라 다만 색법이 아니라고 말할 뿐이다. 능히 신체를 움직이는 의지의 심소를 신업(身業)이라고 이름한다. 능히 언어를 일으키는 의지의 심소를 어업(語業)이라고 이름한다. 심려(審慮)와 결정(決定)의 두 가지 의지의 심소를, 의식과 상응하고 의식을 작용하게 하기 때문에 의업(意業)이라고 이름한다." 해석한다면 이것은 세 가지 업의 체성에서 나온 표현이다. 하지만 생각에 세 종류가 있으니 ① 살피고 염려하는 생각 ② 결정하는 생각 ③ 동작을 일으키려는 생각이다. 그러나 ①과 ②의 생각은 몸과 말을 시작하여 멀고 가깝게 행동을 더하는 것이다. 하지만 동작을 일으키려는 생각은 바로 신업과 어업을 한 것과 같나니 곧 두 가지 업의 체성이다. 그런데 ①과 ②의 생각은 의업과 함께하기 때문이며, 생각을 움직이는 연고로 의업이라 이름하였다. 그래서 총합하여 생각으로 세 가지 업의 체성을 삼는다. 해석한다면 그래서 의업 중에 두 가지 생각을 구비하여야만 비로소 업도를 이루나니 위에서 이미 밝힌 부분과 같다. 지금은 업을 이룬 것에 의지하여 단지 결정이라고만 말하였다. 그러므로 진경(晉經)에 이르되, "분별하거나 분별할 수 없는 모양"이라고 하였다.

然今旣云下는 但順經文이오 而非論意라 表卽表彰이니 相可見故오 無表는 反此라 俱舍業品에 云,[71] 世別이 由業生이니 思와 及思所作이라 思는 卽是意業이오 所作은 謂身語라하니라 釋曰, 謂有問言호대 世

---

[71] 『俱舍論』제13권 分別業品 제4의 ①의 내용이다. (대정장 권26 p.67b7-)

從何生고 初句로 答云호대 從業而生이니라 次句는 示二種業이니 一者는 思業이오 二者는 思已라 即下二句는 開二爲三이라 然其意業은 約[72]等起立이니 業既是思오 與意相應이라 意等引起를 名爲意業이니라…〈下略〉…

- 然今旣云 아래는 단지 경문에만 따른 내용이요, 논경의 주장이 아니다. 표(表)는 '표시하여 밝힌다'는 뜻이니 모양을 볼 수 있기 때문이요, 무표(無表)는 이와 반대이다. 『구사론』 업품(業品)에는, "세상의 차별은 업으로 생기나니 생각과 생각으로 지은 바인데 생각은 바로 의업이요, 지은 바는 몸과 입의 업이라 말하네"라고 하였다. 해석한다면 어떤 이가 질문하기를, "세상은 무엇에서 생겼는가?" 첫 구절로 대답하되, "업에서부터 생겨난다." 다음 구절은 두 가지 업을 보였으니 1) 생각할 때의 업이요, 2) 생각하고 난 업이다. 곧 아래 두 구절은 두 가지를 전개하여 세 가지로 만들었다. 하지만 그 의업은 동시에 일어남[等起]에 의지하여 세운 것이니, 업은 이미 생각함이요, 의업과 서로 응한다. 의업 등이 이끌어 일어나는 것을 의업이라 이름한다. …〈아래 생략〉…

c) 방편으로 차별하다[方便差別] (三與 33下4)

[疏] 三, 與心同生不離者는 方便差別이니 心[73]共生熏心하야 不別生果故라 謂此業思가 與等起意識으로 共生에 隨其善惡生已하야 即熏本識하야 成名言等種이라 種似能熏일새 故云不別生果니 即不離義니라

- c) '마음과 함께 나서 떠나지 않는다'는 것은 방편으로 차별함이니, 마

---

72) 約은 甲南續金本作依.
73) 遺忘記云, "心共間 疏本有業字." (『三家本私記』遺忘記 p.376-)

음과 업이 함께 나서 마음을 훈습하긴 하지만 생겨난 결과와 다르지 않기 때문이다. 말하자면 이런 업과 생각이 동시에 일어나는 의식과 함께 생겨나면 그 선과 악을 따라 생겨나서 근본식을 훈습하여 명언(名言) 등의 종자를 이룬다. 종자는 훈습하는 주체와 같으므로 "생겨난 결과와 다르지 않다"고 말하였으니 곧 '여의지 않는다'는 뜻이다.

[鈔] 方便差別[74]者는 心爲起業之方便故라 經云與心同生不離者는 業共心生하야 生已不離니 此言業行이 常依心王也니라 與等起者는 俱舍[75]에 云, 等起가 有二種하니 因과 及緣刹那니 如次第應知라 名轉과 名隨轉이라하니 引論解釋은 已如六地하니라 然今此中에 正同緣等起也니 與所起業으로 同刹那故라 故云意識共生이니라

言隨其善惡生已卽熏成名言等種者는 此文影略이라 若善惡熏이면 卽成業種이오 意識等熏에 成名言種이니 由上에 有意識共生故라 然要由業熏하야사 心方成種일새 故云爾耳니라

疏中等言은 等於業種이니라 言種似能熏은 亦有二義하니 一은 似善惡이니 惡生苦果하고 善生樂果오 二는 似名言이니 所熏第八이 成異熟種하고 能熏七識等이 成名色等種이라 上二에 並言不別生果니라 言卽不離義者는 結歸於經이니 謂業種이 不離心일새 得果도 不離種也니라

- '방편으로 차별한다'는 것은 마음은 업을 일으키는 방편인 까닭이다. 경문에 '마음과 함께 나서 떠나지 않는다'고 말한 것은 업과 함께 마음이 생겨나고 생겨난 뒤에 떠나지 않는 것이니, 이것은 업의 행이 항상 심왕을 의지한다는 말이다. '함께 동시에 일어난다'는 것은 『구사

---

74) 差別은 甲南續金本作心業.
75) 云은 甲南續金本作頌云, 게송의 因及緣刹那는 本頌에 因及彼刹那이다.(대정장 권29 p.71-)

론』에서는, "등기(等起)에 두 가지가 있는데 인등기(因等起)와 저 연찰나등기(緣刹那等起)로서 일어남[轉]이라 하고 따라 일어남[隨轉]이라고 함을 그 순서대로 응당 알아야 하리." 인용한 논을 해석한 것은 6지와 같다. 그러나 지금 여기서는 바로 등기(等起)를 함께 인연하나니, 일어난 업과 찰나 등기와 같은 까닭이다. 그래서 "의식과 함께 생겨난다"고 말하였다.

'그 선과 악을 따라 생겨나서 근본식을 훈습하여 명언 등의 종자를 이룬다'고 말한 것은 이 문장은 비추어 생략한 말이다. 만일 선과 악으로 훈습하면 곧 업의 종자를 이루게 되고, 의식 등으로 훈습하면 명언종자가 된다. 위로 인하여 의식과 함께 생겨나는 까닭이다. 하지만 업으로 훈습함으로 인하여야 마음이 비로소 종자가 되기 때문에 이렇게 말했을 뿐이다.

소문의 '등(等)'이란 말은 업과 종자를 동시에 취한다는 뜻이다. '종자가 훈습하는 주체와 비슷하다'는 말은 또한 두 가지 뜻이 있으니 1) 선과 악과 비슷함이니, 악에서 고통의 결과가 생겨나고 선에서 즐거운 결과가 생겨나는 것이요 2) 명언과 비슷함이니, 훈습된 제8식이 이숙의 종자가 되고 훈습하는 주체인 7식 등이 명색 등의 종자가 되므로 위의 두 가지에 함께 "생겨난 결과와 다르지 않다"고 말하였다. '곧 여의지 않는다는 뜻이다'라고 말한 것은 결론적으로 경문에 돌아가나니, 말하자면 업과 종자가 마음을 떠나지 않으므로 얻은 결과도 종자를 떠나지 않는다.

d) 남김없이 모은 결과로 차별하다[盡集果差別] (四因 34上10)

[疏] 四, 因自性等者는 盡集果差別이니 謂無始業因이 以是有爲故며 自性刹那壞일새 故云盡이니 此顯非常이오 而得持至果하야 功不敗亡일새 故云集果不失이라 此顯非斷이라 前念雖滅이나 後念續存일새 故云次第라 亦是因卽頓熏이나 果則次第니 如識等五也니라

- d) 因自性 등이란 남김없이 모은 결과로 차별함이다. 말하자면 시작함 없는 업의 원인이 유위법인 까닭이며 자성이 찰나 사이에 무너지므로 '모두'라고 하였다. 이것은 항상하지 않음을 밝힌 것이요, 그러나 간직하여 결과에 이르러 공덕은 없어지지 않으므로 모은 결과가 없어지지 않는다. 이것은 단절되지 않음을 밝힌 내용이다. 앞생각이 비록 소멸되었지만 뒷생각은 존속하므로 '차례대로'라고 한다. 또한 이 원인은 곧 단박에 훈습되지만 결과는 차례대로 훈습되는 것이니 (6지의) 인식 등 다섯 가지와 같다.

[鈔] 四盡集果[76]者는 此下는 第二對三句니 前二句는 對果論業이오 後句는 約業差別이라 前中에 此句는 明業得果不失壞也라 而言[77]得持至果者는 卽俱舍에 得과 得은 連持義[78]니 論偈에 云, 得은 謂獲成就오 非得은 此相違라 得과 非得은 唯自니 於相續에 二滅[79]이라하니라 然此得이 得以持此業[80]이 如券持債라 故로 古經論에 名不失法하니라 中論[81]에 云, 不失法이 如券이오 業如負財物이라하니라 然大乘에 雖

---

76) 上三字는 南金本作因自等, 果下에 甲續本有等字.
77) 而言은 南續金本作言而.
78) 遺忘記云, "俱舍得得連持者 得有二種 故云得得也 彼長行云 得有二種 一未得 已失今獲 二得已 不失成就 應知非得 反此云云".(『三家本私記』遺忘記 p. 377-)
79) 인용한 게송을 참고해 보니 論云, "得謂獲成就 非得此相違 得非得唯於 自相續二滅"이라 하다.(대정장 권29 p. 22a-)
80) 業은 南續金本作義.
81) 인용문은 『中論』제3권의 觀業品 제17의 내용이다. 論云, "不失法如券 業如負財物 此性則無記 分別有四種"(대정장 권30 p. 22-).

立有得이나 不許有實하고 而云熏習成種하니 前句에 已引하니라
前念雖滅下는 釋經次第[82])之言이라 然有二意하니 一, 卽就上因滅果生하야 以明次第요 二, 亦是因卽頓熏下는 唯就果中하야 以明次第니 如六地明이니라

● d) '남김없이 모은 결과'란 이 아래는 둘째 대구(對句)[83])의 세 구절이니 (a) 앞의 두 구절[因自性一, 有報無報一]은 결과를 상대하여 업을 거론한 분석이요 (b) 뒤 구절[受黑黑等衆報相]은 업에 의지하여 차별한 분석이다. (a)에서 이 구절[因自性一]은 업으로 얻은 결과가 무너지지 않음을 밝힌 내용이다. 그러나 '간직하여 결과에 이른다'고 말한 것은 곧 『구사론』에서 득(得)과 득(得)은 '이어서 간직한다'는 뜻이니 『구사론』의 게송에는, "득(得)은 얻음과 성취함을 말하고 비득(非得)은 이것과 반대인데 득(得)과 비득(非得)은 '자기 몸[自相續]'과 택멸과 비택멸에만 통하네"라고 하였다. 그러니 여기의 득과 득은 이런 업을 간직하는 것이 마치 어음에 채무를 간직하는 것과 같다. 그러므로 예전의 경전과 논서에 '법을 잃지 않음'이라 이름한다. 『중론』에서는, "법을 잃어버리지 않음은 어음과 같고 업은 재물을 빚진 것과 같다"고 하였다. 하지만 대승에서 비록 유득(有得)을 세웠지만 유실(有實)을 허용하지 않았고, 그래서 '훈습하여 종자를 이룬다'고 하였으니, 앞 구절에서 이미 인용한 적이 있다.

前念雖滅 아래는 경문의 차제(次第)라는 말을 해석한 내용이다. 그런데 여기에 두 가지 의미가 있으니 1) 곧 위의 인멸과생(因滅果生)에 입각하여 순서를 밝힌 것이요, 2) 亦是因卽 아래는 오로지 결과에 입각하여 순서를 밝힌 것이니, 제6지에서 밝힌 내용과 같다.

---

82) 第는 南續金本作序誤.
83) 혜원법사가 앞에서 나눈 세 가지 대구 중의 둘째 對句이다.

e) 이미 과보를 받은 것과 받지 않은 것으로 차별하다
   [已受果未受果差別] (五有 35上4)

[疏] 五, 有報無報者는 論에 云, 已受果未受果差別이라하니 過去生報業을 現在에 已受가 名爲有報오 後報未受를 名爲無報언정 非謂全無라 更有一理하니 謂已悔之業은 則許無報라 有報는 可知로다

■ e) '과보가 있고 과보가 없다'는 것은 논경에는, "이미 과보를 받은 것과 받지 않은 것으로 차별한다"고 하였다. 과거의 순생보(順生報)의 업을 현재에 이미 받은 것을 '과보가 있다'고 말하고, 순후보(順後報)의 업을 받지 않은 것을 '과보가 없다'고 말하지만 완전히 없다고 말하는 것은 아니다. 다시 일리가 있으니 말하자면 이미 참회로 다스린 업은 '과보가 없다'로 보는 것을 허용한다. 과보가 있는 것은 알 수 있으리라.

[鈔] 論云等者는 此句는 明業得報가 遲速이라 言過去生報業을 現在已受者는 且約一相하야 隨近以明이니 若今世受하면 更是前前所造之業이라 卽亦得是後報之業을 名爲已受라 是則後報之業이 已潤에 有報오 未潤에 無報라 亦應云已熟을 已受오 未熟을 未受니라
更有一理者는 上是六地緣生中에 護外三過中에 此通業無報難이니 上論에 答云[84]호대 業有三義일새 故不受報하니 一은 未造오 二는 未潤이오 三은 得對治라하니 前은 卽第二義오 今은 卽第三義니 未造之業은 卽前未[85]作이 是也니라

● 論云 등이란 이 구절은 업의 결과로 과보를 받은 것이 느리고 빠름에

---

84) 云은 南續金本作曰.
85) 未는 南續金本作無誤.

대해 밝힌 내용이다. '과거의 순생보(順生報)의 업을 현재에 이미 받았다'고 말한 것은 우선 한 가지 모양에 의지하여 가까움을 따라 밝힌 것이다. 만일 금생에 받는다면 다시 전전생(前前生)에 지은 업일 것이다. 곧 또한 순후보(順後報)의 업을 받은 것을 '이미 받았다'고 하였다. 이렇다면 순후보(順後報)의 업이 이미 성숙[發潤]하게 되면 '과보가 있음'이요, 아직 발윤하지 않으면 '과보가 없음'이다. 또 응당히 이미 성숙된 것을 '이미 받았다'고 말하고, 아직 성숙되지 않은 것을 '받지 않았다'고 말해야 하리라.

'다시 일리가 있다'는 것은 위는 제6지의 반연하여 일어나는 중에 외부적인 세 가지 허물을 막은 가운데 여기서는 업에 대해 과보가 없다는 힐난을 해명한 내용이다. 위의 논경에서 대답하되, "업에 세 가지 이치가 있기 때문에 과보를 받지 않게 되나니 ① 짓지 않은 것[未造]이요, ② 성숙하지 않은 것[未潤]이요, ③ 다스림을 얻은 것[得對治]이다"라고 하였다. 앞에서는 ②의 의미요, 지금은 ③의 의미이니 짓지 않은 업은 곧 앞의 '짓지 않음[未作]'86)이 바로 이것이다.

f) 다스리는 주체로 차별하다[能對差別] 2.
(a) 검고 검은 여러 가지를 나열하다[列黑黑等] 2.
㉠ 논경을 거론하여 따로 다스림에 대해 해석하다[擧論別釋對]

(六黑 35下5)

---

86) 雜華記云, "前無作者 指珠字卷十一丈上九行 彼云一未作 與無作同也." (『三家本私記』雜華記 p. 419-) *앞의 4. 正明護過(己潤 11上6) 부분을 참고해 보자. 疏云, "已潤則受生報요 未潤則受後報라 潤未潤殊어니 豈得六道가 一時齊受리요 此爲異因이라 何用自在리오 旣自造異因하야 自招二報요 非他身受어니 何言自業이 無受報耶아 假者가 自造면 何用我耶아 若已作業하고 不得對治하면 潤則便生이니 知業不失이라 因雖先滅이나 勢力續故로 現見得報라 不可言失이니 三過度矣로다."

[疏] 六, 黑黑等衆報者는 對差別이니 謂四業相對하야 成差別故[87]니 初二는 黑白相對오 後二는 漏無漏相對라

- f) '검고 검은 등의 여러 가지 과보'라는 것은 상대함으로 차별함이다. 말하자면 네 가지 업이 상대하여 차별을 이루는 까닭이니, 처음의 둘은 검고 흰 것으로 상대함이요, 뒤의 둘은 유루와 무루로 상대함이다.

㈢ 논경에 스스로 개별로 해석하다[論自別釋] 2.
① 검고 검은 업을 해석하다[釋黑黑] (言黑 35下6)
② 나머지를 통틀어 해석하다[通釋餘] (等者)

[疏] 言黑黑者는 卽四中에 初一은 因果俱惡故라 又因果가 俱與無明으로 相應故니 卽三塗業이라 等者는 等於餘三이니 謂二는 名白白業이니 因果가 俱善故니 俱與智明으로 相應故니 卽色界善業이라 三은 黑白業이니 卽欲界善業이니 因中에 善惡이 雜故로 受報도 亦愛非愛雜이라 四는 非黑非白業이니 謂諸無漏業이 無異熟故라 對上黑白二業하야 立雙非名이니라

- '검고 검다'고 말한 것은 곧 네 가지 업 중에 처음의 (1)은 원인과 결과가 모두 악인 까닭이다. 또 원인과 결과가 모두 무명과 서로 응하는 까닭이니 곧 세 가지 악도의 업이다. '등(等)'이란 나머지 셋과 평등하다는 뜻이다. 말하자면 (2)는 희고 흰 업[白白業]이라 하나니 원

---

87) 『俱舍論』 제16권 分別業品 제4에 관련 내용이 보인다. 論云, "又經中說. 業有四種. 謂或有業黑黑異熟. 或復有業白白異熟. 或復有業黑白黑白異熟. 或復有業非黑非白無異熟能盡諸業. 其相云何. 頌曰《依黑黑等殊 所說四種業 惡色欲界善 能盡彼無漏 / 應知如次第 名黑白非."(대정장 권29 p.83-) 또한 『阿毘達磨雜集論』 권8 決擇分中諦品 제1에도 보인다. (대정장 권31 p.731-)

인과 결과가 모두 선(善)인 까닭이며, 모두 지혜광명과 서로 응하는
까닭이니 곧 색계의 선업을 말한다. (3)은 검으면서 흰 업[黑白業]이니
곧 욕계의 선업을 가리킨다. 원인 중에 선과 악이 섞여 있는 까닭으
로 받는 과보도 역시 애정과 애정 아닌 것이 섞여 있게 된다. (4)는 검
지도 희지도 않은 업[非黑非白業]이니 모두 무루의 업에 이숙이 없는 까
닭이다. 위의 검은 업과 흰 업의 두 가지를 상대하여 동시에 아니라는
명칭을 세웠다.

(b) 여러 가지 과보를 밝히다[明衆報] (言衆 36上2)

[疏] 言衆報相者는 上三은 有報故라 論에 云, 業集成就故라하니라 若俱
舍意인대 其黑白業을 約相續說이니 以無一業과 及一異熟이 是黑亦
白이니 互相違故니라 言相續者는 謂或意樂黑과 方便白이니 如爲誑
他하야 行敬事等이라 或意樂白方便黑이니 如愍弟子하야 現麤語等이
라 若以義推인대 正以諂心으로 而行敬事니 亦可同時니라 餘는 廣如
雜集第八과 俱舍十六하니라

■ '여러 가지 과보의 모양'이라 말한 것은 위의 셋[(1)黑業 (2)白業 (3)黑白
業]은 '과보가 있음'인 까닭이다. 논경에서 "업이 모여서 (차별을) 이룬
까닭이다"라고 하였다. 만일 『구사론』의 주장이라면 그 검거나 흰 업
은 상속함에 의지하여 말했으므로 "한 가지 업과 한 가지의 이숙도
검으면서 흰 것이 없다"고 해야 하리니 서로 반대인 까닭이다. '상속
한다'고 말한 것은 말하자면 의요는 검지만 방편은 흰 것이니 마치
남을 속이기 위해 공경한 일을 행하는 등과 같다. 혹은 의요는 희지
만 방편은 검은 것이니 마치 제자를 연민하므로 험한 말로 표현하는

[現讒語] 등과 같다. 만일 뜻으로 미루어 보면 바로 아첨하는 마음으로 공경을 행하는 것이니 또한 동시일 수도 있다. 나머지는 『잡집론』 제8권, 『구사론』 제16권에 자세히 밝힌 내용과 같다.

[鈔] 初二等者는 釋論對差別[88]이라 然其論經에는 具有四句하니 云黑業과 白業과 黑白業과 非黑非白業이라 論釋에 云, 黑業으로 對白業하며 白業으로 對黑業하며 不黑不白으로 對二業이라하니 二業은 卽是第三 黑白業也니 故云後二는 漏無漏相對니라 漏는 卽亦黑亦白業故라 又今黑黑之言은 全依俱舍니 次下에 當引호리라
卽四中下는 別釋이라 然以惡으로 釋於黑은 乃是通義라 別者는 因惡과 染汚하야 果惡鄙穢와 不可愛樂이라 通은 以善으로 釋於白이오 別亦不同하니 因白은 體不染汚오 果白은 則可愛樂故라 然上은 黑是因이니 能招黑果故며 下는 黑是果니 能酬黑因故라 白因白果도 例此可知니라…〈下略〉…

- '처음의 둘' 등이란 논경의 상대하여 차별함을 해석한 말이다. 그러나 논경에는 네 구절이 구비되어 있으니 (1) 검은 업 (2) 흰 업 (3) 검으면서 흰 업 (4) 검지도 않고 희지도 않은 업이라 하였다. 논경에서, "검은 업으로 흰 업을 상대하며 흰 업으로 검은 업을 상대하고 검지도 않고 희지도 않은 업으로 두 가지 업을 상대한다"고 해석하였으니, 여기서 '두 가지 업'이란 곧 (3) 검으면서 흰 업[黑白業]을 가리킨다. 그러므로 "뒤의 둘은 유루와 무루로 상대한다"고 하였다. 루(漏)는 곧 (4) 검기도 하고 희기도 한 업[亦黑亦白業]인 까닭이다. 또 지금의 '검고 검다'는 말은 완전히 『구사론』에 의지한 주장이니 다음 기회

---

88) 差別은 甲南續金本作字.

에 인용할 것이다.

㈢ 卽四中 아래는 (논경에 스스로) 개별로 해석함이다. 그런데 악을 검다고 해석한 것은 '통한다'는 뜻이다. 별(別)이란 원인이 악하고 오염되면 결과가 악하고 더러우며 좋아하지 않게 된다는 뜻이다. 통(通)은 선(善)을 '희다'고 해석하면서도 개별적으로는 역시 같지 않다는 뜻이니, 원인이 흰 것은 체성이 오염되지 않은 것이요, 결과가 흰 것은 좋아할 만하기 때문이다. 하지만 위의 검은 것은 원인이니 검은 결과로 초래될 수 있는 까닭이며, 아래의 검은 것은 결과이니 능히 검은 원인으로 보답하기 때문이다. 흰 원인과 흰 결과도 이처럼 유례하면 알 수 있으리라. …〈아래 생략〉…

g) 원인과 인연으로 차별하다[因緣差別] (七如 39上3)

[疏] 七, 如田無量者는 因緣差別이니 謂識種이 爲因하고 業田이 爲緣하야 隨田高下等殊하야 令種亦多差別이라 故로 論經[89]에 云, 業田無量相이라하니라

■ g) '밭과 같아 한량없다'는 것은 인연으로 차별함이다. 말하자면 인식의 종자가 원인이 되고 업의 밭이 간접원인이 되어 밭이 높고 낮은 등의 차이를 따라 종자로 하여금 역시 여러 가지로 차별하게 한다. 그러므로 논경에서 "업의 밭이 한량없는 모양인 까닭이다"라고 하였다.

[鈔] 因緣差別者는 彰業能爲緣하야 容因種故니라 隨田高下者는 上句는 單約喩오 下句는 雙含法喩라 又云令種差別者는 且約喩明이니 如

---

[89] 『十地經論』 제11권의 원문에는 '業因無量相'이라 하다. (대장장 권26 p. 187-)

穀子가 隨田肥瘦하야 非令種穀하야 而生豆芽라 若約江南에 爲橘하고 江北에 爲枳인대 則亦少有變種之義라 然亦[90]流類오 非全差別也라 若約法說인대 識種은 無異나 由業善惡하야 識招苦樂하야 卽令種異也니라

- '인연으로 차별함'이란 업의 기능으로 간접원인을 삼아서 종자를 원인으로 허용함을 밝힌 까닭이다. '밭의 높고 낮은 등의 차이를 따른다'는 것에서 위 구절은 단순하게 비유에 의지한 설명이고, 아래 구절은 법과 비유를 함께 포함한 설명이다. 또 '종자로 하여금 여러 가지로 차별되게 한다'고 말한 것은 우선 비유에 의지해 밝힌 부분이니, 마치 곡식의 종자가 밭이 비옥하고 나쁨에 따라 곡식을 씨 뿌렸어도 콩의 싹이 나게 하는 것은 아닌 것과 같다. 만일 강남에서 귤이 되고 강북에서는 탱자가 되는 이치에 의지한다면 또한 종자가 조금 변하는 이치는 있을 것이다. 그러나 역시 종류로 흘러온 것이요, 완전히 차이가 나는 것은 아니다. 만일 법에 의지해 말한다면 의식의 종자는 달라짐이 없지만, 업이 선하고 악함으로 인해 인식이 고통과 즐거움을 초래하여 종자가 달라지게 하는 것이다.

h) 이미 모은 것과 아직 모으지 않은 것으로 차별하다[已集未集差別]

(八凡 39下1)

[疏] 八, 凡聖差別者는 卽已集과 未集差別이니 出世는 未集이오 世已集故니라
- h) '범부와 성인이 차별하다'는 것은 곧 이미 모음과 모으지 않은 것

---

90) 亦은 南續金本作名.

으로 차별함이니, 출세간은 모으지 않은 것이요, 세간은 이미 모은 것인 까닭이다.

[鈔] 出世等者는 約凡未能集聖法故니 以釋經文의 凡聖差別故니라
- 出世 등이란 범부가 아직 성인의 법을 능히 모으지 못함에 의지한 까닭이니, 경문의 '범부와 성인이 차별함'을 해석한 내용이다.

i) 두 구절은 결정되고 결정되지 않은 것으로 차별하다
　[後二句定不定差別] 2.
(a) 가름으로 표방하다[標章] (九十 39下4)

[疏] 九와 十의 二句는 定不定差別이니라
- i) 아홉째와 열째의 두 구절[現受生受後受相, 乘非乘定不定相]은 결정되고 결정되지 않은 것으로 차별함이다.

[鈔] 九十二句定不定差別等者는 疏文有二하니 此上은 標章이라
- '아홉째와 열째의 두 구절' 등이란 소의 문장에 둘이 있으니, 이 위는 (a) 가름으로 표방함이다.

(b) 이치를 설명하다[釋義] 2.
㊀ 아홉째 구절에 대한 설명[明第九句] 3.
① 논문으로 표방하다[標擧論文] (前句 39下4)
② 경문으로 설명하다[釋經文] (謂現)
③ 논경의 결정되고 결정되지 않음에 대해 설명하다[釋論定不定] (於此)

[疏] 前句는 明三種時報가 定不定이니 謂現作現得報를 名現受오 現作하야 次來生에 獲報를 名生受오 現作하야 第三生去에 方得報를 名後受라 於此三中에 各有定不定하니 謂前二는 時定하고 報通定不定이오 後一은 時報가 俱通定不定이니라

■ 앞 구절은 세 가지 시기의 과보가 결정되고 결정되지 않음을 밝힌 내용이다. 말하자면 (1) 현재에 지어 현재에 얻는 과보를 '현생에 받음[現受]'이라 말하고, (2) 현재에 지어서 바로 다음 내생에 얻는 과보를 '내생에 받음[生受]'이라 말하고, (3) 현재에 지어서 다음다음 내생에 가서야 비로소 얻는 과보를 '후생에 받음[後受]'이라 이름한다.
이 세 가지 중에 각기 결정된 것과 결정되지 않은 것이 있다. 말하자면 앞의 둘[(1) 現受 (2) 生受]은 '시간으로 정함'이요, 과보가 결정되고 결정되지 않음에 통한다. 뒤의 하나[(3) 後受]는 시간적인 과보가 모두 결정되고 결정되지 않음에 통한다.

[鈔] 後, 前句明下는 別釋이니 先釋第九句라 文三이니 初는 標擧論文이오 二는 釋經文이오 三은 釋論定不定義라
謂現作下는 疏釋經文이라 三受之義는 疏文已具라 然이나 經部師가 云,[91] 順現受業은 其力最勝하니 必受生報와 後報오 若順生受는 其力稍劣하니 必受後受하고 不受現受오 順後受業은 其力最劣하니 不受現生하고 唯受後受라 隨初熟位하야 名順現等也라하니라 釋曰, 義

---

91) 『俱舍論』 제15권의 내용을 참고하면, "論曰. 此上所說順樂受等. 應知各有定不定異. 非定受故立不定名. 定復有三. 一順現法受. 二順次生受. 三順後次受. 此三定業幷前不定總成四種."(대정장 권29 p.81-)
『俱舍論頌疏』 제13권에 云, "釋曰. 此有定不定者. 標也. 此前三業. 有定不定. 定三順等者. 別釋也. 定有三業. 一順現法受. 謂此生造. 卽此生受. 二順次生受. 謂此生造. 第二生受. 三順後法受. 謂此生造. 第三生後受. 依經部說. 順現受業. 其力最强. 必受現後. 若順生受業. 其力稍劣. 必受生後受. 不受現受. 順後受業. 其力最劣. 不受現生. 唯受後受. 隨初熟位名順現等幷不定業. 合成四種."(대정장 권41 p.904-)

似有餘라 或有各造一生之業호대 人天並造하면 先受人報하고 後受於天이라 豈要令其로 重受人耶아 然此三受를 略說에 有三因하니 一은 由於因이니 如於佛僧이 慈定滅定과 及無諍定과 見修道出[92]에 作供養者는 得現樂報오 於父母王等에 作損惱業하면 得現苦報라 二는 由業體니 如不動業은 得樂生報오 五無間業[93]은 得苦生報라 三은 由行願이니 多福之人은 罪得生報하야 現世輕受하니 疾得菩提故오 多罪之人은 都無現報하니 以造重惡일새 趣生報故라 諸相好業은 皆得後報니 不可一生에 卽成佛故라 又諸輪王은 多受後報하니 劫減에 修因하야 劫增에 受果故니라

- (b) 前句明 아래는 개별로 해석함이니 ㊀ 아홉째 구절에 대한 설명이다. 문장이 셋이니 ① 논문으로 표방함이요, ② 경문으로 설명함이요, ③ 논경의 결정되고 결정되지 않음에 대한 설명이다.

② 謂現作 아래는 경문으로 설명함이다. 세 가지 받음의 이치는 소문에 이미 구비되었다. 하지만 경량부(經量部) 스님이 말하되, "현생을 따라 받는 업[順現受業]은 그 힘이 가장 뛰어나서 반드시 현생의 과보와 후생의 과보를 받게 되고, 만일 내생을 따라 받는 업[順生受業]은 그 힘이 점점 열등해져서 반드시 후생의 과보를 받지만 현생의 과보를 받지 않으며, 만일 후생을 따라 받는 업[順後受業]은 그 힘이 가장 열등해서 현생의 과보를 받지 않으며 오로지 후생을 따라 받는 업만 받게 된다. 처음의 이숙된 지위를 따라 현법을 따라 받는 업 등이라

---

[92] 『俱舍論』제15권 分別業品의 내용이다. 頌曰, "於佛上首僧 及滅定無諍 慈見修道出 損益業卽受)"[게송으로 말하되,《부처님과 상수인 스님이 멸진정 무쟁정과 자비의 선정과 견도와 수도에서 나와서 이익되는 업과 손해되는 업을 받게 되네》] (대정장 권29 p.82-)

[93] 『俱舍論』제17권 分別業品의 내용을 참고하면, "論曰. 言無間業者. 謂五無間業. 其五者何. 一者害母. 二者害父. 三者害阿羅漢. 四者破和合僧. 五者惡心出佛身血. 如是五種名爲業障."(대정장 권29 p.92-) "論曰. 五無間中四是身業. 一是語業. 三是殺生. 一虛誑語根本業道. 一是殺生業道加行. 以如來身不可害故. 破僧無間是虛誑語. 旣是虛誑語."(대정장 권29 p.93-)

이름한다"고 하였다. 해석한다면 이치에 남겨 둔 것이 있는 듯하다. 혹은 어떤 이는 각기 일생의 업을 지었는데 인간과 천상의 업을 함께 지었으면 먼저 인간의 과보를 받고 뒤에 천상의 과보를 받게 된다. 어찌 그로 하여금 거듭 인간의 과보를 받게 하려 하겠는가? 그러나 이 '세 가지 받음[順現受業, 順生受業, 順後受業]'을 간략히 말하면 세 가지 원인이 있으니 1) 원인 때문이니 마치 부처님과 훌륭한 스님네가 자비의 삼매와 멸진정 삼매와 다툼 없는 삼매와 견도와 수도에서 나와서 공양을 짓는 이는 현생에 즐거운 과보를 얻음이요, 부모와 왕 등에 손해나고 번뇌스러운 업을 짓게 되면 현생에 괴로운 과보를 얻게 된다. 2) 업의 체성 때문이니 마치 동요 없는 업은 좋게 태어나는 과보를 얻고, 오무간업(五無間業)은 고통스럽게 태어나는 과보를 얻는 것과 같다. 3) 중생의 행원(行願) 때문이니 복이 많은 사람은 죄로 다음 생의 과보를 받고서도 현세에 가볍게 받고는 보리를 빠르게 얻는 연고요, 죄가 많은 사람은 도무지 현생의 과보는 없었어도 중대한 악을 지었으므로 내생의 과보로 취향하는 까닭이다. 모든 상호의 업은 모두 후생의 과보를 받게 되나니 한 생에 곧 성불할 수는 없는 까닭이다. 또 모든 전륜왕은 여러 번 후생의 과보를 받나니, 겁이 감소할 적에 인행을 닦아서 겁이 증가할 적에 과덕을 받기 때문이다.

於此三中各有定不定下는 第三, 釋論定不定言이라 於中에 上二句는 標오 謂前二下는 釋[94]이라 然이나 即俱舍意니 頌에 云, 此有定不定하니 定三은 順現等이오 或說業有五하며 餘師는 說四句라하니라 釋曰, 初句는 標오 次句는 別釋이니 現과 生과 後三이 即三定業이오 加

---

94) 釋은 南金本作二釋, 續本作一釋.

於不定에 卽有四業이라…〈下略〉…

● ③ 於此三中各有 아래는 논경의 결정되고 결정되지 않음에 대한 설명이다. 그중에 위의 두 구절은 ㉮ 표방함이요, ㉯ 謂前二 아래는 해석이다. 하지만 『구사론』의 게송에는 "여기에 정업과 부정업이 있는데 정업의 셋은 현법을 따라 받는 업 등이다. 혹은 업이 다섯이 있다고 말하고 다른 스님은 네 구절이라 말하네"라고 하였다. 해석하자면 첫 구절은 표방함이요 다음 구절은 개별적인 해석이다. 현수(現受)와 생수(生受)와 후수(後受)인 세 가지가 곧 세 가지 정업이요, 거기에 부정업(不定業)을 더하면 네 가지 업이 된다는 뜻이다.…〈아래 생략〉…

㈢ 열째 구절에 대한 설명[明第十句] (第十 42下9)

[疏] 第十句는 明乘非乘定不定이니 乘은 卽三乘이니 唯修自乘業을 名定이오 乍修此乘이라가 復修彼乘을 名爲不定이라 非乘은 謂世間이니 無運出義故라 定者는 難度오 不定은 易度故니라

■ 열째 구절은 승(乘)과 비승(非乘)과 정(定)과 부정(不定)에 대해 밝힌 내용이다. 승(乘)은 곧 삼승을 말하나니 오로지 자분(自分)의 승(乘)의 업만 닦는 것을 '정함'이라 하고, 조금 이쪽 승(乘)을 닦아 나가다가 다시 저쪽 승(乘)을 닦는 것을 '정하지 않음'이라 지칭한다. 비승(非乘)이란 세간을 말하나니 '움직여 나간다[運出]'는 뜻이 없는 까닭이다. 정(定)이란 제도하기 어렵고 부정(不定)은 제도하기 쉽기 때문이다.

[鈔] 定者難度下는 此約非乘과 及與二乘이라 各於自分에 而已定者[95]라

---

95) 上四字는 甲南續金本作已定.

大乘에 若定인대 更不須度니 是故로 不言定者易度니라
- ㈢ 定者難度 아래는 여기서 비승(非乘)과 이승에 의지한 분석이다. 각기 자분(自分)의 승(乘)에 이미 정해진 것이다. 대승으로 만일 정해졌다면 다시 제도를 구하려 하지 않을 것이니, 그런 연고로 정해진 이는 제도하기 쉽다고 말하지 않는 것이다.

c. 총합하여 결론하다[總結] (結中 43上4)

[疏] 結中에 亦言八萬四千者는 惑因이 旣爾에 所起之業도 亦然이라 根等 諸門이 皆成八萬하니 飜此에 卽顯波羅蜜門三昧門等이니라
- c. 결론함 중에 '또한 팔만사천 가지'라고 말한 것은 미혹의 원인이 이미 그렇다면 일으킨 업도 마찬가지일 것이다. 근기의 조림 등 여러 부문이 모두 팔만 가지를 이루었으니 이것을 바꾸면 바라밀문과 삼매의 문 등을 드러내게 된다.

[鈔] 根等諸門者는 由惑하야 有業하니 惑有階降하고 業亦如之라 或依根有勝劣과 性有差異와 解有淺深과 欲有輕重하야 各成八萬이라 言翻此卽顯等者下는 明能治니 一一惑等이 皆到彼岸이니 窮理盡性이 卽是八萬四千度門이라 若於惑等에 寂妄不動하면 卽是八萬四千三昧오 若於惑等에 一一無羈하면 卽八萬四千解脫이니라
- a) '근기의 조림 등 여러 부문'이란 미혹으로 인하여 업이 생겨나니 미혹은 단계적으로 내려가고 업도 역시 그러하다. 혹은 근기의 조림에 뛰어나고 열등함이 있고 체성에 차이가 있으며 견해에 얕고 깊음이 있고 욕구에 가볍고 무거움이 있는 것에 의지하여 각기 팔만 가지를 성

취하게 된다. b) 翻此卽顯等者 아래는 다스리는 주체를 밝힌 내용이다. 낱낱의 미혹 등이 모두 저 언덕에 도달하게 되므로 이치와 체성을 모두 궁구하는 것이 곧 팔만사천 가지 바라밀문이다. 만일 미혹 등에 고요함과 망혹에 동요되지 않으면 곧 팔만사천 가지 삼매일 것이며, 만일 미혹 등에 낱낱이 얽매어 있지 않으면 곧 팔만사천 가지 해탈일 것이다.

(ㄹ) 근기의 조림[根稠林] 3.

a. 총합하여 과목 나누다[總判] (第四 43下6)

又知諸根軟中勝相과 先際後際差別無差別相과 上中下相과 煩惱俱生不相離相과 乘非乘定不定相과 淳熟調柔相과 隨根網輕轉壞相과 增上無能壞相과 退不退差別相과 遠隨共生不同相하며 略說乃至八萬四千을 皆如實知니라

또 (1) 여러 근기의 둔하고 중간이고 승한 모양과, (2) 먼저와 나중이 차별하고 차별하지 않은 모양과, (3) 상품이요 중품이요 하품인 모양과, (4) 번뇌가 함께 나서 서로 여의지 않는 모양과, (5) 승과 승 아닌 것이 결정하고 결정하지 않은 모양과, (6) 잘 성숙되어 부드러운 모양과, (7) 따르는 근의 속박하고 가볍고 점점 무너지는 모양과, (8) 더 늘어서 파괴할 수 없는 모양과, (9) 물러나고 물러나지 않는 차별한 모양과, (10) 함께 남을 멀리 따라서 같지 않은 모양을

아나니 간략히 말하여 팔만사천 가지를 모두 사실대로 아느니라.

[疏] 第四, 釋根中에 二니 先은 別이오 後는 結이라 別中에 十相이 爲九差別이니 五六이 合故니라
- (ㄹ) 근기의 조림을 해석함 중에 a. 총합하여 과목 나눔이요,[96] b. 개별로 해석함이요, c. 결론함이다. b. 개별로 해석함 중에 열 가지 모양을 아홉 가지로 구분하였으니 다섯째와 여섯째가 합쳐진 까닭이다.

[鈔] 第四는 根稠林이라 根義는 已見[97] 第九廻向하니라 別中十相者는 總科也라 束九爲三이니 初六은 隨法義分別이오 次二는 就人分別이니 以論에 云聲聞菩薩故니라 後一은 約行以辨其根이니라 初中에 又三이니 初三은 淨根이오 第四는 染根이오 後二는 通染淨이니라
- (ㄹ) 근기의 조림이다. 근기라는 뜻은 이미 제9. 무착무박해탈회향(無着無縛解脫廻向)에서 보았다. a. 別中十相이란 총합하여 과목 나눔이니 아홉 가지를 묶어 세 가지로 하였다. (1) 처음의 여섯은 법과 이치를 따라 분별함이요, (2) 다음의 둘[增上無能壞相, 退不退差別相]은 사람에 입각하여 분별함이니, 논경에서 성문과 보살이라 말한 까닭이다. (3) 나중의 하나[遠隨共生不同相]는 행법에 의지하여 근기를 구분함이다. (1) 중에 또 셋이니 ① 처음의 셋은 청정한 근기요, ② 네 번째[乘非乘定不定相]는 잡염의 근기요, ③ 뒤의 둘[淳熟調柔相, 隨根網輕轉壞相]은 청정과 잡염에 통하는 근기이다.

---

96) 이 부분의 과목이 소문에 둘로 나누고 있지만 앞의 여러 조림의 예를 따라 三科로 나누어 總判 別釋 總結로 삼는다.
97) 見은 南續金本作見於.

b. 개별로 해석하다[別釋] 2.
a) 경문을 따라 바로 해석하다[隨文正釋] 9.
(a) 한 구절은 설법을 받아들일 근기로 차별하다[初一句說器差別]
(一說 44上2)
(b) 한 구절은 근기가 바뀜으로 차별하다[次一句根轉差別] (二根)

[疏] 一, 說器差別이니 謂說法所授之器와 信等五根에 有下中上故라 亦是鈍中利니 謂於敎理에 受有遲速과 及多少故니라 二, 根轉差別이니 過未는 爲先後際오 現在는 已定이니 兩望論差라 謂前의 上中下根이 於三際中에 互望轉變이니 若後가 轉爲中上하면 前根이 則下오 後轉爲下하면 前根則增이니 是差別義오 不轉則平이니 是無差別이라 故로 論에 云, 前後根이니 前根이 下增平故라하니라

■ (a) 설법을 받아들일 근기로 차별함이다. 설한 법을 받아들일 근기를 말하나니, 믿음 등의 다섯 가지 근기에 하열하고 중간이고 뛰어남이 있는 까닭이다. 또한 둔하고 중간이고 영리함이라고도 하나니, 말하자면 교리를 받아들임에 더디고 신속함과 많고 적음이 있는 까닭이다. (b) 근기가 바뀜으로 차별함이다. 과거와 미래는 선제(先際)와 후제(後際)라 하고 현재는 이미 정해졌으니 둘을 대조하여 차이를 논하였다. 말하자면 앞의 하열하고 중간이고 뛰어난 근기가 세 시절 중에 서로 대조하여 바뀌고 변하는 것이다. 만일 후제가 바뀌어 중간과 뛰어난 근기가 되면 앞의 근기가 하열함이요, 후제가 바뀌어 하열함이 되면 전제의 근기가 뛰어난 것이니 차별의 뜻이요, 바뀌지 않으면 평상함이니 차별이 없는 뜻이다. 그러므로 논경에서는 "전제와 후제의 근기이니 전제의 근기가 하열하고 뛰어나고 중간인 까닭이다"라

고 하였다.

[鈔] 受有遲速等者는 鈍者는 遲少하고 利者는 速多하고 中者는 水鴈之間[98]이오 淺深도 亦爾니라
- '받아들임에 더디고 신속함' 등이란 둔한 이는 더디고 적을 것이며, 영리한 이는 신속하고 많을 것이고, 중간이란 나무와 거위의 중간이요, 얕고 깊은 것도 마찬가지이다.

(c) 한 구절은 삼승의 근성으로 차별하다[次一句三性差別]
(三三 44上10)
(d) 한 구절은 번뇌에 오염된 것으로 차별하다[次一句煩惱染差別]
(四煩)

[疏] 三, 三性差別이니 謂約菩薩等三乘根性相形하야 爲上中下故니 不同第一이 通於三乘이니라 四, 煩惱染差別이니 謂喜樂等五受根과 隨貪等煩惱가 得增上故니라
- (c) 삼승(三乘)의 근성으로 차별함이다. 말하자면 보살 등 삼승의 근성의 모양에 의지하여 상근기·중근기·하근기로 나누는 까닭이니, 설기차별(說器差別)이 삼승에 통하는 것과는 같지 않다. (d) 번뇌에 오염된 것으로 차별함이다. 말하자면 희수(喜受), 낙수(樂受) 등의 다섯 가지 느낌의 근기[受根]와 탐욕 등에 수반되는 번뇌가 늘어나기 때문이다.

---

[98] 雜花記에 云, "水는 木之誤니 木鴈之間則材不材之間也라 事出莊子而已如初會所引하니라".(『三家本私記』雜華記 p.257-) 如初會所引이란『莊子』外篇 山木章이니 世主品 권1의 제7. 稱揚讚德의 喜步普音乾闥婆王條에 나온다. (戾字卷;『華嚴經淸涼疏』권1 p.489-)

[鈔] 三乘根性者는 小乘爲下오 緣覺爲中이오 大乘爲上이니 亦猶羊鹿牛形之大小也니라 謂喜樂等者는 喜樂은 生於貪하고 憂苦는 生於瞋이오 捨根은 生於癡오 後[99])於此類煩惱에 而有勝用일새 故名煩惱染根이니라

- (c) '삼승의 근성'이란 소승을 하근기로, 연각승을 중근기로, 대승을 상근기로 삼았으니 또한 양과 사슴과 소의 형상이 크고 작은 것과 같다. 謂喜樂 등이란 희수(喜受)와 낙수(樂受)는 탐욕에서 생겨나고, 우수(憂受)와 고수(苦受)는 성냄에서 생겨나고, 사수(捨受)의 근본은 어리석음에서 생겨난다. 이런 종류의 번뇌로부터 뛰어난 작용이 있게 되므로 '번뇌에 오염된 근기'라고 이름한다.

(e) 두 구절은 정성과 부정성으로 차별하다[次二句定不定差別]

(五六 44下8)

[疏] 五와 六의 二相은 明定不定差別이니 初句乘非乘을 皆約熟不熟明이라 大乘中에는 熟者는 定이오 不熟者는 不定이오 小乘中에는 熟者는 不定이니 可轉向大乘故오 不熟者는 定이니 各隨自乘하야 而解脫故라 若世間非乘인대 熟者는 不定이니 可化入道故오 不熟者는 報已定故니 且暫捨之라 卽離世間中에 待時方化인 淸淨捨[100])也라 後句에 淳熟調柔는 一向是定이니라

- (e) 다섯째와 여섯째의 두 가지 모양[乘非乘定不定相, 淳熟調柔相]은 정성과 부정성으로 차별함이니, 첫 구절인 승(乘)과 비승(非乘)은 모두

---

99) 遺忘記云, "後는 恐從之誤也라".
100) 『화엄경』제53권 離世間品에 나오는 내용이다. 제58권에도 열 가지 淸淨捨가 보인다. (화엄경소초 권58-; 교재 제3책 p.430-)

성숙되고 성숙되지 않음에 의지하여 밝힌 내용이다. 대승에서는 성숙된 이는 정성(定性)이요 성숙되지 않은 이는 부정성(不定性)이며, 소승에서는 성숙된 이는 부정성이니 대승으로 바꾸어 향할 수 있기 때문이요, 성숙되지 않은 이는 정성이니 각기 자기 교법(自乘)을 따라 해탈하는 까닭이다. 만일 세간이 비승(非乘)이라면 성숙된 이는 부정성이니 교화하면 도에 들어갈 수 있기 때문이요, 성숙되지 않은 이는 과보가 이미 정성인 까닭이니 우선 잠시 버려둔 것이다. 곧 이세간품(離世間品)에서 시절을 기다려서야 비로소 교화하는 '청정하게 버려둠[淸淨捨]'을 가리킨다. 뒤 구절에 '잘 성숙되어 부드럽다는 것[淳熟調柔]'은 한결같이 정성임을 말한다.

[鈔] 大乘中者는 前章에 約業하야 明定不定이오 今此는 約根이니 居然自別이라 又前은 約定不定하야 明難易度오 今此는 約熟不熟하야 明定不定耳니라 卽離世間者는 彼有十種淸淨捨라 然有二類待時하니 今皆當之라 一은 以第四에 云, 於法器衆生이 待時而化오 於無法器에도 亦不生嫌淸淨捨라하니라 釋曰, 今但用法器待時니라 二는 第九捨에 云, 或有衆生이 根已成熟하야 發生念慧라도 而未能知最上之法일새 待時而化淸淨捨라하니 今全用之니 是以로 疏에 云, 且暫捨之라하니라

● 대승 중이란 앞의 가름[業稠林]에서 업에 따라 정성과 부정성을 밝힌 부분이요, 지금 여기서는 근기에 따라 구분하였으니 편안하고 자연스럽게 구별된다. 또 앞은 정성과 부정성에 의지하여 제도하기 쉽고 어려움을 밝혔으며, 지금 여기서는 성숙되고 성숙되지 않음에 의지하여 정성과 부정성을 밝혔을 따름이다. '곧 이세간품'이란 저기에 열

가지의 청정하게 버려둠[淸淨捨]이 있다. 그런데 두 종류의 기다림이 있으니 지금은 모두 해당된다. 1) 그 넷째에 이르되, "법 그릇 될 만한 중생은 시기를 따라 교화하고, 법 그릇이 되지 못하는 이에게도 혐의하지 않는 청정한 버림이다"라고 하였다. 해석하자면 지금은 단지 법기중생으로 기다리는 것만 사용하였다. 2) 아홉째 버림에 이르되, "혹 어떤 중생은 근기가 이미 성숙하여 생각하는 지혜[念慧]를 내고서도 최상법을 알지 못하거든 때에 맞추어 교화하는 청정한 버림"이라고 하였으니, 지금은 전체를 모두 쓰는 것이다. 그러므로 소가가 '우선 잠시 버려둔다'고 말하였다.

(f) 한 구절은 행법을 따라 차별하다[次一句順行差別] (六隨 45下1)

[疏] 六, 隨根網輕轉壞者는 順行差別이니 此知眼等根의 順行境界하야 得證上故라 於中에 有三種順行하나는 一, 依身順行이니 謂六入에 展轉迭共相縛이 如網魚鳥하야 不得解脫일새 故云根網이니 此行은 內境이오 二, 生滅順行이니 謂體是有爲며 生住不久일새 故云輕이오 易可異滅일새 故云轉壞오 三, 觀行取相順行이니 此行은 外境이니 卽論經에 云取相이라 今文에 闕此라 或根網中에 收니라

- (f) '따르는 근기의 속박하고 가볍고 점점 무너지는 모양'이란 행법을 따라 차별함이다. 여기서 눈 등의 감관이 행하는 경계를 따라 뛰어난 법을 증득하는 까닭이다. 그중에 세 가지 순행(順行)이 있으니 (1) 몸에 의지한 순행이다. 말하자면 육입(六入)에 점차로 서로 번갈아 속박하는 것이 마치 그물 속의 고기나 새처럼 해탈을 얻지 못하므로 '감관의 그물[根網]'이라 하였으니 이 행법은 내부 경계요, (2) 나고 없어

지는 순행이다. 말하자면 몸은 유위법이며 나고 머무는 것은 오래지
않으므로 '가볍다[輕]'고 하였고, 쉽게 달라지고 없어질 수 있으므로
'점점 무너진다[轉壞]'고 하였다. (3) 관행으로 모양을 취하는 순행이
다. 이 행법은 외부 경계이니 곧 논경에서 '모양을 취한다[取相]'고 하
였다. 지금 본경의 문장에는 이 취상(取相)이 빠져 있다. 혹은 감관의
그물 속에 갈무리된 것 같기도 하다.

[鈔] 一依身順行者는 此論이 語倒니 合云身依順行[101]이니 今疏가 正用이
니라 謂六入者는 如意識이 徧緣於六根中에 根法이 隨識하야 亦行六
中이니 眼見自身하고 耳聞自聲하고 聲身이 並在內根所攝이라 由根
隨識하야 緣於眼根하야 令根被縛하야 不得解脫이라 餘例는 可知니
故云展轉이니라 二生滅順行은 此言도 是倒니 若正인대 應云順行生
滅이니 根與心王으로 相隨染汚일새 故順生滅이니라 易可異滅者는 以
生住로 釋輕이오 以異로 釋轉이오 以滅로 釋壞耳라 三觀行順行者는
以覺觀心이 行六塵故니라
或根網中收者는 六根이 取於六塵은 根網塵也오 六塵이 引於六根
은 塵網根也라 故其根網이 攝論의 取相이니라

- (1) '몸에 의지한 순행'이란 이것은 논경의 말이 바뀐 것이니 '몸이 순
행을 의지함[身依順行]'이라 해야 하리니, 지금의 소가가 바르게 사용
한 내용이다. 말하자면 '육입'이란 마치 의식이 여섯 가지 감관을 두
루 반연하는 가운데 감관과 법이 의식을 따라 또한 여섯 가지 감관
에도 행함과 같다. 눈은 자신을 보고 귀는 자신의 소리를 듣고 소리
와 몸이 함께 내부감관에 포섭되어 있는 것이다. 감관이 의식을 따름

---

101) 行은 南本作何, 金本作何行.

으로 인하여 눈을 반연하여 감관으로 하여금 속박을 받아서 해탈하지 못하게 한다. 나머지는 유례하면 알 수 있으므로 '점점'이라 하였다. (2) '나고 없어지는 순행'도 말이 도치되었으니 바로 잡는다면 응당히 '순행하여 나고 없어진다'라고 해야 할 것이다. 다시 말하면 감관이 심왕과 함께 서로 따라 오염되는 연고로 따라서 나고 없어진다는 뜻이다. '쉽게 달라지고 없어질 수 있다'는 것은 나고 머무는 것으로 경 자(輕字)를 설명하였고, 달라지는 것으로 전 자(轉字)를 설명하였고, 없어짐으로 괴 자(壞字)를 설명하였다. (3) '관행으로 모양을 취하는 순행'이란 각관(覺觀)의 마음이 여섯 가지 경계에 행하는 까닭이다. '혹은 감관의 그물 속에 갈무리되었다'는 것은 여섯 가지 감관이 여섯 가지 경계를 취하는 것은 감관에 경계가 걸려듦이요, 여섯 가지 경계가 여섯 가지 감관을 이끄는 것은 경계에 감관이 걸려듦이다. 그런 까닭에 그 감관의 그물이 논경의 '모양을 취한다'는 말을 포함하고 있는 것이 된다.

(g) 한 구절은 성문의 청정으로 차별하다[次一句聲聞淨差別]
(七聲 46上7)
(h) 한 구절은 보살의 청정으로 차별하다[次一句菩薩淨差別] (八菩)

[疏] 七, 聲聞淨差別이니 望凡夫에 二乘行이 增上故라 以二乘根은 由滅障能成일새 故로 煩惱가 無能壞니라 八, 菩薩淨差別이니 此通三種退不退也니라

- (g) 성문의 청정으로 차별함이니, 범부와 대조하면 이승의 행법이 뛰어난 까닭이다. 이승의 근기는 장애를 없앰으로 인해 능히 성취하는

연고로 번뇌가 파괴할 수 없다. (h) 보살의 청정으로 차별함이니, 이것은 세 종류의 물러남과 물러나지 않음과 통한다.

[鈔] 七聲聞淨下는 下二는 約人이라 今初에 聲聞이라 言望凡夫二乘行增上故者는 然이나 論下에 重釋云호대 聲聞淨者는 行增上이니 滅障能成故라하나니 今疏가 取論釋經이라 此上은 釋增上이니라 謂二乘淨根102)이 對望凡夫不求涅槃에 今能求故니 故於出世로 得增上也니라 從以二乘根下는 釋無能壞며 兼釋論中의 滅障能成이니라 八菩薩淨者는 卽大乘根이라 三不退103)者는 卽位와 證과 念也니라

- (g) 聲聞淨 아래에서 여기부터 아래 둘[增上無能壞相, 退不退差別相]은 사람에 의지한 분석이다. 지금은 먼저 성문이니 '범부와 대조하면 이승의 행법이 뛰어나다'고 말한 것은, 하지만 논경의 아래에서 다시 "성문의 청정이란 행법이 뛰어난 것이니 장애를 없앰으로 능히 성취하는 까닭이다"라고 해석하였으니, 지금은 소가가 논경의 경문 해석을 취하였다. 이 위는 증상(增上)에 대한 설명이다. 말하자면 이승의 청정한 근기가 범부들이 열반을 구하지 않음과 대조하면 지금 능히 구하기 때문이다. 그래서 출세간에서 뛰어남을 얻게 된다.

以二乘根부터 아래는 파괴할 수 없음에 대한 설명이며, 겸하여 논경의 장애를 없애고 능히 성취함을 해석한 내용이다. (h) 보살의 청정이란 곧 대승의 근기이다. '세 종류의 물러나지 않음'이란 곧 1) 지위에서 물러나지 않음[位不退]과 2) 증득하여 물러나지 않음[證不退]과 3) 명심하여 물러나지 않음[念不退]을 말한다.

---

102) 根은 甲南續金本作相誤.
103) 退下에 甲南續金本有大字誤.

(i) 한 구절은 온갖 근기에 포섭됨으로 차별하다[後一句一切根攝差別]

(九遠 46下6)

[疏] 九, 遠隨等者는 示一切根攝差別이니 謂三無漏根이 總攝諸根이라 三者는 一, 始行이니 卽未知當知根이오 二, 方便이니 卽已知根이니 正在修道일새 故名方便이라 三, 報熟者는 卽具知根이니 謂前信等이 共三無漏根生호대 而隨優劣하야 三位不同이라 自始至末일새 故名遠隨라 此之三根이 於修無學涅槃에 得增上故니라

- (i) 遠隨 등이란 모든 근기에 포섭됨을 보여 줌으로 차별함이다. 말하자면 '세 가지 무루의 근기[三無漏根]'[104]가 '모든 근기를 포섭한다'는 뜻이다. 세 가지는 (1) 비로소 행함이니 곧 알지 못하던 사성제의 도리를 알게 되는 근기요, (2) 방편이니 곧 이미 사성제의 도리를 아는 근기이니, 바로 수도위(修道位)에 있는 연고로 방편이라 이름한다. (3) 과보가 성숙된 것이니 곧 구족하게 아는 근기이다. 말하자면 앞의 믿음 등이 세 가지 무루의 근기와 함께 생겨났지만 뛰어나고 열등함에 따라 세 가지 지위[見道位, 修道位, 無學位]가 같지 않다. 시작부터 끝까지이므로 '멀리 따른다'고 말한다. 이런 세 가지 근기가 무학위의 열반을 닦으면 훌륭함을 얻게 되기 때문이다.

[鈔] 九遠隨下는 此一은 約行이니 卽經의 遠隨共生不同相이라 論經에 云 深入共生種種差別相이라하니 種種은 卽不同이오 深入이 卽遠隨니라

---

104) 三無漏根: 세 가지 無漏의 根·意·樂·喜·捨·信·勤·念·定·慧의 아홉 가지 根이 見道位에 있을 때를 未知當知根이라 하고, 修道位에 있을 때를 已知根, 無學道에 있을 때를 具知根이라 한다. 곧 세 가지 無漏根은 9根으로 體를 삼는다. 이것은 더러움이 없는 聖法을 내는 데 강한 힘이 되기 때문에 根이라고 한다. ① 未知當知란 일찍이 알지 못했던 4제의 도리를 알려고 하는 것이요, ② 已知란 이미 4제의 도리는 알았지만 다시 다른 번뇌를 끊기 위하여 4제의 경계를 반복해서 了知하는 것이요, ③ 具知란 나는 이미 4제의 이치를 了知했다고 아는 그 知를 具有라 한다는 뜻이다. (불교학대사전 p.732-)

言示一切根攝下는 是論에 釋經이니 論에 重釋云호대 一切根攝差別
者는 始行과 方便과 報熟根이 異故라하니라
從謂三無漏下는 疏釋論文이니 初修가 爲始오 正行善巧가 爲方便이
오 究竟故로 名報熟이니 配三無漏라 義見上文하니라 謂前信等下는
以論會經하야 釋不同遠隨之言이라 其信等이 共三無漏根은 釋共生
義니 根與法行이 相應起故니라 而隨下는 釋不同義라 自始至末下는
釋遠隨義라 此之三根下는 釋成根義니 以勝用과 光顯과 增上을 名
根故라

- (i) 遠隨 아래는 이 하나는 행법에 의지함이니 곧 경문의 함께 남을 멀리 따라서 같지 않은 모양이다. 그래서 논경에서 "함께 남에 깊이 들어가는 갖가지 차별된 모양이다"라고 하였다. 여기서 종종(種種)은 곧 같지 않다는 뜻이요, 심입(深入)은 곧 멀리 따른다는 뜻이다. 示一切根攝이라 말한 아래는 논경에서 경문을 해석한 내용이다. 논경에서 다시, "모든 근기가 포섭하는 차별이란 비로소 행함과 방편과 과보로 성숙된 근기가 다른 까닭이다"라고 해석하였다.

謂三無漏부터 아래는 소가가 논문을 해석함이니 처음으로 닦는 것이 시작함이요, 바로 선교를 행하는 것이 방편이요, 궁극인 연고로 과보가 성숙됨이라 칭하였으니 세 가지 무루근(無漏根)에 배대한다. 의미는 위의 문장에서 본 내용이다. 謂前信等 아래는 논경으로 본경을 회통하여 부동(不同)과 원수(遠隨)라는 말을 해석한 내용이다. 그 믿음 등이 세 가지 무루근과 함께한 것은 공생(共生)의 뜻을 해석한 내용이다. 근기가 법과 함께 행한 것은 서로 응하여 일어나는 까닭이다. 而隨 아래는 부동(不同)의 뜻을 해석한 내용이다. 此之三根 아래는 근기의 뜻을 해석한 내용이니 뛰어난 작용과 광명이 나타남과 훌

류함을 근기라고 이름하기 때문이다.

b) 이치로 총합하여 묶다[以義總收] (此上 47下1)

[疏] 此上의 九中에 初二는 約信等이오 三과 五와 七과 八은 並約三乘이니 通於諸根이오 四는 約五受오 六은 約眼等이오 九는 約三無漏根이라 二十二根에 已明十九오 男과 女와 命根은 不足可辨이라 餘如俱舍根品하니라

- 이 위의 아홉 가지 차별 중에 (1) 처음의 둘[設器差別, 根轉差別]은 믿음 등에 의지한 분석이요, (2) 셋째[三性差別]와 다섯째[定不定一]와 일곱째[聲聞淨一]와 여덟째[菩薩淨一]는 삼승(三乘)을 함께 의지한 분석이니 여러 근기에 통한다. (3) 넷째[煩惱染一]는 다섯 가지 받음에 의지한 분석이요, (4) 여섯째[順行一]는 눈 등의 감관에 의지한 분석이요, (5) 아홉째[一切根攝一]는 세 가지 무루근에 의지한 분석이다. 22가지 근기[105]에서 이미 19가지를 밝혔고 남자와 여자와 명근의 셋은 만족하게 분별하지 못하였다. 나머지는 『구사론』 분별업품(分別業品)의 내용과 같다.

---

105) 根 : 범어 indriya의 번역. (1) 힘이 있어 강한 작용을 가진다(이를 增上이라 한다)는 뜻. 眼根・耳根・鼻根・舌根・身根・意根・女根・男根・命根・樂根・苦根・憂根・喜根・捨根・信根・勤根・念根・定根・慧根・未知當知根・已知根・具知根을 총칭하여 '二十二根'이라 칭한다. 위의 樂根・苦根・憂根・喜根・捨根의 다섯 가지는 外界를 感受한 印象感覺으로 眼 등의 五根과 구별하여 五受根이라고도 한다. 信根・勤根・念根・定根・慧根의 다섯 가지는 五力이라고 말한다. 번뇌를 떨어버리고 성도를 가져오게 하는 데 수승한 작용이 있으므로 根이라 한다. 未知當知根・已知根・具知根의 세 가지는 그 體는 어느 것이나 意根・樂根・喜根・捨根・五無漏根[곧 五力]의 九根이지만 未知當知根은 見道에서, 已知根은 修道에서, 具知根은 無學道에서 각각 일으킨다고 하며 이 셋을 三無漏根이라 한다. 女根・男根・命根의 셋 가운데 命根은 수명을 가리킨다. 男에서 女로, 혹은 女에서 男으로 性을 옮기는 것을 轉根이라 한다. (2) 根機, 根性의 뜻으로 가르침을 받는 자로서의 性質・資質을 나타낸다. (앞의 책 p. 167-)

c. 총합하여 결론하다[總結] (麤說 47下4)

[疏] 麤說하면 卽然이나 細分하면 無量이니 故로 結云, 乃至八萬四千이니라
- 대강 말하면 이렇지만 자세하게 구분하면 한량이 없나니, 그래서 결론하되 "나아가 팔만사천 가지이다"라고 말하였다.

[鈔] 及此上九下는 總以義收니 並如廻向品하니라
- b) 此上九 아래는 이치로 총합하여 묶음이니 모두 십회향품(十廻向品)의 내용과 같다.

(ㅁ) 세 가지 조림과 유례하다[例三稠林] (第五 47下8)

又知諸解軟中上과 諸性軟中上과 樂欲軟中上과 皆略說 乃至八萬四千이니라
또 지혜가 하품이고 중품이고 상품인 모양과 근성이 하품이고 중품이고 상품인 모양과 욕망이 하품이고 중품이고 상품인 모양을 아나니, 간략히 말하여 내지 팔만사천 가지이니라.

[疏] 第五, 例三稠林이니 謂解와 性과 欲이라 此三이 與根으로 性相順入하니 擧一에 可反三隅일새 故皆略例니라
- (ㅁ) 세 가지 조림과 유례함이니 견해와 근성과 욕구를 말한다. 이 세 가지가 감관과 함께 체성과 모양이 따라 들어가나니, 하나를 들 적에 반대로 하면 세 가지 모퉁이가 되나니 그래서 간략히 유례하였다.

[鈔] 第五例三下는 然解性欲三이 略如十九章이오 廣如發心功德品이라 言性相順入者는 依根하야 生解하고 依解하야 成性하고 依性하야 起欲이 皆悉相似하니 名爲相順이오 義理相叅을 名爲順入이라 以此로 例根하고 更不廣說하니라

● (ㅁ) 例三 아래는 그러한 견해와 근성과 욕구의 셋이 대략 십력장[十力章]106)과 같으며 자세하게는 초발심공덕품(初發心功德品)의 내용과 같다. '체성과 모양이 따라 들어간다'고 말한 것은 근성에 의지하여 견해가 생겨나고, 견해에 의지하여 근성이 이루어지고, 근성에 의지하여 욕구를 일으키는 것이 모두 비슷한 까닭이다. 그래서 '모양이 따른다'고 말하였고, 뜻과 이치가 서로 섞이는 것을 '따라 들어간다'고 말하였다. 이것으로 근성에 유례하면 다시 자세하게 설명하지 않아도 되리라.

(ㅂ) 따라 잠들게 하는 조림[隨眠稠林]

a. 과목 나누기[分科] (第六 48上9)

又知諸隨眠種種相하나니 所謂與深心共生相과 與心不共生相과 心相應不相應差別相과 久遠隨行相과 無始不拔相과 與一切禪定解脫三昧三摩鉢底神通相違相과 三界相續受生繫縛相과 令無邊心相續現起相과 開諸處門相과 堅實難治相과 地處成就不成就相과 唯以聖道拔出相이니라

---

106) 세주묘엄품의 金焰圓滿光菩薩嘆佛十力功德條에 나오는 내용이다.(辰字卷下; 第七 1上5)

또 따라다니며 자게 하는 것의 가지가지 모양을 아나니, 이
른바 깊은 마음과 함께 나는 모양과, 마음으로 더불어 함께
나는 모양과, 마음과 서로 응하고 서로 응하지 않는 것이 차
별한 모양과, 오래전부터 따라다니는 모양과, 비롯함이 없
는 적부터 뽑지 못한 모양과, 온갖 선정·해탈·삼매·삼
마발저·신통과 서로 어기는 모양과, 세 가지 세계에 계속
하여 태어나서 얽매이는 모양과, 그지없는 마음이 계속하
여 현재에 일어나게 하는 모양과, 여러 곳 문을 여는 모양
과, 굳고 진실하여 다스리기 어려운 모양과, 지와 곳에 성취
하고 성취하지 못한 모양과 오직 성인의 도로써 뽑아내는
모양이니라.

❖ 제6회 십지품 제9 善慧地 (科圖 26-86)

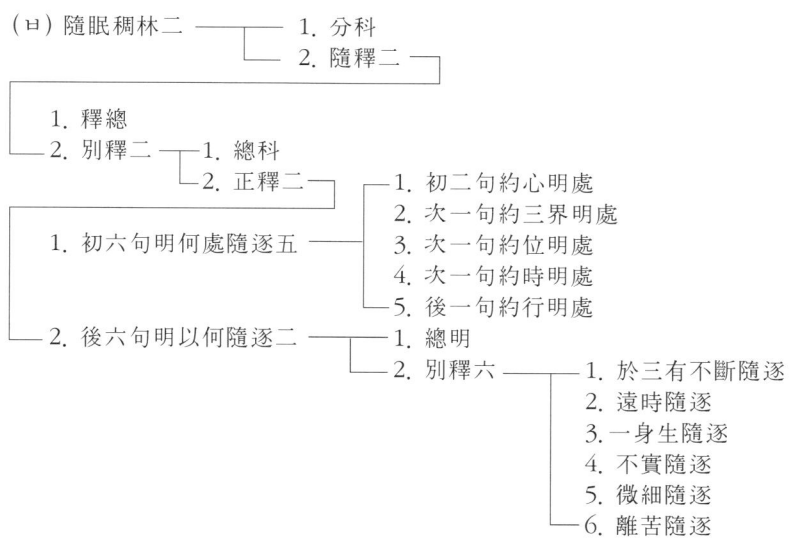

제9절 善慧地 다) 入行成就 (ㅁ) 例三稠林 (ㅂ) 隨眠稠林

[疏] 第六, 釋隨眠이라 先은 總이요 後는 別이라
- (ㅂ) 따라 잠들게 하는 조림을 해석함이다. a) 총상을 해석함이요, b) 별상을 해석함이다.

b. 과목에 따라 해석하다[隨釋] 2.
a) 총상을 해석하다[釋總] (總中 48上9)

[疏] 總中에 晉과 及論經에 皆名爲使라하며 論에 云, 隨順逐縛義故라하니 如世公使가 隨逐衆生하야 得便繫縛이 卽是隨眠이니 眠伏藏識하야 隨逐纏繞故라 此唯約種이니 不同小宗이니라
- a) 총상을 해석함에서 진경(晉經)과 논경에 모두 속박[使]이라 하였고, "수순하여 쫓아가 계박한다는 뜻인 까닭이다"라고 한다. 마치 세상의 공적인 사자가 중생을 쫓아가서 단박에 계박함이 곧 따라 잠드는 것과 같나니, 장식(藏識)을 잠들게 하여 쫓아가서 얽어매는 까닭이다. 이것은 오로지 종자에 의지한 분석이니 소승의 종지와는 같지 않다.

[鈔] 第六釋隨眠者는 先, 釋總名이요 後, 別有下는 依論攝釋이라 今初에 言此唯約種者는 按瑜伽第二에 云, 於諸法自體中에 所有種子가 若煩惱品의 所攝이면 亦名麤重이며 亦名隨眠이요 若異熟品의 所攝과 及餘無記品의 所攝이면 唯名麤重이오 不名隨眠이며 若信等善根의 所攝種子면 不名麤重이며 亦非隨眠이니 何以故오 由此法生時에 所依自體가 唯有堪能이오 非不堪能故라하니라
- (ㅂ) 따라 잠들게 하는 조림을 해석함에 a) 총상을 해석함이요, b) 別有 아래는 논경에 의지하여 포섭하여 해석함이다. 지금은 a)에 '이

것은 오로지 종자에 의지한 분석'이라 말한 것은 『유가사지론』제2권을 살펴보면 "모든 법의 자체에 가지고 있는 종자가 만일 번뇌품에 소속된 것이라면 또한 추중이라 이름할 것이며 또 수면이라 할 것이요, 만일 이숙품이나 나머지 무기품에 소속된 것이라면 오로지 추중이라고만 이름하고 수면이라 이름할 수 없으며, 만일 믿음 등의 선근에 소속되는 종자라면 추중이라 하지 못하며 또한 수면도 아닐 것이니, 무슨 까닭인가? 이런 법이 생겨날 적에 의지하는 자체가 오로지 감당할 기능만 있고 감당하지 못할 기능은 아니기 때문이다"라고 하였다.

b) 별상을 해석하다[別釋] 2.
(a) 총합하여 과목 나누다[總科] (別有 48下8)

[疏] 別有十二句를 論攝爲二하니 前六은 明何處隨逐이오 後六은 明以何隨逐이니라
- b) 별상을 해석함에 12구절을 논경으로 포섭하여 둘로 삼았다. ㉠ 앞의 여섯 구절은 어느 곳으로 쫓아감인가를 밝힘이요, ㉡ 뒤의 여섯 구절은 무엇으로 쫓아감인가를 밝힘이다.

[鈔] 前六等者는 論中에 且據隨逐하야 以明이어니와 若約繫縛인대 亦應云 何處繫縛이며 以何繫縛이오 若順隨眠인대 亦應言何處隨眠이며 以何隨眠이니 故로 下釋中에 云, 久安眠處等이라하니라
- ㉠ 앞의 여섯 구절 등은 논경 중에 우선 수축(隨逐)에 의거하여 밝혔지만, 만일 계박에 의지한다면 또한 응당히 '어느 곳에 계박되는가, 무

엇으로 계박하는가'라고 해야 할 것이요, 만일 수면을 따른다면 또한 응당히 '어느 곳에 따라 잠들며 무엇으로 따라 잠드는가'라고 해야 할 것이다. 그래서 아래 해석한 중에 '오래 편안히 잠들 곳' 등이라 하였다.

(b) 바로 해석하다[正釋] 2.
㊀ 여섯 구절은 어느 곳으로 쫓아가는가[初六句明何處隨逐] 5.
① 두 구절은 마음에 의지해 의지처를 밝히다[初二句約心明處]

(今初 49上3)

[疏] 今初를 爲五니 一은 合初二句하야 約心明處니 初句는 於報心隨逐이라 正顯眠伏藏識이니 卽久安眠處니라 而言深者는 無始來有오 微細難知故라 下句는 於非報心에 隨逐이니 卽轉識分別事識이 不離現事而生일새 故但云心이니 卽暫廻轉處라

■ '지금은 ㊀ 어느 곳을 쫓아가는가를 다섯으로 나누었으니 ① 처음 두 구절[與深心共生相, 與心不共生相]을 합하여 마음에 의지해 의지처를 밝힘이다. 첫 구절은 보답의 마음[報心]을 쫓아감이다. 바로 장식에 잠들어 있음을 밝힌 부분이니 곧 오래 편안히 잠들 의지처이다. 하지만 '깊이'라 말한 것은 시작함이 없이 존재하므로 미세하여 알기 어렵기 때문이다. 아래 구절은 보답이 아닌 마음[非報心]에 쫓아감이니 곧 전식[轉識, 7식]과 분별사식[分別事識, 6식]이 현상을 나투어 생겨남을 여의지 않으므로 단지 '마음'이라고만 하였으니 곧 잠시 돌아가는 곳이다.

[鈔] 今初爲五者는 一은 約心明處오 二는 就界[107]明處오 三은 就位明處오 四는 就時明處오 五는 約行明處라 今初言報心者는 異熟賴耶가 總報體故라 微細等義는 頻見上文하니라 言不離現事者는 故唯識等에 名前七識은 爲異熟生이오 非是報體라하니 酬昔心種이오 不得名報라 而七識이 皆依第八하야 託緣現起일새 名不離現事라 種隨現起하야 或有或無를 名暫廻轉處니 如人假寐에 不必本房이니라

● '지금은 ㅡ 다섯으로 나누리라'는 것은 ① 마음에 의지하여 의지처를 밝힘이요, ② 삼계에 입각하여 의지처를 밝힘이요, ③ 지위에 입각하여 의지처를 밝힘이요, ④ 시절에 입각하여 의지처를 밝힘이요, ⑤ 행법에 의지해 의지처를 밝힘이다. 지금 ①에서 '보답의 마음'이라 한 것은 이숙의 아뢰야식이 총합적인 보답의 체성인 까닭이다. 미세하다는 등의 의미는 위 문장에서 자주 본 내용이다. '현상을 나투어 생겨남을 여의지 못한다'는 말은 이런 연고로 『성유식론』 등에서 "앞의 7식은 이숙에서 생겨난다[異熟生]고 말하지만 보답의 체성은 아니다"라고 하였으니, 예전의 마음 종자에 대한 보답인 것이지 과보라고 이름하지는 않는다. 하지만 7식이 모두 제8식을 의지하여 간접원인에 의탁하여 나타나므로 "현상을 나투어 생겨남을 여의지 못한다"고 말하였다. 종자는 현행을 따라 일어나서 혹은 있기도 하고 혹은 없기도 하는 것을 '잠시 돌아가는 곳'이라 말한다. 마치 사람이 잠시 잠들 적에 본래의 방이 필요치 않은 것과 같다.

② 한 구절은 삼계에 의지하여 의지처를 밝히다[次一句約三界明處] 2.

---

107) 界는 南纂金本作果, 原續本及探玄記與下疏均作界.

㉮ 논경의 의미를 취하여 명칭을 세우다[取論意立名] (二相 49下4)
㉯ 소가가 상응 등의 모양을 설명하다[疏釋相應等] (唯與)

[疏] 二, 相應不相應者는 約三界하야 明處니 唯與當界心으로 相應하고 不與異界心으로 相應故라 故로 論에 云, 欲色無色의 或上中下差別이라하니 無色은 惑微일새 所以名下等이라 雖則隨眠이 性皆成就나 隨其現惑하야 亦有不相應義니라

■ ② '마음과 서로 응하고 서로 응하지 않는다'는 것은 삼계에 의지하여 밝힘이다. 오로지 해당한 세계의 마음과는 서로 응하고 다른 세계의 마음과 서로 응하지 않기 때문이다. 그래서 논경에서 "욕계와 색계와 무색계의 혹은 상·중·하로 차별한다"고 하였으니, 무색계는 미혹이 작으므로 하근기 등이라 말한다. 비록 수면(隨眠)의 체성은 모두 성취하였다 하더라도 그 현재의 미혹을 따라서 또한 서로 응하지 않는 뜻이 있다.

[鈔] 二相應不相應中에 初는 取論意立名이오 唯與下는 疏釋相應等相이오 故論云下는 引證이니 約界言之라 從無色惑微下는 疏釋論文의 下中上言이며 等取色界惑中과 欲界惑上이니 此約惑體라 遠公이 云, 欲界爲下等은 約界勝劣이라하니라 雖則隨眠下는 通妨難이니 謂有問言호대 隨在一界하야 皆成三界所有隨眠이니 如生上界에 下界惑種이 亦皆成就어늘 如何云有相應과 及與不相應耶아 故今[108]答云호대 就其現惑하야 說種相應이오 非生上界에 失下界種等이라 然今按經에 但有相應과 不相應言일새 故爲此釋이어니와 若準論經云인대 相應

---

108) 今은 甲南續金本作合.

不相應不離相이라하니 則現惑이 有相應과 不相應이오 而隨眠이 常不離也니라

- ② 相應不相應 중에 ㉮ 논경의 의미를 취하여 명칭을 세움이요, ㉯ 소가가 상응 등의 모양을 설명함이요, ㉰ 故論云 아래는 인용하여 증명함이니 세계에 의지하여 설명한 내용이다. ㉱ 無色惑微부터 아래는 소가가 논경의 아래와 중간과 위라는 말을 설명함이며, 색계의 미혹은 중간이요, 욕계의 미혹은 위라는 말을 동시에 취하였으니, 이것은 미혹의 체성에 의지한 분석이다. 혜원법사는, "욕계를 낮다고 한 등은 세계의 뛰어나고 열등함에 의지한 분석이다"라고 해석하였다. ㉲ 雖則隨眠 아래는 비방과 힐난을 해명함이다. 말하자면 어떤 이가 묻되, "어떤 세계에 있든지 삼계에 있는 수면을 모두 성취하나니, 마치 상계에 태어날 적에 하계의 미혹 종자가 또한 모두 성취되는 것과 같을 텐데 어째서 상응과 상응하지 않음이 있다고 말하는가?" 그래서 지금 답한다. "그 현행의 미혹에 입각하여 종자가 상응한다고 말하는 것이지 상계에 태어날 적에 하계의 종자 등을 잃는다는 말은 아니다." 하지만 지금의 경문을 살펴보면 단지 상응과 불상응이란 말만 있으므로 이렇게 해석하는 것이요, 만일 논경에 준해서 말한다면 "상응과 불상응을 여의지 않는 모양이다"라고 해야 한다. 현행의 미혹에 상응과 불상응이 있으며 수면은 항상 여의지 않는다는 뜻이다.

③ 지위에 의지해 의지처를 밝히다[次一句約位明處] (三六 50上8)

[疏] 三, 久遠隨行相者는 約地明處니 論에 云, 隨順乃至有頂故라하니라 然이나 有頂之言이 通有二義하니 一은 至金剛之頂이오 二는 至三有

之頂이니 今取通大小義하야 直云有頂이라 論經에 但云遠入이어늘 今云久遠하니 亦無始來로 上至九地頂故니라

- ③ '오래 전부터 따라다니는 모양'이란 지위에 의지해 의지처를 밝힘이다. 논경에서 "쫓아다녀서 나아가 유정천(有頂天)에까지"라고 한 까닭이다. 그러나 유정(有頂)이란 말이 두 가지 의미로 통한다. (1) 금강의 꼭대기까지 이르는 것이요, (2) 삼계의 꼭대기까지 이르는 것이다. 지금은 크고 작은 이치에 통하여 바로 유정(有頂)이라 말하였다. 논경에서는 단지 '멀리 들어간다[遠入]'고만 하였는데 지금 본경에는 '오래전부터[久遠]'라고 하였으니, 또한 시작함이 없이 위로 9지(九地)의 꼭대기까지 이르기 때문이다.

[鈔] 一至金剛之頂者는 謂金剛喩定之前에 猶有[109]生死之有일새 故名有頂이니 以俱生惑種이 此時에 方斷故라 以上煩惱林中에 云, 下至金剛이 自約種說이 雖有二義나 疏意扶此일새 故로 上科에 云, 三은 約位明處라하니라

從今取通下는 會論經이라 不言金剛者는 欲通大小故라 下偈에 既云, 金剛道滅方畢竟이라하니 即前義가 爲正也니라 九地之言은 亦通二義하니 對上三有之頂하면 即三界九地之九니 謂欲界와 四禪과 四空이 應爲九耳라 若順前[110]後義하면 即善慧地니 第十은 當其斷盡位故니라

- '(1) 금강의 꼭대기까지'란 말하자면 금강유정(金剛喩定)의 앞에 아직도 유유생사(有有生死)와 무유생사(無有生死)가 있으므로 유정(有頂)이라 이름하였다. 구생번뇌의 종자가 이때에 가서야 비로소 단절되기

---
109) 有下에 甲南續金本有無有無三字.
110) 前은 甲南續金本作後誤.

때문이다. 위의 (ㄴ) 번뇌조림 중에 이르되, "아래로 금강까지는 자연히 종자에 의지한 설명이다"라고 한 것에 비록 두 가지 뜻이 있지만, 소의 의미는 이것을 돕는 것이므로 위의 과목에서 "③ 지위에 의지해 의지처를 밝힌다"라고 하였다.

ⓒ 今取通부터 아래는 논경과 경문을 회통함이다. '금강'이라고 말하지 않은 것은 대승과 소승에 통하기 위함이다. 아래의 게송에 이미 말하되, "(선정의 경계를 물리침으로 인해 퇴전하게 되고,) 금강의 도가 없어지면 비로소 끝마치게 된다"고 하였으니 곧 앞의 이치가 바른 것이다. '구지(九地)'라는 말은 또한 두 가지 뜻에 통하나니 위의 삼계의 꼭대기와 상대하면 삼계 구지(三界九地)의 아홉을 가리킨다. 욕계와 사선(四禪)과 사공(四空)을 합하면 응당히 아홉이 된다는 뜻이다. 만일 앞과 뒤의 이치를 따른다면 곧 선혜지(善慧地)를 가리키나니 제10은 그 모두를 단절한 지위에 해당하는 까닭이다.

④ 시절에 의지하여 의지처를 밝히다[次一句約時明處] (四無 50下10)

[疏] 四, 無始不拔相이니 此는 約時明處라 處旣無邊일새 時亦無始라 唯智라야 能怖隨眠怨賊이라 旣未曾有聞思修智일새 故不能拔出이니라

■ ④ 비롯함 없는 때로부터 뽑아내지 못한 모양이니 이것은 시절에 의지하여 의지처를 밝힘이다. 의지처가 이미 그지없으므로 시절 또한 비롯함이 없다. 오로지 지혜 있는 이만이 능히 수면을 원수나 도적처럼 두려워할 줄 안다. 다른 이들은 아직도 일찍이 문혜(聞慧)와 사혜(思慧)와 수혜(修慧)가 있지 않기 때문에 능히 수면을 뽑아내지 못하는 것이다.

[鈔] 四約時는 易了로다 唯智能怖下는 此卽論意니 以論經에 云, 無始來不恐怖相이라할새 故論爲此釋하니 論에 云, 無邊世界에 唯智能怖畏가 如怨賊이라 未曾有聞思修慧하니 是故로 不滅이라하니 疏取論意하야 會釋今經을 可知로다

● ④ 시절에 의지하여 밝힌 것은 쉽게 알 수 있을 것이다. 唯智能怖 아래는 논경의 주장이니 논경에서 '비롯함 없는 옛날로부터 두려워하지 않는 모양'이라 하였으므로 논경에서 이렇게 해석하였다. 또 논경에서, "그지없는 세계에 오로지 지혜 있는 이만이 능히 번뇌를 두려워하기를 원수나 도적 대하듯 할 뿐, 다른 이들은 일찍이 문혜와 사혜와 수혜가 없는 연고로 번뇌를 없애지 못한다"라고 하였다. 소에서는 논경의 주장을 받아들여 본경과 회통하여 해석한 것인 줄 알 수 있으리라.

⑤ 한 구절은 행법에 의지해 의지처를 밝히다[後一句約行明處]

(五興 51上6)

[疏] 五, 與一切禪定等者는 此는 約行明處니 由隨眠隨逐하야 令世間禪定等으로 不能滅愛見等心이니 不能隨順正修行故로 名爲相違라 故로 下偈에 云, 禪定境排인달하야 仍退轉也라하니라

■ ⑤ '모든 선정 등과 어긴다'는 것은 이는 행법에 의지해 의지처를 밝힘이다. 수면이 쫓아다니며 세간의 선정 등으로 하여금 애견(愛見) 따위의 마음을 능히 없애지 못하게 하나니, 능히 올바른 수행법을 따르지 못하게 하기 때문에 '서로 어긴다[相違]'라고 이름하였다. 그래서 아래 게송에서는 "선정의 경계를 물리침으로 인해 퇴전하게 되고"라고 말

하였다.

[鈔] 不能隨順者는 論經에는 神通下에 有正修行言故라 餘는 可知로다
- '따르지 못하게 한다'는 것은 논경에는 神通 아래에 '올바로 수행한다'는 말이 있기 때문이다. 나머지는 알 수 있으리라.

㈡ 여섯 구절은 무엇 때문에 쫓아가는가[後六句明以何隨逐] 2.
① 총합하여 밝히다[總明] (後三 51下1)

[疏] 後, 三界下는 明以何隨逐이니 卽顯隨逐之相이라 由此相故로 名爲 隨眠이라
- ㈡ 三界 아래는 '무엇으로 쫓아가는가'를 밝힘이니 곧 쫓아다니는 모양을 밝힌 내용이다. 이런 모양으로 인해 "따라다니며 장식(藏識)을 잠들게 한다[隨眠]"라고 말한다.

② 개별로 해석하다[別釋] 6.
㉮ 삼계에 끊임없이 따라다니다[於三有不斷隨逐] (此有 51下2)
㉯ 오래전부터 쫓아다니다[遠時隨逐] (二遠)

[疏] 此有六種하니 一, 於上三有에 不斷隨逐이니 所以三有가 不斷相似 相續者는 由有此使가 作繫縛故니 如世眠者가 不能起牀이니라 二, 遠時隨逐이니 卽於上無始時에 令心相續하야 現起無邊이니 如世眠 者가 夢心이 相續이니라
- 여기에 여섯 종류가 있으니 ㉮ 위의 삼계에 끊임없이 따라다님이니,

삼계가 끊임없이 비슷하게 상속하는 이유는 이런 속박이 계박함으로 인한 까닭이니, 마치 세상의 잠든 이가 잠자리에서 일어나지 못하는 것과 같다. ㉴ 오래전부터 쫓아다니는 것이니 곧 위의 비롯함 없는 때로부터 마음이 상속해서 그지없이 현재에 일어나게 하는 것이니, 마치 세상에서 잠자는 사람이 꿈꾸는 마음이 상속함과 같다.

[鈔] 後三界下는 明以何隨逐中에 除第四句하고 彰隨眠體虛라 餘五는 亦就前處하야 以明隨逐이나 而文不次라 一은 卽就前第二의 約界明處하야 以明隨逐不斷이니 卽是隨逐之相이니라 二는 卽於前第四에 約時明處[111]하야 以辨隨逐이니 卽經의 令無邊心相續現起相이라 而論經에 云, 無始來相續集相이라하니 疏中에 雙會無始無邊이라 然其相續이 卽隨逐相이니라

● ② 三界 아래는 '무엇으로 쫓아가는가'를 밝힘에서 넷째 구절의 수면의 본체가 허망함을 밝힌 것을 제외하고 나머지 다섯 구절은 또한 앞의 의지처에 입각하여 쫓아다님을 밝혔지만 경문의 차례대로는 아니다. 앞의 ㉯ 세계에 의지해 의지처를 밝힌 부분에 입각하여 끊임없이 쫓아다님을 밝힌 내용이니 곧 '쫓아다니는 모양'이다. ㉴는 곧 앞의 ④ 시절에 의지해 의지처를 밝힘에 입각하여 쫓아다님을 구분한 내용이니, 곧 '경문의 그지없는 마음이 계속 현재에 일어나게 하는 모양'을 가리킨다. 그러나 논경에는, "비롯함 없는 옛날로부터 마음이 서로 이어져 모이는 모양"이라 하였으니, 소문에서 비롯함 없음과 그지없음을 동시에 회통하였다. 그런데 그 서로 이어져 가는 것이 바로 '쫓아다니는 모양'이다.

---

111) 時明處는 甲南續金本作處明誤.

㉰ 한 몸에서 나오는 두 가지 쫓아다님[一身生隨逐] (三開 52上3)
㉱ 참되지 않은 것이 쫓아다니다[不實隨逐] (四堅)

[疏] 三, 開諸處門者는 一身生隨逐이니 謂於前一身之上에 報非報心으로 明隨逐也라 如世眠者가 夢中見聞이라 於中에 二義니 一은 令眼等諸根門으로 集生六種識時에 使與同生이니 故云開門이라 此는 明外逐方便心이오 二는 論에 云, 及阿賴耶熏故라하니 此明內熏報心이라 論經에는 門字下에 更有集字하니 即阿賴耶集起之心이라 然이나 是諸處의 通依故라 今經에는 義含耳니라

四, 堅實難治니 即不實隨逐이니 謂修禪等時에 不得眞實對治故라 不實堅實이 如世重眠에 不得重觸大聲하면 無由起故니라

㉰ '여러 곳의 문을 연다'는 것은 한 몸에서 나오는 (두 가지) 쫓아다님이다. 말하자면 앞의 한 몸에서 보답의 마음[報心]과 보답이 아닌 마음[非報心]으로 쫓아다님을 밝힌 내용이다. 마치 세상에서 잠자는 사람이 꿈속에 보고 듣는 것과 같다. 그중에 두 가지 뜻이니, (1) 눈 등 모든 감관으로 하여금 6식(六識)을 모아 생겨나게 할 때에 속박[使]과 함께 생겨나므로 '문을 연다'고 하였다. 이것은 외부로 쫓아다니는 방편의 마음을 밝힌 부분이요, (2) 논경에서 '아뢰야까지 훈습하는 까닭이다'라고 하였으니, 이것은 내부로 훈습된 보답의 마음임을 밝힌 부분이다. 논경에는 문 자(門字) 아래에 다시 집 자(集字)가 있으니 곧 아뢰야(阿賴耶)의 모아 일으키는 마음[集起心]이다. 하지만 이런 모든 곳에서 공통적으로 의지하는 까닭이다. 지금 본경에는 의미로 포함되었을 따름이다. ㉱ '굳고 진실하여 다스리기 어렵다'는 것은 참되지 않은 것이 쫓아다님이다. 말하자면 선정 등을 닦을 때에 진실

하게 다스리지 못하는 까닭이다. 참되지 않아서 굳고 진실한 것이 마치 세상에서 깊이 잠들었을 적에는 큰 소리로 나게 심하게 접촉하지 않으면 일어나지 못하는 것과 같다.

[鈔] 三開諸處門은 即於第一에 約心明處하야 以辨隨逐이라 集生六識은 即隨逐相이라 餘如疏文이니라 但言今經義含者는 諸處之中에 意處가 攝賴耶故니라

四堅實下는 彰隨眠體虛니 不就前處라 言不實堅實者는 經에 云, 堅實難治라하고 論에 云, 不實隨逐이라하니 不實이 即是隨眠이요 隨逐하야 至禪定等故라 是堅實이 即不實이오 難治가 是隨逐相이니라

● ㉰ '여러 곳의 문을 연다'는 것은 곧 앞의 ① 마음에 의지해 의지처를 밝힘에서 쫓아다님을 밝힌 내용이다. 6식을 모아 생기게 하는 것이 바로 쫓아다니는 모양이다. 나머지는 소의 문장과 같다. 단지 본경에서 '의미로 포함되었다'고만 말한 것은 생각의 의지처가 아뢰야식에 포함된 까닭이다.

㉱ 堅實 아래는 수면의 본체가 허망함을 밝힌 내용이니 앞의 의지처에 입각한 부분은 아니다. '참되지 않아서 굳고 진실하다'고 말한 것은 본경에는 "굳고 진실하여 다스리기 어렵다"고 하였고, 논경에는 "참되지 않은 것이 쫓아다닌다"고 하였으니 참되지 않은 것은 곧 수면이요, 쫓아다녀서 선정 등에까지 이르는 까닭이다. 이 굳고 진실함이 곧 참되지 않은 것이요, 다스리기 어려움이 곧 쫓아다니는 모양이란 뜻이다.

㉲ 미세한 것이 쫓아다니다[微細隨逐] (五地 52下8)

㉕ 괴로움을 여읜 것이 쫓아다니다[離苦隨逐] (六離)

[疏] 五, 地處等者는 微細隨逐이니 此於上有頂處九地中에 六入處煩惱身이 隨逐故라 然이나 九地가 有二義하니 一은 約三界九地니 雖並成就나 細故로 不知成處多少니 名不成就라 如世眠者가 夢中에 謂覺오 二는 以善慧로 爲九地니 十地에도 猶有라 故名微細라 不成就者는 此地中에 分有斷除故라 故로 下偈에 云, 金剛道滅方畢竟故라하니라

六, 離苦隨逐이니 謂唯無分別智出世間聖道라야 方能拔出이니 如眠得觸이니라

㉔ 지(地)와 곳 등이란 미세한 것이 쫓아다님이다. 이것은 위의 유정처인 제9지에서 육입(六入)의 의지처인 번뇌의 몸이 쫓아다니는 까닭이다. 그러나 제9지가 두 가지 뜻이 있으니 (1) 삼계의 구지(九地)에 의지함이니 비록 함께 성취하였더라도 미세한 연고로 성취한 곳이 많고 적음을 알지 못하나니 그래서 '성취하지 못한다'고 말한다. 마치 세상의 잠자는 사람이 꿈속에서 깼다고 말하는 것과 같다. (2) 훌륭한 지혜로 9지를 삼았으니 제10지에도 남아 있으므로 '미세하다'고 말하였다. '성취하지 못한다'는 것은 이 제9지에 나누어 끊어 없애는 것이 있기 때문이다. 그래서 아래 게송에 이르되, "금강의 도가 없어지면 비로소 끝마치게 된다"고 하였다.

㉕ 괴로움을 여읜 것이 쫓아다님이다. 말하자면 오직 무분별의 지혜와 출세간의 성도라야 비로소 능히 뽑아낼 수 있나니 마치 잠자던 사람이 일깨움을 얻은 것과 같다.

[鈔] 五地處等者는 五는 卽就前第三約位明處하야 以辨隨逐이라 言九地中六入處者는 以論經에 云, 地入隨順不隨順相이라하야늘 論釋에 云, 九地中六入處煩惱身이 隨逐故라하니라 釋曰, 身은 卽體也라
然九地下는 是疏釋論이니 對二有頂하야 存二九地라 二는 約善慧九地中에 就所知障種이라 十地에도 猶有等覺二愚하니 從入初地來로 地地雙斷일새 故於九地에 已斷十八하니 故云此地에 分有斷除니라 次引金剛方畢竟은 雙證上二라 金剛方畢은 明十地에 猶有라 旣言方畢하니 明九已有除니라 又約煩惱障種인대 金剛에 頓斷하니 亦成於經의 地地之中에 皆有成就義니라

● ㈣ '지(地)와 곳 등'이란 다섯째는 곧 앞의 셋째 지위에 의지해 의지처를 밝혀서 쫓아다님을 구분한 내용이다. '구지(九地)에서 육입의 의지처'라 말한 것은 논경에서 "지(地)와 입(入)에 따르거나 따르지 않는 모양"이라 하였는데, 논의 해석에는 "구지(九地)에서 육입(六入)의 의지처인 번뇌의 몸이 쫓아다닌다"고 말한 까닭이다. 해석하자면 몸은 본체를 말한다.

然九地 아래는 소가가 논경을 해석함이니 두 가지의 유정(有頂)을 상대하여 두 가지의 구지(九地)가 있다는 내용이다. (2) 훌륭한 지혜가 9지라 함을 의지한 가운데 소지장의 종자에 입각한 내용이다. 제10지에도 아직 등각의 두 가지 어리석음[俱生微所知障, 及有任運煩惱障種]이 남아 있나니 초지에 들어갈 때부터 지지(地地)마다 함께 단절하므로 9지에 가서 이미 18가지 어리석음을 끊은 것이다. 그래서 "이 제9지에 부분적으로 끊어 없앨 것이 있다"고 말하였다. 다음에 인용한 '금강의 도가 없어지면 비로소 끝마치게 된다'는 것은 위의 두 가지를 동시에 증명한 부분이다. '금강에 가서야 비로소 끝마치게 된다'는 말은 제

10지에도 남아 있음을 밝힌 내용이다. 이미 "비로소 끝마치게 된다"고 말하였으니, 제9지에 제거할 것이 남아 있음을 뜻한다. 또 번뇌장의 종자에 의지한다면 금강유정(金剛喩定)에 가서 단박에 끊는 것이니 또한 경문의 지지(地地)마다 모두 성취한다는 뜻이 있음을 성립한 내용이다.

六離苦隨逐者는 此就前第五約行明處하야 辨隨逐義라 唯以出世聖道方能離者는 則反顯於世間之道와 諸定等은 不能離也라 故로 論에 云, 餘行으론 不能離故라하니 此以不能離가 卽隨逐相이라 前第五中에 以有成就로 爲隨逐相이니라

● ㈥ '괴로움을 여읜 것이 쫓아다니다'라는 것은 앞의 다섯째 행법에 의지해 의지처를 밝힘에 입각하여 쫓아다님의 의미를 구분한 내용이다. '오로지 출세간의 성도라야 비로소 능히 여읠 수 있다'는 말은 세간적인 도와 모든 선정 등은 능히 여읠 수 없다는 것을 반대로 밝힌 말이다. 그래서 논경에서 "나머지 행법으로는 능히 여읠 수 없는 까닭이다"라고 하였으니, 이것은 능히 여읠 수 없는 것이 곧 쫓아다니는 모양이라는 뜻이다. 앞의 다섯째 중에 성취한 것으로 쫓아다니는 모양을 삼은 것이다.

(ㅅ) 태어남의 조림[受生稠林] 2.

a. 과목을 해석하다[科釋] (第七 54上5)

又知受生種種相하나니 所謂隨業受生相과 六趣差別相

과 有色無色差別相과 有想無想差別相과 業爲田하고 愛水潤하며 無明闇覆하고 識爲種子하여 生後有芽相과 名色俱生不相離相과 癡愛希求續有相과 欲受欲生에 無始樂着相과 妄謂出三界貪求相이니라

또 태어나는 차별한 모양을 아나니, 이른바 업을 따라 태어나는 모양과, 여섯 갈래가 차별한 모양과, 형상 있고 형상 없음이 차별한 모양과, 생각 있고 생각 없음이 차별한 모양과, 업의 밭에 사랑의 물로 축이고 무명으로 덮어서 식이란 종자가 뒷세상 싹을 내게 하는 모양과, 마음과 물질로 함께 나서 서로 떠나지 않는 모양과, 무명과 사랑으로 계속하여 있기를 희구하는 모양과, 받아들이려 하고 태어나려 하여 끝없는 때부터 좋아하여 집착하는 모양과, 허망하게 삼계에 나려고 욕구하는 모양이니라.

[疏] 第七, 釋受生稠林中에 十句니 先은 總이오 後는 別이라 論에 通爲八하니
- (ㅅ) 태어남의 조림을 해석한 중에 열 구절이니 첫 구절은 총상이요, 나머지는 별상이다. 논경에서는 통틀어 여덟 가지로 삼았다.

b. 바로 해석하다[正釋] 8.
a) 한 구절은 여러 가지 몸[初一句身種種] (一身 54上5)
b) 한 구절은 여러 가지 업의 원인[次一句業因種種] (二業)

[疏] 一, 身種種이니 謂形類多故오 二, 業因種種이오

■ a) 여러 가지 몸이니 형상의 종류가 많기 때문이란 뜻이요, b) 여러 가지 업의 원인이요,

[鈔] 第七, 受生稠林이라 論通爲八者는 八中에 前七은 對因顯果오 後一句는 約對後苦하야 彰能生集이라 就前七中하야 攝爲三對니 謂初二와 次三과 後二라 其三對中에 皆初는 當相論生이오 後는 對因說生이라 就初對中하야 一, 身種種은 當相論生이오 二, 業因種種은 對因辨生이라 由業不同일새 故生成種種이니라

● (ㅅ) 태어남의 조림이다. 논경에서 '통틀어 여덟 가지로 삼는다'는 것은 여덟 가지 중에 (1) 앞의 일곱 구절은 원인에 상대하여 결과를 밝힘이요 (2) 뒤의 한 구절은 뒤의 괴로움을 상대하여 생겨나는 주체[能生]인 괴로움의 원인을 밝힌 내용이다. (1) 앞의 일곱 구절에 입각하여 포괄하여 세 가지 대구(對句)로 삼았으니 처음의 두 구절과 다음의 세 구절과 뒤의 두 구절을 말한다. 그 세 가지 대구 중에 모두 ① 모양에 맞추어 태어남을 논의함이요, ② 원인에 상대하여 태어남을 구분함이다. 첫째 대구에 입각하여 a) 여러 가지 몸[身種種]은 ① 모양에 맞추어 태어남을 논의함이고, b) 여러 가지 업의 원인[業因種種]은 ② 원인에 상대하여 태어남을 구분함이다.

c) 한 구절은 여러 가지 사는 곳[次一句住處種種] (三住 54下1)
d) 두 구절은 물질과 생각이 위아래로 갖가지이다
  [次二句色想上下種種] (四四)
e) 한 구절은 외부의 물질의 원인이 같은 것이 갖가지이다
  [次一句同外色因種種] (五同)

[疏] 三, 住處種種이요 四, 四와 五의 二句는 色想上下種種이오 五, 同外色因種種이니 謂田等은 取外同喩故라
- c) 여러 가지 사는 곳[六趣差別相]이요, d) 넷째와 다섯째의 두 구절[有色無色差別相, 有想無想差別相]은 물질과 생각이 위아래로 갖가지이다. e) 외부의 물질의 원인이 같은 것이 갖가지[業爲田 愛水潤 無明闇覆 識爲種子 生後有芽相]이다. 말하자면 무명과 애정이 근본이 되어 태어남을 따라 〈유〉를 구하고 〈유〉로 하여금 상속하게 하기 때문이다.

[鈔] 第二對는 三句中에 前二句는 當相論生이라 三, 住處種種은 非唯六趣라 一趣之中에 無量處故니라 四, 四五二句는 色想上下種種者는 今經二句가 爲論中의 一句니 經에 云, 有色無色差別相과 有想無想差別相이라하니라 二界는 有色이오 無色界는 爲無色이오 無想天은 爲無想이오 餘皆有想이니라 而言上下者는 以無色으로 爲上하고 有色으로 爲下하며 無想으로 爲上하고 有想으로 爲下라 應更有非想非非想이로대 亦無想收니 而論에 但云色想上下라하니라 故로 遠公이 問云호대 無色이 云何得爲色中의 上下오 釋云, 彼無麤色이나 有細色故니라 又問호대 無想이 云何得爲想의 中上下오 答義는 同前하니 意云호대 彼無麤想이나 有細想故니라 餘는 如初地中辨이니라 五, 同外色種種은 卽對因辨生이니 以擧過業之因하야 顯有芽故라 廣如六地하니라
- 둘째 대구는 세 구절 가운데 앞의 두 구절은 ① 모양에 맞추어 태어남을 논의한 내용이다. c) 여러 가지 사는 곳은 오직 육취(六趣)뿐만 아니라 한 세계에도 한량없는 주처(住處)가 있다는 뜻이다. d) 넷째와 다섯째의 두 구절에서 '물질과 생각이 위아래로 차별한다'는 것은 지금 본경의 두 구절이 논경의 한 구절에 해당한다. 본경에서는 "형상

있고 형상 없음이 차별한 모양과, 생각 있고 생각 없음이 차별한 모양"이라 하였다. 두 세계[욕계와 색계]는 유색(有色)이라 하고 무색계는 무색(無色)이라 한다. 무상천(無想天)¹¹²⁾은 생각 없음[無想]이라 하고, 나머지는 생각 있음[有想]이라 한다. 하지만 '위아래'라고 말한 것은 무색계를 위라 하고 욕계와 색계를 아래라 하며, 무상천을 위라 하고 나머지 유상천(有想天)을 아래라 한 것이다. 응당히 다시 비상비비상천이 있지만 역시 무상천의 범주에 넣는다. 그런데 논경에는 단지 '형색과 생각의 위아래'라고만 하였다. 그래서 혜원법사가 묻되, "무색계가 어떻게 형색의 위아래가 되겠는가?" 답하되, "저기에는 두드러진 형색이 없지만 미세한 형색은 있는 까닭이다." 또 묻되, "무상천이 어떻게 유상(有想)의 위아래가 되겠는가?" 대답한 이치는 앞과 같나니 의미로 말하면 "저기에는 두드러진 생각이 없지만 미세한 생각은 있기 때문이다." 나머지는 초지에서 밝힌 내용과 같다. e) 외부의 물질의 원인이 같은 것이 갖가지란 ② 원인에 상대하여 태어남을 구분한 내용이니, 과거 업의 원인을 거론하여 뒷세상에 새싹이 생겨남을 밝힌 까닭이다. 자세한 것은 제6지에서 밝힌 내용과 같다.

f) 한 구절은 자신의 본체가 갖가지이다[次一句自體種種] (六自 55上4)
g) 한 구절은 태어난 원인을 본래로 따름이 갖가지이다

　[次一句本順生因種種] (七本)
h) 두 구절은 집제(集諦)와 고제(苦諦)가 갖가지이다

　[後二句集苦諦種種] (八末)

---

112) 無想天: 無想有情天, 少廣天, 福德天이라고도 한다. 無想定을 수행함으로 해서 도달하는 경지. 외도는 이것을 최고의 열반의 경지라 한다. 說一切有部나 經量部에서는 色界 제4禪의 廣果天의 일부로 구분한다. 일체의 마음작용을 끊댄 하늘로서 오랜 시간 뒤에 마음작용을 복귀한다. (불교학대사전 p. 408-)

[疏] 六, 自體種種이니 名色與識으로 俱生하야 相依不離가 是報自體故라 七, 本順生因種種이니 謂癡愛가 爲本하야 順生求有하야 令有續故라 八, 末後二句는 集苦諦種種이니 謂三求不同이나 皆是集因이오 但集苦의 果일새 故云種種이라 上句는 顯欲과 有인 二求니 欲受는 即欲求니 貪愛共取하야 追求不已故오 欲生은 即有求니 愛生三有하야 自得勝身하며 復攝眷屬故니라 言無始樂着者는 顯上二求之過라 下句는 即邪梵行求니 由心取着故로 不知三界輪廻하고 貪求三界小大[113] 無量之相하야 妄謂涅槃이니 謂或拍腹[114]爲道하며 或計無想非想하야 爲涅槃故니라

- f) 자신의 본체가 갖가지이니 이름과 물질[名色]이 인식[識]과 함께 생겨서 서로 의지하고 떨어지지 않는 것이 과보의 본체인 까닭이다. g) 태어난 원인을 본래로 따름이 갖가지이다. 말하자면 무명과 애정이 근본이 되어 태어남을 따라 〈유〉를 구하고 〈유〉로 하여금 상속하게 하는 까닭이다. h) 마지막 두 구절[欲受欲生 無始樂着相, 妄謂出三界貪求相]은 집제와 고제가 갖가지이다. 말하자면 세 가지로 구함[欲求, 有求, 邪梵行求]이 같지 않지만 모두 집제(集諦)의 원인이요, 단지 집제와 고제의 결과만이므로 '갖가지'라고 하였다. 위 구절은 욕구와 존재의 두 가지로 구함이다. 받아들이려 함[欲受]은 곧 욕구를 뜻하나니 탐애가 잡음과 함께 추구하기를 그만두지 않는 까닭이요, 태어나려 함[欲生]은 곧 존재하기를 구함[有求]이니 애정으로 삼계에 태어나 스스로 뛰어난 몸을 얻으며 다시 권속을 포섭하는 까닭이다. '비롯함 없는 때로부터 좋아하여 집착한다'고 말한 것은 위의 두 가지 구함의 허물을 밝힌 내용이다. 아래 구절은 곧 삿되게 범행을 구함이

---

113) 小大는 金本作大小誤.
114) 腹은 金本作復誤.

니 마음에 취착함으로 인해 삼계에 윤회하는 줄 알지 못하고 삼계의 크고 작은 한량없는 모양을 탐착하고 구해서 망녕되게 열반이라 칭한다. 말하자면 혹은 배를 두드리며 도라 하기도 하고, 혹은 무상천이나 비상비비상천의 경지를 열반이라고 계탁하는 까닭이다.

[鈔] 第三對中에 六, 自體種種은 卽當相論生이니 亦如六地니라 然이나 有體가 唯名이오 有體가 唯色이니 有體에 具二일새 故云種種이니라
七本順生下는 卽對因辨生이라 此上은 論文이오 謂癡愛下는 疏順論釋이라 若遠公云인대 論文[115]이 語倒하니 若正인대 應云順本生因이니 謂現在之生이 本因癡愛어늘 依今生上하야 還起癡愛일새 故云順本이라하니 亦不違理로다

- 셋째 대구 중에 g) '자신의 본체가 갖가지[自體種種]'는 곧 ① 모양에 맞추어 태어남을 논의함이니 마찬가지로 제6지에서 밝힌 부분과 같다. 하지만 어떤 것은 본체가 오직 이름뿐이요, 어떤 것은 본체가 오로지 물질뿐이요, 어떤 것은 본체에 두 가지를 구비하였으므로 갖가지라 말한다.

g) 本順生 아래는 ② 원인에 상대하여 태어남을 구분한 내용이다. 이 위는 논경의 문장이고 謂癡愛 아래는 소가가 논경을 따라 해석한 내용이다. 만일 혜원법사의 주장대로 말한다면 논경의 문장이 도치되었으니, 바로잡는다면 응당히 "본래로 태어난 원인을 따른다"고 해야 할 것이다. 말하자면 현재의 태어남이 본래로 무명과 애정 때문이었지만, 금생을 의지하여 다시 무명과 애정[癡愛]을 일으키므로 '본래 원인을 따른다'고 하였으니 또한 이치에 어긋나지 않는 말이다.

---

115) 文은 南續金本作中.

八末後二句下는 約對後果하야 彰其生集이니 故名集苦諦種種이니라 謂三求下는 疏取論意하야 以爲解釋이라 於[116]中에 先, 總釋論名이오 後, 上句下는 別消經文이라 先釋上句라 二求를 言欲受者는 受卽樂受니 欲生五欲하야 增取追求하야 招於當苦라 言欲生者는 體卽是想이니 取三界勝相하야 而欲生故라 下句는 卽邪梵行求中에 初는 總明이라 此言輪廻는 卽論의 往來上下니라 次, 貪求三界下는 別說이니 小卽欲界오 大卽色界오 無量은 卽空識二無色이니 並如八地니라 妄謂涅槃은 總相而說이라 或謂拍腹은 卽檀提婆羅門이 拍腹唱言호대 我身이 卽道라하니 是計欲界하야 爲道오 無想은 卽計色界하야 爲道오 非想은 卽計無色界하야 爲道라 則上二無色도 亦在其中이라 二界에 偏擧此二天者는 外道가 多計하야 爲涅槃故라 然이나 論經에 云, 貪着三界想出想[117]故라하야늘 而論에 以無想天으로 釋經想字하나니 意云호대 彼有細想이어늘 外道가 妄計以爲無想하야 有想을 謂無라하고 云想出想이니라 成實論[118]中에 亦謂無想天은 但無麤想하고 而有細想이라하니라 故로 論에 結云호대 外道가 妄計하야 謂出有輪이라하니 故知三求는 但增集因하야 展轉招苦로다

- h) 末後二句 아래는 뒤의 결과를 상대하여 집제가 생겨남을 밝힘에 입각한 내용이니, 그래서 집제와 고제가 여러 가지라고 이름하였다. 謂三求 아래는 소가가 논경의 주장을 채택하여 해석한 내용이다. 그 중에 (a) 논경의 명칭을 총합적으로 해석함이요, (b) 上句 아래는 따로 경문을 풀이함이다. ㉠ 위 구절에 대한 설명이니 두 가지로 구함

---

116) 於는 南續金本作論誤.
117) 想은 論經作相.(대정장 권26 p. 188 c-)
118) 『成實論』제13권 三無色定品 제170에 云, "又於無想中生愚癡心. 若於泥洹不生寂滅安隱想者. 云何當能滅心. 又凡夫法要因上地能捨下地. 是故無能滅心因緣. 但以定力細想現前心不覺故. 自謂無想. 若起麤想卽時退墮. 如少智人名曰無智. 如食少鹹名爲無鹹. 如迷悶失念. 蟄虫冰魚. 如說非想非非想處. 此中亦爾. 雖實有想隨世俗故說名無想."(대정장 권32 p. 344 c-)

에서 '받아들이려 함'이란 수(受)는 받아들이기 좋아함이니, 오욕(五欲)으로 낳아서 잡음을 증장하고 추구해서 미래의 고통을 초래하는 것을 말한다. '낳으려 함'이란 본체는 바로 '생각'이니 삼계의 훌륭한 모습을 취해서 낳으려 하는 까닭이다. ㊂ 아래 구절은 곧 삿된 범행을 구함 중에 ① 총합적으로 밝힘이다. 여기서 윤회란 곧 논경의 위 아래로 왕래한다는 말이다. ② 貪求三界 아래는 개별적인 설명이니 작은 것은 욕계요, 큰 것은 색계요, 한량없음은 곧 공무변처천(空無邊處天)과 식무변처천(識無邊處天)인 무색계의 두 하늘이니, 함께 8지에서 밝힌 내용과 같다. '망녕되게 열반이라 한다'는 것은 총상으로 설명한 내용이다. 어떤 이가 '배를 두드린다[拍腹]'는 말은 단제(檀提)바라문이 배를 두드리며 노래하되, "내 몸이 곧 도이니라"고 하였으니 이것은 욕계(欲界)를 도라 계탁한 것이요, 무상(無想)이란 곧 색계를 도라 계탁한 것이요, 비상(非想)이란 곧 무색계를 도라 계탁한 것이다. 그러니 위의 두 가지 무색(無色)도 또한 그 안에 있는 부분이다. 두 세계 중에 치우쳐 이 두 하늘만 거론한 것은 외도들이 자주 열반으로 계탁하는 까닭이다. 하지만 논경에서 "삼계를 탐내고 집착하는 모양과 벗어나려는 모양이다"라고 하였는데, 이것은 논경에서 무상천으로 본경의 상 자(想字)를 해석한 내용이다. 의미로 말하면, "저기에 미세한 망상이 있는데 외도가 '허망한 계탁'을 생각 없음이라 하여 망상이 남은 것을 '없다'고 하였고, '망상과 벗어난 모양'이라 하였다."『성실론(成實論)』에도 또한 "무상천은 단지 거친 망상만 없는 것이지 미세한 망상은 남아 있다"고 말하였다. 그래서 논경에서 결론하되, "외도가 망녕되게 계탁하여 〈유〉의 수레바퀴에서 나온다고 말한다"고 하였다. 그러므로 세 가지로 구함은 단지 집제(集諦)의 원인만 늘게 하여 점점 괴로움을 초래하게 되는 줄 알 수 있다.

(ㅇ) 습기의 조림[習氣稠林] 2.

a. 총합하여 해석하다[釋總] 4.
a) 동시에 표방하다[雙標] (第八 56下10)
b) 인용하여 증명하다[引證] (雖標)

又知習氣種種相하나니 所謂行不行差別相과 隨趣熏習相과 隨衆生行熏習相과 隨業煩惱熏習相과 善不善無記熏習相과 隨入後有熏習相과 次第熏習相과 不斷煩惱遠行不捨熏習相과 實非實熏習相과 見聞親近聲聞獨覺菩薩如來熏習相이니라

또 버릇의 가지가지 모양을 아나니, 이른바 행하고 행하지 않는 차별한 모양과, 갈래를 따라 익힌 버릇의 모양과, 중생의 행을 따라 익힌 버릇의 모양과, 업과 번뇌를 따라 익힌 버릇의 모양과, 선과 악이 둘 아닌 익힌 버릇의 모양과, 뒷 세상에 들어감을 따라 익힌 버릇의 모양과, 차례로 익힌 버릇의 모양과, 번뇌를 끊지 않고 멀리 가면서 버리지 않고 익힌 버릇의 모양과, 진실하고 진실하지 않은 익힌 버릇의 모양과, 성문·독각·보살·여래를 보고 듣고 친근하여 익힌 버릇의 모양이니라.

[疏] 第八, 釋習氣中에 亦先은 總이오 後는 別이라 總云習氣는 旣通二義

하니 不可局於羅漢餘習이니라 雖標習氣나 別中에 皆言熏習하니라
- (ㅇ) 습기의 조림을 해석함 중에 또한 a. 총합하여 해석함이요, b. 개별로 해석함이다. a. 총합하여 습기라 한 것은 이미 두 가지 뜻에 통하나니 아라한의 남은 습기에 국한되지 않는다. 비록 습기라고 표방하였지만 b) 개별로 해석함에 모두 훈습이라고 말하였다.

[鈔] 第八, 習氣稠林이라 總中에 有四[119]하니 一은 雙標[120]오 二는 引證이오 三은 正釋이오 四는 通結이라 今初[121]에 卽餘習과 熏習이 而爲二義니 標章에 通故라

雖標習氣下는 二, 引文하야 證成熏習之義[122]라 故로 唯識第二에 云, 內種이 必由熏習生長이라야 親能生果하나니 是는 因緣故오 外種 熏習은 或有或無하야 爲增上緣의 所辦成[123]果니 必以內種으로 爲彼 因緣이니 是共相種의 所生果故라하니라

- (ㅇ) 습기의 조림이다. a. 총합하여 해석함에 넷이 있으니 a) 동시에 표방함이요, b) 인용하여 증명함이요, c) 바로 해석함이요, d) 결론하여 통함이다. 지금은 a)에서 남은 습기와 훈습이 두 가지 의미가 되나니, 가름으로 표방함에 통하는 까닭이다.

b) 雖標習氣 아래는 경문을 인용하여 훈습의 뜻을 증명한 내용이다. 그러므로 『성유식론』제2권에서는, "내부세계의 종자는 반드시 훈습에 의해 생겨나고[新熏] 증장해서[本有] 직접 결과를 일으킨다. 이것이 인연의 속성이다. 외부세계의 종자에는 훈습이 있기도 하고 없기도

---

119) 中有四는 南續金本作有四義.
120) 雙標는 甲南續金本作標章.
121) 上十一字는 南金本作中.
122) 習은 南續金本作種.
123) 上三字는 論作辦所生.

하다. 외부세계의 종자는 증상연(增上緣)이 되어 생겨난 결과를 판별한다. 반드시 내부세계의 종자로써 그것[外種]의 인연으로 삼는다. 이것은 공상(共相)의 종자[124]가 생겨난 결과이기 때문이다"라고 하였다.

c) 바로 해석하다[正釋] 2.
(a) 명칭 해석[釋名] (熏謂 57上8)

[疏] 熏은 謂熏灼이니 如外香氣오 習은 謂習學이니 唯約有情이라 習必能熏하야 以成氣分일새 故云習氣라하니라
■ 훈(熏)은 '불에 태운다'는 말이니 바깥의 향기와 같고, 습(習)이란 '배운 것을 익힌다'는 말이니 오직 유정에만 의지한다는 뜻이다. 습(習)은 반드시 능히 훈습하여 기분을 이룬 것이므로 '습기'라고 말한다.

(b) 훈습에 대한 설명[釋熏習] 3.
㊀ 법상종을 잡은 해석[法相宗] (卽賴 57上9)
㊁ 법성종을 잡은 해석[法性宗] (若依)
㊂ 문제점을 해명하다[通揀濫] (前中)

[疏] 卽賴耶識이 以爲所熏이니 以恒住一類며 是無記性이며 可受熏故오 前七轉識이 以爲能熏이니 由有生滅이며 勢力增盛이며 有增減故며 能所共相和合일새 故名熏習이라 此如攝論과 及唯識第二니라
若依起信인대 眞如가 亦能內熏이오 佛과 善友等이 以爲外熏이니 內外和合하야 以成氣分이라 前中에 雖聞敎等이나 亦因識能領受일새

---

124) 종자에 共相種子와 不共相種子가 있다. 다른 유정과 함께 수용하는 모든 대상의 종자는 공상종자이다. 오직 자기에만 국한되고 다른 것에 통하지 않는 5根 등의 종자는 불공상종자이다.

故判識爲能熏이니라

- 곧 아뢰야식이 훈습할 대상이니 항상 한 부류에 머물며 무기의 성질이며 훈습을 받을 수 있는 까닭이요, 앞의 7전식이 훈습하는 주체가 되나니 생멸이 있기 때문이며, 세력이 늘어나는 까닭이며, 증가하고 감소함이 있는 까닭이며, 주체와 대상이 서로 화합함으로 인해 훈습이라 한다. 이것은 『섭대승론』과 『성유식론』 제2권의 주장과 같다. 만일 기신론에 의지한다면 진여가 역시 능히 안으로 훈습하고 부처님과 선지식[善友] 등이 밖으로 훈습하나니, 안팎으로 화합하여 기분(氣分)을 이루게 된다. 앞에서 비록 교법 등을 들었다 하더라도 또한 식이 능히 받아들임으로 인해 식이 훈습하는 주체가 된다고 판단한다는 뜻이다.

d) 결론하여 회통하다[結通] (今並 57下5)

[疏] 今並通此하니 文中에 旣有因熏과 與果等인대 定知熏習種成이 爲氣分義로다

- 지금은 이것과 함께 통하나니 경문에 이미 훈습의 원인과 결과 등이 있다면 종자를 훈습하여 이루어짐이 기분의 뜻임을 확실히 알게 된다.

[鈔] 熏謂熏灼下는 第三, 正釋이라 於中에 二니 先, 釋名이니 卽唯識文이오 二, 卽賴耶下는 釋熏習義라 於中에 三이니 一은 法相宗이오 二는 法性宗이오 三은 通揀濫이라 今初니 亦唯識文이라 問明에 已廣이어니와 今疏文具하니 更略示之호리라 論에 云, 所熏能熏이 各具四義하야

令種生長일새 故名熏習이라 何等을 名爲所熏四義오 釋曰, 疏云卽
賴耶識이 以爲所熏者는 出所熏體니 唯有賴耶가 具四義故로 得名
所熏이니라

以恒住一類下는 卽出四義라 此上一句니 卽第一義라 論에 云, 一은
堅住性이니 若法始終에 一類相續하야 能持習氣가 乃是所熏이라 此
遮轉識과 及聲風等은 性不堅住일새 故非是所熏이니라 二, 是無記
性者는 卽第二義니 論에 云, 二는 無記性이니 若法平等하야 無所違
逆하야 能容習氣가 乃是所熏이니 此遮善染은 勢力强盛하야 無所容
納일새 故非所熏이라 由此로 如來의 第八淨識은 唯帶舊種이오 非新
受熏이니(此는 極善故니라) 三, 可受熏故者는 卽第三義니 論에 云, 三
은 可熏性이니 若法自在하야 性非堅密하야 能受習氣가 乃是所熏이니
此揀心所와 及無爲法은 依他堅密일새 故非所熏이니라(心所는 不自在
오 無爲性은 堅密이라) 四, 能所共相和合者는 論에 云, 四는 與能熏으로
共和合性이니 若與125)能熏으로 同時同處하야 不卽不離가 乃是所熏
이니 此遮他身은 刹那前後하야 無和合義일새 故非所熏이라하니 此義
를 疏家가 在於能熏하야 第四를 合擧니라

- c) 熏謂熏灼 아래는 바로 해석함이다. 그중에 둘이니 (a) 명칭 해석
이니 곧 『성유식론』의 문장에 의지하였고, (b) 卽賴耶 아래는 훈습에
대한 설명이다. 그중에 셋이니 ㉠ 법상종의 주장이요, ㉡ 법성종의 주
장이요, ㉢ 문제점을 해명함이다. 지금은 ㉠이니 『유식론』의 문장이
다. 문명품(問明品)에도 이미 자세하게 밝혔지만 지금 소문(疏文)에 구
비되었으니 다시 대략 보이리라. 『성유식론』에 이르되, "훈습할 대상
[所熏]과 훈습하는 주체[能熏]에 각기 네 가지 의미가 있다.126) 종자를

---

125) 與는 南續金本作向誤.

생겨나고 증장케 하므로 훈습이라고 이름한다. 무엇을 소훈(所熏)의 네 가지 뜻이라 하는가?" 해석하자면 소가가 '아뢰야식이 훈습의 대상'이라고 말한 것은 소훈(所熏)의 본체를 내보임이니, 오로지 아뢰야식만이 네 가지 뜻을 구비하는 연고로 소훈(所熏)이란 명칭을 가지게 되었다.

以恒住一類 아래는 네 가지 뜻을 내보인 내용이다. 이것은 위의 한 구절[行不行差別相]이니 곧 1) 첫째 의미이다. 논에 말하였다. "첫째, 견고하게 머무는 속성[堅住性]이다. 만일 법이 처음부터 끝까지 한 종류로 상속해서 능히 습기를 유지한다면, 이것이 곧 소훈(所熏)이다. 이것은 전식(轉識)과 소리, 바람 등[127]이 아님을 말한다. 그것들은 체성이 견고하게 머물지 않기 때문에 소훈이 되지 못한다." 2) 무기의 속성이란 둘째 의미이니 논에 말하였다. "둘째, 무기의 속성[無記性]이다. 만일 법이 평등하여 거스르는 것이 없어서, 능히 습기를 받아들인다면, 이것이 곧 소훈이다. 선(善)과 잡염의 성품은 세력이 강성해서 (다른 성질의 법을) 수용하지 못하기 때문에 소훈이 아니다. 그러므로 여래의 제8 청정식은 오직 본래의 종자[舊種: 무루종자]를 유지해서 새롭게 훈습을 받지 않는다."(이것은 지극히 착한 법인 까닭이다) 3) 훈습을 받을 수 있는 속성이니 셋째 의미이다. 논에 말하였다. "셋째, 훈습을 받을 수 있는 속성[可熏性]이다. 만일 법이 자재하고[128] 체성이 응연상주(凝然常住 : 堅密)하지 않아서 능히 습기를 받아들인다면, 이것이 곧 소훈이다. 심소법 및 무위법은 다른 것에 의지하고(심소법), 응연히 상

---

126) 아뢰야식이 종자를 저장하려면, 즉 所熏處의 역할을 하려면 堅住性・無記性・可熏性・和合性의 네 가지 속성을 갖추어야 한다. 또한 七轉識이 능훈식으로서 작용하려면 역시 有生滅・有勝用・有增減・和合性의 네 가지 속성을 갖추어야 한다. 아뢰야식과 7전식은 각각 그러한 속성을 갖추고 있으므로 所熏處와 能熏識으로 작용할 수 있다. (역경원 간 한글대장경 '성유식론' 주) 참조 1996년 서울)

127) 여기서 等은 감관・외부대상・12처 중에서 法處 등을 가리킨다.

128) 자재하다는 것은 제8식이 심왕으로서 자체가 자재함을 말한다. 심소는 자재하지 못하므로 소훈이 아니다.

주하기(무위법) 때문에 소훈이 아니다."(심소는 자재하지 못하고 무위법은 견밀한 까닭이다) 4) 훈습하는 주체와 대상이 서로 화합하는 속성이니 논에 말하였다. "넷째, 능훈과 함께 화합하는 속성[與能熏和合性]이다. 만일 능훈과 시간을 같이하고 장소를 같이하여 하나도 아니고 떨어져 있는 것도 아닌[不卽不離] 것이라면, 이것이 곧 소훈이다. 다른 사람이나 원인과 결과가 전찰나와 후찰나에 존재하는 것은,[129] 화합의 뜻이 없기 때문에 소훈이 되지 못한다." 이런 이치를 소가가 훈습하는 주체의 입장에서 넷째를 합쳐서 거론하였다.

前七轉識者는 卽出能熏體오 從由有生滅下는 卽出四義라 論에 云, 何等을 名爲能熏四義오 一은 有生滅이니 若法이 非常하야 能有作用하야 生長習氣가 乃是能熏이니 此遮無爲는 前後不變하야 無生長用일새 故非能熏이니라 二, 勢力增盛者는 卽第二義니 論에 云, 二는 有勝用이니 若有生滅인대 勢力增盛하야 能引習氣가 乃是能熏이니 此遮異熟心心所等은 勢力羸劣일새 故非能熏이니라 彼疏에 釋云호대 言勝用者는 謂前七識이 可是能熏이니 揀前六識의 異熟生者와 及第八心王心所가 雖是能緣이나 而不强盛하니 不名爲勝일새 故非能熏이니라 三, 有增減故者는 卽第三義니 論에 云, 三은 有增減이니 若有勝用인대 可增可減하야 攝植[130]習氣가 乃是能熏이니 此遮佛果의 圓滿善法은 無增無減일새 故非能熏이니 彼若能熏인대 便非圓滿이오 前後佛果가 應有勝劣호리라

● 前七轉識이란 곧 능훈(能熏)의 본체를 내보임이요, 由有生滅부터 아래는 네 가지 뜻을 내보인 내용이다. 논에 말하였다. "무엇을 능훈의

---

129) 경량부 등에서 주장하는 因果異時를 부정한다.
130) 植은 原南續金本作根誤, 論作植, 論宋本作持. 羸 여월 리. 劣 못할 렬.

네 가지 뜻이라 하는가? 1) 생멸이 있는 것[有生滅]이다. 만일 법이 상주하는 것이 아니고 능히 작용131)을 지녀서 습기를 생겨나게 하고[新熏] 증장케 하는[本有] 것이라면, 이것이 곧 능훈이다. 무위법은 전후로 변함이 없어서 생겨남과 늘어나는 작용이 없기 때문에 능훈이 아니다." 2) '세력이 증가한다'는 것은 둘째 의미이니 논에 말하였다. "둘째, 뛰어난 작용이 있는 것[有勝用]이다. 만일 생멸이 있고, 세력이 늘어나서 능히 습기를 이끌어 낸다면, 이것이 곧 능훈이다. 이숙의 심왕과 심소[見分] 등132)은 세력이 미약해서 능훈이 되지 못한다." 저 소에서 해석하되 "뛰어난 작용이란 앞의 7전식이 능훈(能熏)일 수 있으니 앞의 육식이 이숙(異熟)에서 생겨난 것과 8식인 심왕과 심소가 비록 반연하는 주체이긴 하지만 강하고 증성하지 않아서 뛰어나다고 이름하지는 않음과 구분하는 까닭에 능훈(能熏)이 아닌 것이다." 3) '증가하거나 감소함이 있다'는 것은 셋째 의미이니 논에 말하였다. "셋째, 증감이 있는 것[有增減]이다. 만일 뛰어난 작용이 있어 증성할 수 있고 감소할 수 있어서 습기를 거두어 자라게 한다면, 이것이 곧 능훈이다. 부처님의 지위[佛果]에서 원만한 선법(善法)은 증가함도 감소함도 없기 때문에 능훈이 아니다. 그것이 능훈이라면 곧 원만한 것이 아니다. 부처님 지위에서 전찰나와 후찰나에 뛰어남과 열등함이 생겨나는 까닭이다."133)

能所共相134)者는 即合辨第四能熏이니 第四論에 云, 四는 與所熏으

---

131) 유위법으로서 생멸변화하는 것을 가리킨다.
132) 제8식의 相分 및 6식 중에서 異熟生의 無記를 말한다.
133) 만약 佛果에서 새로운 종자를 훈습·증장시킨다면, 네 가지 지혜의 심품[四智心品]에서 차등이 생겨서 원만한 것이 아니며, 따라서 佛果의 전후에 優劣이 있게 된다.
134) 共相은 甲南續金本作二法.

로 和合而轉이니 若與所熏으로 同時同處하야 不卽不離가 乃是能熏이니 此遮他身은 刹那에 前後하야 無和合義일새 故非能熏이라하니라 (自他가 不得互熏이며 前後가 不得互熏이라) 論에 云, 唯七轉識과 及彼心所가 有此勝用하야 而增減者라 具此四義일새 可是能熏이라하니라 釋曰, 所以能所의 第四를 合者는 有二義故니 一은 以二種第四가 但能所異언정 言全同[135]故오 二는 用此文하야 別爲總結이니 故로 論에 結云[136]호대 如是能熏이 與所熏識으로 俱生俱滅일새 熏習義成하야 令所熏中의 種子로 生長이 如熏苣勝일새 容名熏習이라하니라

若依起信下는 第二, 法性宗中의 熏習之義니 並如問明이니라 前中雖聞等下는 第三, 揀濫通妨이니 亦唯識意라 故云前中이라하니 亦爲揀於起信等中의 善友聞法으로 爲外熏故니라 今並通此者는 四, 通結이니 上文의 性相二宗熏習之義와 及餘習義가 經文에 皆具니라

● 4) '능훈이 소훈과 화합한다'는 것은 곧 넷째 능훈의 작용을 합하여 밝힌 내용이니, 논에 말하였다. "넷째, 소훈과 화합하여 전전하는 것[與所熏和合性]이다. 만일 소훈과 시간을 같이하고 장소를 같이해서 하나도 아니고 떨어져 있는 것도 아니라면, 이것이 곧 능훈이다. 다른 사람이나 원인과 결과가 전찰나와 후찰나에 존재하는 것은, 화합의 뜻이 없기 때문에 능훈이 아니다."(자신과 남이 서로 훈습하지 못하며 앞과 뒤가 서로 훈습하지 못한다) 논에 말하였다. "오직 7전식과 그 심소가 뛰어난 작용이 있어서 증성하고 감소하므로, 이 네 가지 뜻을 구비함으로 인해 곧 능훈이 될 수 있다." 해석하자면 능훈과 소훈의 4) 화합성(和合性)을 합하는 이유는 두 가지 뜻이 있기 때문이다. 하나는 두 가지의 넷째 속성이 단지 주체와 대상인 것만 다를 뿐 표현은 완

---

135) 同은 甲南續金本作似.
136) 苣勝의 勝은 論作藤(譯者註; 대정장 권31 p. 10a3-) 苣 상추 거. 藤 참깨 승.

전혀 비슷한 까닭이요, 둘은 이 문장을 사용하여 총상과 별상으로 나누어지는 까닭이다. 그래서 논에서 결론하되, "이와 같이 능훈식과 소훈식이 함께 생멸해서 훈습의 뜻이 성립된다. 훈습을 받아들이는 곳[所熏處: 제8식]에 있는 종자를 생겨나게 하고 증성케 하는 것이, 상추나 참깨[苣藤]를 훈습함과 같기 때문에 '훈습'이라고 이름한다"고 하였다.

㈡ 若依起信 아래는 법성종의 주장에서 훈습의 의미이니 모두 문명품(問明品)의 내용과 같다. ㈢ 前中雖聞 아래는 문제점을 해명함이니 유식론의 주장과 마찬가지이므로 '앞에서'라 한 것이니, 『기신론』 등에서 선지식에게 법문을 듣는 것으로 '외부의 훈습[外熏]'을 삼기 때문이다. d) 今並通此는 회통하여 결론함이다. 위 문장에서 법성종과 법상종의 훈습의 뜻과 남은 습기의 의미가 경문에 모두 갖추어져 있다는 뜻이다.

b. 개별로 해석하다[別釋] 2.
a) 해당 구절에 대한 설명[當句釋] 10.
(a) 행하고 행하지 않는 차별[釋初句行不行差別] (別中 59下10)

[疏] 別中에 十種差別이니 一, 與果現在非現在差別이니 謂過去善惡業因이 與今現果로 同起를 名行이오 不同起를 名不行이니 如人行施하야 今得人身에 亦常好施等이라 此는 即因習이니라

■ b. 개별로 해석함 중에 열 가지 차별이 있다. (a) 결과와 함께 현재함과 현재하지 않음으로 차별함이다. 말하자면 과거의 선업과 악업의 원인이 지금 현재의 결과와 함께 일어나는 것을 '행함'이라 칭하고, 함

께 일어나지 않는 것을 '행하지 않음'이라 칭한다. 마치 어떤 이가 (과거에) 보시를 많이 행하여 현재에 사람의 몸을 받게 되면 항상 보시하기를 좋아하는 것과 같은 등이다. 이것을 '원인적인 습기[因習]'라 한다.

[鈔] 別中十種下는 二,[137] 別釋이라 疏文有二하니 先은 當句釋이오 後는 總結束이라 結束中에 略이어니와 今若具說인대 前七은 約時明習이오 次一은 約道오 後二는 約人이라 前中에 又三이니 初二는 對過說習이오 次三은 現在를 望現說習이오 後二는 以現으로 望後說習이니 疏文에 皆具니라 今初니 初句는 卽因習也니라

● b. 別中十種 아래는 개별로 해석함이다. 소의 문장에 둘이 있으니 a) 해당 구절에 대한 해석이요, b) 총합하여 결론하고 거둠이다. b) 결론하여 거둠 중에는 생략되었지만 지금 갖추어 설명한다면 ① 앞의 일곱 구절은 시간에 의지해 습기를 설명함이요, ② 다음의 한 구절[8. 不斷煩惱遠行不捨熏習相]은 세상에 의지한 설명이요, ③ 뒤의 두 구절[9. 實非實― 10. 見聞親近聲聞獨覺菩薩如來―]은 사람에 의지한 설명이다. ①에 또 셋이니 ㉮ 처음의 두 구절[1. 行不行差別相 2. 隨趣熏習相]은 과거와 상대하여 설명함이요, ㉯ 다음의 세 구절[3.隨衆生行― 4.隨業煩惱― 5.善不善無記―]은 현재를 현재와 대조하여 설명함이요, ㉰ 뒤의 두 구절[6. 隨入後有― 7. 次第―]은 현재로 미래와 대조하여 설명함이니 소의 문장에 모두 구비되어 있다. 지금은 ㉮에서 ㉠ 첫 구절은 '원인의 습기'이다.

(b) 둘째 구절은 갈래를 따라 익힌 습기[釋第二句隨趣熏習]
(二隨 60上8)

---

137) 上四字는 南金本作乃有下.

[疏] 二, 隨趣熏者는 道熏差別이니 如從天來에 今猶鮮淨이라 廣明道習은 如大威燈光仙人의 所問經이니 此卽果習이라 上二는 皆是對過說今이니라

- (b) '갈래를 따라 익힌 습기'란 세상으로 훈습한 차별이니 마치 천상에서 태어나면 금생에는 맑고 깨끗한 것과 같다. 갈래의 습기에 대해 널리 밝힌 것은 『대위등광선인소문경(大威燈光仙人所問經)』의 내용과 같나니, 여기서는 '결과의 습기[果習]'이다. 위의 두 구절은 모두 과거에 상대하여 현재의 습기에 대해 설명한 내용이다.

[鈔] 二는 卽果習이라 如大威燈光仙人者는 彼云問疑經이니 此仙이 爲首하야 廣有問答하며 末後에 諸仙이 同[138)]問此義云[139)]호대 衆生業持가 猶如流星하야 各各別異어늘 云何得成眞實聚集이닛고 下取意引호리라 佛言하사대 無時方處에 而[140)]得聚集하나니 過一乘已[141)]하야 菩薩地中에야 方得聚集이오 無餘涅槃中에야 方得聚集이 如百川歸海라하니라 又云하사대 我雖說煩惱平等中에 得聚集이나 亦非聚集이니 如風吹蟲하야 聚在一處나 風息에 還散이라 衆生도 亦爾하야 業風이 吹聚地獄餓鬼等處나 業盡에 還散이니라 又問意에 云, 先同在六道라가 後人中에 相遇하면 云何得知先來聚集이닛고 佛言하사대 大仙人이여 所有衆生이 若相見時에 心不歡喜하야 生瞋結恨하며 或時頭痛하며 或時失禁大小便利하면 當知是輩는 已於先世地獄之中에 曾聚集相이니라 又問호대 若先世에 曾在畜生中하야 有百千萬身이 一處者인대

---

138) 同은 原本無, 甲南續金本有, 案嘉興藏缺同字而空一格, 此格恰在行末 大正藏遂誤將前後文分成兩行, 足證大正鈔本係依嘉興藏.
139) 인용문은『大威燈光仙人問疑經』의 내용이다. (대장장 권17 p.886 a-)
140) 而下에 甲南續金本有持字.
141) 已下에 南續金本有若字.

云何可知닛고 佛言하사대 彼生人中하야 各相見時에 結成瞋怨하야 常覓其便호대 我當何時에 覓得其便고하면 卽畜生中에 曾聚集相이니라 若餓鬼中來인대 常樂臭穢하고 復多貪食하며 設欲與他라도 心不去離하야 生惱貪着하며 或復見彼富貴勢力하면 心生嫉妬하며 復常欲得彼人財物이니라 若有先世에 同在人中하야 曾共一處者인대 於現世中에 若相見時에 更生欲心하며 若有先世에 共在天中하면 若相見時에 各以眼道로 遠相攝取하야 共相眷愛니라 仙人이 聞此하고 稱讚如來가 是一切智라하니라

● (b) (갈래를 따라 익힌 습기)는 결과의 습기이다. '대위등광선인소문경의 내용과 같다'는 것은 저기서는 『문의경(問疑經)』이라 하였으니 이 선인이 우두머리가 되어 널리 질문하고 대답한 내용이 있다. 마지막에 여러 선인이 함께 이런 뜻에 대해 질문하되, "중생이 가진 업이 마치 유성처럼 각기 다른데 진실로 어느 곳에서 무더기를 만드는 것입니까?" 아래에는 의미로 인용하리라. "부처님께서 말씀하시되, 어느 때 어느 곳에서도 업의 무더기를 모을 수 있나니 한 승(乘)을 지나서 보살지(菩薩地)에 가서야 비로소 모으게 되며, 무여열반(無餘涅槃)에 가서야 비로소 모으게 되는 것이니 마치 많은 강물이 바다로 돌아가 모이는 것과 같다." 또 말씀하시되, "내가 비록 '번뇌가 평등한 곳에서 모은다'고 말했지만, 또한 모으지 못하나니 마치 바람이 벌레들을 불어서 한곳에 모이게 하지만 바람이 잠잠해지면 다시 흩어지는 것과 같다. 중생도 그러해서 업의 바람이 불어와 지옥과 아귀도에 모였지만 업이 다하게 되면 다시 흩어지는 것과 같다." 또 질문한 것을 의미로 말하면, "먼저 함께 육도(六道)에 있다가 다음에 인도(人道)에서 서로 만나면 어떻게 먼저 와서 모였던 것을 알게 됩니까?" 부처님께서 말씀하

시되, "큰 선인이여, 모든 중생이 만일 서로 만날 적에 마음에 기뻐하지 않아서 성내고 원한 맺으며 혹 어떤 때는 머리가 아프기도 하고 혹 어떤 때는 대소변을 실수하기도 한다면, 마땅히 알라. 이런 무리들은 이미 과거세에 지옥 중에서 일찍이 모였던 모양이니라." 또 질문하되, "만일 과거세에 일찍이 축생세계에 살면서 백천만 가지 몸으로 살게 되면 어떻게 알 수 있습니까?" 부처님께서 말씀하시되, "저 인간세상에 나서 각기 서로 만났을 적에 성내고 원한 맺어서 항상 기회를 엿보기를 '내가 어느 때에 그 기회를 얻을 수 있을까?'라고 한다면, 곧 중생세계에 일찍이 모인 모양이다. 만일 아귀도(餓鬼道)로부터 왔다면 항상 냄새나고 더러운 것을 좋아하고 또 자주 음식을 탐내며, 설사 다른 것을 주려고 해도 마음에 포기하지 못하여 번뇌를 일으켜 탐착하며 혹 다시 저 부귀한 세력을 보게 되면 질투하는 마음을 내며 다시 항상 저 사람의 재물을 얻으려고 하나니라. 만일 전세에 함께 사람으로 태어나 일찍이 한곳에서 살았으면 현세에 만일 서로 만날 적에 다시 욕심을 내며, 만일 전세에 함께 천상에 살았으면 다시 만날 적에 각기 보는 원칙[眼道]으로 멀리서 서로 포섭하여 취하여 서로 집안 식구로 사랑하게 된다." 선인이 이를 듣고 여래가 일체지(一切智)를 칭찬하였다.

(c) 셋째 구절은 중생의 행을 따라 익힌 습기[釋第三句隨衆生行]

(三隨 61下1)

[疏] 三, 隨衆生行者는 親近衆生熏差別이니 此是緣習이라 故宜遠惡近善하야 愼所習也니라 所以로 昔王이 不立廏於寺하고 而立之於屠하니라

■ (c) '중생의 행을 따라'는 중생과 친근해서 훈습한 차별이니 이것은 간접원인의 습기[緣習]이다. 그래서 마땅히 악은 멀리하고 선을 가까이해서 익힌 것을 삼가는 것이다. 그러므로 예전에 왕이 절에는 마구간을 세우지 않고, 도살장에 마구간을 세웠던 것이다.

[鈔] 三隨衆生行者는 此下三句는 現望現在하야 以說習氣니라 昔王不立廐於寺者¹⁴²⁾는 卽智論文이니 謂此王이 有象하니 可以敵國이라 每有怨敵에 莊嚴器仗하면 無不剋勝이라 後에 敵國이 皆懼하야 久而無敵하니라 遂於寺中에 立廐養之커니 久聞僧衆이 禮念熏心하고 馴善成性하니라 後에 有隣國의 兵衆相侵이어늘 嚴象敵之호대 都不肯戰¹⁴³⁾이라 其王憂愁하야 慮其國敗한대 智臣이 白王호대 此象이 久處精舍하야 見聞善事일새 與之化矣니 可處屠坊하야 令常見殺하면 後未經久하야 惡心이 還起니라 畜生도 尙爾온 況復於人이 近善不善이며 近惡不惡耶¹⁴⁴⁾아

● (c) '중생의 행을 따라'는 이 아래의 세 구절은 현재에서 현재와 대조하여 습기를 설명한 내용이다. '예전에 왕이 절에 마구간을 세우지 않았다'는 것은 곧 『대지도론』의 문장이다. 말하자면 이 왕에게 코끼리가 있어서 나라와 맞설 만하였다. 원수나 도적이 있을 때마다 무기를 장치하면 능히 이기지 못하는 것이 없었다. 뒤에 적국에서 모두 두려워하여 오래도록 대적할 상대가 없었다. 드디어 절 안에 마구간을 만들어 양육하였는데 오래 대중 스님들이 예불하는 생각을 듣고 마음에 훈습하여 착하게 길들여졌다. 뒤에 이웃 나라에서 병사들이 서

---
142) 上八字는 甲南續金本作所以昔王下.
143) 戰은 甲南續金本作敵.
144) 耶는 甲南續金本作故誤.

로 침범하였는데 코끼리에게 무기를 장치하고 대적하였는데 도무지 싸우려 하지 않았다. 그 왕이 근심하여 나라가 패할까 염려하였는데, 지혜로운 신하가 왕에게 사뢰되, "이 코끼리가 오래 사찰에 살아서 착한 일만 보고 들었으므로 교화가 되었으니, 도살장에 살게 해서 하여금 항상 도살하는 것을 보게 하면 오래지 않아 악한 마음이 다시 일어날 것입니다." 축생도 오히려 이러한데 하물며 다시 사람이 착하고 착하지 않은 것을 가까이하며 악하고 악하지 않은 것을 가까이 하였겠는가?

(d) 넷째 구절은 업과 번뇌를 따라 익힌 습기[釋第四句隨業煩惱]

(四隨 62上2)

[疏] 四, 隨業等者는 功業煩惱熏差別이니 功業者는 釋經業字니 謂是起作事業이오 揀非業因이라 如鍛金之子를 宜敎數息等이라 煩惱習者는 如人喜眠에 眠則滋多等이니라

- (d) '업과 번뇌를 따른다'는 등은 공업(功業)과 번뇌로 훈습한 차별이다. 공업(功業)이란 경문의 업 자(業字)를 해석한 말이니, 말하자면 사업을 시작한 것이요, 업의 원인이 아닌 것을 구분한 부분이다. 마치 금 세공사이던 제자를 마땅히 수식관(數息觀) 등으로 가르쳐야 하는 것과 같다. '번뇌로 익힌다'는 것은 마치 사람이 기쁘게 잠들게 되면 잠이 아주 달콤한 것과 같은 등이다.

[鈔] 四隨業下는 四五二句는 約因說習이니 第四는 約於作業之因이오 第五는 約於善惡之因이라 四中에 言如鍛金之子等은 明法品[145]에 已

---

[145] 明法品이란 疏云, "一, 識習氣所作 如金師之子 應敎數息等"을 말한다.

引하니라 莊嚴經論에 說[146]호대 舍利佛이 錯敎二弟子호대 一은 白骨觀이오 一은 數息觀이라 經歷多年호대 各不得定하야 以是因緣으로 卽生邪見하야 言無涅槃과 無漏之法이라 設其有者인대 我應得之니 何以故오 我能善持所受戒故라하야늘 我於爾時에 見是比丘가 生邪見心하고 卽喚舍利弗하야 而訶責之호대 汝不善敎로다 云何乃爲是二弟子하야 顚倒說法고 汝二弟子가 其性各異하니 一은 是浣衣오 一은 是金師라 金師之子에는 應敎數息觀이오 浣衣之子에는 應敎白骨觀이어늘 以汝錯敎하야 令是二人으로 生於惡心이로다 我於爾時에 爲是二人하야 如應說法하니 二人聞已에 得阿羅漢果라 是故로 我爲一切衆生의 眞善知識이오 非舍利佛과 及目連也라하니라 釋曰, 以此文證인대 明是工業之習이오 非業因也로다 業因은 卽下善惡이 是耳니라

如人喜眠者는 卽涅槃十九[147]니 十六大臣이 皆爲闍王하야 說此偈曰, 若常愁苦인대 愁遂增長하리니 如人喜眠에 眠則滋多라 貪婬嗜酒도 亦復如是라하니라

- (d) 隨業 아래는 넷째와 다섯째의 두 구절은 원인에 의지해 습기를 설명한 내용이다. 넷째 구절[隨業煩惱熏習相]은 업을 짓는 원인에 의지한 분석이고, 다섯째 구절[善不善無記一]은 선과 악의 원인에 의지한 분석이다. '마치 금 세공사이던 제자' 등은 명법품(明法品)에 이미 인용한 내용이다. 『대승장엄경론(大乘莊嚴經論)』에 말하되, "사리불이 두 제자를 잘못 가르쳤는데 하나는 백골관(白骨觀)을, 하나는 수식관(數息觀)으로 가르쳤다. 여러 해가 지났어도 각기 선정을 얻지 못하여 이런 인연으로 삿된 소견을 일으켜 '열반과 무루의 법이 없다'고 하였다. '설사 그것이 있는 것이라면 내가 응당히 얻게 될 것이다. 왜냐하

---

146) 인용문은 『大莊嚴論經』 제7권의 내용이다. (대정장 권4 p. 293-).
147) 인용문은 『涅槃經』 제17권 梵行品 제20의 내용이다. (대정장 권12 p. 717 c-)

면 내가 받은 계율을 잘 수지한 까닭이다'라고 하였다. 내[부처님]가 그때에 이 비구가 삿된 소견을 내는 것을 보고 곧 사리불을 불러 꾸짖었다. '너는 제자를 잘못 가르쳤구나! 어째서 두 제자에게 뒤바뀐 설법을 하였느냐? 너의 두 제자가 그 성품이 각각 달랐으니 하나는 세탁하던 사람이요, 하나는 금 세공사였다. 금 세공사이던 제자에게 는 응당히 수식관을 가르쳤어야 했고, 세탁하던 제자에게는 응당히 백골관을 가르쳤어야 하는데, 너는 잘못 가르쳐서 두 사람에게 악한 마음을 내게 하였구나!' 내가 그때에 이 두 사람을 위하여 알맞게 법을 설해 주었는데, 그 두 사람이 듣고 나서 아라한과를 얻었다. 이런 까닭에 내가 모든 중생의 진실한 선지식이 되었으며 사리불과 목건련은 진실한 선지식이 되지 못했다." 해석하자면 이런 경문으로 증명한다면 업을 삼았던 습기 때문이지 업의 원인 때문이 아닌 것이 분명하다. 업의 원인은 곧 아래 선과 악이 해당될 뿐이다.

'마치 사람이 기쁘게 잠들게 되면'이란 곧 『열반경』 제19권이니 16명의 대신들이 모두 아사세왕[闍王]을 위하여 이런 게송으로 말하였다. "항상 근심하는 사람 근심 더욱 느는 것이, 잠 잘자는 잠꾸러기 잠이 점점 많아지듯, 탐욕・음욕・술 먹는 일 역시 그와 같으니라."

(e) 다섯째 구절은 착하고 착하지 않은 무기로 익힌 습기

　　[釋第五句善不善無記] (五善 63上1)

(f) 여섯째 구절은 뒷세상의 존재를 따라 익힌 습기[釋第六句隨入後有]

　　　　　　　　　　　　　　　　　　　　　　　(六隨)

[疏] 五, 善不善等者는 善業等熏差別이니 此業은 卽是業因이라 以是善

等三性으로 望來果하야 稱業故니 如久行施者가 施心이 轉濃等이라 上三은 唯約現世하야 以明習氣니라
六, 隨入後有者는 中陰熏差別이니 中有는 卽是本有後故라 如梵行人은 至中有內하야도 亦無染欲이니라

■ (e) '착하고 착하지 않은 등'이란 착한 업 등으로 익힌 차별이니, 이 업은 곧 업의 원인이다. 이런 착함 등의 세 가지 성품으로 미래의 결과와 대조하여 업과 걸맞게 되는 까닭이다. 마치 오래 보시를 행하던 사람이 보시하는 마음이 더욱 두터워지는 것과 같은 등이다. 위의 셋은 오로지 현세에 의지하여 습기를 밝힌 내용이다.

(f) '뒷세상의 존재를 따라 들어간다'는 것은 중음신으로 익힌 차별이니 중간 존재[中有]는 곧 근본 존재[本有]의 뒤인 까닭이다. 마치 범행을 닦던 사람이 중유(中有)에 이르더라도 또한 오염된 욕구를 부리지 않는 것과 같다.

[鈔] 中有卽是者는 以經文의 隨入後有를 論判爲中陰熏故라 故로 俱舍[148]에 云, 本有는 謂死前이며 居生刹那後라하니 則本有는 卽是今身이니 未至當有인 於二中間을 說爲中有라 俱舍[149]에 云, 死生二有中에 五蘊을 名中有故라하니라

● '중간 존재가 곧 근본 존재'란 경문의 '뒷세상에 존재를 따라 들어간다[隨入後有]'를 논경에서 중음신의 훈습으로 판단한 까닭이다. 그래서 『구사론』에서는, "(이 하나의 업이 이끄는 까닭에 本有 때의 얼굴과 같나니) 본유(本有)는 죽기 전을 말하는 것이요, 태어난 찰나 뒤에 있는 그것

---

148) 인용문은 『阿毘達磨俱舍論』 제9권의 分別世品 제3의 내용이다. 論云, "當往何趣. 所起中有形狀如何. 頌曰 《此一業引故 如當本有形 本有謂死前 居生刹那後"(대정장 권29 p. 45 c-)
149) 인용문은 『阿毘達磨俱舍論』 제8권의 分別世品 제3의 내용이다. 論云, "死生二有中 五蘊名中有 未至應至處 故中有非生."(앞의 책 p. 44 b-).

이네"라고 하였다. 본유(本有)는 곧 금생의 몸을 가리키나니 미래의 존재[當有]에 이르지 않는 둘의 중간을 중유(中有)라 말한다.『구사론』에서, "사유(死有)와 생유(生有)인 두 가지 존재 중의 오온을 중유라고 말하나니 (응당 이를 곳에 이르지 못했으므로 중유는 생이 아니라고 하네)"라고 말하였다.

(g) 일곱째 구절은 차례로 익힌 습기[釋第七句次第熏習] (七次 63上10)

[疏] 七, 次第者는 與果次第熏差別이니 謂修善惡業하야 於後有位諸趣之中에 受果次第니 習亦與果로 次第無差라 上二는 約現望後하야 以說熏習이니라

- (g) '차례로'란 결과와 함께 차례로 훈습한 차별이다. 말하자면 선업과 악업을 닦아서 다음 존재의 지위를 모든 갈래에서 과보를 받는 순서이니, 습기도 역시 과보 받는 순서와 차이가 없다. 위의 둘은 현재에 의지하여 미래와 대조하여 훈습을 설명한 내용이다.

[鈔] 七次第等者는 此言後有는 卽當本有也라 遠公이 釋次第云호대 中有가 能與生陰之果로 爲方便故로 名爲次第라하니라 疏意에 云, 如在因中하야 先多作善하고 後則兼惡하면 後與果時에 初卽多樂하고 後便有苦라 先苦後樂도 義亦準之니 則受果時에 如因次第니라 言上二約現者는 第六, 現望中陰이오 第七, 現望當有니라

- (g) 次第 등에서 후유(後有)라 말한 것은 곧 본유(本有)에 해당한다. 혜원법사는 차제(次第)를 해석하되, "중유가 능히 태어난 오음의 결과와 함께 방편이 되는 연고로 '차례로'라고 말한다"라고 하였다. 소에

서는 의미로 말하되, "마치 원인 중에 앞에서는 선행을 많이 하고 나중에 악행을 겸하였다면, 후세에 과보를 받을 적에 처음에는 즐거움이 많았다가 나중에 문득 고통이 있게 되는 것과 같다." 먼저 고통스럽고 나중에 즐거운 것도 이치는 또한 그에 준하나니 과보를 받을 때에 원인의 순서와 같다. '위의 둘은 현재에 의지하여'라 말한 것은 ⑥ 현재에 중음신(中陰身)과 대조한 분석이요, ⑦ 현재에 당유(當有)와 대조한 분석이다.

(h) 여덟째 구절은 끊임없이 번뇌로 익힌 습기[釋第八句不斷煩惱]

(八不 63下8)

[疏] 八, 不斷等者는 離世間禪因熏差別이니 謂諸無漏定을 名離世間禪이니 修學無漏가 卽是彼因이라 由未斷煩惱하야 雖修無漏나 亦爲煩惱牽하야 煩惱가 隨至無漏를 名爲遠行이라 行亦入義니라

- (h) '끊임없이' 등이란 세간을 여읜 선정의 원인으로 훈습한 차별이다. 말하자면 모든 무루법의 선정을 세간을 여읜 선정[離世間禪]이라 이름하나니, 무루법을 닦고 배우는 것이 곧 저 선정의 원인이다. 번뇌를 끊지 않음으로 인해 비록 무루법을 수행하더라도 또한 번뇌의 이끌림을 받아서 무루에까지 따라가는 것을 '원행(遠行)'이라 한다. 그러므로 행(行)도 역시 '들어간다'는 뜻이다.

[鈔] 八不斷下는 此一은 約道明熏習이니 無漏聖道에도 亦有熏故니라

- (h) 不斷 아래에서 이 하나는 도법에 의지해 훈습을 밝힌 내용이니, 무루의 성도에도 역시 익힌 습기가 있기 때문이다.

(i) 아홉째 구절은 진실하고 진실하지 않은 것으로 익힌 습기
[釋第九句實非實等] (九實 64上3)

[疏] 九, 實非實者는 同法異外道行解脫熏差別이니 同法으로 釋實이니 卽 三乘이 同佛法故오 異外道로 釋非實이니 在佛法外일새 故名爲異니라 行者는 上二之因이오 解脫者는 上二之果니 各有熏習하야 好習本法故라 曾修小乘하면 今雖學大나 先發小習하나니 餘可準知라 此는 卽邪正雙明이어니와 約修證說인대 亦含三乘의 餘習之相이니라

■ (i) '진실하고 진실하지 않다'는 것은 같은 법과 다른 외도 수행의 해탈을 훈습하는 차별이다. 동법(同法)으로 실(實)을 해석하였으니, 곧 삼승이 모두 불법인 까닭이다. '외도와 다르다[異外道]'는 것은 비실(非實)을 해석한 말이니, 불법의 바깥에 있는 연고로 '다르다'고 하였다. 행(行)이란 위 둘[同法과 異外道]의 원인이요, 해탈(解脫)이란 위 두 가지의 결과를 가리키나니, 각기 훈습함이 있어서 본법을 잘 훈습하는 까닭이다. 일찍이 소승을 닦았으면 지금 비록 대승을 배우더라도 소승의 습기가 먼저 나오게 되나니 나머지는 준하여 알 수 있으리라. 여기서는 곧 사(邪)와 정(正)을 함께 밝혔지만 수증(修證)에 의지해 말한다면 역시 삼승의 남은 습기의 모양을 포함한 내용이다.

[鈔] 九實非實下는 後二는 約人이라 亦含三乘者는 智論第三에 云,[150] 譬

---

150) 『大智度論』제2권 大智度初品中婆伽婆釋論 제4의 내용이다. (대정장 권25 p.70-).
[아라한과 벽지불들도 음욕・성냄・어리석음을 능히 깨뜨리는데 부처님과 무엇이 다른가? 아라한이나 벽지불이 비록 三毒을 능히 깨뜨렸으나 그 기분은 다하지 못했으니, 비유컨대 향 그릇에서 향을 이미 없앴지만 향기는 여전히 남아 있는 것과 같다. 또 풀・나무・섶을 불로 태워 연기가 났지만 숯과 재는 다하지 않나니, 불의 힘이 약하기 때문인 것과 같다. 부처님은 삼독이 영원히 다하여서 남은 것이 없나니, 비유컨대 겁이 다하여 불이 수미산을 태우면 온갖 땅덩이가 모두 다하여 연기도 숯도 없어지는 것과 같다. 舍利弗은 성내는 기분이 남았고, 難陀는 음욕의 기분이 남았고, 畢陵伽婆蹉는 교만한 기분이 남았으니, 비유컨대 사람이 오라에서 풀려

如香在器中에 其香雖去나 習氣가 故在하며 譬如人被縛이라가 初得脫時에 身猶不便이니라 如畢陵伽가 罵恒河女니라 亦第二論에 舍利弗瞋하며 亦當第二에 謂身子가 爲上座어니 羅睺羅가 瘦어늘 佛問其故한대 彼說偈云호대 若人食油則得力이오 若食酥者는 得好色이어니와 食麻滓者는 無氣力하나니 大德世尊은 自當知하리이다한대 佛問하사대 誰爲上座오 答하니이다 和上[151] 舍利佛이니다 佛言하사대 舍利弗이 食不淨食이로다 令日中에 炙하고 後復令止한대 不肯歸하고 已炙不合止라하야늘 佛이 遂引[152]하사대 昔爲蛇하야 傷王이어늘 呪師가 設火坑하야 令其欸毒호대 若不欸者면 當入火坑이라하야늘 彼自思惟호대 我已能吐어니 云何更欸[153]이리요하고 遂投身入火라 故其瞋習이 至今不已라하니라 其大迦葉舞는 卽智論四十七이라 餘는 如第二疏鈔니라

- (i) 實非實 아래 뒤의 두 구절은 사람에 의지한 분석이다. '또한 삼승을 포함한다'는 것은『대지도론』제2권에 이르되, "비유컨대 향 그릇에서 향을 이미 없앴지만 향기는 여전히 남아 있는 것과 같으며, 비유컨대 사람이 오라에서 풀려나면 걷기는 하되 매우 불편한 것과 같다. 마치 필릉가바차(畢陵伽婆蹉)가 항하 강의 여신을 꾸짖은 것과 같다."

나면 걷기는 하되 매우 불편한 것과 같다. 이때 부처님께서 선정에서 일어나셔서 經行을 하시는데 라후라가 부처님을 따라 경행하니, 부처님께서 그에게 물으셨다. '어째서 수척했느냐?' 라후라가 다음과 같이 게송으로 대답했다. "사람이 기름을 먹으면 힘이 나고 酥酪을 먹으면 살갗이 좋아지고 깻묵이나 채소를 먹으면 힘도 빛도 없나니 대덕 세존이시여, 이런 줄을 아옵소서."]

151) 上은 甲續金本作尙.
152) 인용문은 위에 이어지는 논문이다. (대정장 권25 p. 70-). [부처님께서 다음과 같이 전생인연을 들어 말씀하셨다. "옛날에 어떤 국왕이 독사에게 물렸다. 이때 왕은 죽을 지경에서 울부짖으며 모든 良醫들을 불러 독사의 독을 치료하게 하였다. 이때 양의들은 이렇게 말했다. '도리어 뱀으로 하여금 빨게 하면 독기가 다할 것입니다.' 이때 양의들이 제각기 주술을 베풀어 왕을 문 뱀을 부르니, 뱀이 곧 왕에게로 왔다. 의원들이 장작을 쌓아 불을 지피고 명령하되 '너의 독기를 도로 빨아라. 그러지 않거든 이 불구덩이로 들어가라' 하니, 독사가 생각하되 '이미 내가 토해낸 독기를 어떻게 다시 빨겠는가? 이 일은 너무나 심하다. 차라리 내가 이 불 속으로 들어가리라' 하고는 불로 들어갔다. 그때의 독사가 오늘의 사리불인데 여러 생을 지나면서 마음이 견고하여 움직일 수 없느니라."]
153) 上三欸字는 原本作噉, 金本作敕, 續本前二字作噉 後一作欸, 案欸吭也; 見說文音朔 音義云 欸又作噉.

또 제2권에 사리불의 성내는 습기를 논하였다. "이를테면 신자(身子)가 상좌를 두었는데 라후라가 야위었거늘, 부처님께서 그 까닭을 물으시니 저[라후라]가 게송으로 대답하였다. "사람이 기름을 먹으면 힘이 나고, 소락(酥酪)을 먹으면 살갗이 좋아지고, 깻묵이나 채소를 먹으면 힘도 빛도 없나니 대덕 세존이시여, 이런 줄을 아옵소서." 부처님께서 물으셨다. "누가 스승이신가?" 대답하되, "스승님은 사리불이옵니다." 부처님께서, "사리불이 깨끗지 않은 공양을 받았구나" 하시고 햇빛에서 태우게 하신 후에 다시 그치게 하셨는데 돌아오지 않았고, 이미 햇빛에 태움이 합당하지 않으니 그치라 하거늘, 부처님께서 드디어 전생인연을 인용하여 말씀하셨다. "옛날에 어떤 국왕이 독사에게 물렸다. (이때 왕은 죽을 지경에서 울부짖으며 모든 훌륭한 의사들을 불러 독사의 독을 치료하게 하였다. 이때 양의(良醫)들은 이렇게 말했다. '도리어 뱀으로 하여금 빨게 하면 독기가 다할 것입니다.') 이때 양의들이 제각기 주술을 베풀어 왕을 문 뱀을 부르니, 뱀이 곧 왕에게로 왔다. 의원들이 장작을 쌓아 불을 지피고 명령하되 '너의 독기를 도로 빨아라. 그렇지 않거든 이 불구덩이로 들어가라'고 하니, 독사가 생각하되 '이미 내가 토해낸 독기를 어떻게 다시 빨겠는가? 이 일은 너무나 심하다. 차라리 내가 이 불 속으로 들어가리라' 하고는 불로 들어갔다. (그때의 독사가 오늘의 사리불인데) 그 성내는 습기가 지금까지 다하지 않았으니 (마음이 견고하여 움직일 수 없느니라)." 그 대가섭의 춤에 대해서는 『대지도론』 제47권에 나온다. 나머지는 제2권의 소문과 초문의 내용과 같다.

(j) 열째 구절은 교법을 보고 들으며 익힌 습기[釋第十句乘熏等]

(十乘 64下10)

[疏] 十, 乘熏差別이니 唯就於正하사 約其見聞이라 故로 法華安樂行에 令不親近二乘은 恐習成種故니라
- (j) 교법으로 훈습한 차별이니 오로지 올바른 교법에 입각하여 그 보고 들음에 의지한 분석이다. 그래서『법화경』안락행품에 "이승과 가까이하지 말라"라고 하셨으니, 훈습하여 종자가 될까 염려한 까닭이다.

[鈔] 法華安樂行者는 經에 云, 又不親近求聲聞하는 比丘比丘尼와 優婆塞優婆夷하며 亦不問訊하며 若於房中과 若經行處와 若在講堂中에 不共住止라하나니 即不令近也니라 恐習成種은 即是疏釋이니라
- 法華安樂行이란『법화경』안락행품 제14에 말하였다. "또 성문을 구하는 비구 비구니와 우바새 우바이 등과 가까이하거나 또한 문안하지도 말 것이며, 만일 방안이나 경행(經行)할 때에나 강당에서도 함께 머물러 있지 말아야 한다." 곧 가까이하지 말라는 뜻이다. '훈습하여 종자가 될까 염려한 까닭'은 곧 소가의 해석이다.

b) 총합하여 묶어 결론하다[總收束] (上來 65上5)

[疏] 上來十種에 前七은 約時하야 三世와 三有를 互望明習이니 通於善惡이오 八은 明惡隨於善이오 後二는 約人이니 種種習氣를 皆能了之하야 令成如來의 無習氣之習氣智故니라
- 위에서부터 열 가지에서 앞의 일곱 가지는 시절에 의지하여 삼세와 삼계를 서로 대조하여 습기에 대해 밝힌 내용이니 선과 악에 통한다. 여덟째는 악이 선을 따르는 데 대해 밝힌 내용이고, 뒤의 둘은 사람에

의지한 분석이니, 갖가지 습기를 모두 능히 요달하여 부처님의 '습기 없는 습기의 지혜[無習氣之習氣智]'를 성취하게 하려는 까닭이다.

[鈔] 上來十種下는 第二, 收束等이니 並顯可知로다
● 上來十種 아래는 b) 총합하여 묶어 결론함이니 (경문과) 함께 밝히면 알 수 있으리라.

(ㅈ) 삼정취의 조림[三聚稠林] 2.

a. 총합하여 과목 나누다[總科] (第九 65下3)

又知衆生의 正定邪定不定相하나니 所謂正見正定相과 邪見邪定相과 二俱不定相과 五逆邪定相과 五根正定相과 二俱不定相과 八邪邪定相과 正性正定相과 更不作 二俱離不定相과 染着邪法邪定相과 習行聖道正定相과 二俱捨不定相이니라
또 중생이 바르게 결정되고 잘못 결정되고 결정되지 못한 모양을 아나니, 이른바 바른 소견으로 바르게 결정한 모양과, 삿된 소견으로 삿되게 결정한 모양과, 둘이 함께 결정하지 못한 모양과, 다섯 가지 어기고 삿된 결정한 모양과, 다섯 근으로 바르게 결정한 모양과, 둘이 함께 결정하지 못한 모양과, 여덟 가지 삿된 것으로 삿되게 결정한 모양과, 바른 성품으로 바르게 결정한 모양과, 다시 두 가지를 짓지 않고 다 여의어서 결정하지 못한 모양과, 삿된 법에 물들어 삿되

게 결정한 모양과, 성인의 도를 행하여 바르게 결정한 모양과, 두 가지를 다 버리어서 결정하지 못한 모양이니라.

[疏] 第九, 釋三聚稠林이라 亦先은 總이오 後는 別이라 論通爲五하니
- (ㅈ) 삼정취의 조림에 대한 해석이다. 또한 a. 총합하여 과목 나눔이요, b. 개별로 해석함이다. 논경에서는 통틀어 다섯 과목으로 묶었다.

b. 개별로 해석하다[別釋] 2.
a) 총상으로 해석하다[釋總] 2.
(a) 논경을 거론하다[擧論] (總卽 65下3)
(b) 소가의 해석[疏釋] (無卽)

[疏] 總은 卽第一有涅槃法과 無涅槃法과 三乘中의 一向定差別이라 無卽邪定이오 有卽正定이니 各於自乘에 定故오 離此에 不定이니 論略不釋하니라 此就種性하야 約位以明이니 外凡은 無涅槃이오 三乘聖人은 定有오 內凡은 不定이니라 又約一期久遠이언정 非究竟無니라
- a) 총상으로 해석하면 곧 ① 열반이 있는 법과 열반이 없는 법과 삼승들의 한결같이 결정된 차별이다. 무(無)는 사정취(邪定聚)요, 유(有)는 정정취(正定聚)를 뜻한다. 각기 자신의 교법에 결정된 까닭이요, 이 범주에서 벗어나면 부정취(不定聚)이니, 논경에는 생략하고 해석하지 않았다. 이것은 종성에 입각하여 지위에 의지해 밝힌 내용이다. 외도와 범부는 열반이 없으며[邪定聚], 삼승의 성인은 결정코 열반이 있으며[正定聚], 불법 내부의 범부는 결정되지 않은 것[不定聚]이다. 또 한 기간이 오래고 멀다는 것에 의지한 말이지 마지막까지 없다는 말은

아니다.

[鈔] 第九, 三聚稠林이라 論通爲五者는 五中에 一은 約生死涅槃之果하야 以分이오 次二는 偏就生死之因이오 後二는 偏就涅槃之因이라 初中에 先, 擧論이오 後, 無卽邪定下는 疏釋이라 於中에 三이니 初, 正釋三聚오 次, 此就下는 揀定約位니 非約本性이오 後, 又約一期下는 揀法相宗無性之義니라

- (ㅈ) 삼정취의 조림이다. '논경에서는 통틀어 다섯 과목'이란 다섯 가지에서 a. 첫 구절[1. 正定相邪定相 離此二不定相]은 생사와 열반의 결과에 의지하여 구분함이요, b. 다음의 두 구절[2. 正見正定相邪見邪定相— 3. 五逆邪定相五根正定相—]은 치우쳐 생사의 원인에만 입각한 구분이요, c. 뒤의 두 구절[4. 八邪邪定相正位正定相— 5. 姤悋惡行不轉邪定相—]은 열반의 원인에만 입각한 구분이다. a) 총상으로 해석함 중에 (a) 논경을 거론함이요, (b) 無卽邪定 아래는 소가의 해석이다. 그중에 또 셋이니 ㊀ 바로 삼정취에 대해 설명함이요, ㊁ 此就 아래는 지위에 의지해 구분함이니 본성에 의지한 분석이 아니다. ㊂ 又約一期 아래는 법상종의 본성이 없다는 뜻과 구별함이다.

b) 별상으로 해석하다[釋別] 4.
(a) 선행과 악행의 원인으로 차별하다[善行惡行因差別] (二善 66上1)
(b) 악도와 선도의 원인으로 차별하다[惡道善道因差別] (三惡)

[疏] 二, 善行惡行因差別이니 此約解惑하사 以分三聚니 謂正見은 是善行因이오 邪見은 惡行因이라 二見이 定起二行일새 名之爲定이니라 言

二俱不定者는 無正慧決擇이며 又不撥無因果라 率之則可淸升이오 任之則便鄙替니 故曰不定이니라 下不定도 倣此可知일새 故로 論皆不釋하니라 三, 惡道善道因差別이니 此約行業以辨이니라

- (a) 선행과 악행의 원인으로 차별함이니, 여기서는 미혹을 아는 것에 의지하여 삼취(三聚)로 나눈 내용이다. 말하자면 바른 소견은 선행의 원인이요 삿된 소견은 악행의 원인이다. 두 가지 소견이 결정코 두 가지 행위를 일으키므로 '결정한다'고 이름한다. '둘이 함께 결정하지 못한다'고 말한 것은 올바른 지혜로 결택한 것이 아니며, 또 인과를 무시하는 것도 아니다. 부정취(不定聚)는 거느린다면 맑게 오를 수 있을 것이고, 맡겨 둔다면 문득 비루하게 쇠퇴할 테니 그래서 '정하지 못한다'고 하였다. 아래의 부정(不定)도 여기에 준하면 알 수 있으리라. 그래서 논경에서는 모두 해석하지 않았다. (b) 악도와 선도의 원인으로 차별함이니 이는 행업에 의지하여 밝힌 내용이다.

[鈔] 此約解惑者는 解爲善因이오 惑爲惡因이라 正見은 即三善根中의 無癡니 定起善業이오 無貪과 無瞋은 不定起善일새 則爲不定이니라 涅槃經에 說하사대 邪見一種은 定起惡業일새 故爲邪定이라하니라 二[154]는 則輕微善惡으로 以爲不定이라 前三善根者는 四善根[155]中에 唯世第一이 定入離生이니 故三이 不定이니라

- '여기서는 미혹을 아는 것에 의지하여' 중에 아는 것은 선행의 원인이 되고, 미혹함은 악행의 원인이 된다. 올바른 소견은 곧 세 가지 선근 중에서 무치(無癡)이니 결정코 선업을 일으키며, 무탐(無貪)과 무진(無

---

154) 二는 甲南續金本作三.
155) 四善根位: 四加行位라고도 한다. 네 가지는 곧 煖, 頂, 忍, 世第一位로 見道 직전의 지위이다. 이 位에서 닦는 有漏의 善根은 無漏聖道의 일부분이 된다. 見道를 가져오는 작용이 있으므로 順決擇分이라고도 한다. 또 이 계위는 앞의 三賢位(資糧位)와 합쳐서 七方便位라 한다. 또 四加行位는 大乘五位 중의 하나이다.

瞋)은 고정되게 선업을 일으키는 것은 아니므로 부정취(不定聚)이다. 『열반경』에서는, "삿된 소견의 하나가 결정코 악업을 일으키므로 사정취(邪定聚)라 한다"고 하였다. 경미한 선과 악으로 부정취를 삼았다. '앞의 세 가지 선근'이란 네 가지 선근의 지위 중에 오로지 세제일법만이 결정코 생을 여읨에 들어가나니, 그래서 셋이 정하지 못한 것이 된다.

(c) 외도와 성문의 원인으로 차별하다[外道聲聞因差別] (四外 66上10)
(d) 보살위의 차별[菩薩差別] (五菩)

[疏] 四, 外道聲聞因差別이니 此約位以分이라 翻彼八正을 名曰八邪라 外道는 邪位定이오 正性離生은 聖人位定이니 已入見道故라 前三善根이 則名不定이니라 五, 菩薩差別이니 此約修大乘者의 得失以分이라 着邪는 是失이니 所謂六蔽오 聖道는 爲得이니 卽六度等이니라

■ (c) 외도와 성문의 원인으로 차별함이니 이는 지위에 의지한 구분이다. 저 팔정도를 뒤바꾸면 팔사(八邪)[156)]가 되고, 외도는 삿된 지위의 선정이요, 바른 체성으로 생을 여읨[正性離生]은 성인 지위의 선정이니, 이미 견도위(見道位)에 들어간 까닭이다. 앞의 세 가지 선근[煖, 頂, 忍]을 곧 부정취(不定聚)라 이름한다. (d) 보살위의 차별이니 이것은 대승 수행자의 얻고 잃음에 의지한 구분이다. 삿된 소견에 집착함은 잃는 것이니 여섯 가지 가림[六蔽][157)]이라 하고, 성인의 도는 얻음이니 곧 육바라밀 등이다.

---

156) 八邪 : 八邪支, 八邪行이라고도 한다. 八正道의 반대. 邪見, 邪思惟, 邪語, 邪業, 邪命, 邪方便(邪精進), 邪念, 邪定의 여덟 가지를 일컫는다. (불교학대사전 p.1617-)
157) 六蔽 : 청정한 마음을 가리는 여섯 가지 惡心을 말한다. 慳貪, 破戒, 瞋恚, 懈怠, 散亂, 愚癡의 여섯 가지 가림이 布施·持戒·忍辱·精進·禪定·智慧의 육바라밀을 차례로 가림을 일컫는 말이다. (앞의 책 p.1212-)

大方廣佛華嚴經 제38권
大方廣佛華嚴經疏鈔 제38권의 ③ 夜字卷 下

제26 十地品 ⑰

\# 제2 정종분 IX 십지품 ⑰
라) 설법을 성취하다[說法成就]

제9 선혜지에서 설법을 잘하려면 온갖 자재한 신통을 나타내는 심심력(深心力)・심신력(深信力)・대비력・대자력・총지력・변재력・바라밀력・대원력・신통력・가지력 등 갖가지 힘을 갖추어 중생들을 널리 제도함에 모든 이론(異論)과 마군들이 능히 깨뜨릴 수 없는 것이 역(力)바라밀이다. 이처럼 큰 법사가 되어 다른 이를 위해 설법으로 보시하는 것을 십지 수행의 후반에 배대한 것에도 큰 의의가 있을 것이다.

이 지에 머물러서 잘 관찰하고	住於此地善觀察하야
그 마음과 근성과 이해를 따라	隨其心樂及根解라
모두 다 걸림 없이 묘한 변재로	悉以無礙妙辯才로
적당히 분별하여 연설하는데	如其所應差別說하되

용왕이 빈틈없는 구름을 펴고	又如龍王布密雲하야
큰비 내려 바다에 가득하듯이	霔甘露雨充大海라
법의 성품 깊은 이치 모두 잘 알고	善知法性及奧義하야
여러 가지 말을 따라 연설하오며.	隨順言辭能辯說이로다

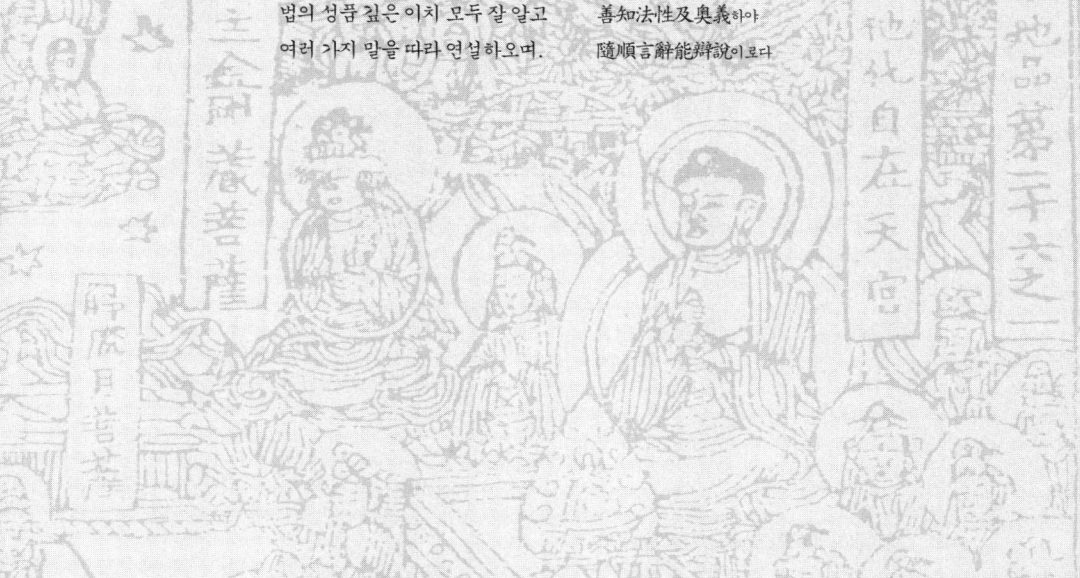

大方廣佛華嚴經疏鈔 제38권의 ③ 夜字卷 下

제26 십지법문을 설하는 품[十地品] ⑰

ㄷ. 안주함으로 총합하여 결론하다[總結安住] (第三 1上5)

佛子여 菩薩이 隨順如是智慧가 名住善慧地니라
불자여, 보살이 이런 지혜를 따라 순종함을 선혜지에 머문 다 하느니라."

[疏] 第三, 總結安住라 文屬入行이니 論意가 總結前三일새 故云前三種 事成就라하니 方能安住此地니라
■ ㄷ. 안주함으로 총합하여 결론함이다. 경문은 다) 행법에 들어감을 성취함[入行成就]에 소속된 부분이니, 논경의 의미가 앞의 셋을 총합하여 결론하는 연고로 "앞의 세 가지 일을 성취한다"고 하였으니 비로소 능히 이 선혜지에 안주할 수 있다.

[鈔] 總結前三者는 即一은 法師方便成就오 二는 智成就오 三은 入行成就니라
● ㄷ. '앞의 셋을 총합하여 결론한다'는 것은 곧 가) 법사의 방편을 성취함이요, 나) 지혜를 성취함이요, 다) 행법에 들어감을 성취함이다.

라) 설법을 성취하다[說法成就] 2.

(가) 지위로 포섭하다[攝位] (大文 1上10)

住此地已에 了知衆生의 諸行差別하여 敎化調伏하여 令得解脫이니라
"이 지에 머물러서는 중생들의 여러 행의 차별을 알고 교화하고 조복하여 해탈을 얻게 하나니,

❖ 제6회 십지품 제9 善慧地 (科圖 26-87; 夜字卷下)

라) 說法成就二
├ 1. 攝位
└ 2. 正釋二
   ├ 1. 牒前總顯
   └ 2. 廣顯說成二
      ├ 1. 總科
      └ 2. 別釋三
         ├ 1. 智成就三
         │ ├ 1. 開章
         │ ├ 2. 問答料揀
         │ └ 3. 隨文正釋二
         │   ├ 1. 隨所知之法
         │   └ 2. 隨所依之器二
         │   ├ 1. 分科
         │   └ 2. 依論釋
         ├ 2. 口業成就二
         │ ├ 1. 分科
         │ └ 2. 隨釋二
         │   ├ 1. 總明具說之德
         │   └ 2. 正明口業成就二
         │   ├ 1. 分科
         │   └ 2. 隨釋二
         │   ├ 1. 略明三
         │   │ ├ 1. 總顯名體二
         │   │ │ ├ 1. 正顯名體
         │   │ │ └ 2. 隨難別釋
         │   │ ├ 2. 約位顯勝
         │   │ └ 3. 徵列名字二
         │   │   ├ 1. 釋通名
         │   │   └ 2. 釋別名四
         │   │   ├ 1. 法無礙
         │   │   ├ 2. 義無礙
         │   │   ├ 3. 詞無礙
         │   │   └ 4. 樂說無礙
         │   └ 2. 廣顯
         └ 3. 法師自在成就

[疏] 大文第四는 住此地已下는 明說成就니 亦攝善法行이라 辯才饒益이 多同彼故니라
- 큰 문단으로 라) 住此地已 아래는 설법을 성취함에 대해 밝힘이다. 역시 제9. 선법행(善法行)을 포섭한다. 변재로 중생을 이익되게 함이 대부분 저 선법행과 같기 때문이다.

(나) 바로 해석하다[正釋] 2.
ㄱ. 앞의 경문을 따와서 총합하여 밝히다[牒前總顯] (文中 1上10)

[疏] 文中에 二니 先은 牒前總顯이니 謂了心行하야사 方善說故니라
- 경문에 둘이니 ㄱ. 앞의 경문을 따와서 총합하여 드러냄이다. 말하자면 중생들의 마음의 지어 감[心行]을 요달해야만 비로소 설법을 잘하게 되는 까닭이다.

[鈔] 大文第四라 先牒前總顯者는 住此地已를 名爲牒前이라 了知已下는 卽是總顯이니 先은 了心行이오 後는 敎化調伏令得解脫이니 卽是善說이라
- 큰 문단으로 라) 설법을 성취함에서 ㄱ. 앞의 경문을 따와서 총합하여 밝힘에서 '이 제9지에 머물러서는'을 '앞의 경문을 따온 부분'이라고 하였다. 了知 이하는 곧 총합하여 드러냄이니 먼저 심행(心行)을 요달함이요, 뒤는 교화하고 조복하여 해탈을 얻게 함이니 곧 '설법을 잘한다'는 뜻이다.

ㄴ. 설법을 성취함에 대해 자세하게 밝히다[廣顯說成] 2.
ㄱ) 총합하여 과목 나누다[總科] (後佛 1下6)

佛子여 此菩薩이 善能演說聲聞乘法과 獨覺乘法과 菩薩乘法과 如來地法하며
불자여, 이 보살이 성문승의 법과 독각승의 법과 보살승의 법과 여래 지위의 법을 잘 연설하는데,

[疏] 後, 佛子下는 廣顯說成이라 有三成就하니 一은 智成就니 謂知法이며 知器며 知化儀故오 二는 口業成就니 能起說故오 三은 法師自在成就니 得陀羅尼等하야 成彼德故라 各有佛子하야 以爲揀別이니라

■ ㄴ. 佛子 아래는 설법을 성취함에 대해 자세히 밝힘이다. 세 가지 성취함이 있으니 (ㄱ) 지혜를 성취함이니 말하자면 법을 알고 근기를 알고 교화의 형식을 알기 때문이요, (ㄴ) 구업을 성취함이니 능히 설법을 시작하는 까닭이요, (ㄷ) 법사의 자재함을 성취함이니, 다라니의 총지 등을 얻어서 저 법사의 자질[德]을 성취한 까닭이며, 각기 불자(佛子)로 구분하였다.

ㄴ) 개별로 해석하다[別釋] 3.
(ㄱ) 지혜를 성취하다[智成就] 3.

a. 가름을 열다[開章] (今初 1下9)
b. 질문과 대답으로 구분하다[問答料揀] (此二)

[疏] 今初를 分二니 先, 明隨所知之法이오 二, 一切下는 隨所依之器라 此二가 何異前文의 智成과 入成고 前二는 各別而知오 今此는 總收하야 以法逗器라

■ 지금 (ㄱ) 지혜를 성취함을 둘로 나누었으니 a. 아는 바에 따르는 법에 대한 설명이요, b. 一切 아래는 의지할 바에 따르는 근기에 대한 설명이다. 이 두 과목이 앞의 경문에서 (ㄱ) 지혜를 성취함과 다. 행법에 들어감을 성취함과 무엇이 다른가? 앞의 둘은 각각 나누어서 아는 부분이요, 지금 여기서는 총합적으로 거두어 법을 근기에 맞춘 부분이다.

c. 경문을 따라 해석하다[隨文正釋] 2.
a) 알아야 할 대상에 따르는 법[隨所知之法] (今初 2上1)

[疏] 今初에 所知法은 卽三乘一乘의 解脫差別이니 各含教證이라 教道는 以將化生하야 令器熟故오 證道는 以將度生하야 令得解脫體正[158] 度故니라
■ 지금은 a) 알아야 할 대상의 법에는 곧 삼승과 일승의 해탈법이 차별되나니 각기 교도와 증도를 포함하고 있다. 교도는 중생을 교화하여 근기가 성숙되게 하는 것이요, 증도는 중생을 제도하여 해탈을 얻게 하여 근본체성을 바르게 제도하기 위함이다.

[鈔] 此二何異下는 問答料揀이니 先은 問이오 後, 前二下는 答이니 謂[159] 前二의 別知智成은 如別知本草오 別明入成은 如別知脈經이라 今此는 依脈知病하야 授本草藥이라 教道以將化生者는 文無教證이나 故各含之라 其教證言은 在前總中이니 教化調伏은 卽是教道오 令得解脫은 卽是證道라 此三乘中에 皆具此二라 以論經文[160]의 總中

---

158) 體正은 南纂續金本作正體.
159) 謂下에 南續金本有若字.

에 但云, 此菩薩이 住善慧地已에 如實知衆生의 如是諸行差別相[161] 하야 隨其解脫하야 而與因緣이라하고 無有敎化調伏之言이라 及至此 經所知法中하야는 論經에 却云, 是菩薩이 如實知化衆生法하며 如 實知度衆生法하야 說聲聞乘法하며 說辟支佛乘法하며 說菩薩乘法 하며 如實知如來地法이라하나니 論釋云, 何者가 隨所知說고 解脫器 得熟故며(即敎道也)[162] 解脫體正度故라하니라(即證道也) 疏依論經에 有敎證義는 仍取前文敎化等言일새 故云含有니라

- b. 此二何異 아래는 질문과 대답으로 구분한 내용이다. 그중에 a) 질문함이요, b) 前二 아래는 대답함이다. 말하자면 앞의 둘에서 지혜를 성취함에 대해 개별적으로 아는 것은 마치 약의 처방[本草]을 개별적으로 아는 것과 같고, c) 행법에 들어감을 성취함에 대해 개별로 밝힘은 마치 환자의 맥과 경락을 구별하여 아는 것과 같지만 지금 여기서는 맥에 의지해서 병을 알고 약의 처방을 주는 것이다. '교도는 중생을 교화한다'는 것은 경문에는 교도와 증도가 없지만 짐짓 각기 포함하고 있다. 그 교도와 증도라는 말은 앞의 ㄱ. 총합하여 밝힘에서 '교화하고 조복한다'는 말은 교도에 해당되고, '해탈을 얻게 한다'는 말은 증도에 해당된다. 이 삼승 가운데 모두 이런 두 가지[교도와 증도]를 구비하고 있다. 논경 문장의 총합적인 밝힘 중에 단지 말하되, "이 보살이 보살선혜지에 머물러서는 중생의 이러한 여러 행(行)의 차별상을 여실히 알고 그들이 해탈할 수 있는 가능성에 따라 인연을 준다"고만 하였고, '교화하고 조복한다'는 말은 없다. 그리고 나아가 이 경문의 a) 알아야 할 대상의 법에 이르러서는 논경에서 도리어,

---

160) 文은 南續金本作前文.
161) 相은 南續金本作之相.
162) 也는 南金本作中 下同.

"이 보살이 중생을 교화하는 법을 여실하게 알며 중생 제도하는 법을 여실히 알아서 성문승의 법을 설하고 벽지불승의 법을 설하고 여래지의 법을 설할 줄을 여실하게 안다"고 하였다. 논경에서는, " '무엇이 아는 바에 따라 설함인가?' '해탈할 근기가 원숙함인 까닭이며[곧 교도를 가리킨다], 해탈의 본체가 바로 제도함인 까닭이다[곧 증도를 가리킨다].' "라고 해석하였다. 소에서는 논경의 교도와 증도의 뜻에 의지한 것은 앞 문장의 '교화한다'는 등을 취하여 말한 까닭에 '포함하고 있다'고 말한다.

b) 의지할 대상에 따르는 근기[隨所依之器] 2.
(a) 과목을 나누다[分科] (二隨 2下10)

一切行處에 智隨行故로 能隨衆生의 根性欲解와 所行有異와 諸聚差別하며 亦隨受生과 煩惱眠縛과 諸業習氣하여 而爲說法하여 令生信解하고 增益智慧하여 各於其乘에 而得解脫[163]이니라
온갖 행할 곳에 지혜가 따라 행하므로, 중생의 근기와 성품과 욕망과 지혜와 행할 바가 다름과 여러 갈래의 차별을 따르며, 또한 태어난 번뇌와 따라다니며 자게 하는 속박과 여러 업의 버릇을 따라서, 그들에게 법을 말하여 믿고 이행함을 내고 지혜를 늘게 하여 각각 그들의 승에서 해탈을 얻게 하느니라."

---

163) 聚는 明合淸合綱杭鼓本作趣, 準疏與論經及論하야 應從麗宋元纂續金本作聚.

[疏] 二, 隨所依中에 文有三節하니 初는 總明이오 次, 能隨下는 別顯이오 後, 令生下는 結益이라

- b) 의지할 대상에 따르는 근기이니 경문에 세 문단이 있다. ㉠ 총합하여 설명함이요, ㉡ 能隨 아래는 (논경에 의지해) 개별로 설명함이요, ㉢ 令生 아래는 이익으로 결론함이다.

(b) 논경에 의지해 개별로 설명하다[依論釋] 3.
㉠ 첫 구절의 근기에 대한 총합적인 설명[總明第一句器] (論主 3上1)

[疏] 論主가 通收하야 爲七種器하나니 一, 說所說法對器니 自釋云호대 隨應度者는 授對治法故라하니라 卽總中二句오 下句는 是說所說法이오 上句는 卽所對之器니라

- 논주가 통틀어 거두어 일곱 종류의 근기로 삼았으니 ㉠ 설해야 할 법에 상대하는 근기이니, 논경에서 스스로 "응하여 제도할 자에 맞추어 다스릴 법을 주는 까닭이다"라고 해석하였다. 곧 ㄱ. 총합하여 밝힘 중에 두 구절을 가리킨다. 아래 구절은 설법하는 주체가 설할 법이요, 위 구절은 상대할 대상의 근기를 뜻한다.

[鈔] 論主通收者는 謂收上하야 總明이 爲第一器오 收下하야 總結이 爲第七器라 一은 說所說法對器中에 先은 擧論이오 卽總中下는 指經이라

- '논주가 통틀어 거둔다'는 것은 말하자면 위의 총합적인 설명을 거두어 첫째 근기로 삼았고, 아래의 총합적인 결론을 거두어 일곱째 근기로 삼았다는 뜻이다. a. 설해야 할 법에 상대하는 근기에서 a) 논경을 거론함이요, b) 卽總中 아래는 경문을 지적함이다.

㈢ 개별로 설명하다[別顯] 2.
① 설법하는 주체의 행[辨能說之行] 3.
㉮ 둘째 구절의 한 근기에 대한 설명[釋第二句一器] (別中 3上6)

[疏] 別中에 初는 能隨오 及後의 而爲說法은 卽上說所說法이오 中間根等諸林은 卽是所對之器라 於中에 準論經하면 衆生下에 有心字하니 卽是心稠林이니 通爲五種器라 初, 衆生心根性欲解는 明所說法器成164)이니 謂十一林之中에 此五는 正顯已成信等法器라 可隨根欲等說일새 故別顯之니라

■ ㈢ 개별로 설명함 중에 ① 첫 구절[一切行處 智隨行故]은 맞추는 주체요, ② 뒤의 而爲說法은 위의 설할 대상인 법을 설함이요, 중간의 근(根) 등의 여러 조림은 곧 상대할 대상의 근기이다. 그중에 논경에 준하여 살펴보면 경문의 衆生 아래에 심 자(心字)가 있으니 곧 마음의 조림[心稠林]을 뜻하는 것으로 통틀어 다섯 종류의 근기가 된다. (1) 중생의 마음과 (2) 근기와 (3) 성품과 (4) 욕망과 (5) 지해는 설할 법과 근기가 성취된 것을 밝힘이다. 말하자면 11가지 조림(稠林) 중에 이 다섯 가지는 이미 성취한 믿음 등의 법기임을 바로 밝힌 내용이다. 근기와 욕망 등에 맞추어 설해야 하므로 개별로 밝힌 것이다.

[鈔] 別中初能等者는 別但開總故라 先配總中의 二句니 以初後六字로 配經中智隨行句하고 以中間諸林으로 配一切行處라 而疏에 但配屬論하니 以前에 將論하야 屬經意故니라
初衆生心性下는 牒經이라 經無心字나 論中文에 有오 及下喩中에 復

---

164) 器成은 南續金本作成器, 論原本作器成.

要此心일새 故依論義加라 然이나 論經에 具云, 菩薩이 如是知已에 如實爲衆生說法하야 令得解脫이라 隨心差別하며 隨使差別하며 隨根差別하며 隨信差別하며 隨境界差別하며 隨種種行習氣하야 隨順一切境界智하며 隨順性行稠林하며 隨生煩惱業習氣轉하며 隨聚差別하며 隨乘信解하야 令得解脫하야 而爲說法이라하니라 釋曰, 論依上經하야 分成七器하니 初有總心은 今經에 略無心하고 後有使오 今經의 爲眠縛은 在於向後오 今經에 云性은 在於第二하며 論經에 云性行은 文在於後하니 故今疏中에 但順經文하고 會取論意하야 以配屬耳니라 此五正이어늘 顯已成信等者는 然心一種은 但是總依니 未成器故라 論經中에 則有心字하니 釋義不牒하고 但云隨根隨信하야 而爲說法이라하나니 故로 疏에 但云, 已成信等法器하고 不言於心이니 以是種依일새 故言有五니라

● ㈢ 개별로 설명함 중에 初能 등이란 단지 총합적인 과목을 개별로 전개하기 위함이다. 먼저 총합적인 과목으로 배대한 중에 두 구절이니 처음과 뒤의 여섯 글자[能隨而爲說法]로 경문 중의 '지수행(智隨行)' 구절에 배대하였고, 중간의 여러 조림으로 '일체행처(一切行處)'에 배대하였다. 그러나 소에서는 단지 논경만으로 배대하였으니, 앞에서 논경을 가지고 경문의 뜻에 배대한 까닭이다.

ⓐ 衆生心性 아래는 경문을 따옴이다. 경문에는 심 자(心字)가 없지만 논경의 문장에는 있으며, 아래 비유에도 다시 이 '마음'이 쓰였으므로[要] 논경의 의미에 의지해 더하였다. 그러나 논경을 구비해서 말하면 "보살이 이와 같이 알고는 여실히 중생을 위하여 설법하여 해탈을 얻게 하나니, 마음의 차별에 따르고 번뇌의 속박[使]의 차별에 따르고 근성[根]의 차별에 따르고 믿음의 차별에 따르고 경계의 차별에

따르고 갖가지 행의 습기에 따르고 모든 경계의 지혜에 따르고 성행(性行)의 조림에 따르고 번뇌의 업과 습기를 생하여 전변함에 따르고 삼취(三聚)의 차별에 따르고 교법[乘]의 믿고 이해함에 따라 그들로 하여금 해탈을 얻게 하기 위하여 설법한다"고 하였다. 해석하자면 논경은 위의 경문에 의지하여 나누어 일곱 종류의 근기를 이루었다. 1) 첫째에 있는 총합적인 마음이 본경에는 심 자(心字)가 생략되어 없고, 뒤에 있는 속박은 논경에서 '수면의 속박'이라 한 것은 뒤를 향해 있는 것이다. 지금 본경에서 '성품'이라 말한 것은 2) 둘째에 있으며 논경에는 '성행(性行)'이라 하였고 경문은 뒤에 있으니, 지금의 소문에서는 단지 경문만 따랐으며, 회통에 가서 논경의 주장을 취하여 배대했을 뿐이다. 이 다섯 가지 근기가 올바른 것인데 이미 성취한 믿음 등이라 밝힌 것은, 그런데 마음이란 한 종류는 단지 총합적으로 의지한 것일 뿐 근기를 이룬 것은 아닌 까닭이다. 논경에는 심 자(心字)가 있으니 의미로 해석하고 따오지는 않았으며, 단지 "근기를 따르고 믿음을 따라서 위하여 법을 설한다"고만 하였다. 그래서 소에서 단지 "이미 믿음 등의 법기를 성취한다"고만 말하고 마음은 말하지 않았으니, 종자의 의지처인 까닭에 다섯 가지가 있다는 뜻이다.

㉔ 셋째 구절의 두 근기에 대한 설명[釋第三句二器] (二所 4上6)

[疏] 二, 所行有異라 含其二義하니 一은 約能行之行하야 名種種異行器니 即上根等能行이오 二는 所行之境이라 即上根等所行을 名譬喩器니 總喩上五故라 如世稼穡에 具五因緣에 彼所種物을 成就堪用이니 一은 有心物이오 二는 有根益其生力이오 三은 有可生性이오 四는 含

潤欲發이오 五는 決定可生이라 喩上心等일새 故云譬喩니라
- ⑭ 행할 바가 다름이다. 두 가지 뜻을 포함하고 있으니 (1) 행하는 주체의 행법에 의지하여 '갖가지 다른 행법에 따르는 근기'라 이름하였으니 상근기 등이 행할 수 있는 행법이요, (2) 행할 대상의 경계에 의지하여 상근기 등이 행할 바를 '비유에 따라 아는 근기'라고 지칭하였으니 총합하여 위의 다섯 가지로 비유한 까닭이다. 마치 세상에서 씨 뿌려 농사지을 적에 다섯 가지 원인과 조건을 구비하면 저 씨뿌린 작물을 능히 거둘 수 있는 것과 같다. '다섯 가지 원인과 조건'이란 ① 씨가 있는 작물 ② 뿌리가 있어서 생기를 더함이요, ③ 생겨날 가능성이 있음이요, ④ 물기를 머금어 싹을 틔우려고 욕구함이요, ⑤ 결정코 생겨날 가능성이다. 위의 마음 등에 비유하였으므로 비유라고 말하였다.

[鈔] 一約能行者는 然이나 論經中에 具於二句라 論에 別將屬於二器하니 一은 云隨譬喩器니 如經隨境界差別과 種種行習氣故오 二는 云隨種種異行器니 如經隨順一切境界智故라하니라 今經에 旣闕二句하고 但有所行이 有異니 卽論의 前句中에 種種行習氣라 故로 疏取意하야 開成二器하야 以順論文이니라
言種種異行者는 如根에 有如[165]能行信進念定慧等이라 言所行之境者는 卽所信佛法僧等이며 乃至所知라 如根旣爾하야 性解欲等도 亦然이라 能勝解者는 卽印持心이오 所勝解者는 卽所印境이니 謂所解眞理等이라 能行에 卽有根性等殊일새 名種種行이오 所行境中에 隨於一境하야 卽須有五일새 故爲譬喩라 如種一穀에 卽具五義니 謂

---
165) 如는 南續金本作於.

修一定이라 一定은 如穀이니 一은 須作意니 如有心物을 以物心斷에 種不生故라 二는 有定根이오 三은 習成性이니 如一莖穀이 雖有心根이나 今已枯悴에 即無生性이라 四는 現起樂欲이오 五는 勝解印[166]持하야 不可引轉일새 名決定可生이니 故로 疏結云, 喻上心等이니라

● 一約能行이란 그러나 논경에는 두 구절을 구비하였는데 논경에는 나누어 두 가지 근기에 배속하였다. 1) '비유에 따라 아는 근기'라 하였으니 경에서 "경계의 차별함과 갖가지 행법의 습기에 따르는 연고"라 한 것과 같고, 2) '갖가지 다른 행법에 따르는 근기'라 하였으니 경에서 "온갖 경계의 지혜에 따르는 까닭"이라 한 것과 같다. 지금 본경에는 이미 두 구절을 빠뜨렸고 단지 '행할 바가 다르다'고만 하였다. 곧 논경의 앞 구절에 '갖가지 행의 습기'라고 한 것을 가리킨다. 그래서 소에서는 의미를 취하여 두 가지 근기로 전개하여 논경의 문장을 따르고 있다.

(1) '갖가지 다른 행법'이란 근기에 행할 주체인 ① 믿음 ② 정진 ③ 명심 ④ 선정 ⑤ 지혜 등[五根]이 있는 것과 같다. (2) '행할 대상의 경계'라 말한 것은 곧 믿을 대상인 부처님과 불법과 수행자 등을 가리키며 나아가 알아야 할 대상을 뜻한다. 비유컨대 근기도 이미 그런 만큼 성품과 지혜와 욕망 등도 마찬가지이다. 능승해(能勝解)란 인장처럼 마음에 간직함이요, 소능해(所勝解)란 인장처럼 간직할 경계를 뜻하나니, 알아야 할 진리 등을 말한다. 행의 주체에 근기와 성품 등의 다름이 있으므로 '갖가지 행'이라 이름하였고, 행의 대상인 경계 중에 한 경계에 따라 다섯 가지를 필요로 하므로 비유로 삼은 것이다. 마치 하나의 곡식을 씨 뿌릴 적에 다섯 가지를 갖추어야 함과 같이

---

166) 印은 甲續本作中誤.

한결같이 선정을 닦는 것을 말한다. 한결같이 선정을 닦는 것은 곡식을 재배함과 같나니 1) 농사지으려는 의지가 필요하나니 마치 씨가 있는 작물은 씨가 단절되면 종자가 자라지 못하는 까닭이다. 2) 뿌리가 내려짐이요, 3) 원숙하게 성취된 성품이니, 마치 한 줄기의 곡식처럼 비록 씨와 뿌리는 가졌지만 지금은 이미 시들어 버린 것은 생겨날 가능성이 없는 것과 같다. 4) 즐거움과 욕망을 나타냄이요, 5) 뛰어난 이해로 인장처럼 간직하여 이끌어 바꿀 수 없으므로 '결정코 생겨날 수 있다'고 한다. 그래서 소가가 "위의 마음 등에 비유한다"고 결론하였다.

㈐ 넷째 구절의 한 근기에 대한 설명[釋第四句一器] (四諸 5上6)

[疏] 四, 諸聚差別者는 卽定不定根轉器니 亦通上根等이니라
■ '여러 갈래의 차별'이란 곧 '결정되고 결정되지 않은 근성이 바뀌는 근기'이니 또한 위의 상근기 등과 통한다.

[鈔] 卽定不定者는 定通邪正이오 二俱不定은 卽是轉이라 言通上根等者는 根性欲解에 皆悉有於定不定義니라
● '결정되고 결정되지 않은 근성'이란 '결정'이란 삿됨과 올바름에 통하며, 둘에 모두 결정되지 않은 것은 곧 바뀌는 것을 뜻한다. '위의 상근기 등과 통한다'고 말한 것은 근기와 성품과 욕망과 지혜에 모두 결정되고 결정되지 않은 의미가 들어 있다.

② 행위의 대상인 근기에 대해 설명하다[辨所爲之器] (五亦 5上9)

[疏] 五, 亦隨下는 隨辭辯器라 以彼生과 煩惱와 業熏을 難捨일새 要作同行巧辯하야사 方能化故니라
- ② 亦隨 아래는 '사변에 따르는 근기'이다. 저 태어남과 번뇌와 업의 훈습을 버리기 어려우므로 함께 행하면서 뛰어난 변재를 하여야만 비로소 잘 교화할 수 있기 때문이다.

[鈔] 以彼生煩惱者는 卽三雜染이니 生은 卽是苦오 煩惱는 攝眠縛이니 眠縛은 卽是隨眠이니 是論之使라 而論에는 乃在第一心下일새 故此不言이니라 然其類例가 不合在前이니 多是譯人이 見其性義가 謂是隨眠일새 故類前後하야 名之爲使어니와 以性同種性이며 似種子故어늘 而論前文에 闕性字義하니 必譯人이 失論經意라 故로 今疏文이 直按今經과 論意하야 以釋하니 義甚符順이니라[167]
- '저 태어남과 번뇌로'라고 말한 것은 곧 세 가지 잡염법을 가리키나니 태어남은 곧 괴로움이요 번뇌는 수면의 속박에 포섭된다. '수면의 속박'은 곧 따라 잠드는 것이니 논경의 '속박'을 가리킨다. 하지만 논경에는 (ㄱ) 마음의 조림 아래에 있으므로 여기서 말하지 않았다. 그러나 그 유례한 것이 앞과 합하지 않았으니 대부분 번역한 사람이 그 성품의 뜻이 수면이라는 말로 본 것이므로 앞과 뒤를 유례하여 속박이라 이름했지만 성품은 종성(種性)과 같으며 종자와 비슷한 까닭이다. 하지만 앞 문장에서 성 자(性字)의 뜻을 빠뜨렸으니 반드시 번역한 이가 논경의 의미를 놓친 까닭이다. 그래서 지금 소의 문장이 바로 본경과 논경의 의미를 살펴서 해석하였으므로 의미가 참으로 부합하여 맞다.

---

167) 順下에 續金本有疏字, 案此疏字하니 應屬大節.

㈢ 총합하여 한 근기로 결론하다[總結一器] (三結 5下7)

[疏] 三, 結成益이니 卽隨乘因能乘出器니 以上諸義가 不出[168] 自乘解脫 故니라
- ㈢ 이익을 성취함으로 결론함이니 곧 ⑧ '교법의 원인과 교법의 주체를 따라 나온 근기'이니 위의 모든 의미가 자기 교법의 해탈에서 벗어나지 못하기 때문이다.

[鈔] 三結成益下는 卽第七器라 言以上諸義不出自乘者는 上六器義가 不出三乘이니라
- ㈢ 結成益 아래는 일곱째 근기이다. '위의 모든 의미가 자기 교법의 해탈에서 벗어나지 않는다'고 말한 것은 위의 여섯 가지 근기가 이치로는 삼승에서 벗어나지 않는다는 뜻이다.

(ㄴ) 구업을 성취하다[口業成就] 2.

a. 과목을 나누다[分科] (第二 6上2)

佛子여 菩薩이 住此善慧地에 作大法師하여 具法師行하여 善能守護如來法藏하나니
"불자여, 보살이 이 선혜지에 머물러서는 큰 법사가 되고 법사의 행을 갖추어서 여래의 법장을 잘 수호하나니,

---

168) 出은 南續金本作離.

[疏] 第二, 佛子菩薩住此下는 口業成就라 曲分爲二니 先은 總明具說之德이오 二, 以無量下는 正明口業成就라
- (ㄴ) 佛子菩薩住此 아래는 구업을 성취함이다. 자세히 둘로 나누었으니 a) 총합하여 설법의 자질을 구비함이요, b) 以無量 아래는 바로 구업 성취에 대해 밝힘이다.

b. 과목에 따라 해석하다[隨釋] 2.
a) 설법의 자질을 구비하다[總明具說之德] 2.
(a) 총합하여 큰 의미를 밝히다[總釋大意] (今初 6上3)

[疏] 今初가 亦是智成就니 以具法師行이 即是智故라 而言說者는 護如來法藏이 通於說故니 斯則內持於智하고 外口說故니라
- 지금은 a) 총합적으로 설법의 자질을 구비함이 또한 '지혜를 성취함'이니, 법사의 행법을 구비함이 곧 '지혜'인 까닭이다. 그러나 '설한다'고 말한 것은 부처님 법의 창고가 설법에 통함을 보호하는 까닭이니, 이렇다면 안으로 지혜를 간직하고 밖으로 입으로 설하기 때문이다.

[鈔] 今初亦是下는 義有兩兼일새 故云亦是니 而智는 先已說이라 此中之智가 爲成口業이니 故로 論에 但云口業成就라하니라 文中에 二니 先은 總釋大意오
- 今初亦是 아래는 의미가 둘을 겸하고 있으므로 '역시(亦是)'라고 말하였으니 지혜는 앞에서 이미 설명하였지만 여기서는 지혜가 구업(口業)을 이룬 것이므로 논경에서 단지 '구업을 성취한다'고만 하였다. 문장이 둘이니 (a) 총합하여 큰 의미를 밝힘이요,

(b) 바로 경문을 해석하다[正釋文] 2.
㊀ 논경을 인용하다[引本論] (何名 6上6)

[疏] 何名具法師行고 深妙義中에 具二十種功德故라 一은 知時오 二는 正意오 三은 頓이오 四는 相續이오 五는 漸이오 六은 次오 七은 句義漸次오 八은 示오 九는 喜오 十은 勸이오 十一은 具德이오 十二는 不毀오 十三은 不亂이오 十四는 如法이오 十五는 隨衆이오 十六은 慈心이오 十七은 安隱心이오 十八은 憐愍心이오 十九는 不着名利오 二十은 不自讚毀他니 廣釋은 如論하니라

■ 무엇을 일러 법사의 행법을 구비함이라 하는가? 깊고 묘한 의미 중에 20가지 공덕을 구비하는 까닭이다. (1) 때를 아는 것[知時] (2) 바른 의미[正意] (3) 돈법[頓] (4) 상속함[相續] (5) 점법[漸] (6) 순서[漸次] (7) 구절과 이치의 순서[句義漸次] (8) 보여 줌[示] (9) 기쁘게 함[喜] (10) 권유함[勸] (11) 자질을 구비함[具德] (12) 훼손하지 않음[不毀] (13) 산란하지 않음[不亂] (14) 법다움[如法] (15) 중생에 수순함[隨衆] (16) 자비한 마음[慈心] (17) 평온한 마음[安隱心] (18) 중생을 연민하는 마음[憐愍心] (19) 명성과 이양에 집착하지 않음[不着名利] (20) 스스로는 찬탄하고 남을 비방하지 않음[不自讚毀他]이니 자세한 설명은 논경과 같다.

[鈔] 二, 何名具下는 釋文이라 於中에 又二[169]니 先은 引本論이오 後는 引他文이라 前中에 但擧論列名하고 後에 云廣釋如論者는 以文多稍易며 非正釋經일새 故略指耳라 今具出之호리라 論二十德을 分之爲二

---

169) 上鈔는 南金本作何名具下.

니 前十五種은 是隨順說이니 外順說儀故오 後之五德은 是淸淨說이니 內心無過故라 前十五中에 義分爲六이니 初有兩句는 量他所宜오 二, 有二句는 量法所宜오 三, 有三義는 量化所宜라 此與量他로 而有別者는 前者는 量他受法之心과 及法威儀오 今此는 量化며 量物機性이니라 四, 從八示로 下三義는 量物所宜니라 五, 第十一의 具德一句는 亦量自所宜라 與第二量法으로 異者는 前은 量說心이며 及量說事오 今量說智니라 六, 從十二不毁下로 四義는 明其說能順益이라 已知大旨하니 次當解釋호리라 初言時者는 觀察物心하야 無留難時하야 而爲說法이니 論에 云, 是中時者는 無八難故니 如偈에 說云호대 如王이며 懷憂惱며 病과 恚며 着諸欲이며 險處며 無侍衛며 讒佞과 無忠臣인 如是八難時에 智臣이 不應語라 心王도 亦如是하야 非時에 不應說이라하니라 釋曰, 論但兩偈오 更無解釋이니 今當釋之호리라 前一偈半은 是喩오 但半偈는 合이라 王은 喩衆生이니 於所說法에 取捨自在故라 一은 如人憂惱에 言不入心하나니 衆生憂惱에 法不入心이라 二는 病苦는 喩衆生有苦에 法不入心이라 三은 恚오 四는 欲이니 可知로다 五는 險處는 喩八難處오 六은 無善法이 爲170) 侍오 七은 惡友讒佞이오 八은 無善友忠臣이니 此八이 皆爲法之難이라

二, 正意者는 論에 云正威儀住오 非不正住라 此義云何오 自立他坐에 不應爲說法이니 如是等事는 如戒經中에 廣說이라 何以故오 諸佛菩薩이 敬重法故니 以恭敬故로 令他生尊重心하야 聞法恭敬하야 攝心聽故라하니라 釋曰, 上은 量他所宜는 竟하다

● (b) 何名具 아래는 경문 해석이다. 그중에 또 둘이니 ㉠ 논경을 인용

---

170) 爲는 甲本作無, 南本作爲此, 續金本作爲無.

함이요, ㉡ 다른 문장을 인용함이다. ㉠에서 단지 논경을 거론하여 명칭만 나열하고, 뒤에 '자세한 설명은 논경과 같다'고 말한 것은 문장이 번다하고 쉬울 뿐더러 경문을 본격적으로 해석한 것은 아니므로 간략히 지적하였다. 이제 구비하여 내보이리라. 논경에서 20가지 자질을 두 종류로 나누었으니 1) 앞의 15가지는 설법을 수순한 내용이니 밖으로 설법하는 형식에 따르는 까닭이요, 2) 뒤의 다섯 가지 자질은 설법을 깨끗이 하는 내용이니, 안으로 마음에 과실이 없어야 하는 까닭이다. 앞의 15가지에서 의미를 여섯 종류로 나누었으니 ① 처음의 두 구절[(1) 知時 (2) 正意]은 다른 이[聽者]를 배려하여 맞추는 것이요, ② 다음의 두 구절[(3) 頓 (4) 相續]은 법문을 헤아려 맞추는 것이요, ③ 세 구절[(5) 漸 (6) 次 (7) 句義漸次]은 교화할 생각으로 맞추는 것이다. 이 ③과 ①의 차이점은 ①은 다른 이의 법을 받아들이는 마음자세와 법의 형식을 헤아림이요, 지금의 ③은 교화할 생각으로 중생의 근기와 성품을 헤아리는 것이다. ④ (8) 보여 줌[示]부터 아래 세 구절[(8) 示 (9) 喜 (10) 勸]은 중생의 마땅함을 따라 헤아림이다. (ㅁ) (11) 자질을 구비함[具德] 한 구절은 또한 자신의 마땅함을 헤아림이다. (ㄴ) 법문을 헤아림[量法]과 다른 점은 (ㄴ)은 설법자의 마음과 설법의 사례를 헤아림이요 (ㅁ)은 설법자의 지혜를 헤아림이다. (ㅂ) (12) 훼손하지 않음[不毀]부터 네 구절[(12) 不毀 (13) 不亂 (14) 如法 (15) 隨衆]은 그 설법자가 수순하는 이익을 밝힌 내용이다. 대강의 뜻은 알았으니 다음으로 해석하겠다. (1) 知時는 중생의 마음을 관찰하여 멈추고 장애함이 없는 때에 위하여 설법한다는 뜻이다. 논경에서는, "이 중에 때란 팔난(八難)이 없는 때를 말하나니 게송으로 설명한 것과 같다. "왕이 근심과 고뇌 품거나 병들고 성내며 온갖 욕망에 집착하거나 험난한 곳과 호위병 시종 없거나 아첨하거나 거짓말하며 충신 하나 없는 이런 여덟 가지 어려운 때에 지혜로운 신하는 말하지 않나니, 마음의 왕도 또한 마찬가지 때가 아니면 말하지 않는다네"라고 하였다. 해석하자면 논경에는 단지 두 게송뿐 다시 풀이하지 않았으니, 지금 해석하리라. 앞에서 한 개 반의 게송은 비유이고 단지 반의 게송만이 합이다. 왕은 중생에 비유하였으니 설할 법에 대해 취하고 버림이 자유로운 까닭이다. 1) 마치 사람이 근심하고 고뇌할 적에는 말이 마음에 들어가지 못하는 것처럼 중생이 근심하고 고뇌하면 법문을 받아들이지 못하는 것과 같다. 2) 병든 것은 중생에게 고통이 있으면 법문을 받아들이지 못함에 비유하였다. 3) 성냄과 4) 욕망은 알 수 있으리라. 5) 험난한 곳은 여덟 가지 어려운 곳에 비유함이요, 6) 선법이 없는 것이 시종이요, 7) 나쁜 친구는 아첨과 거짓말에 비유하고, 8) 좋은 친구가 없는 것이 충신이 없는 것이니 이 여덟 가지가 모두 법문 듣기 어려움에 해당한다.

(2) 바른 의미[正意]는 논경에 이르되, "바른 위의에 머무는 것이요, 올바르지 않게 머무는 것이 아니다. 이 뜻은 어떠한가? 자신은 서고 남은 앉는다면 응당히 법문을 설하지 말 것이니 이런 등의 사례는 계경에 자세히 말한 것과 같다. 왜냐하면 모든 부처님과 보살들이 법을 공경하고 중히 여기는 까닭이다. 공경하는 연고로 다른 이로 하여금 존중하는 마음을 내게 하여 법문을 듣는 것이 공경하게 마음 기울여 듣는 것이기 때문이다." 해석하자면 여기까지 (ㄱ) 양타소의(量他所宜)는 마친다.

二, 有二句니 量法所宜者는 卽三은 頓과 四는 相續이라 論에 云, 頓

者는 是菩薩正意가 爲一切衆生하야 說一切法[171]하야 離慳法垢故라 하니라 釋曰, 說一切法이 是法頓也오 離慳法垢故가 卽心頓也라 生多法廣이 事雖難盡이나 但捨慳垢가 卽名頓矣니라 論에 云, 相續者는 說無休息이니 捨諸法中에 嫉妬意故라하니라 釋曰, 說無休息者는 說相續也오 捨嫉妬意는 心相續也라 事難常俱나 但捨妬心이 卽名相續이니라

第三, 三句量化所宜者는 謂五漸과 六次와 七은 句義漸次라 論에 云, 漸者는 如字句次第說故라하니라 釋曰, 此約敎明이니라 論에 云, 次者는 如字句次第니 義亦如是說故라하니라 釋曰, 此依義也니라 論에 云, 句義漸次者는 說同義法이오 不說은 不同義法故라하니라 釋曰, 此依行法次第說이라 亦可於前敎와 及義中에 說同義法이오 不說은 不同義法이라 是義云何오 如四諦中에 苦說有作이오 集滅道中에 亦說有作이라 苦說無作하야 集滅道中에도 亦說無作이니 如是一切가 不相間雜일새 故曰同義니라

四, 有三句量物所宜者는 謂八示와 九喜와 十勸이니 論에 云, 示者는 示所應示等故라하니라 釋曰, 如小乘根에 應示小等이라 等者는 等取授所應授와 照所應照等이니라 論에 云, 喜者는 喜所應喜等이라하니 量宜開曉하야 令歡喜故니라 論에 云, 勸者는 怯弱衆生에 勸令勇猛故라하니라

五, 一句亦量自者는 論에 云, 具德者는 現智와 比智[172]와 阿含所證을 具說故라하니라 釋曰, 現比一對는 情意分別이오 敎證一對는 約境分別이니 備此四種能說之德일새 故云具德이니라

[171) 法은 甲南續金本無, 論原本有.
[172) 智는 各本作知, 論作智.

● (ㄴ) '두 구절은 양법소의(量法所宜)'란 곧 (3) 돈법과 (4) 상속함이다. 논경에 말하였다. "돈(頓)이란 보살이 바른 의미를 갖추고 모든 중생을 위하여 온갖 법문을 설하여 '법에 인색한 허물[慳法垢]'을 여의는 것이다." 해석하자면 온갖 법문 설하는 것이 '법의 돈(頓)'이요, 법에 인색한 허물을 여의는 까닭이 곧 '마음의 돈(頓)'이다. 생겨남이 많고 법문이 넓은 것이 현상으로 비록 다하기 어렵지만 단지 인색한 허물 버리는 것만이 곧 돈(頓)이라고 칭하였다. 논경에 말하였다. "상속함이란 법문 설함에 쉬지 않는 것이니 모든 법문에서 질투심을 버린 것이다." 해석하자면 '법문 설함에 쉬지 않는다'는 것은 설법이 이어지는 것이요, '질투심을 버리는 것'은 마음이 이어지는 것이다. 현상으로 항상 함께함이 어렵지만 단지 질투심만 버리면 곧 상속한다고 말한다.

(ㄷ) '세 구절은 양화소의(量化所宜)'란 (5) 점법 (6) 차례 (7) 구절과 이치의 차례[句義漸次]를 말한다. 논경에 이르되, "점법이란 자구(字句)대로 차례로 설하는 것이다." 해석하자면 이것은 교도에 의지한 설명이다. 또 논경에 "차례란 자구(字句)의 순서와 같나니 이치도 역시 이처럼 설하는 까닭이다." 해석하자면 이것은 이치에 의지한 설명이다. 논경에서 "'구절과 이치의 차례[句義漸次]'란 이치가 같은 법은 설하고 이치가 다른 법은 설하지 않는 까닭이다." 해석하자면 이것은 행법의 차례대로 설한 부분이다. 또한 가히 앞의 교도와 이치 중에 이치가 같은 법은 설하고 이치가 다른 법은 설하지 않는다. 이 뜻은 어떠한가? 마치 사제 중에 고제는 지음이 있다고 설하고 집제와 멸제와 도제에도 지음이 있다고 설한다. 고제를 지음이 없다고 설하고, 집제와 멸제와 도제에도 역시 지음이 없다고 설함과 같나니, 이렇듯 모든 것이 서로 사이에 섞이지 않으므로 '같은 이치'라 한다.

(ㄹ) '세 구절은 양물소의(量物所宜)'란 (8) 보여 줌과 (9) 기쁘게 함과 (10) 권함이다. 논경에 이르되, "'보여 줌[示]'이란 응당 보여 주어야 할 것들을 보여 주는 것이다." 해석하자면 마치 소승의 근기에는 응당 소승을 보이는 등과 같다. 등(等)이란 응당 주어야 할 것을 주는 것과 응당 비추어야 할 것을 비추는 등을 함께 취하는 표현이다. 논경에서, "'기뻐함[喜]'이란 응당 기뻐해야 할 것을 기뻐하는 등이다"라고 하였으니, 마땅함을 헤아려 깨우쳐 주어서 기쁘게 하는 까닭이다. 논경에 또, "'권함'이란 겁 많고 나약한 중생들을 권유하여 용맹하게 하는 까닭이다"라고 하였다.

(ㅁ) '한 구절도 역시 양자소의(量自所宜)'란 논경에 이르되, "(11) '자질을 구비함[具德]'이란 직접 아는 지혜[現智]와 비교하여 아는 지혜[比智]와 아함의 도로 증득한 지혜[證智]를 갖추어 설하는 까닭이다." 해석하자면 이지(現智)와 비지(比智)의 한 대구가 분별심으로 구분한 것이요, 교도와 증도의 한 대구(對句)는 경계에 의지한 구분이니 이런 네 종류의 설법하는 주체의 자질을 구비하였으므로 '자질을 갖추었다'고 말한다.

六, 有四句는 明具說能順益이니 謂十二不毁로 至第十五라 論에 云, 不毁者는 隨順善道說故라하니라 釋曰, 說能隨順出世之道니라 論에 云, 不亂者는 不動不雜하야 正入非稠林故라하니라 釋曰, 此明說能順理라 不動者는 言不太淺이니 太淺失理를 名之爲動이라 不雜者는 說不太深이니 不雜深隱이니라 言正入者는 顯前不動이니 言能顯理하야 令人正入이니라 非稠林者는 顯前不雜이니 語不深隱하야 不如稠林의 難見知故니라 論에 云, 如法者는 具說四聖諦故라하니 釋曰, 謂

說稱於四諦法相하야 能令人으로 知苦며 斷集이며 證滅이며 修道故니라 論에 云, 隨衆者는 於四衆八部에 隨所應聞하야 而爲說法故라하니라 釋曰, 此明說順於人이라 故로 論에 總結云호대 如是十五種相으로 菩薩이 隨順利益他하야 說一切法故라하니라

後之五種은 是淸淨說者니 謂十六慈心下가 是니 論에 云, 慈心者는 於怨衆生에 起慈心說法故라하니라 釋曰, 怨多瞋故니라 論에 云, 安隱心者는 於惡行衆生中에 起利益心說法故라하니라 釋曰, 惡行은 必當受大苦故니라 論에 云, 憐愍心者는 於受苦樂放逸衆生中에 起憐愍利樂心하야 說法故라하니라 釋曰, 於受苦者에 愍其現苦오 於受樂放逸者에 愍其當苦니라 論에 云, 不着名聞利養者는 心不希望하야 常行遠離故라하니라 釋曰, 未得에 不悕며 已得에 能離故니라 論에 云, 不自讚毁他者는 離我慢嫉妬隨煩惱하고 爲衆生說法故라하니라 釋曰, 隨緣現起를 名隨煩惱니 以離我慢일새 故不自讚이오 以離嫉妬일새 故不毁他니라 論에 結云, 如是五種相으로 菩薩이 自心淸淨故라하니라 論에 又總結云호대 具此二十事하면 能作法師니 是名住大法師深妙義中이라하니라

● (ㅂ) 네 구절은 설법자가 수순하는 이익을 구비함에 대해 설명한 부분이다. (12) 不毁로부터 (15) 隨衆까지를 말한다. 논경에 이르되, "(12) '헐지 않음[不毁]'이란 착한 도(道)에 수순하여 설하는 까닭이다." 해석하자면 설법이 능히 출세간의 도(道)에 잘 수순함을 말한다. 논경에 이르되, "(13) '산란하지 않음[不亂]'이란 동요하지 않고 섞이지 않아서 조림이 아닌 곳으로 바로 들어가는 까닭이다." 해석하자면 이것은 설법이 이치에 잘 수순함을 밝힌 부분이다. '동요하지 않음[不動]'이란 언사가 너무 얕지 않은 것이니 너무 얕아서 이치를 잃은

것을 동요함이라 칭한다. '섞이지 않음[不雜]'이란 설법이 너무 심오하지 않은 것이니 심오하고 숨겨진 뜻이 섞여 있지 않은 것을 뜻한다. '바로 들어간다[正入]'고 말한 것은 앞의 부동(不動)을 드러낸 말이니 언사가 이치를 잘 드러내어 사람들이 바로 들어가게 함을 뜻한다. '조림이 아니다[非稠林]'라는 것은 앞의 부잡(不雜)을 드러낸 말이니 표현이 심오하거나 숨겨져 있지 않아서 빽빽한 숲처럼 알아보기 어려운 것이 아닌 까닭이다. 논경에 이르되, "(14) '법다움[如法]'이란 사성제를 모두 설한 까닭이다." 해석하자면 설법이 사제의 법과 행상에 걸맞아서 능히 사람들로 하여금 괴로움을 알고 괴로움의 원인을 끊으며 괴로움이 없어짐을 증득하며 괴로움을 없애는 길을 닦게 하기 때문이다. 논경에 이르되, "(15) '대중에 수순함[隨衆]'이란 사부대중과 팔부신중에 응당 들을 것에 맞추어 법문을 설하는 까닭이다." 해석하자면 이것은 설법이 사람에게 잘 맞는 것을 밝힌 내용이다. 그래서 논경에 총합하여 결론하되, "이러한 15가지 모양은 보살이 남을 수순하고 이익 주기 위하여 온갖 법문을 설하는 까닭이다"라고 하였다.

'뒤의 다섯 종류는 설법자를 깨끗이 하는 내용'으로, (16) 慈心 아래를 가리킨다. 논경에 이르되, "(16) '자비한 마음[慈心]'이란 원수 맺은 중생에게 자애로운 마음을 일으켜 설법하는 까닭이다." 해석하자면 원망이 많고 성내는 까닭이다. 논경에 이르되, "(17) '안온한 마음[安隱心]'이란 악행을 일삼는 중생에게 이익 주려는 마음을 일으켜 법문을 설해 주는 까닭이다." 해석하자면 악행은 반드시 큰 고통을 받게 되는 까닭이다. 논경에 이르되, "(18) '어여삐 여기는 마음[憐愍心]'이란 고통을 받고 방일을 좋아하는 중생에게 연민하는 마음과 이롭고 즐겁게 하려는 마음을 일으켜 법문을 설해 주는 까닭이다." 해석하자면 고통을 받는 자에게 그 현재의 고통을 불쌍히 생각하고, 방일하기 좋아하는 자에게 미래의 고통을 불쌍히 여기는 것이다. 논경에 이르되, "(19) '명예와 이끗에 집착하지 않음[不着名聞利養]'이란 마음으로 바라거나 희망하지 않고 항상 수행하여 멀리 여의는 까닭이다." 해석하자면 얻지 못할 것은 바라지도 않으며 이미 얻었다면 능히 여읠 수 있는 까닭이다. 논경에 이르되, "(20) '스스로는 찬탄하고 남을 비방하지 않음[不自讚毀他]'이란 아만과 질투의 수번뇌(隨煩惱)를 여의고 중생을 위하여 설법하는 까닭이다." 해석하자면 인연 따라 나타나는 것을 '수번뇌(隨煩惱)'라 하나니, 아만심을 여의었으므로 스스로 칭찬하지 않고, 질투심을 여의었으므로 남을 비방하지도 않는다. 논경에 결론하되, "이러한 다섯 가지 모양은 보살 자신의 마음이 깨끗해지는 것이다." 논경에 또 총합하여 결론하되, "이런 20가지 사례를 구비하면 능히 법사가 될 수 있나니, 이를 일러 '큰 법사의 깊고 오묘한 이치에 머문다[住大法師深妙義中]'고 말한다"고 하였다.

三 다른 문장을 인용하다[引他文] (涅槃 9下10)

[疏] 涅槃에는 具七善知를 名大法師[173]니 與此로 略同이라 慈氏論에 說호대 具十德者는 名大法師라 攝義具足이니 一은 善知法義오 二는 能廣宣說이오 三은 處衆無畏오 四는 無斷辯才오 五는 巧方便說이오 六은 法隨法行이오 七은 威儀具足이오 八은 勇猛精進이오 九는 身心無倦이오 十은 成就忍力이라하나니 會之亦同이니라

---

173) 인용문은 『大般涅槃經』 제16권 梵行品의 내용이다. (대정장 권12 p.710 c~)

■ 『열반경』에는 '일곱 가지를 잘 아는 분[七善知]'을 대법사라고 이름하나니 이것과 대략 같다. 『자씨보살론(慈氏菩薩論)』에도 말하되, "열 가지 자질을 갖춘 이는 대법사라 이름한다. 이치를 포섭하여 구비해야 하나니 (1) 법과 이치를 잘 아는 것이요, (2) 널리 설법을 잘함이요, (3) 대중 속에 있으면서 두려움을 모르는 것이요, (4) 끊임없는 변재요, (5) 교묘하게 방편을 말함이요, (6) 법과 법행을 따르는 것이요, (7) 위의를 모두 갖춤이요, (8) 용맹하게 정진함이요, (9) 몸과 마음이 권태하지 않음이요, (10) 참는 힘을 성취함이다"라고 하였으니, 회통하면 또한 같게 된다.

[鈔] 涅槃具七善知下는 二, 引他文이라 此中에 有三하니 一은 引涅槃이라 先雖廣引이나 今略列名이니 一은 知法이오 二는 知義오 三은 知時오 四는 知足이오 五는 知自오 六은 知衆이오 七은 知尊卑니라

二, 慈氏論下는 引瑜伽[174]오 三, 會之亦同下는 會瑜伽同上二文이라 一은 會七善知니 謂一善知法義가 即是初二오 二는 具上二義일새 故能廣說이오 三은 處衆無畏가 即知衆이오 四는 辯才無斷이 即知時오 五는 善巧方便이 即知尊卑오 六은 法隨法行이 即知自오 七은 威

---

174) 瑜伽는 南金本無, 案法師十德하야 見瑜伽卷八十一하면 此下에 原南續金本有論二十者一段이니, 玆依疏鈔文義移後. 인용문은 『瑜伽師地論』 제81권의 攝釋分의 내용이다. (대정장 권30 p.754 b-) [스승이라 함은 열 가지 법을 성취하면 설법하는 스승으로서 뭇 모양이 원만하다[衆相圓滿]고 한다. 첫째는 법과 이치를 잘함이니, 여섯 가지 법과 열 가지 뜻을 분명히 잘 이해하기 때문이다. 둘째로 널리 펴 말함이니 많이 들어서 들어 지니고 그의 들음[聞]이 쌓여 모였기 때문이다. 셋째는 완전히 두려워함이 없음이니 찰제리 등 훌륭한 대중들 안에서 바로 법을 펴 말하되 겁내는 바가 없기 때문이며, 또 이로 인하여 소리가 쉬거나 떨리지도 아니하고 겨드랑이에 땀이 나지도 않으며 생각에 있음이 없기 때문이다. 넷째는 언사가 교묘함이니, 말 짜임이 원만하고 여덟 갈래를 성취하였으며 말이 두루 갖추어져서 대중에서 법을 말하기 때문이다. 말 짜임이 원만하다 함은 문구와 상응한 돕는 벗 등등을 말하며, 여덟 갈래를 성취하였다 함은 이 말을 함에는 첫머리[先首]와 아름다움[美妙] 등등을 말한다. 다섯째는 방편으로 잘 말함이니, 20가지 교묘한 방편으로 바른 법을 펴 말하기 때문이며 때에 알맞고 간절하게 하는 따위이다. 여섯째는 법과 법에 따라 수행함을 완전히 성취함이니 들은 것만으로 마지막을 삼지 아니하고 그의 말한 바 그대로 그렇게 행하기 때문이다. 일곱째는 위의가 완전히 갖추어짐이니, 설법

儀具足이 亦知尊卑오 八은 勇猛精進이 卽是知足이오 九는 身心無倦
과 十은 成就忍力은 皆由具上七故라
論二十者는 一, 善知法義는 卽攝三事하니 一은 漸이오 二는 次오 三
은 句義漸次라 第二, 能廣宣說이 攝二하니 卽頓과 及具德이라 第三,
處衆無畏가 卽隨衆이오 四, 無斷辯才가 卽相續이오 五, 方便善巧가
攝三하니 謂一은 知時오 二는 示오 三은 喜라 第六, 法隨法行이 攝二
하니 卽175)如法과 及176)安隱心이라 第七, 威儀具足은 卽正意오 第八,
勇猛精進은 卽攝二義니 謂177)勸과 及憐愍이라 第九, 身心無倦이 攝
於三德하니 一은 不毀오 二는 不亂이오 三은 慈心이라 第十, 成就忍
力이 卽攝二德하니 一은 不着名聞利養이오 二는 不自讚毁他라 故諸
經論에 開合이 不同이나 大旨는 無別178)이니라

- ㈢ 涅槃具七 아래는 다른 문장을 인용함이다. 여기에 셋이 있으니 ①『열반경』을 인용함이다. 앞에서 비록 자세히 인용하였지만 지금은 생략하고 명칭만 나열하였으니 (1) 법을 아는 것 (2) 이치를 아는 것 (3) 때를 아는 것 (4) 만족할 줄 아는 것 (5) 자신을 아는 것 (6) 대중을 아는 것 (7) 높고 낮음을 아는 것이다.

② 慈氏論 아래는 유가론을 인용함이요, ③ 會之亦同 아래는『유가사지론』과 함께 위의 두 가지 문장을 회통함이다. ㉠ 일곱 가지 잘

할 때에 손발이 어지럽지 아니하고 머리가 움직이지 아니하며 얼굴은 변함이 없고 코는 그대로이며 움직이거나 움직이지 않는 거동이 조용하면서 질서가 있기 때문이다. 여덟째는 용맹스럽게 정진함이니, 언제나 아직 듣지 못했던 법이면 들으려 하고 이미 들은 법이면 더욱 분명하게 하며 瑜伽를 버리지 않고 뜻 지음의 마음을 버리지 않으며 안의 奢摩他를 버리거나 여의지 않기 때문이다. 아홉째는 싫증내거나 게으름이 없음이니, 네 가지 대중을 위하여 널리 미묘한 법을 펴되 몸과 마음에 게으름이 없기 때문이다. 열째는 참는 힘을 완전히 갖춤이니, 욕하고 희롱하고 꾸짖는데도 마침내 보복하지 않고 업신여기는데도 분내거나 슬퍼하지 않는다.]

175) 卽은 甲南續金本作一.
176) 及은 甲南續金本作二.
177) 謂는 甲南續金本作一.
178) 自論二十者로 至大旨無別은 原南續金本均在會之亦同之前, 案鈔云會瑜伽同上二文이니 二文謂涅槃七善知與地論二十德也; 今此正屬二會地論 應在一會七善知後.

아는 것과 회통함이다. 말하자면 (1) 법과 이치를 잘 아는 것은 곧 처음의 둘[1. 知法 2. 知義]이요, (2) 위의 두 가지 이치를 구비한 연고로 널리 설함이요, (3) 대중 속에서 두려워하지 않는 것이 곧 (6) 대중을 아는 것이요, (4) 끊임없는 변재는 곧 (3) 때를 아는 것이요, (5) 훌륭한 방편은 곧 (7) 높고 낮음을 아는 것이요, (6) 법과 법에 따라 행함이 곧 (5) 자신을 아는 것이요, (7) 위의를 갖춤이 곧 (7) 높고 낮음을 아는 것이요, (8) 용맹스럽게 정진함은 곧 (4) 만족할 줄 아는 것이요, (9) 몸과 마음에 싫증내지 않음과 (10) 참는 힘을 성취함은 모두 위의 일곱 가지를 구비한 결과이다.

論二十 등이란 (1) 선지법의(善知法義)가 곧 세 가지를 포섭하나니 (그 세 가지는) (5) 점(漸) (6) 차(次) (7) 구의점차(句義漸次)요, (2) 능광선설(能廣宣說)이 둘을 포섭하나니 곧 (3) 돈(頓)과 (11) 구덕(具德)이다. (3) 대중 속에서 두려움이 없음은 곧 (15) 수중(隨衆)이요, (4) 변재무단(辯才無斷)은 곧 (4) 상속(相續)이요, (5) 방편선교(方便善巧)는 세 가지를 포섭하나니 (1) 지시(知時)와 (8) 시(示)와 (9) 희(喜)이다. (6) 법수법행(法隨法行)이 둘을 포섭하나니 곧 (14) 여법(如法)과 (17) 안온심(安隱心)이다. (7) 위의구족(威儀具足)은 곧 (2) 정의(正意)요, (8) 용맹정진(勇猛精進)은 곧 (10) 권(勸)과 (18) 연민심(憐愍心)의 두 가지 뜻을 포섭함이다. (9) 신심무권(身心無倦)이 세 가지 덕을 포섭하나니 (20) 부자찬훼타(不自讚毀他)와 (13) 불란(不亂)이다. (10) 성취인력(成就忍力)이 곧 두 가지 덕을 포섭하나니 (19) 불착명리(不着名利)와 (20) 부자찬훼타(不自讚毀他)이다. 그래서 모든 경과 논서에 전개하고 합한 것이 같지 않지만 큰 뜻으로는 다르지 않다.

b) 구업 성취에 대해 바로 밝히다[正明口業成就] 2.
(a) 과목 나누기[分科] (第二 11上4)

以無量善巧智로 起四無礙辯하여 用菩薩言辭하여 而演說法이라 此菩薩이 常隨四無礙智轉하여 無暫捨離하나니 何等爲四오 所謂法無礙智와 義無礙智와 辭無礙智와 樂說無礙智니라
한량없이 공교한 지혜로 네 가지 걸림 없는 변재를 일으키고 보살의 말로써 법을 연설하느니라. 이 보살이 항상 네 가지 걸림 없는 지혜를 따라서 연설하고 잠깐도 버리지 아니하나니, 무엇이 넷인가. 이른바 법에 걸림 없는 지혜와 뜻에 걸림 없는 지혜와 말에 걸림 없는 지혜와 말하기 즐기는 데 걸림 없는 지혜이니라.

[疏] 第二, 正明口業中에 先은 略明이오 後, 此菩薩以法下는 廣顯이라
■ b) 바로 구업 성취에 대해 밝힘에서 ㉠ 간략히 설명함이요, ㉡ 此菩薩以法 아래는 자세히 밝힘이다.

(b) 과목에 따라 해석하다[隨釋] 2.
㉠ 간략히 설명하다[略明] 3.

① 명칭과 체성에 대해 총합하여 설명하다[總顯名體] 2.
㉮ 명칭의 체성을 바로 설명하다[正顯名體] (今初 11上5)
㉯ 어려운 곳을 따라 개별적으로 해석하다[隨難別釋] (義無)

[疏] 今初니 先, 顯名體니 謂外由菩薩美妙言辭하야 而演法義를 名四無
礙辯이오 內由智起를 名四無礙智라 次, 辨體者는 此智가 卽無漏後
得으로 爲體일새 故云善巧니 卽上의 知法이 知機智也라 義無礙解는
或通正體니라

- 지금은 ㊀ 간략히 설명함이니 ① 명칭과 체성에 대해 총합적으로 설명함이다. 말하자면 ㉠ 밖으로 보살의 미묘한 언사로 인해 법과 이치를 연설하는 것을 '네 가지 걸림 없는 변재[四無礙辯]'라고 이름하며, 안으로 지혜로 인해 일어남을 '네 가지 걸림 없는 지혜[四無礙智]'라고 이름한다. ㉡ 체성을 밝힘이란 이 지혜가 무루의 후득지로 체성을 삼았으므로 '선교(善巧)'라고 하나니 곧 위의 '법을 알고 근기를 아는 지혜[知法知機智]'를 말한다. '이치에 걸림 없는 지해'는 혹은 바른 체성에 통하기도 한다.

[鈔] 第二正明口業이라 今初에 先顯名體者는 文有三節하니 一은 顯名體
오 二는 約位辨勝이오 三은 徵列名字라 今初라 經文은 是一이나 義含
名體니 謂經의 從初로 至而演說法은 皆是釋名이니 有二名故라 次,
辨體者는 重取善巧智字하야 以爲辨體라 義無礙下는 隨難하야 別釋
義名所以라 知是差別은 卽後得智오 無心照理는 卽通正體니라

- b) 바로 구업 성취에 대해 밝힘이다. 지금은 ㊀ 명칭과 체성에 대해 총합적으로 설명함이다. 경문에 세 구절이 있으니 ① 명칭과 체성을 바로 설명함이요, ② 지위에 의지하여 뛰어남을 설명함이요, ③ 명 자에 대해 묻고 나열함이다. 지금은 ①이니 경문은 하나이지만 이치로는 명칭과 체성을 포함한다. 말하자면 경문의 처음부터 而演說法까지는 모두 ㉠ 명칭 해석이니, 두 가지 명칭이 있는 까닭이다. ㉡ 체성

을 밝힘이란 다시 선교지(善巧智)라는 글자를 취하여 체성을 밝힌 부분이다. ⑭ 義無礙 아래는 어려운 곳을 따라 개별로 해석함이니 이치는 명칭에서 생겨나는 까닭이다. 이런 차별을 아는 것은 후득의 지혜이고, 무심하게 이치를 비추는 것은 바른 체성에 통하는 내용이다.

② 지위에 의지하여 뛰어남을 설명하다[約位顯勝] (次此 11下3)

[疏] 次, 此菩薩下는 約位顯勝이니 以初地에 分得하고 此地에 任運일새 故無暫捨니라
- ② 此菩薩 아래는 지위에 의지해 뛰어남을 밝힘이다. 초지에 부분적으로 증득하고 이 9지에 마음대로 움직일 수 있으므로 잠시도 버리지 않는다.

[鈔] 約位顯勝은 文意를 可知로다 然此無暫捨離를 論에 名不壞라 論에 云, 不壞者는 不動故라하니 卽無暫捨義니라
- ② '지위에 의지하여 뛰어남을 설명함'이란 소문의 의미를 알 수 있으리라. 그런데 여기서 '잠시도 버리지 않음[無暫捨離]'을 논경에서는 '무너지지 않음[不壞]'이라 하였다. 논경에서 "무너지지 않는 것은 동요하지 않는 까닭이다"라고 하였으니 곧 '잠시도 버리지 않는다'는 뜻이다.

③ 명 자에 대해 묻고 나열하다[徵列名字] 2.
㉮ 전체적인 명칭 해석[釋通名] (後何 11下6)

[疏] 後, 何等下는 徵列名字니 智¹⁷⁹⁾緣法等하야 無拘礙故니 法等이 皆智境界라 從境分四니라

- ③ 何等 아래는 명 자에 대해 묻고 나열함이니, 지혜가 법 등을 반연하여 구애됨이 없는 까닭이다. 법 등이 모두 지혜의 경계이므로 경계에 따라 넷으로 분류하였다.

[鈔] 後何等下는 三, 徵列名字라 中¹⁸⁰⁾에 二니 先은 釋通名이라 上釋名中에 但釋辯智하고 今釋無礙니라

- ③ 何等 아래는 명 자에 대해 묻고 나열함이다. 그중에 둘이니 ㉮ 전체적인 명칭 해석이다. 위의 명칭 해석에서는 단지 변재와 지혜만 해석하였고, 지금은 무애(無礙)에 대해 해석한 내용이다.

㉯ 개별 명칭을 해석하다[釋別名] 4.
㉠ 법에 걸림 없다[法無礙] (一法 11下10)

[疏] 一, 法者는 法體니 謂法自體에 有軌持故라 卽二空所攝이니 卽眞之俗境이라 故로 論에 云, 遠離二邊인 生法所攝이니 如色礙相等이라하니라

- ㉠ 법(法)이란 법의 체성이니 말하자면 법의 자체에 모범이 되고 유지함이 있는 까닭이다. 곧 두 가지 〈공〉에 포섭되는 내용이니, 진제(眞諦)에 합치한 속제(俗諦)의 경계이다. 그래서 논경에서는, "양쪽 끝인 생법(生法)에 포섭되는 범위를 멀리 여읜 경계이니 예컨대 '물질에 구애되는 모양[色礙相]' 등이다"라고 하였다.

---

179) 智는 續金本作知.
180) 中은 南續金本作於中有.

[鈔] 一法者下는 別釋四名이라 然이나 唯識에 云,[181] 法無礙智는 緣能詮教法으로 爲境하고 義無礙智는 卽於所詮에 總持自在하야 於一義中에 現一切義故오 辭無礙智[182]는 卽於言音에 展轉訓釋에 總持自在하야 於一音聲中에 現一切音聲故오 樂說無礙智는 緣機巧說로 爲境이라하며 又云호대 辯才自在者는 謂辯無礙解니 善達機宜하야 巧爲說法이라하며 俱舍에 亦以法緣能詮이라하니라 釋云,[183] 名身者는 所謂想章字總說이라하니 釋曰, 以想으로 釋名하고 以章으로 釋句하고 以字로 釋文하고 以總으로 釋身이니라 論에 云, 名은 謂作想이라하니 解云,[184] 想者는 取像이며 或契約義니 若取像名想인대 想是心所니 如說於色에 能生色想하나니 因名生想이 名爲作想이오 若契約義인대 想은 卽是名이니 謂諸賢聖이 共爲契約하야 立色等名하니 名卽是想이라 由此名想하야 顯有詮表일새 故名作想이라 餘義는 準說이니라

今之本論에 釋法無礙에 不局能詮일새 故云法體는 如色礙相이라하니라 然이나 論에 一時列名云호대 是中에 四無礙境界者는 一은 法體오 二는 法境界體오 三은 正得與衆生이오 四는 正求與無量門이라하고 後方牒釋하니라 今疏四中에 文皆三節이니 一, 牒經擧論하야 立名이오 二, 謂字下는 是疏釋論이오 三, 故論云下는 擧論牒釋이라 今初法中에 論牒釋內에 以色從緣集하야 非定斷常일새 故離二邊이오 辨俗異眞일새 云生法所攝이라하니 卽二執所依之法이니라 言如色礙相者

---

181) 인용문은 『성유식론』 제9권의 제9. 利他中不欲行障의 내용이다. (대정장 권31 p.53b26-) *여래에게 있는 네 가지 [法・義・辭・辯] 걸림 없는 지혜 [四無・解]로서 四無・辯 혹은 四無・智라고도 한다. 法無・解는 온갖 교법에 통달한 것이고, 義無・解는 온갖 교법의 義理에 통달한 것이다. 辭無・解는 有情이 좋아하는 바에 따라서 법을 설하는 데 自在한 것을 말한다.
182) 上三智字는 論作解.
183) 인용문은 『俱舍論』제5권의 分別根品의 내용이다. (대정장 권29 p.29 a-) (역경원 간 한글대장경 「구사론1」 p.147- 참조)
184) 인용문은 『俱舍論頌疏』 제5권의 내용이다. (대정장 권41 p.851 c~)

는 正出法體니라

- ㉮ 法者 아래는 개별 명칭을 해석함이다. 그런데『성유식론』에 이르되, "'수많은 명칭·문구·글자를 모두 지녀서 자재하다'는 것은, 온갖 교법에 통달한 지혜[法無礙智]를 말한다. 곧 능히 표현하는 교법을 반연함으로 경계를 삼고, 하나의 명칭·문구·글자 중에서 모든 명칭·문구·글자를 나타내기 때문이다. '설해진 수많은 법문을 모두 지녀서 자재하다'는 것은, 온갖 교법의 이치에 걸림 없는 지혜[義無礙智]를 말한다. 곧 표현할 대상을 모두 지녀서 자재한 것이다. 하나의 이치에 모든 이치를 나타내기 때문이다. '지혜의 언어를 모두 지녀서 자재하다'는 것은, 모든 언어에 통달한 지혜[辭無礙智]를 말한다. 곧 음성이 뒤바뀌어 해석하고 명명하는 것을 모두 지녀서 자재한 것이다. 하나의 음성 속에서 모든 음성을 나타내기 때문이다. 설하기를 좋아하는 걸림 없는 지혜[樂說無礙智]는 근기의 적절함을 반연하는 설법으로 경계를 삼는다"라고 하였다. 또 이르되, "변재에 자재함이란 법을 설하는 데 걸림 없는 지혜[辯無礙智]를 말한다. 근기의 적절함을 잘 통달해서 훌륭하게 말하기 때문이다"라고 하였다.『구사론』에서도 또한 "명신(名身) 따위는 이른바 구상함과 문장과 글자의 총설 그것이니"라고 하였으니, 해석하자면 구상함으로 명(名)을 해석하고, 문장으로 '구절'을 해석하고, 글자로 '문장'을 해석하고, 총합하여 신(身)을 해석한 내용이다. 논하건대, '명칭은 구상함[想]을 말한다'라고 하였으니 풀이하자면 "상(想)이란 '형상을 취하는 것'이며 혹은 '계약한다'는 뜻이다. 만일 형상을 취한 것을 상(想)이라 한다면 상(想)은 심소(心所)일 것이니, 마치 물질에서 능히 물질이란 '생각을 일으킨다'고 말함과 같다. 명칭으로 인해 생각을 일으키는 것을 '생각 지음[作

想]'이라 칭할 것이요, 만일 계약한다는 뜻이라면 생각은 곧 명칭일 것이다. 말하자면 모든 성현들이 공통적으로 계약하여 물질 따위의 명칭을 세운 것이니 명칭이 곧 구상함인 것이다. 이런 명칭으로 인해 구상하여 표현함이 있음을 밝혔으므로 '생각 지음'이라 지칭한다." 나머지[句, 文, 身] 이치는 위의 설명에 준한다.

지금의 본 논경에서 법무애해(法無礙解)를 해석할 적에 표현하는 주체에만 국한하지 않았으므로 "법의 체성은 물질에 구애된 모양과 같다"고 말하였다. 하지만 논경에서 한꺼번에 명칭을 나열하면서 이르되, "여기서 네 가지 걸림 없는 경계는 1) 법의 체성 2) 법의 대상인 경계의 체성 3) 바로 얻은 것을 중생에게 말해 줌이요, 4) 바로 구함에 따라 한량없는 방법으로 아는 바에 따라 주는 것이다"라고 하였고, 뒤에 가서 문장을 따와 해석하였다. 지금 소에서는 넷을 세 구절로 하였으니 ① 경문을 따라서 논경으로 거론하여 명칭을 세움이요, ② 謂字 아래는 소가가 논경을 해석함이요, ③ 故論云 아래는 논경으로 거론하여 따와서 해석함이다. 지금은 ① 법(法) 중에 『유식론』을 따와서 해석한 가운데 물질은 인연으로부터 모였으므로 단견(斷見)과 상견(常見)을 정할 수 없는 연고로 두 끝을 여읜 것이요, 속제가 진제와 다른 점을 밝혔으므로 '생법(生法)에 포섭되는 범위'라고 하였으니 곧 두 가지 집착이 의지하는 법을 가리킨다. '물질에 구애되는 모양 등과 같다'고 말한 것은 바로 법의 체성을 내보인 표현이다.

ⓛ 이치에 걸림 없다[義無礙] (二義 13上2)

[疏] 二, 義者는 法境界體니 謂於法體上의 差別境義니 卽上二空所攝眞

諦之境이라 故로 論에 云, 卽彼遠離二邊인 生法所攝中의 如實智境
界故라하니라 然得此眞智者는 由菩薩이 於生法二執所攝境中에 以
智로 安住하야 求彼色等이 但是虛妄이며 卽俗而眞이니 是彼色等之
中別義라 上은 卽遠公之意니 其猶不生不滅이 是無常義라 亦可不
約二諦하고 法은 約自體오 義는 約差別이니 謂十一色等인 虛妄分別
之相이 卽是別義니라 言如實智者는 稱事實也니라

- ⓒ 이치란 법의 대상인 경계의 체성이다. 말하자면 법의 체성 위에서 경계를 차별한다는 뜻이니, 곧 위의 두 가지 <공>에 포섭되는 진제의 경계를 말한다. 그래서 논경에서 "양쪽 생법에 포섭되는 범위를 멀리 여읜 여실한 지혜의 경계이다"라고 하였다. 그런데 이 '진지(眞智)를 얻는다'는 것은 생법의 두 가지 집착에 속하는 경계 중에 지혜로 안주하여 저 색법 따위가 단지 허망할 뿐이며, 속제에 합치하면서도 진실함[卽俗而眞]을 구하는 것이니 바로 저 색법 따위로 구별한 이치이다. 위는 곧 혜원법사의 주장이니, '나지도 않고 멸하지도 않는 것이 곧 항상함이 없다'는 뜻과 비슷하다. 또한 두 가지 진리에 의지한 것이 아니고 법은 자체에 의지하고 이치는 차별에 의지한 분석이다. 말하자면 11가지 색법 따위로 허망하게 분별한 모양이 그대로 또 다른 이치이다. '여실한 지혜'라고 말한 것은 현상에 칭합한 실법을 뜻한다.

[鈔] 二義中에 第三段內에 文曲有四하니 一, 擧論牒釋이오 二, 然得下는
遠公이 釋論이니 以法으로 爲俗하고 以義로 爲眞이니라 應有問言호대
法義不同이어늘 何以論文에 皆有遠離二邊인 生法所攝고 故로 釋意
에 云, 隨順觀察世諦하야 卽入第一義故니라 三, 上卽遠公下는 疏成

遠公義오 四, 亦可下는 是疏別義라 於中에 二[185]니 先은 正釋이오 後, 言如實下는 解妨이니 妨云호대 若義亦俗諦인대 何名如實고 答云호대 約如事實이니라 三은 辭니 可知로다

- ⓛ 이치란 셋째 단락 안에 소문이 자세하게는 넷이 있으니 ⓐ 논경을 거론하여 따라서 해석함이요, ⓑ 然得 아래는 혜원법사의 논경 해석이니, 법으로 속제를 삼고 이치로 진제를 삼은 분석이다. 응하여 어떤 이가 묻기를, "법과 이치가 같지 않은데 어째서 논문에 모두 '양쪽 생법에 포섭되는 범위를 멀리 여읜다'고 하였는가?" 그래서 답한 의미를 말하면 "세제를 따라 관찰하여 제일가는 이치에 들어가기 때문이다"라고 하였다. ⓒ 上卽遠公 아래는 소가가 혜원법사의 이치로 성립한 것이요, ⓓ 亦可 아래는 소가의 또 다른 이치이다. 그중에 둘이니 ⓔ 바로 해석함이요, ⓕ 言如實 아래는 비방을 해명함이다. 비방하되 "만일 이치도 속제라면 무엇을 실답다고 말하는가?" 대답하되 "현상과 같은 실법에 의지한다"고 하였다.

ⓒ 언사에 걸림 없다[辭無礙] (三辭 13下6)

[疏] 三, 辭者는 正得與衆生이니 謂得彼方言하야 與他說故라 故로 論에 云, 於彼如實智境中에 隨他所喜言說正知라하나니 此는 釋正得이오 隨他言說正知而與故라하니 此釋與衆生이니라

- ⓒ '언사'란 바르게 얻어서 중생에게 베푸는 것을 뜻한다. 이를테면 저들의 사투리를 익혀서 다른 이들과 이야기하기 때문이다. 그래서 논경에서는, "저 여실한 지혜 경계에서 저들이 좋아하는 언사와 말

---

185) 二下에 南續金本有意字.

을 따라 바르게 안다"라고 하였으니, 이것은 바르게 얻음[正得]을 해석한 말이다. "저들의 언사와 말을 따라 바르게 알고서 주기 때문이다"라고 하였으니, 이것은 '중생에게 준다[與衆生]'는 말을 해석한 내용이다.

㉣ 말하기 좋아함에 걸림 없다[樂說無礙] (四樂 13下9)

[疏] 四, 樂說者는 正求與無量門이니 謂樂說은 乃辭中別義니 七辯剖析이 名無量門이라 論에 云, 於彼에 隨他所喜言語하야 正知와 無量種種義語하야 隨知而與故라하니라

- ㉣ '말하기 좋아함'이란 '바르게 구하여 한량없는 문으로 준다'는 부분이다. 이를테면 말하기 좋아함[樂說]은 언사에 걸림 없음의 또 다른 이치이니, 일곱 가지 변재[186]로 분석한 것을 한량없는 문이라 한다. 논경에 이르되, "저들에게 저들의 언사와 말을 따라 바르게 알고서 한량없는 갖가지 이치와 말을 아는 대로 주기 때문이다"라고 하였다.

[鈔] 四樂說中에 云正求與者는 邪求不與니라

- ㉣ 말하기 좋아함 중에 '바르게 구하여 준다'고 말한 것은 삿되게 구한 것은 주지 않는다는 뜻이 포함되어 있다.

---

186) 七辯: 불·보살의 7종의 변재. (1) 捷疾辯; 말을 더듬지 않고 일체법에 무애자재한 것 (2) 利辯; 사람으로 하여금 事理를 깊이 통달하도록 유창하게 대답해 주는 것 (3) 不盡辯; 제법실상을 변설하는 데 무궁무진한 것 (4) 不可斷辯; 반야 가운데는 모든 희론이 없으므로 어떠한 어려운 물음에도 그 답변에 잘못이 없는 것 (5) 隨應辯; 法執를 끊었으므로 중생의 소질과 요구에 따라서 자유자재한 방편으로 알맞은 설법을 하는 것 (6) 義辯; 열반의 깨달음에 이르는 이익에 대해 설법하는 것 (7) 一切世間最上辯; 일체 세간 제일의 대승을 설하는 것 (지도론 권5) * 또 『大品般若經』에 의하면 ① 捷辯; 말을 더듬지 않고 빨리 대답하여 순통하게 하는 것 ② 迅辯; 事理를 사무쳐서 어떤 물음에 유창하게 잘 대답하는 것 ③ 應辯; 그때와 중생의 근기에 알맞은 법을 설하는 것 ④ 無疏謬辯; 진리에 계합된 말만 하는 것 ⑤ 無斷盡辯; 一法에 一切法을 갈무리지어 말하지만 끊어짐이 없게 하는 것 ⑥ 多豊義味辯; 일체의 語言에 깊고 묘한 뜻을 갖추어 法味가 풍부한 변재 ⑦ 最上妙辯; 맑고 아름다운 음성으로 널리 잘 들리고 듣는 이는 다 공경심을 내는 것을 말하기도 한다. (불교학대사전 p.1574-)

㊂ 자세히 밝히다[廣顯] 2.
① 경문에 앞서 의미를 말하다[文前敍意] 3.
㉮ 열 가지 문을 총합하여 해석하다[總釋十門] (二廣 14上3)

[疏] 二, 廣顯中에 理實此四가 通該一切나 且約圓數하야 以列十門호대 各有復次라 論에 云, 後五是淨者는 謂三乘行果니 則顯前五는 是三乘敎理라 通於染淨이니라

■ ㊂ 자세히 밝힘 중에 이치로는 실로 이 넷이 통틀어 모두를 포괄하지만 우선 원만한 숫자에 의지하여 열 가지 문을 나열하되 각기 부차(復次)가 있다. 논경에서 '위의 다섯은 청정함이다'라고 말한 것은 삼승의 행법의 결과를 말한 내용이다. 다시 말하면 앞의 다섯[自相, 同相, 行相, 說相, 智相]은 삼승의 교리이니 잡염과 청정에 통한다.

㉯ 명칭을 나열하고 간략히 해석하다[列名略釋] (言十 14上5)

[疏] 言十者는 一은 依自相이니 謂知事法의 體各殊故오 二는 依同相이니 謂知理法의 若性若相이 各有同理故오 三은 行相이니 此約時辨法이니 三世가 遷流故라 上三은 知義니 卽是所詮이니라 四는 說相이니 此知敎法이라 上四는 皆約所知니라 五는 智相이니 此約能知니라 六은 無我慢相이니 此約所離明淨이니라 七은 小乘大乘相이니 此約所行이라 上二는 通辨諸乘行果오 後三은 別約一乘이니라 八은 菩薩地相이니 此約因行이오 後二는 知果니라 九는 如來地相이니 約體오 十은 作住持相이니 約用이니라

■ '열 가지'라 말한 것은 (1) 자상에 의지함이니 현상적인 법의 체성이

각기 다름을 알기 때문이다. (2) 동상(同相)에 의지함이니 이치적인 법의 체성과 모양이 각기 같은 이치가 있기 때문이다. (3) 행상(行相)에 의지함이니 이것은 시간에 의지하여 법을 밝힌 부분이니, 삼세가 바뀌면서 흐르기 때문이다. 위의 셋이 안다는 뜻이니 곧 표현할 대상이 된다. (4) 설하는 모양에 의지함이니 이것은 교법을 안다는 뜻이다. 위의 넷은 모두 알아야 할 대상에 의지한 분석이다. (5) 지혜로운 모양이니 이것은 아는 주체에 의지한 분석이다. (6) <나>라는 거만함이 없는 모양이니 이것은 여읠 대상에 의지해 청정함을 밝힌 부분이다. (7) 대승과 소승의 모양에 의지함이니 이것은 행할 대상에 의지한 분석이다. 위의 둘은 여러 교법의 행법의 결과를 통틀어 밝힌 부분이요, 뒤의 셋[菩薩地相, 如來地相, 作住持相]은 따로 일승에 의지한 분석이다. (8) 보살 지위의 모양에 의지함이니 이것은 인행에 의지한 분석이요, 뒤의 둘은 아는 것의 결과이다. (9) 여래 지위의 모양이니 체성에 의지한 분석이요 (10) 주지가 되는 모양에 의지함이니 작용에 의지한 분석이다.

㈐ 열 문에 입각하여 무애(無礙)의 이치를 밝히다
 [就十中釋無礙義] (然十 14下2)

[疏] 然이나 上十中에 法義則別이오 後二는 多同이라 皆辭則說於法義오 樂說은 乃辭中別義니라 亦有以辭로 說於法樂說로 說義라 十中에 皆四無礙니 即四種相이니라

■ 그러나 위의 열 가지 문 중에 법과 이치는 다른 것이요, 뒤의 둘은 대부분 같다. 모두 언사라면 법과 이치를 설하는 것이고, 말하기 좋아

함으로 이치를 설한다고 하기도 한다. 열 가지 중에 모두 네 가지 걸림 없음이니 곧 네 가지 모양이다.

[鈔] 二廣顯中下는 文前에 有三하니 初, 總釋十門이오 二, 言十者下는 列名略釋이라 其十相名은 卽是論文이오 謂字已下는 皆是疏釋이니라 三, 然十中下는 總就十中하야 釋無礙義라 言亦多以下는 如第七大小乘相中에 法知一乘하고 義知諸乘이라 辭云說一切乘無差別은 卽同一乘이오 樂說에 云說一一乘無邊法은 卽同說諸乘意니라

● ① 廣顯中 아래는 경문에 앞서서 의미를 말함에 셋이 있으니 ㉮ 총합적으로 열 문을 해석함이요, ㉯ 言十者 아래는 명칭을 나열하고 간략히 해석함이다. 그 열 가지 모양의 명칭은 바로 논경의 문장이요, 謂字 아래는 모두 소가의 해석이다. ㉰ 然上十中 아래는 총합하여 열 가지 모양에 입각하여 걸림 없음의 이치를 해석함이다. 言亦多 아래는 (7) 대승과 소승의 모양 중에 법으로 일승법을 알고, 이치로 여러 교법을 아는 것이다. 언사로 일체의 교법의 차별 없음을 말하는 것은 '일승과 같다'고 말하고, 말하기 좋아함으로 낱낱의 교법이 끝없음을 설하는 것은 곧 '여러 교법의 의미를 함께 말한다'고 하였다.

② 경문에 의지해 바로 해석하다[依文正釋] 10.
㉮ 자체적 모양에 의지하다[依自相] 3.
㉠ 총합하여 표방하다[總標] (今初 15上2)

❖ 제6회 십지품 제9 善慧地 (科圖 26-96; 夜字卷下)

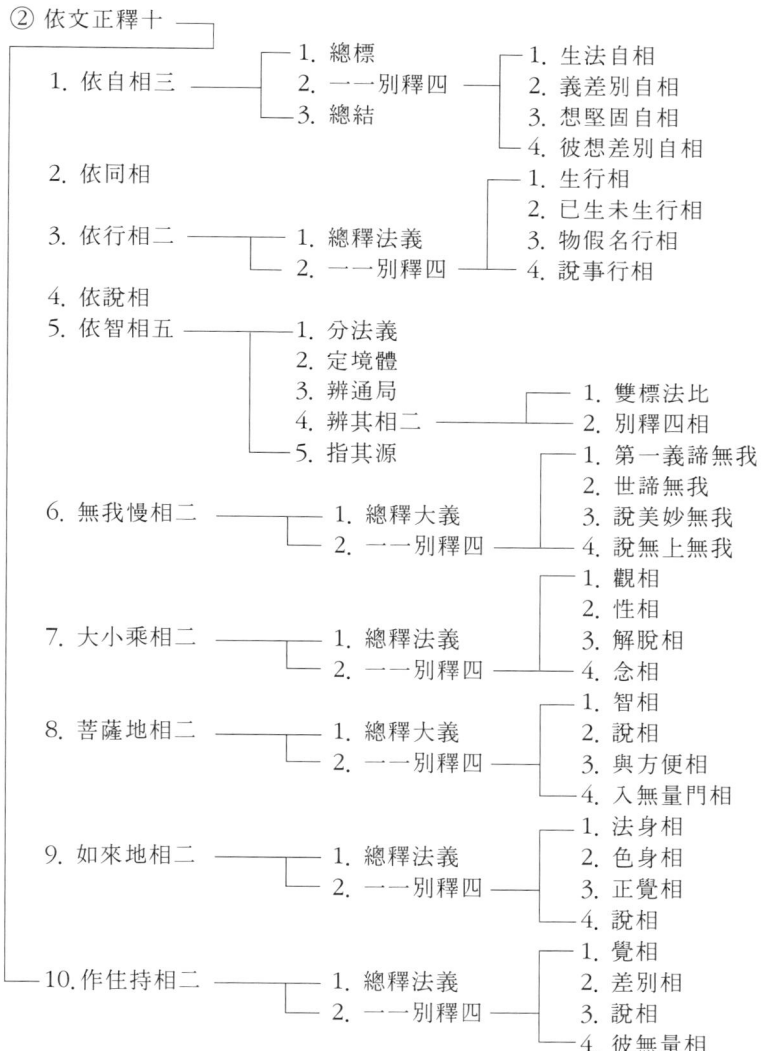

此菩薩이 以法無礙智로 知諸法自相하며 義無礙智로 知諸法別相하며 辭無礙智로 無錯謬說하며 樂說無礙智로 無斷盡說이니라

이 보살이 법에 걸림 없는 지혜로는 모든 법의 제 모양을 알고, 뜻에 걸림 없는 지혜로는 모든 법의 차별한 모양을 알고, 말에 걸림 없는 지혜로는 그릇되지 않게 말하고, 말하기 즐기는 데 걸림 없는 지혜로는 끊어짐이 없이 말하느니라.

[疏] 今初自相에 有四種者니
- 지금은 ㉠ 자체적 모양[自相]에 의지함에 네 종류가 있다.

㉡ 낱낱이 따로 해석하다[——別釋] 4.
ⓐ 생법의 자체적 모양[生法自相] (一生 15上2)

[疏] 一, 生法自相이니 謂知色是變礙相等이오
- ⓐ 생법의 자체적 모양이니 '색법이 장애하고 변괴하는 모양이 있다'고 말하는 따위이다.

[鈔] 今初自相下는 此는 別釋文에 三이니 初, 總標오 次, 一生下는 別釋이오 後, 此自相下는 總結이라 二中[187]에 然論諸段에 皆有三節하니 一은 總列四名이오 二는 總擧經帖이오 三은 重更牒釋이라 疏文之中에 以論三段으로 一一別配四無礙義하니 今初自相은 論에 總列名云호대 一은 生法自相이오 二는 差別自相이오 三은 想堅固自相이오 四는

---

187) 上鈔는 南金本作一生法下 次列釋.

彼想差別自相이라하니라
一, 生法自相者는 論에 標名也오 謂知色下는 疏釋이라 世法이 集起일새 故名爲生이라 自相[188]門中에 辨此生法하야 名生自相이라 下三도 例然이니라

㉮ 今初自相 아래는 개별로 경문을 해석함에 셋이니 ㉠ 총합하여 표방함이요, ㉡ 一生 아래는 개별적으로 해석함이요, ㉢ 此自相 아래는 총합하여 결론함이다. ㉡에서 논경의 여러 문단에 모두 세 문단이 있으니 ⓐ 총합하여 네 가지 명칭을 나열함이요, ⓑ 총합하여 경문을 거론함이요, ⓒ 거듭 따와서 해석함이다. 소문 중에 논경의 세 문단을 낱낱이 네 가지 걸림 없음의 이치로 배대하였다. 지금 ㉮ (생법의) 자상은 논경에서 총합적으로 명칭을 나열하되, "ⓐ 생법의 자체적 모양이요, ⓑ 자체적 모양을 구분함이요, ⓒ 생각이 견고한 자체적 모양이요, ⓓ 저 생각으로 자체적 모양을 구분함이다"라고 하였다.

'ⓐ 생법의 자체적 모양'이란 논경에서 표방한 명칭이다. 謂知色 아래는 소가의 해석이다. 세간법이 모여 일어나므로 '생한다'고 말한다. 자체적 모양의 문에서 이 생겨나는 법을 구분하여 '생법의 자체적 모양'이라 이름하였다. 아래의 셋도 마찬가지이다.

ⓑ 이치로 자체적 모양을 구분하다[義差別自相] (二義 15上10)

[疏] 二, 義者는 差別自相이니 謂知色有十一處等이라 上二는 約總別하야 以分法義오 後二는 同體에 義分이라

ⓑ 이치로 자체적 모양을 구분함이다. 이를테면 색법이 11가지 처소

---

188) 相은 南續金本作性.

등으로 있음을 아는 것이다. 위의 둘은 총상과 별상에 의지하여 법과 이치를 구분하였고, 뒤의 둘은 동일한 체성에서 이치로 구분한 내용이다.

[鈔] 二義者下는 論立名이오 謂知下는 疏釋이니 卽生法之中의 差別義也니라 十一處者는 五根과 五境과 及法處所攝色也니라 上二下는 疏가 結前生後라 然上諸義에 論無重釋하니라

- ⓑ 義者 아래는 논경에서 세운 명칭이요, 謂知 아래는 소가의 해석이니, 곧 생법 중에서 이치로 차별한 내용이다. 11가지 처소란 다섯 감관과 다섯 경계와 '법처에 속하는 색법[法處所攝色]'[189]이다. ⓘ 上二 아래는 소문의 앞을 결론하고 뒤를 시작함이다. 그런데 위의 여러 이치에 대해 논경에는 거듭 해석함이 없다.

ⓒ 생각이 견고한 자체적 모양[想堅固自相] (三想 15下5)

[疏] 三, 想堅固自相이니 想者는 起身所依라 亦以慧心으로 取彼二種相故라 一은 隨自所覺諸法相이오 二는 隨彼彼所化言辭所宜相이니 以所覺法으로 隨彼言辭하야 爲彼生說호대 說無錯謬일새 名爲堅固라 論經에 云不壞者는 壞는 卽錯也니라

- ⓒ 생각이 견고한 자체적 모양이니 생각이란 몸을 생기게 한 의지처를 뜻한다. 또한 지혜로운 마음으로 저 두 가지 모양을 취한 까닭이다. (1) 자체로 깨달을 대상인 여러 법을 따르는 모양이요, (2) 저와

---

189) 法處所攝色: 六처(處) 중의 법처에 속하는 색법으로 여기에 다시 여섯 가지가 있으니, ① 極略色 ② 極逈色 ③ 受所引色 ④ 定所引色 ⑤ 遍計所起色 ⑥ 夢中所見色 등이다. 이는 小乘의 무표색을 뜻한다. (불교학대사전 p.520-)

저 교화할 대상인 중생의 언사와 마땅함을 따르는 모양이다. 깨달을 대상인 법으로 저 말과 언사를 따라 저들을 생기게 하기 위해 말하되 말함에 잘못이 없으므로 '견고하다'고 하였다. 논경에 '무너지지 않는다'고 말한 것 중에 무너짐은 곧 잘못이란 뜻이다.

[鈔] 三想堅固下는 是論立名이오 想者下는 疏釋이니 卽論重釋中意라 論에 具牒釋第三句經云호대 是中에 不壞說者는 隨所覺諸相하며 隨彼彼衆生說法故라하니라 今疏中에 先釋想字라 言亦以慧心取彼二種相故者는 總釋이라 言慧心取者는 揀異凡想이라 一, 隨自所覺諸法者는 卽論의 隨所覺諸法相이오 二, 隨彼下는 卽釋隨彼彼衆生說法이오 從說無錯下는 以經으로 成論이오 從論經下는 會通二經이니라

ⓒ 想堅固 아래는 논경에서 세운 명칭이요, 想者 아래는 소가의 해석이니, 논경에서 거듭 해석한 의미이다. 논경에서 셋째 구절의 경문을 갖추어 따와서 해석하되, "이 가운데 무너지지 않고 설한다는 것은 깨달을 대상의 여러 모양을 따르며 저마다의 중생을 따라 법을 설하기 때문이다"라고 하였다. 지금 소문에서 먼저 상 자(想字)를 해석하였다. '또한 지혜로운 마음으로 저 두 가지 모양을 취한 까닭'이라 말한 것은 총합적으로 해석함이다. '지혜로운 마음으로 취한다'고 말한 것은 범부의 생각과 다름을 구분한 내용이다. '첫째는 자체로 깨달을 대상인 여러 법을 따른다'는 것은 곧 ㉠ 논경의 '깨달을 대상인 여러 법을 따르는 모양'이란 뜻이요, ㉡ 隨彼 아래는 저와 저 교화할 대상인 중생을 따라 법을 설함에 대한 해석이다. ㉢ 說無錯부터 아래는 경문으로 논문을 이룬 것이요, ㉣ 論經云부터 아래는 두 경문과 회통함이다.

ⓓ 저 생각으로 구분한 자상[彼想差別自相] (四彼 16上6)

[疏] 四, 彼想差別自相이니 想義는 同上이라 但以次第不息하야 以多異名으로 堅固彼義하야 令他愛樂일새 名不斷盡이니라
- ⓓ 저 생각으로 구분한 자상이니, 생각의 이치는 위와 같다. 단지 차례로 쉬지 않아서 많은 다른 명칭으로 저 이치를 견고히 하여 다른 이로 하여금 좋아하고 즐거워하게 하므로 '끊어지거나 다하지 않는다'고 말한다.

[鈔] 四彼想下는 是論立名이오 想義下는 卽疏釋이니 亦論重釋中意라 論에 云, 次第不斷說者는 次第不息하야 無量衆多異名으로 爲堅固彼義故라하니라 疏文은 可知라 令他愛樂은 亦樂說義니라
- ⓓ 彼想 아래는 ⓕ 논경에서 세운 명칭이요, ⓕ 想義 아래는 소가의 해석이니, 역시 논경에서 거듭 해석한 의미이다. 논경에서는, '차례로 끊어지지 않고 설함'이란 차례로 쉬지 않고서 한량없이 많은 다른 명칭으로 저 이치를 견고하게 하기 때문이다"라고 하였다. 소의 문장은 알 수 있으리라. 다른 이로 하여금 사랑하고 즐겁게 함도 또한 말하기 좋아하는[樂說] 이치이다.

ⓒ 총상으로 결론하다[總結] (此自 16下1)

[疏] 此自相一門이 是總이니 故로 論前總中에 亦依此釋하며 諸經論中에 亦多依此니라
- 이 자체적 모양의 한 문은 총상이다. 그러므로 논경의 앞에서 총상

중에 또한 이것에 의지하여 해석하였으며 여러 경문과 논서에서도 또한 대부분 이것에 의지하였다.

㉯ 동일한 모양에 의지하다[依同相] 2.
㉠ 법과 이치를 총합하여 해석하다[總釋法義] (第二 16下6)

復次以法無礙智로 知諸法自性하며 義無礙智로 知諸法生滅하며 辭無礙智로 安立一切法不斷說하며 樂說無礙智로 隨所安立不可壞無邊說이니라
또 법에 걸림 없는 지혜로는 모든 법의 제 성품을 알고, 뜻에 걸림 없는 지혜로는 모든 법의 나고 사라짐을 알고, 말에 걸림 없는 지혜로는 온갖 법을 안돈하여 세우고 끊어지지 않게 말하고, 말하기 즐기는 데 걸림 없는 지혜로는 안돈하여 세움을 따라 파괴할 수 없고 그지없이 말하느니라.

[疏] 第二, 同相이니 約性與相하야 分於法義니라
- ㉯ 동일한 모양에 의지한 분석이니 체성과 모양에 의지하여 법과 이치를 구분하였다.

[鈔] 第二同相中에 論亦三節이니 謂列名과 經帖과 重釋이라 一同於前하니라 文中에 初, 總標法義오
- ㉯ 동일한 모양 중에 논경에 또한 세 문단이다. 말하자면 명칭을 나열함과 경문을 쓰고 거듭 해석함이니 한결같이 앞과 같다. 경문 중에 ㉠ 법과 이치를 총합하여 해석함이요,

ⓒ 낱낱이 따로 해석하다[一一別釋] 4.
ⓐ 온갖 법이 동일한 모양이다[一切法同相] (一一 16下9)
ⓑ 유위법이 동일한 모양이다[有爲法同相] (二有)

[疏] 一은 一切法同相이니 謂諸法이 同以無性으로 爲自性故니라 二는 有
爲法同相이니 同生滅故라 謂觀無常門生滅相하야 得入初句法無我
性일새 故로 無我智境이 得成이니 是則生滅이 是常義也니라

■ ⓐ 온갖 법이 동일한 모양이니, 모든 법이 똑같이 체성 없음으로 자
체 성품을 삼기 때문이다. ⓑ 유위법이 동일한 모양이니 똑같이 나고
없어지기 때문이다. 말하자면 항상함 없는 문의 나고 없어지는 모양
을 관하여 첫 구절의 법에 내가 없는 성품에 들어가게 되므로 내가 없
는 지혜의 경계를 이루게 된다. 이것은 나고 없어짐이 바로 항상하다
는 이치이다.

[鈔] 二, 一一切法下는 別釋四義라 此初知法은 先은 論立名이오 謂字
下는 疏釋이니 論無重釋이라 二中[190]에 從同生滅[191]下는 疏釋論이오
謂觀無常下는 卽論重釋이라 論에 具云호대 是中에 無常門에 入無
我義中이오 第二同相에 初智[192]境界가 成이라하니라 疏文有四하니
初, 釋是中無常門이오 二, 得入下는 釋入無我義中이오 三, 故無
我下는 釋第二同相初智[193]境界成이오 四, 是則下는 疏以義結이라
若準推無常門하야 入初無性인대 亦是不生不滅이 是無常義라 今

---

190) 中下에 甲南續金本有初論立名四字.
191) 滅下에 甲南續金本有相字.
192) 智는 南金本作知誤.
193) 智는 甲南續金本作知誤.

以經中에 法尙¹⁹⁴⁾無自性이 卽是常也오 義明生滅이 是無常也라 故
以無常生滅이 是無性常家의 義用이니라 三, 辭와 四, 辯도 準此可
知니라

- ⓛ 一一切法 아래는 별도로 네 가지 이치를 해석함이다. 여기서 처음
으로 법을 아는 것은 (1) 논경에서 세운 명칭이요, (2) 謂字 아래는
소가의 해석이니, 논경에는 거듭 해석함이 없다.

ⓑ에서 同生滅부터 아래는 ㉠ 소가가 논경을 해석함이요, ㉡ 謂觀無
常 아래는 논경을 거듭 해석함이다. 논경을 갖추어 말하면 "이 가운
데 항상함 없는 문에서 <내>가 없는 이치에 들어간 것이요, 둘째 동
일한 모양에서 처음으로 지혜경계가 이루어진다"고 하였다. 소의 문
장에 넷이 있으니 ㉮ 이 가운데 항상함 없는 문에 대해 해석함이요,
㉯ 得入 아래는 내가 없는 이치에 들어감에 대해 해석함이요, ㉰ 故
無我 아래는 둘째 동일한 모양에서 처음으로 지혜경계를 이룸에 대
해 해석함이요 ㉱ 是則 아래는 소가가 이치로 결론함이다. 만일 항
상함 없는 문을 추구하여 처음으로 체성 없음에 들어감에 준한다면
또한 나거나 없어지지 않음이 바로 항상함 없는 이치이다. 지금 경문
에 법으로는 오히려 자체 성품이 없음이 곧 항상함이요, 이치로 나고
없어짐이 바로 항상함 없음을 밝힌 내용이다. 그러므로 항상함 없이
나고 없어짐이 바로 체성 없는 항상한 쪽의 이치로 쓰이는 까닭이다.
ⓒ 언사에 걸림 없음과 ⓓ 말하기 좋아함에 걸림 없음도 여기에 준하
면 알 수 있으리라.

---

194) 遺忘記云, 尙은 恐同.(『三家本私記』遺忘記 p.393-)

ⓒ 온갖 법과 거짓 명칭이 동일한 모양[一切法假名同相] (三一 17下3)
ⓓ 거짓 명칭과 거짓 명칭이 동일한 모양이다[假名假名同相] (四假)

[疏] 三은 一切法假名同相이니 故云安立이니 所立之法이 已是假名이어늘 更以言詮으로 假名而談일새 名不斷說이니라 四는 假名假名同相이니 謂不壞前假名하고 更能以異異無邊假名으로 說일새 故重言假名이니라

■ ⓒ 온갖 법과 거짓 명칭이 동일한 모양이니 그러므로 '안립한다'고 하였으니, 세울 대상인 법이 이미 거짓 명칭인데 다시 언사의 표현으로 거짓 명칭을 말하므로 '끊어지지 않고 설한다'고 말하였다.
ⓓ 거짓 명칭과 거짓 명칭이 동일한 모양이다. 이를테면 앞의 거짓 명칭을 무너뜨리지 않고 다시 능히 다르고 다른 그지없는 거짓 명칭으로 설하였으므로 거듭하여 '거짓 명칭'이라 말하였다.

㉡ 행법의 모양에 의지하다[依行相] 2.
㉠ 법과 이치를 총합적으로 해석하다[總釋法義] (第三 17下10)

復次以法無礙智로 知現在法差別하며 義無礙智로 知過去未來法差別하며 辭無礙智로 於去來今法에 無錯謬說하며 樂說無礙智로 於一一世에 無邊法을 明了說이니라
또 법에 걸림 없는 지혜로는 지금 있는 법의 차별을 알고, 뜻에 걸림 없는 지혜로는 지나간 법과 오는 법의 차별을 알고, 말에 걸림 없는 지혜로는 지나간 법과 오는 법과 지금 법을 그릇되지 않게 말하고, 말하기 즐기는 데 걸림 없는 지혜로는 모든 세상에서 그지없는 법을 분명하게 말하느니라.

[疏] 第三, 行相中에 約三世하야 以分法義라
- ㉴ 행법의 모양에 의지함 중에 삼세(三世)에 의지하여 법과 이치로 구분하였다.

[鈔] 第三行相이라 論亦三節이니 疏亦先總하야 分法義라
- ㉴ 행법의 모양에 의지함이다. 논경에도 세 문단이니 소에도 먼저 총상으로 법과 이치를 구분함이다.

㉡ 낱낱이 따로 해석하다[一一別釋] 4.
ⓐ 태어남의 행상[生行相] (一生 18上2)
ⓑ 이미 태어나거나 아직 태어나지 않은 행상[已生未生行相] (二已)

[疏] 一은 生行相이니 現法緣生故라 設知過未라도 亦名現在니 以三世가 皆是當世現在故라 故로 論에 云, 過去未來인 彼彼世間을 攝受故라 하니라
二는 已生未生行相이니 設知現在라도 亦名過未니 以現이 是過家未며 未家過故라 是則當世而知를 名法이오 逆見過未하야 能知現在는 是則名義니 爲菩薩智境이니라
- ⓐ 태어남의 행상이니 현재의 법이 반연으로 생겨나는 까닭이다. 설사 과거인 줄 알았더라도 또한 현재라고 이름하나니, 삼세(三世)가 모두 당한 세상에서는 현재인 까닭이다. 그러므로 논경에 이르되, "과거와 미래인 저와 저 세간을 섭수하기 때문이다"라고 하였다.
  ⓑ 이미 태어나거나 아직 태어나지 않은 행상이다. 설사 현재인 줄 알았더라도 현재가 과거의 쪽에서는 미래이고, 미래의 쪽에서는 과거인

까닭이다. 이렇다면 당한 세상으로 아는 것을 법이라 하고, 거꾸로 과거와 미래를 보고서 능히 현재의 세간을 아는 것은 이치라 하나니, 보살의 지혜의 대상경계가 된다.

[鈔] 一生行相者는 論立名이오 次, 現法緣下는 疏釋論名이라 後, 設知下는 論重牒釋之意니라 疏中有二하니 先은 取意釋이니 論의 本文에 云, 一一世가 現在世故라하니라 從故論云下는 明引論釋이니 釋上一一現在之言이라

二已生下는 知義니 先, 擧論이오 後, 設知下는 疏取意釋이라 具足인대 論에 云, 見過去未來世하야 知現在世가 彼菩薩의 智境界成이라하니 釋曰, 疏文分二니 先은 正取意釋이오 二, 是則下는 結示上二라 云何逆見過未하야 知現在耶아 見過去法謝하고 未法이 未生하면 則知現在가 從未而生이니 必當謝滅이라

ⓐ 태어남의 행상이란 ㉠ 논경에서 세운 명칭이요, ㉡ 現法緣 아래는 소가가 논경의 명칭을 해석함이요, ㉢ 設知 아래는 논경에서 거듭 따와서 해석함이다. 소문에 둘이 있으니 ㉮ 의미로 취하여 해석함이니 논경의 본문에서, "낱낱의 세간이 현재의 세간이기 때문이다"라고 하였다. ㉯ 故論云부터 아래는 논경을 인용하여 해석함을 밝힘이니 위의 하나하나가 현재임을 해석한 말이다.

ⓑ 已生 아래는 이치를 아는 것이니 ㉠ 논경을 거론함이요, ㉡ 設知 아래는 소가가 의미를 취해서 해석함이다. 논경을 갖추어 말한다면, "과거와 미래의 세간을 보고 현재의 세간을 아는 것이 저 보살의 지혜경계를 성취함이다"라고 하였다. 해석한다면 소의 문장을 둘로 나누었으니 ㉮ 바로 의미를 취하여 해석함이요, ㉯ 是則 아래는 위의 둘

을 결론적으로 보임이다. 어떻게 거꾸로 과거를 보고 현재의 세간을 알게 되는가? 과거의 법이 지나가고 미래의 법이 생기지 않음을 보면 현재가 미래로부터 생기나니 반드시 미래에는 지나가고 없어지는 줄 아는 것이다.

ⓒ 사물의 거짓 이름의 행상[物假名行相] (三物 18下6)
ⓓ 현상을 설하는 행상[說事行相] (四說)

[疏] 三은 物假를 名行相이니 總說三世之物이 不謬故니라 四는 說事行相이니 然所說事가 不出三世總相物中일새 故云一一世오 但曲明異異事法일새 故云無邊法明이니라
- ⓒ 사물의 거짓 이름의 행상이니 삼세의 사물이 잘못되지 않음을 총합적으로 말한 까닭이다. ⓓ 현상을 설하는 행상이니 그러나 말한 바 현상이 삼세의 총상인 사물을 벗어나지 못하므로 '낱낱의 세상'이라 하였고, 단지 다르고 다른 현상법을 자세히 밝힌 것일 뿐이므로 '그지없는 법의 광명'이라 하였다.

[鈔] 三과 四는 可知로다
- ⓒ 사물의 거짓 이름의 행상과 ⓓ 현상을 설하는 행상은 알 수 있으리라.

㉣ 설하는 모양에 의지하다[依說相] (第四 19上2)

復次以法無礙智로 知法差別하며 義無礙智로 知義差別

하며 辭無礙智로 隨其言音說하며 樂說無礙智로 隨其心樂說이니라
또 법에 걸림 없는 지혜로는 법의 차별을 알고, 뜻에 걸림 없는 지혜로는 이치의 차별을 알고, 말에 걸림 없는 지혜로는 그들의 말을 따라 말하고, 말하기 즐기는 데 걸림 없는 지혜로는 그들의 좋아함을 따라 말하느니라.

[疏] 第四, 說相中에 約本釋하야 以分法義니 一은 修多羅相이니 故但云法이니라 二는 解釋相이니 所以名義니라 三은 隨順相이니 隨類言音故니라 四는 相似說相이니 謂隨心樂聞何法과 宜何譬喩하야 說似彼心故니라

■ ㉔ 설하는 모양 중에 근본적인 해석에 의지하여 법과 이치로 나누었으니 ㉠ 수다라의 모양이니 그래서 단지 법이라고만 하였다. ㉡ 해석하는 모양이므로 이치라고 하였다. ㉢ 수순하는 모양이니 부류의 말과 음성을 따르는 까닭이다. ㉣ 비슷하게 말하는 모양이다. 이를테면 마음의 즐거움을 따라 어떤 법을 듣고 어떤 비유에 맞추어 저 마음과 같이 말한 까닭이다.

[鈔] 第四說相이라 約本釋以分法義는 卽釋[195]法等이오 次는 隨音隨心으로 以分辭辯이라 別必帶總하니 皆合有說이로대 前三은 略無니라

● ㉔ 설하는 모양이다. '근본적인 해석에 의지하여 법과 이치로 나눈 것'은 곧 법 따위를 해석함이요, 다음은 음성과 마음으로 언사와 변재로 나누었다. 별상은 반드시 총상을 수반하나니 모두 합하여 설

---

195) 卽釋은 南續金本作釋卽.

함이 있지만 앞의 셋은 생략하고 없다.

㈐ 지혜로운 모양에 의지하다[依智相] 5.
㉠ 법과 이치를 나누다[分法義] (第五 19下1)

復次法無礙智는 以法智로 知差別不異하며 義無礙智는 以比智로 知差別如實하며 辭無礙智는 以世智로 差別說하며 樂說無礙智는 以第一義智로 善巧說이니라
또 법에 걸림 없는 지혜는 법의 지혜로 차별함이 다르지 않음을 알고, 뜻에 걸림 없는 지혜는 견주는 지혜로 차별함이 실상과 같음을 알고, 말에 걸림 없는 지혜는 세상 지혜로 차별하게 말하고, 말하기 즐기는 데 걸림 없는 지혜는 첫째가는 지혜로 공교하게 말하느니라.

[疏] 第五, 智相이라 約法類하야 以分法義니 一은 現見智오 二는 比智니 比卽類也니라
■ ㈐ 지혜로운 모양이다. 법의 부류에 의지하여 법과 이치로 나누었다. (1) 현재에 보는 지혜이고 (2) 견주어 아는 지혜[比智]이니, (2) 비지(比智)는 곧 유례하여 아는 지혜[類智]를 뜻한다.

[鈔] 第五, 智相이라 疏文有五하니 一은 分法義오 二는 定境體오 三은 辨通局이오 四는 辨其相이오 五는 指其源이라 今初니 旣以法比로 分於法義하니 下約說淺深하야 分辭와 樂說이라 比는 卽類也니라
● ㈐ 지혜로운 모양이다. 소의 문장에 다섯이 있으니 ㉠ 법과 이치로

나눔이요, ㉡ 경계의 체성을 정함이요, ㉢ 통하고 국한함을 밝힘이요, ㉣ 그 모양을 구분함이요, ㉤ 그 근원을 지적함이다. 지금은 ㉠이니 이미 법지[四諦智]와 비지(比智)196)로 법과 이치를 나누었고, 아래는 설법의 얕고 깊음에 의지하여 언사와 설하기 좋아하는 변재로 나누었다. 비(比)는 곧 '유례한다'는 뜻이다.

㉡ 경계의 체성을 정하다[定境體] (然所 19下2)

[疏] 然所知境은 卽是二諦오 法比等智는 是無礙體니 從體立稱일새 不同前後니라
■ 그러나 알아야 할 대상 경계는 바로 두 가지 진리요, 법지와 비지 따위는 걸림 없음의 체성이니 체성에서 명칭을 세웠으므로 앞과 뒤가 같지 않다.

[鈔] 二, 然所知下는 定其境體라 若例前後인대 法比二智는 是所知境이라 經文에 旣云以法智로 知差別不異라하니 卽是就能하야 爲無礙體오 二諦로 爲境이라 然法比는 約情智오 二諦는 約事理니라
● ㉡ 然所知 아래는 그 경계의 체성을 정함이다. 만일 앞과 뒤를 유례한다면 법지와 비지의 두 가지 지혜는 알아야 할 대상경계이다. 경문에는 이미 "법지로 차별함이 다르지 않음을 안다"고 하였으니, 그대로 아는 주체에 입각하여 걸림 없음의 체성을 삼은 것이요, 두 가지

---

196) 法智와 比智는 六智의 하나이니 곧 見道 중의 四諦智와 法智와 比智를 六智라 한다. *六智: 指四諦智·法智·比智. 四諦智卽苦智·集智·滅智·道智, 乃了知三界苦·集·滅·道四諦之智. 法智乃觀欲界四諦之智. 比智又稱類智, 乃觀色界·無色界四諦之智. 此六智俱屬無漏智. 若法智·比智遍歷四諦, 則總爲十六智, 卽見道之十六心. (불광대사전 제2책 p.1293下-)

진리로 경계를 삼은 것이다. 그런데 법지와 비지는 중생의 지혜에 의지하였고, 두 가지 진리는 현상과 이치에 의지한 분석이다.

㉢ 통하고 국한함을 밝히다[辨通局] (又法 19下3)

[疏] 又法比等智는 通於大小하고 四無礙智는 唯局大乘이라 故로 涅槃에 說하사대 唯菩薩이 有니 聲聞이 設有라도 少故로 名無라하니라 若就二智所觀인대 並通大小어니와 約能觀智인대 唯局大乘이니라

■ 또 법지(法智)와 비지(比智) 따위는 대승과 소승에 통하고 네 가지 걸림 없는 지혜는 오직 대승법에만 국한한다. 그러므로 『열반경』에서는, "걸림 없는 지혜는 오로지 보살만이 가지고 있으니 성문이 설사 있다 하더라도 적은 까닭에 없다고 한다"고 하였다. 만일 두 가지 지혜로 관할 대상에 입각한다면 동시에 대승과 소승에 통하지만 관하는 주체인 지혜에 의지한다면 오직 대승법에만 국한한다.

[鈔] 三, 又法比下는 辨二行通局이니 法比則通이오 無礙則局이니라 言故 涅槃說者는 證無礙智局이니 卽第十六經[197] 梵行品에 廣說四無礙竟하고 云,[198] 聲聞은 無四無礙하니 無三種法故라 一者는 必須軟語然後授法이오 二者는 必須麤語然後授法이오 三者는 不軟不麤語然後에 授法故라하니라 言聲聞設有者는 是通妨難이니 卽彼經中에 迦葉菩薩이 難云호대 若聲聞無者인대 何以如來說하사대 舍利弗等이 有四無礙닛고 佛答意에 云, 如四河入海라 此之四河에 皆有無量水나 而言等海者는 無有是處니 卽少故로 名無意也라하고 次下에 又云하

---

197) 案今本北經卷十七, 南經卷十五.
198) 인용문은 『涅槃經』 제15권 梵行品 제20의 ②의 내용이다. (대정장 권12 p.706b3-)

사대 或得一하고 得二와 三[199)]하고 不得具四일새 故名爲無라하니 卽其義也니라

從若就二智下는 結成通局이니 非唯法比가 通於大小라 今無礙智所觀도 亦通大小하니 但能觀無礙가 局大乘耳니라 卽以法無礙智로 知法知境과 及能知智를 名法智知差別不異也라 下三도 例然이니라

● ㉢ 又法比 아래는 두 가지 행법이 통하고 국한함을 밝힘이니 법지(法智)와 비지(比智)는 통하고, 걸림 없는 지혜는 국한된다. '그러므로『열반경』에 설한다'고 말한 것은 걸림 없는 지혜가 국한됨을 증명한 내용이다. 곧『열반경』제16권 범행품에 네 가지 걸림 없는 지혜[四無礙智]에 대해 자세하게 설하고 나서 말하였다. "어찌하여 성문들은 네 가지 걸림 없는 지혜가 없다고 하는가? 성문들은 세 가지 좋은 방편이 없는 연고이니라. 무엇을 세 가지 방편이라 하는가? (1) 반드시 부드러운 말을 한 뒤에야 법을 받는 것이요, (2) 반드시 거센 말을 한 뒤에야 법을 받는 것이요, (3) 부드럽지도 않고 거세지도 않은 말을 한 뒤에야 법을 받는 것인데, 성문들은 이 세 가지가 없는 연고로 네 가지 걸림 없는 지혜가 없느니라." '성문이 설사 있더라도'라고 말한 것은 비방과 힐난을 해명한 내용이다. 곧 저 경문에서 가섭보살이 힐난하되, "만일 성문이 없다면 어째서 부처님께서 사리불 등이 네 가지 걸림 없는 지혜가 있다고 하였습니까?" 부처님께서 답하신 것을 의미로 말하면 "마치 네 강[恒河, 辛頭河, 博叉河, 私陀河]의 물이 바다로 흘러 들어감과 같다. 이 네 줄기 강물에 모두 한량없는 물이 있지만 바다와 같다고 말할 수는 없나니, '적기 때문에 없다'고 말한 의미이다"라고 하였다. 다음 아래에 또, "혹은 하나를 얻고 둘이나 셋을 얻기도

---

199) 三은 甲南續金本作得三, 案經云 或有得一 或有得二 無得三之文.

하지만 넷을 다 갖추지는 못하므로 없다고 한다"고 하였으니 바로 그 의미이다.

ⓒ 若就二智부터 아래는 통하고 국한함을 결론함이니 오직 법지(法智)와 비지(比智)가 대승과 소승에 통할뿐만 아니라 지금의 걸림 없는 지혜로 관하는 대상도 또한 대승과 소승에 통하나니, 단지 관하는 주체인 걸림 없는 지혜만이 대승에 국한될 뿐이다. 다시 말하면 법에 걸림 없는 지혜로 법을 알고 경계와 아는 주체인 지혜를 아는 것을 "법지로 차별함이 다르지 않음을 안다"고 말한다. 아래의 셋도 마찬가지이다.

㉣ 그 모양을 밝히다[辨其相] 2.
ⓐ 법지(法智)와 비지(比智)를 동시에 표방하다[雙標法比] (於大 19下6)

[疏] 於大乘中에 依觀所取能取하야 以立法類니
■ 대승법 중에 관법으로 취할 대상과 취하는 주체에 의지하여 법지와 '유례하여 아는 지혜(類智 곧 比智)'를 세운 것이다.

[鈔] 四, 於大乘中下는 正明大乘法比之相이니 卽是釋文이라 於中有二니 先은 雙標法比오
● ㉣ 於大乘中 아래는 대승의 법지와 비지의 모양을 밝힌 내용이니 바로 경문 해석이다. 그중에 둘이 있으니 ⓐ 법지(法智)와 비지(比智)를 동시에 표방함이요,

ⓑ 네 가지 모양을 따로 해석하다[別釋四相] 4.

㋰ 법지[法智] (一法 20下6)

[疏] 一, 法智로 觀如일새 故云現見이니 謂觀差別二諦가 同如不異故니라
- ㋰ 법지로 진여를 관하는 까닭에 '현재에 본다[現見]'고 하였다. 이를 테면 두 가지 진리를 차별함이 진여와 같아서 다르지 않음을 관하기 때문이다.

[鈔] 二, 一法智下는 別釋四相이니 論에 云, 一은 現見智라하니라 疏中[200]에 先, 釋現見이오 後, 謂觀差別下는 釋成現見所以니 卽論의 重釋中意라 然이나 論經에 云, 以法無礙智로 知諸法差別不壞方便이라하니라 釋曰, 其不壞方便이 卽今經不異니라 論에 重釋云호대 是中法智者는 知諦差別이 不異方便이오 法智差別이 不壞方便故라하니라 釋曰, 其知諦差別은 卽釋經中의 知法差別이니 二諦不同을 名法差別이라 言不異方便者는 釋不壞方便이니라 從法智下는 重擧經帖이니 故로 取意云호대 差別二諦가 同如不異라하니 同如가 卽是不異所以니라
- ⓑ 一法智 아래는 네 가지 모양을 따로 해석함이다. 논경에서는 '현재에 보는 지혜[現見智]'라고 하였다. 소문 중에 ㉮ 현재에 봄에 대해 해석함이요, ㉯ 謂觀差別 아래는 현재에 보는 이유를 해석함이니 곧 논경에서 거듭 해석한 의미이다. 그러나 논경에서는, "법에 걸림 없는 지혜로 모든 법의 차별을 무너뜨리지 않는 방편을 안다"고 하였다. 해석한다면 그 무너뜨리지 않는 방편이 곧 본경의 다르지 않음에 해당한다. 논경에서 거듭 해석하되 "이 가운데 법지는 진리의 차별이 방

---

200) 中은 甲南續金本作中有二.

편과 다르지 않음을 아는 것이요, 법지의 차별이 방편을 무너뜨리지 않기 때문이다"라고 하였다. 해석한다면 진리의 차별을 아는 것은 곧 경문의 '법의 차별을 안다'고 말한 것을 가리키나니, 두 가지 진리가 같지 않은 것을 '법의 차별'이라 하였다. '방편과 다르지 않다'고 말한 것은 방편을 무너뜨리지 않음을 해석한 내용이다. ㉓ 法智부터 아래는 다시 경문을 거론함이니 그래서 의미를 취해서, "두 가지 진리를 차별하는 것이 진여와 같아서 다르지 않다"고 하였으니, 진여와 같은 것이 바로 다르지 않은 이유이다.

㈇ 비지[比智] (二比 21上6)

[疏] 二, 比智니 卽觀前能觀如實分別之智라 類餘도 亦爾라 類何等耶아 比知如前差別이 卽如實故니라

㈇ 비지(比智)이니 곧 앞의 관하는 주체인 여실하게 분별하는 지혜를 관함이다. 나머지와 유례함도 또한 그러하니 어떤 따위와 유례하는가? 견주어 아는 것은 앞과 같이 차별함이 곧 여실한 까닭이다.

[鈔] 二比智卽觀下는 釋義無礙라 比智二字는 是論이오 卽觀下는 疏釋이니 亦卽論中重釋之意라 彼經에 云, 以義無礙智로 以比智로 如實知諸法差別이라하니라 釋曰, 此與今文으로 顚倒라 論에 重釋云호대 比智者는 如此[201]如實分別이라 餘亦如是하야 比知로 如實諦差別이니 可知라하니라 釋曰, 以現所知로 類度諸法일새 故曰如是니라 疏中에 取意라 其觀前能觀如實分別之智가 卽如實分別이니라

---

201) 如此는 原續本無, 論南本有, 金本作此.

從類餘下는 釋論餘亦如是오 從類何等下는 徵釋比智로 如實諦差別知故니 爲順經中에 云差別如實故니 如實이 在下라 差別이 卽如實이라 正辨順上의 二諦가 同如니 了二諦如가 卽如實諦知差別耳라 細尋하면 易見이니라

● ㊦ 比智卽觀 아래는 이치에 걸림 없음을 해석한 내용이다. ㉓ 比智 두 글자는 논경이요, ㉔ 卽觀 아래는 소가의 해석이니, 또한 논경에서 거듭 해석한 의미이다. 저 논경에서, "이치에 걸림 없는 지혜는 비지(比智)로 모든 법의 차별을 여실하게 알기 때문이다"라고 하였다. 해석한다면 이것은 본경의 문장과 뒤바뀐 듯하다. 논경에 거듭하여, "비지는 이처럼 여실하게 분별하는 것이다. 나머지도 이와 같아서 견주어 아는 것으로 여실하게 진리를 차별하는 것이니 알 수 있으리라"라고 해석하였다. 다시 해석하자면 확실하게 아는 것으로 모든 법을 유례하고 계탁하는 까닭에 '이와 같다'고 하였다. 소문 중에 의미를 취하였다. 그 앞의 관하는 주체인 여실하게 분별하는 지혜를 관하는 것이 바로 여실한 분별이다.

㉗ 類餘부터 아래는 논경의 나머지도 이와 같음[餘亦如是]를 해석한 내용이요, ㉘ 類何等부터 아래는 물어서 비지(比智)를 '여실하게 진리를 차별하여 아는 것'이라 해석하였다. 경문 중에 '차별이 여실하기 때문이라 한 것'을 따르기 위하여 '여실(如實)'을 아래에 두었으니, 차별이 곧 여실하다는 뜻이다. 위의 '두 가지 진리가 진여와 같다'는 것을 따른 것임을 바로 밝혔으니, 두 가지 진리의 여여함을 깨달은 것이 곧 여실한 진리로 차별을 아는 것일 뿐이다. 자세하게 살펴보면 쉽게 보게 되리라.

㉠ 방편지혜를 얻으려 하다[欲得方便智] (三欲 21下8)

[疏] 三, 欲得方便智니 謂此是相見道니 依眞假說이라 後得智攝일새 故
云世智니 若欲得第一義인대 假說以爲方便이니라
- ㉠ 방편지혜를 얻으려 함이다. 말하자면 이것은 상견도(相見道)이니 진여에 의지하여 거짓으로 말하였다. 후득지에 속하므로 '세간적인 지혜[世智]'라 하였으니 만일 제일가는 이치를 얻으려 한다면 거짓으로 설함으로 방편을 삼아야 한다.

[鈔] 三欲得下는 卽論이오 謂字下는 釋이니 證第一義를 名之爲得이라
欲²⁰²⁾趣向證인대 必假俗諦하야 爲方便이니 故로 論經에 云, 以辭無
礙智는 以世智正見故로 知說法이라하야늘 論重釋中에 不釋此句일새
疏以相見道로 釋正見하니라
- ㉠ 欲得 아래는 논경이요, 謂字 아래는 소가의 해석이니, 제일가는 이치를 증득한 것을 '얻었다'고 일컫는다. 증득으로 나아가려 한다면 반드시 세속의 진리를 빌려서 방편을 삼아야 하는 연고로 논경에서는, "언사에 걸림 없는 지혜는 세속적인 지혜를 바르게 보는 까닭에 법을 설할 줄 안다"고 하였다. 논경에서 거듭 해석한 중에 이 구절을 해석하지 않았으므로 소가가 상견도(相見道)로 바르게 봄에 대해 해석하였다.

㉡ 지혜를 얻다[得智] (四得 22上4)

---

202) 欲은 南金本作善誤.

[疏] 四, 得智니 謂雖以世智說이나 而與第一義로 相應하야 非顚倒異를 方名樂說이니 故云善巧라 可以證得第一義故니라
- ㉠ 지혜를 얻음이다. 말하자면 비록 세속적 지혜로 말하지만 제일가는 이치와 상응하여 뒤바뀌어 다른 것이 아님을 비로소 '말하기 좋아함'이라 하였다. 그래서 '착하고 공교하다'고 하였으니, 제일가는 이치를 증득할 수 있기 때문이다.

[鈔] 言四得智는 卽論이오 謂字下는 取論意釋이라 論에 重釋云호대 第一義智方便者는 非顚倒異니 樂說應知라하나니 以論經에 云, 樂說無礙智는 以第一義智로 正方便說故라하니 論牒之라 疏中에 先, 釋論非顚倒오 次, 故云下는 結以經帖이오 後, 可以證下는 釋論立名이니라
- ㉠ '지혜를 얻음'이라 말한 것은 논경의 문장이요, 謂字 아래는 논경의 의미를 취하여 해석한 내용이다. 논경에서 거듭하여, "제일가는 이치의 지혜 방편이란 뒤바뀌어 다른 것이 아닌 말하기 좋아함인 줄 알아야 한다"고 해석하였다. 그래서 논경에서, "말하기 좋아함에 걸림 없는 지혜는 제일가는 이치의 지혜로 바르게 방편으로 설하기 때문이다"라고 하였으니 논경을 따른 내용이다. 소문에서 ㉮ 논경의 뒤바뀜이 아님을 해석함이요, ㉯ 故云 아래는 경문을 따온 것을 결론함이요, ㉰ 可以證 아래는 논경에서 세운 명칭을 해석함이다.

㉤ 그 근원을 지적하다[指其源] (餘如 22下1)

[疏] 餘如唯識과 雜集의 各第九와 瑜伽十六說이라 上廻向品疏에 已略明하니라

■ 나머지는 『성유식론』 제9권과 『잡집론』 제9권과 『유가사지론』 제16권에서 설명한 내용과 같다. 위는 십회향품(十廻向品)의 소문에서 이미 간략히 밝힌 내용이다.

[鈔] 餘如下는 第五, 指其本源이라 論則可知오 廻向은 卽第六廻向의 十六智寶處에 明이라 彼說三心見道라 亦有法類하니 一은 內遣有情假緣智오 二는 內遣諸法假緣智오 三은 徧遣一切有情諸法假緣智니 前二는 名法智니 各別緣故오 後一은 名類智니 總合緣故라 有說十六心見道가 自有二義하니 一은 依如智오 二는 依上下諦라하니 並如前說이니라 然이나 有部則時通處別이라 現智로 知於三世之法은 名爲時通이니 比智도 亦然이니라 現智는 唯知欲界之法이오 比智는 知於上二界法이니 名爲處別이라 若依經部와 成實論明인대 則處通時別하니 二智로 通知三界는 名爲處通이오 法智로 知於現在와 比智로 知於過未는 名爲時別이라 成實十六無邊空處品中[203])에 問호대 此定이 能緣何地오 答이라 此定이 緣一切地와 及滅道니라 問曰, 有人言호대 諸無色定은 雖能緣滅이나 但緣比智分滅하고 不緣現智分滅이라하니 是事云何오 答曰, 緣一切滅이라 以現智로 緣現自在地滅하고 以比智로 緣餘滅道니 亦是能緣一切라하니라 釋曰, 現智는 卽法智也니라 若依深密相續解脫經인대 時處가 俱非定이니 現見見法을 名爲現見智오 知他方과 及他世를 名爲比智라 又更分別호대 於一切現所知를 名現智오 類度解者는 名爲比智라하니 故不可時處定也니라

● ㈒ 餘如 아래는 그 근원을 지적함이다. 논경은 알 수 있을 것이오, 십회향품이란 곧 제6. 온갖 선근에 들어가는 회향의 '16번째 지혜의 보

---

203) 인용문은 『成實論』 제13권 無邊空處品 제169의 내용이다. (대정장 권32 p. 343c29-)

배를 보시하는 부분'204)에서 밝힌 내용이다. 저기에 세 가지 마음의 견도를 설명하는데 또한 법지(法智)와 유지(類智)가 있으니 1) 안으로 중생이 거짓 반연임을 버린 지혜요, 2) 안으로 모든 법이 거짓 반연임을 버린 지혜이고, 3) 두루 온갖 중생과 모든 현상법이 거짓 반연임을 버린 지혜이다. 앞의 둘은 법지(法智)라 이름하나니 각기 따로 반연하기 때문이요, 뒤의 하나는 유지(類智)라 이름하나니 총합하여 반연하기 때문이다. 어떤 이는 "16가지 마음205)의 견도에 자연히 두 가지 이치가 있으니 ① 진여에 의지한 지혜이고 ② 위와 아래에 의지한 진리이다"라고 하였으니, 모두 앞에서 설명한 내용206)과 같다. 그러나 유부(有部)에 의하면 시간적으로 통함과 공간적으로 다름이 있다. 확실히 보는 지혜로 삼세의 법을 아는 것은 '시간적으로 통한다'고 말하나니 비지(比智)도 마찬가지이다. 확실히 보는 지혜로는 오직 욕계의 법을 알 뿐이요, 비지로는 위의 두 세계[色界, 無色界]의 법을 아나니 '공간적으로 다르다'고 말한다. 만일 경량부(經量部)와 『성실론』에 의지하여 밝힌다면 공간적으로 통함과 시간적으로 다름이 있으니 두 가지 지혜로 통틀어 삼계를 아는 것은 '공간적으로 통한다'고 말하고, 법지로 현재를 아는 것과 비지로 과거를 아는 것은 '시간적으로 다르다'고 말한다. 『성실론』제16권의 무변공처품(無邊空處品)에 "묻기를 "이 선정은 어느 자리를 반연하는가?" 답한다. "온갖 자리를 다

---

204) 60종 보시의 제21번째 보시 부분[開藏施寶廻向行]에 해당한다.
205) 十六心: 인식대상과 인식주체를 관찰함에 의거하여 四聖諦를 법과 부류로 나누고 이것을 다시 忍과 智로 나눈 것을 합하여 '16가지 마음'이라 한다. 여기서 '忍'은 所得의 미혹을 바르게 단멸하는 無漏智의 작용이고, '智'는 滅諦의 도리를 바르게 증득하는 무루지의 작용이다. 法忍과 法智는 진리를 반연하나니 곧 인식대상을 관찰한다. 類忍과 類智는 '이전의 지혜[智品]'을 반연하나니 곧 인식주체를 관찰한다. 十六心의 명칭은 苦諦에 苦法智忍, 苦法智, 苦類智忍, 苦類智의 네 가지 마음과 集諦에 集法智忍, 集法智, 集類智忍, 集類智의 네 가지 마음과 滅諦에 滅法智忍, 滅法智, 滅類智忍, 滅類智의 네 가지 마음과 道諦에 道法智忍, 道法智, 道類智忍, 道類智의 네 가지 마음이다.
206) 5. 辨加所爲의 두 가지 과목인 가. 依自利 나. 依利他의 과목인 (ㄹ) 證始終에 나온다. (水字卷 11下7)

반연하며 또는 멸제와 도제를 반연한다." 묻는다. 어떤 사람은 말하되 '모든 무형세계 선정은 비록 사라짐을 반연한다 하더라도 다만 비지의 갈래의 멸제를 반연할 뿐이요, 현지(現智)의 갈래의 멸제를 반연하지는 않는다'고 하였다." 해석한다면 현지(現智)는 곧 법지를 가리킨다. 만일 『심밀상속해탈경(深密相續解脫經)』에 의지한다면 시간과 공간이 모두 정해지지 않나니 현견(現見)으로 법을 보는 것을 현견(現見)의 지혜라 하고, 다른 방소와 다른 세계를 아는 것을 비지라 말한다. 또 다시 분별하되, "일체에 대해 현견(現見)으로 아는 것을 현지(現智)라 하고, 유례하고 계탁하여 아는 것을 비지(比智)라 한다"고 하였다. 그러므로 시간과 장소를 정할 수 없다.

俱舍는 卽當第二十三이니 大同唯識의 觀上下諦一十六心이라 偈에 云,²⁰⁷⁾ 世第一無間은 卽緣欲界苦하야 生無漏法忍하고 忍次生法智하며 次緣餘界苦하야 生類忍類智하니 緣集滅道諦하야 各生四도 亦然이라 如是十六心을 名聖諦現觀이라 此總有三種하니 謂見과 緣과 事別이라하니라 釋曰, 從世第一法無間으로 卽緣欲界苦聖諦境하야 生無漏法을 名苦法智忍이오 苦忍無間으로 緣欲苦諦하야 次生法智를 名苦法智오 此智無間하야 次緣餘界苦聖諦境하야 有類智忍生은 名苦類智忍이오 此忍無間으로 卽緣此境하야 有類智生은 名苦類智라 如緣苦諦하야 餘三도 亦然일새 有十六心이라

● 『구사론』은 곧 제23권에 해당하나니 『성유식론』의 위와 아래의 진리로 16가지 마음을 관함과 거의 같다. 게송으로 이르되, "세제일법과 무간에 욕계의 고제를 소연으로 하여 무루의 법인을 낳으며 법인 다

---

207) 인용문은 『俱舍論』 제23권 分別賢聖品 제6의 2의 내용이다. (대정장 권29 p. 121 b-)

음에 법지를 낳으며, / 다음으로 다른 세계의 고제(苦諦)를 소연으로 하여 유인(類忍)과 유지(類智)를 낳으며, 다시 집·멸·도제를 소연으로 하여 각기 네 가지를 낳는 것도 역시 그러하네. / 이와 같은 16가지 마음을 성제현관(聖諦現觀)이라 이름하는데 여기에는 모두 세 종류가 있으니 견(見)·연(緣)·사(事)의 차별이 그것이네." 해석한다면 세제일법과 무간에서부터 곧 욕계의 고제의 경계를 반연하여 샘이 없는 법을 내는 것을 고법지인(苦法智忍)이라 하고, 고법지인과 무간에서부터 욕계의 고제를 반연하여 다음으로 법지를 내는 것을 고법지(苦法智)라 하고, 이 지혜의 무간에서부터 다음으로 다른 세계의 고제의 경계를 반연하여 유지법인(類智法忍)을 내는 것을 고류지인(苦類智忍)이라 하고, 이 법인의 무간에서부터 곧 이 지혜의 경계를 반연하여 유지(類智)를 내는 것을 고유지(苦類智)라 한다. 고제를 반연하는 것과 같아서 나머지 셋도 그러하므로 16가지 마음이 있게 된다.

言苦法忍者는 苦是苦諦오 法忍으로 緣苦法을 名苦法忍이니라 果是等流인대 智唯無漏니 爲顯此忍이 亦唯無漏하야 擧後等流하야 以爲標別故라 忍名智者는 從果爲名이니 如苦果樹가 樹非苦果나 從果得名이니 故云智忍이라 餘可例知니라 言現觀者는 現前에 觀聖諦故라 言有三者는 一은 見現觀이니 即無漏慧로 見諦分明故오 二는 緣現觀이니 此無漏慧와 及慧相應하야 心心所法이 同一所緣故오 三은 事現觀이니 謂前相應과 及餘俱有가 同一事業故라 餘俱有者는 謂道共戒와 及生等四相이 俱有因故로 名俱有也라 餘廣如彼하니라 苦法忍이라 말한 중에서 고(苦)는 고제(苦諦)를 뜻하고, 법인(法忍)은 고법지를 반연하므로 고법지인(苦法智忍)이라 부른다. 결과는 등류인

데 지혜는 샘이 없는 법일 뿐이니 이 법인도 또한 샘이 없는 법만을 나타내기 위하여 뒤의 등류과(等類果)를 거론하여 별상을 표방하기 위한 까닭이다. 법인을 지혜라 이름한 것은 결과에서 이름을 삼은 것이다. 마치 '고통의 열매를 내는 나무[苦果樹]'가 나무는 고통의 열매가 아니지만 열매로부터 이름을 얻은 것이므로 지인(智忍)이라 하였다. 나머지도 유례하면 알 수 있으리라.

현관(現觀)이란 말은 '눈앞에서 사성제를 관한다'는 뜻이다. 『구사론』 게송에서 '세 종류가 있다'고 말한 것은 1) 견현관(見現觀)이니 곧 샘이 없는 지혜로 진리를 분명하게 보기 때문이요, 2) 연현관(緣現觀)이니 샘이 없는 지혜와 지혜와 상응하는 마음과 심소법이 동일하게 반연할 대상이기 때문이요, 3) 사현관(事現觀)이니 말하자면 앞과 상응한 마음과 나머지와 함께 있는 것이 동일한 일의 업인 까닭이다. '나머지와 함께 있다'는 것은 도공계(道共戒)와 태어남 따위의 네 가지 모양이 구유인(俱有因)인 까닭에 '함께 있다'고 말한다. 나머지에 대해 자세한 설명은 저 『구사론』과 같다.

㈅ 아만이 없는 모양에 의지하다[無我慢相] 2.
㉠ 크다는 이치를 총합적으로 해석하다[總釋大義] (第六 24下1)

復次法無礙智로 知諸法一相不壞하며 義無礙智로 知蘊界處諦緣起善巧하며 辭無礙智로 以一切世間易解了美妙音聲文字說하며 樂說無礙智로 以轉勝無邊法明說이니라
또 법에 걸림 없는 지혜로는 모든 법이 한 모양이어서 무너

지지 않음을 알고, 뜻에 걸림 없는 지혜로는 오온과 18계와 12처와 4제와 12인연이 교묘함을 알고, 말에 걸림 없는 지혜로는 모든 세간에서 알기 쉽고 미묘한 음성과 글자로써 말하고, 말하기 즐기는 데 걸림 없는 지혜로는 더욱 수승하고 그지없는 법에 밝은 지혜로 말하느니라.

[疏] 第六, 無我慢相中에 約眞俗하야 以分法義라
- ㈐ 아만이 없는 모양 중에 진제와 속제에 의지하여 법과 이치를 구분하였다.

[鈔] 第六無我慢中[208]에 言約眞俗者는 通就三乘二諦明之라 故로 世諦中에 歷三乘法과 辭及樂說하야 但總別分之니라
- ㈐ 아만이 없는 모양 중에서 '진제와 속제에 의지한다'고 말한 것은 삼승의 두 가지 진리에 통틀어 입각하여 밝힌 부분이다. 그러므로 세제에서 삼승법을 거쳐서 언사와 말하기 좋아함을 단지 총상과 별상만으로 구분하였다.

ⓒ 낱낱이 따로 해석하다[一一別釋] 4.
ⓐ 제일가는 이치의 진리가 무아이다[第一義諦無我] (一第 24下4)
ⓑ 세속적 진리가 무아이다[世諦無我] (二世)

[疏] 一, 第一義諦는 無我일새 故云一相이라 言不壞者는 不壞無我故라 若言我知無我며 我證無我인대 則壞無我니 以有能所故라 二, 世諦

---

208) 中은 甲南續金本作相.

無我일새 故云蘊等이니 迷蘊에 着積聚我하고 迷界에 着異因我하야 計種族別故라 迷處에 着欲我하야 計爲生門이 能受入故며 迷諦와 緣起에 着作我하야 皆明因果가 有造作故로 並是法我며 亦通人我라 今에 隨順觀察世諦緣生無實하야 以爲對治하야 得入第一義法無我일새 名善巧方便이라 故로 蘊界等이 是菩薩智境所治之我니라

■ ⓐ 제일가는 이치의 진리는 <내>가 없으므로 '한 모양'이라 한다. '무너지지 않는다'고 말한 것은 <내>가 없음을 무너뜨리지 않기 때문이다. 만일 나는 <내>가 없음을 알고, 나는 <내>가 없음을 증득했다고 말한다면 <내>가 없음을 무너뜨려서 주체와 대상이 생기기 때문이다. ⓑ 세속적 진리가 <내>가 없으므로 오온 따위를 말하였으니 오온(五蘊)에 미혹하면 <나>를 쌓고 모음에 집착하게 되고, 18계(界)에 미혹하면 다른 원인의 <나>에 집착하여 종족이 다르다고 계탁하기 때문이다. 12처(處)에 미혹하면 욕구를 가진 <나>에 집착하여 태어나는 문이 받아서 들어가는 주체가 된다고 계탁하기 때문이며, 진리와 연기법에 미혹하면 작자인 <나>로 집착하여 인과가 모두 조작이 있음을 밝힌 연고로 아울러 '법아에 집착한다'고 하고, 또한 '인아(人我)에도 통한다'고도 말한다. 지금은 세속적 진리가 연기법으로 생김이 실답지 않음을 수순하여 관찰하고 다스리기 위하여 제일가는 이치의 법무아(法無我)에 들어가므로 '뛰어난 방편'이라 부른다. 그러므로 오온과 18계 따위가 보살의 지혜경계로 다스릴 대상인 <나>라는 거만함[我慢]이 된다.

[鈔] 迷五蘊者는 以聚와 生門과 種族이 是蘊과 處와 界義라 故로 迷積聚爲蘊하야 謂有我人이라하며 亦謂聚色하야 以爲色蘊等이니라 次言迷

界着異因我209)者는 約法我說이니 六根과 六塵이 生識正因이니 因各異故로 有此法我라 若外道計인대 中有人我가 以爲異因이니 使知塵等이라

言迷處着欲我210)者는 迷於六入하고 根塵相順하야 眼見色等에 遂生貪着211)하니 則有法我라하며 或謂神我라 於中에 能着이 猶如一人이 在於六向하야 見色聞聲等이라 言迷諦等212)者는 迷於四諦와 十二因緣하야 皆謂以因能作果故라 人我는 可知일새 故疏雙結호대 並是法我며 亦通人我니라

今隨順下는 上辨所遣之病이니 卽是我慢이라 此下는 辨能遣之藥이니 卽是無我라 觀世緣生일새 故無有實이니 無實卽實이 爲第一義故라 上六地의 論에 云, 隨順觀察世諦하야 卽入第一義라하니라 從故蘊界等下는 結成蘊等이 爲智之境이니라

● '오온에 미혹하다'는 것은 쌓임과 태어나는 문과 종족이 곧 오온과 12처와 18계라는 이치이다. 그러므로 쌓고 모은 것을 오온이라 함에 미혹하여 '나타남이 있다'고 하고, 또한 색법을 모아서 '물질의 쌓임'이라 말하는 따위이다. 다음으로 '18계에 미혹하면 다른 원인의 〈나〉라고 집착한다'는 말은 법아(法我)에 의지한 설명이다. 육근과 육진이 의식을 나게 하는 바른 원인이니 원인이 각기 다른 연고로 이 법아가 있게 된다. 만일 외도들의 계탁에 의지한다면 중유(中有)와 인아(人我)를 다른 원인으로 삼아야 할 것이니 육진을 알게 하는 따위이다.

'12처에 미혹하면 욕구를 가진 〈나〉에 집착한다'고 말한 것은 육입에 미혹하고 육근과 육진이 서로 수순하여 눈으로 물질을 보는 등에

---

209) 上八字는 甲南續金本作迷十八界.
210) 上六字는 甲本無, 南續金本作迷十二處.
211) 着은 甲續金本作者誤.
212) 諦等은 南本作諦緣, 甲續金本作諦緣.

드디어 탐착함을 내면 '법아가 있다'고 하며, 혹은 신아(神我)라고 말하기도 한다. 그중에 집착하는 주체가 마치 한 사람이 여섯 방향에 있으면서 물질을 보거나 소리를 듣는 것과 같다. '진리 따위에 미혹한다'고 말하는 것은 사성제와 12인연에 미혹하여 모두 이르되 "원인으로 능히 결과를 지을 수 있다"고 말한다. 인아(人我)에 대해서는 알 수 있으므로 소가가 함께 결론하되 "아울러 법아에 집착한다고 하고 또한 인아에도 통한다"고 하였다.

今隨順 아래는 위에서 없애야 할 병통을 밝혔으니 바로 〈나〉라는 거만함을 뜻한다. 이 아래는 보낼 수 있는 약을 밝혔으니 바로 〈내〉가 없음이다. 세계가 인연으로 생김을 관하는 연고로 실다움이 없나니, 실다움 없는 것이 곧 실다움인 것이 제일가는 이치인 까닭이다. 위의 제6지에서 논경에 이르되, "세속적 진리를 따라 관찰하여 제일가는 이치에 들어간다"고 하였다. 故蘊界等부터 아래는 '오온 따위가 지혜의 경계가 된다'고 결론한 내용이다.

ⓒ 설법의 아름다움은 무아이다[說美妙無我] (三說 25下5)
ⓓ 설법의 위없음이 무아이다[說無上無我] (四說)

[疏] 三, 說美妙無我니 愜情이 稱美오 順理爲妙라 四, 說無上無我일새 故云轉勝이라 辭中差別일새 故曰無邊法明이니라

- ⓒ 설법의 아름다움이 〈내〉가 없음이니 (중생의) 마음에 걸맞은 것을 '아름답다'고 칭하고, 이치에 들어맞는 것을 '미묘하다'고 말한다.
  ⓓ 설법의 위없음이 〈내〉가 없는 연고로 '더욱 뛰어나다'고 한다. 언사 중에 차별하는 까닭에 '그지없는 법에 밝다'고 하였다.

㈎ 대소승의 모양에 의지하다[大小乘相] 2.
㉠ 법과 이치를 총합하여 해석하다[總釋法義] (第七 26上1)

復次法無礙智로 知一乘平等性하며 義無礙智로 知諸乘
差別性하며 辭無礙智로 說一切乘無差別하며 樂說無礙
智로 說一一乘無邊法이니라
또 법에 걸림 없는 지혜로는 일승의 평등한 성품을 알고, 뜻에 걸림 없는 지혜로는 여러 승의 차별한 성품을 알고, 말에 걸림 없는 지혜로는 온갖 승의 차별 없음을 말하고, 말하기 즐기는 데 걸림 없는 지혜로는 낱낱 승마다 그지없는 법을 말하느니라.

[疏] 第七, 大小乘相中에 約權實하야 以分法義라
■ ㈎ 대소승의 모양에 의지함 중에 권교와 실교에 의지하여 법과 이치로 구분하였다.

[鈔] 第七大小乘相者는 知實爲法이오 知權爲義오 會三歸一이 爲辭오 開方便門이 爲樂說이니라
● ㈎ '대승과 소승의 모양'이란 실상을 아는 것을 법이라 하고, 방편을 아는 것을 이치라 하며, 삼승을 모아서 일승으로 돌아가는 것이 언사가 되고, 방편문을 여는 것이 말하기 좋아함이 된다.

㉡ 낱낱이 따로 해석하다[一一別釋] 4.
ⓐ 관하는 모양[觀相] (一觀 26上4)
ⓑ 성품의 모양[性相] (二性)

ⓒ 해탈한 모양[解脫相] (三解)

[疏] 一은 觀相이니 謂一觀不異니 唯一事實故라 二는 性相이니 就彼根性하야 有三乘故라 三은 解脫相이니 會彼三乘하야 同歸一實이니 解脫相中에 無差別故라 論에 云, 依同解脫不懼者라하니라 法華에 云, 今我喜無畏하야 但說無上道故라하니라

- ⓐ 관하는 모양이니 이를테면 일승으로 다르지 않음을 관하는 것이니 오직 한 가지 일만이 실상인 까닭이다. ⓑ 성품의 모양이니 저 근본 성품에 입각하여 삼승이 있기 때문이다. ⓒ 해탈한 모양이니 저 삼승을 모아서 함께 일승의 진실로 돌아가는 부분이니, 해탈한 모양에는 차별이 없는 까닭이다. 논경에서 "동일한 해탈에 의지하여 두려워하지 않는 모양"이라 하였다. 『법화경』에서는 "나는 이제 두려움 없어, 위 없는 도만 말하리라"고 하였다.

[鈔] 言唯一事實者는 卽法華第一에 云, 唯此一事實이오 餘二則非眞이라하니라 二中에 順機說權이 卽是義意니라 三中에 三乘이 同歸一實者는 亦第一經에 云, 舍利弗이여 當知하라 諸佛語無異니 於佛所說法에 當生大信力하라 世尊法久後에 要當說眞實이니라 告諸聲聞衆과 及求緣覺乘과 我令脫苦縛하야 逮得涅槃者하노니 佛以方便力으로 示以三乘敎는 衆生處處着일새 引之令得出이라하며 又第三經에 云, 汝等所行이 是菩薩道니 漸漸修學하면 悉當成佛이라하니 三周之經이 皆是會三方便하야 歸一眞實이니라

- '오직 한 가지 일만이 실상'이라고 말한 것은 『법화경』 제1권에서는, "이 일만이 오직 진실 이승, 삼승 방편일 뿐"이라 하였다. ⓑ 중에 근

기에 따라 방편을 설함이 바로 이치라는 뜻이다. ⓒ 중에 '삼승을 모아서 함께 일승의 진실로 돌아간다'는 것은 또한 『법화경』 제1권에 이르되, "사리불아, 마땅히 알아 두어라. 부처님들 말씀이 다름없는 것 부처님 설하신 미묘한 법문 마땅히 크게 믿는 힘을 내어라. / 세존의 그 법이 오랜 뒤에야 진실한 법 요긴하게 말하느니라. / 성문과 연각 법을 구하는 이들 내가 이제 너희를 위하는고로 고통의 속박에서 아주 벗어나 진실된 법 열반을 얻게 하리니 / 부처님 여러 가지 방편력으로 삼승의 가르치심 보이시지만 중생들 간 데마다 집착하므로 인도하여 벗어나게 한 것이니라"라고 하였고, 제3권에는, "너희 오직 행할 바는 보살도(菩薩道)뿐이러니 점점 닦고 배우면 모두 성불하리로다"라고 하였다. 삼주(三周)로 설법한 경문이 모두 삼승의 방편을 모아서 일승의 진실에 돌아가게 한다.

言解脫相者는 第三經藥草喩品에 云, 如來知是一相一味之法이니 所謂解脫相과 離相과 滅相과 究竟涅槃常寂滅相이라 終歸於空이라 하니 卽解脫中의 無差別也니라 又第二經에 云, 但離虛妄하면 名爲解脫이나 其實은 未得一切解脫이라하니 則一切解脫이 三乘同歸也니라 法華云下는 釋成上論이니 亦方便品이라 先有一偈云호대 舍利弗當知하라 鈍根小智人이 着相憍慢者는 不能信是法이라하니라 釋曰, 此偈는 則明如來有畏커니 畏其謗故라 次에 卽云하사대 今我喜無畏하야 於諸菩薩中에 正直捨方便하고 但說無上道라하니라

● '해탈한 모양'이라 말한 것은 제3권의 약초유품(藥草喩品)에서는, "여래는 이 한 모습이며 한 맛인 법을 아나니, 이른바 해탈의 모습, 여의는 모습, 멸하는 모습, 구경열반의 적멸한 모습이니라. 마침내는 빈

[쪽] 데로 돌아간다"고 하였으니, 곧 해탈한 모양에는 차별이 없다는 뜻이다. 또 제2권 비유품에서는, "이 사람 어찌하여 해탈을 얻었는가, 허망함 여읜 것이 해탈이라 하거니와 실지로는 일체 해탈 얻은 것이 아니니"라고 하였으니 모든 해탈은 삼승이 함께 돌아갈 곳이라는 뜻이다. 法華云 아래는 위의 논경을 해석한 내용이니 역시 방편품의 경문이다. 먼저 한 게송으로, "사리불아, 바로 알라. 근기 둔한 소승인들 상(相)이 많고 교만하여 이런 법 못 믿을새"라고 하였다. 해석한다면 이 게송은 부처님도 두려움이 있으니 그 비방함을 두려워함을 밝힌 내용이다. 다음에 곧 이르되, "나는 이제 두려움 없어, 여러 보살 가운데서 정직하게 방편 버려 위없는 도만 말하리라"고 하였다.

ⓓ 생각하는 모양[念相] (四念 27上5)

[疏] 四는 念相이니 卽開方便門하야 隨機念異와 心行不同하야 以多法明으로 說諸乘法이나 然皆爲一事니 故로 論에 云, 隨順解脫이라하나라
- ⓓ 생각하는 모양이니 말하자면 방편문을 열어 근기와 생각이 다르고 마음과 행함이 같지 않음을 따라 여러 가지 법의 광명으로 여러 교법을 말하지만 그러나 모두 한 일이다. 그래서 논경에서 '수순하여 해탈한다'고 하였다.

[鈔] 卽開方便門者는 開方便이 有二義하니 一은 於一佛乘에 分別說三이 名之爲開니 卽初施權이라 故로 信解品末에 云, 隨諸衆生의 宿世善根이라하며 又知成熟未成熟者하야 種種籌量하야 分別知已하고 於一乘道에 隨宜說三等이 是也니라 二는 開者는 開除며 開發이니 故로 第

四經에 云, 此經은 開方便門하야 示眞實相이라하니 斯卽說三爲方便이 名之爲開니 卽[213]然皆爲一事下疏가 是也라 第一經에 云, 我此九部法은 隨順衆生說이니 入大乘으로 爲本이라 以故로 說是經이라하며 亦卽長行中에 云, 諸佛世尊이 唯以一大事因緣故로 出現於世라 하며 又云하사대 舍利弗아 諸佛如來가 但敎化菩薩이어니 諸有所作이 常爲一事라 唯以佛之知見으로 示悟衆生이라하니 卽其文也라 故로 引論하야 明隨順解脫이니 卽方便多門이 皆順解脫也니라

- '말하자면 방편문을 열어'에서 방편을 여는 것에 두 가지 이치가 있으니 1) 일불승에서 분별하여 셋으로 설하는 것을 '연다'고 하나니 '처음으로 방편을 베푼다'는 뜻이다. 그러므로 신해품(信解品) 끝부분에서는, "지난 세상 중생들의 선근을 따르서서 / 또 그 근기 성숙함도 못함도 다 아시어 가지가지 요량하사 분별하여 아시고는 / 일불승을 설하시려 방편으로 쓰는 삼승"이라 한 등이 그것이다. 2) 개(開)는 '열어 없애며, 개발한다'는 뜻이다. 그러므로 제4권 법사품(法師品)에 이르되, "이 경전은 방편의 문을 열고 진실한 모양을 보인다"고 하였다. 이것은 삼승을 말하여 방편을 삼는 것을 '연다'고 하나니 곧 皆爲一事 아래의 소문이 이것이다. 제1권에 또 이르되, "내가 말한 구부(九部)의 법 중생 근기 따름이니 대승근본 삼으려고 그런 경전 말하느니"라고 하였고, 또 장항에서는 "모든 부처님 세존은 오직 일대사인연(一大事因緣)으로 세상에 출현하시느니라"라고 하였다. 또 이르되, "모든 부처님께서는 다만 보살을 교화하실 뿐이니, 모든 하시는 일이 항상 한 가지 일만 위하시니, 오직 부처님의 지견(知見)으로 중생에게 보여 깨닫게 하시느니라"고 하였으니 바로 그 문장이다. 그러므

---

213) 卽은 原本作也, 南續金本作卽.

로 논경을 인용하여 수순하여 해탈함을 밝힌 내용이다. 다시 말하면 방편의 많은 문이 모두 해탈에 수순함이란 뜻이다.

㋐ 보살지의 모양에 의지하다[菩薩地相] 2.
㉠ 크다는 이치를 총합적으로 해석하다[總釋大義] (第八 28上1)

復次法無礙智로 知一切菩薩行智行法行의 智隨證하며 義無礙智로 知十地分位義差別하며 辭無礙智로 說地道無差別相하며 樂說無礙智로 說一一地無邊行相이니라
또 법에 걸림 없는 지혜로는 일체 보살의 행인 지혜행과 법행과 지혜로 따라 증득함을 알고, 뜻에 걸림 없는 지혜로는 십지의 나누어진 위치의 뜻이 차별함을 알고, 말에 걸림 없는 지혜로는 십지의 길이 차별 없는 모양을 말하고, 말하기 즐기는 데 걸림 없는 지혜로는 낱낱 지의 그지없는 행의 모양을 말하느니라.

[疏] 第八, 菩薩地相中에 約地體相하야 以分法義라
■ ㋐ 보살지의 모양 중에 지위의 본체와 모양에 의지하여 법과 이치를 나눈 내용이다.

[鈔] 第八菩薩地相者는 說地體爲法이오 地相爲義라 三, 辭者는 說相不違體오 四, 樂說者는 說相隨機니 此之體相이 卽證敎二道며 亦卽前義와 說二大며 亦卽不可說과 及可說義니 總收一品之意라 廣如本分과 及請分中하니라

● ㉮ 보살지의 모양은 지위의 본체를 법으로 삼았고 지위의 모양을 이치로 삼은 내용이다. 3) 언사는 모양이 본체와 어긋나지 않음을 말하였고, 4) 말하기 좋아함은 모양을 말하여 근기에 맞춘 것이니, 이런 본체와 모양이 곧 증도와 교도이며, 또한 앞의 (a) 의대(義大)와 (b) 설대(說大)에 해당하며, 또한 말할 수 없음과 말할 수 있음[可說‧不可說]의 뜻에 해당하나니, 총합하면 한 품류의 의미로 거둘 수 있다. 자세한 것은 (五) 본분(本分)과 (六) 청분(請分)에 설명한 내용과 같다.

㉡ 낱낱이 따로 해석하다[一一別釋] 4.
ⓐ 지혜의 모양[智相] (一 智 28上6)

[疏] 一은 智相이니 一切菩薩行者는 總標也라 何者是耶아 謂所證法行과 能證智行이니라 何以此二를 名菩薩行고 以智로 契如故라 故로 經에 云, 智隨證이라하고 論에 云, 觀智說故라하니 此菩薩行이 卽十地智體니라

■ ⓐ 지혜의 모양이니 일체 보살의 행이란 총합적으로 표방함이다. 어떤 것이 옳은 것인가? 증득할 대상인 법행(法行)과 증득하는 주체인 지행(智行)이다. 어째서 이 둘을 보살행이라 하는가? 지혜로 진여에 계합하기 때문이다. 그러므로 경문에서 "지혜를 따라 증득한다"고 하였고, 논경에서는 "관지로 설하기 때문이다"라고 하였으니, 이 보살의 행이 곧 십지의 지혜의 본체인 것이다.

[鈔] 一智相下는 卽前釋法無礙니 上句는 論에 標名이오 從一切下는 牒經解釋이니 有兩重徵釋이라 何者下는 此徵法體니 卽經의 法行과 智行

이라 後, 徵法智니 何以名菩薩行고 答意는 可知로다 故經云下는 雙擧經論以帖이니 言論云觀智說者는 論에 具云호대 是中에 一切菩薩行者는 法行과 智行이니 是現觀智說故라하니라

- ⓐ 智相 아래는 곧 앞의 법에 걸림 없음을 해석함이다. ㉠ 위 구절은 논경에서 명칭으로 표방함이요, ㉡ 一切부터 아래는 경문을 따와서 해석함이니 두 번 거듭하여 해석한 부분이다. ㉠ 何者 아래는 법의 본체에 대한 질문이니 곧 경문의 법행과 지행을 뜻한다. ㉡ 법지에 대한 질문이니 어째서 보살행이라 하였는가? 대답한 의미는 알 수 있으리라. ㉡ 故經云 아래는 본경과 논경을 함께 거론하여 밝힘이다. '논경에서 관지로 설한다'고 말한 것은 논경을 갖추어 말하면 "이 가운데 일체의 보살행이란 법행과 지행을 말하나니 현관의 지혜로 설하기 때문이다"라고 하였다.

ⓑ 설법하는 모양[說相] (二說 28下5)

[疏] 二는 說相이니 謂體雖一智나 相有十地分位故라 然此分位가 由心差別이니 故로 論에 云, 十地差別者는 謂心이오 而名說相者는 約口言也라하며 以論經에 云, 義無量者는 說十地差別이라하니 故作是釋이니 斯則異前義大로다

- ⓑ 설법하는 모양이다. 말하자면 본체는 비록 한 가지 지혜이지만 모양은 십지의 부분적 지위로 있기 때문이다. 그런데 이 부분적 지위가 마음으로 인해 차별된다. 그러므로 논경에서 "십지의 차별이란 마음을 말한 것인데도 '설법하는 모양'이라 이름한 까닭은 '입에 의지해 말한다'는 뜻이다"라고 하였고, 논경에서는, "이치가 한량없는 것은 십

지로 차별하여 설함을 뜻한다"라고 하였으므로 이런 해석을 하였다. 이것은 앞의 (b) 이치가 광대함[義大]과는 다르다.

[鈔] 斯則異前者는 顯義無礙가 卽是說大²¹⁴⁾오 前法無礙가 是義大也니라
- '이것은 앞의 (b) 의대(義大)와는 다르다'는 것은 이치와 걸림 없음이 바로 (a) 설법이 광대함[說大]이고, 앞의 법에 걸림 없음이 곧 (b) 이치가 광대함[義大]임을 밝힌 내용이다.

ⓒ 방편과 함께하는 모양[與方便相] (三與 28下10)

[疏] 三은 與方便相이니 謂巧說十地하야 授與衆生에 不顚倒敎授하며 與地證道가 無有差別故니라
- ⓒ 방편과 함께하는 모양이다. 말하자면 중생에게 공교하게 십지를 말하여 주되 뒤바뀌지 않게 하고, 십지의 증도와 다름이 없기 때문이다.

[鈔] 三中²¹⁵⁾에 巧說十地者는 釋方便言이오 從授與下는 釋無差別言이라 乃有二意하니 一은 稱機不倒가 爲無差別이오 二는 不違證道가 爲無差別이니 如鳥跡合空이니라
- ⓒ 중에 '공교하게 십지를 말한다'는 것은 방편을 해석한 말이요, 授與부터 아래는 '차별 없다'는 말을 해석함이다. 여기에 두 가지 의미가 있으니 1) 근기에 걸맞게 뒤바뀌지 않음이 차별 없음이 되고, 2) 증도와 위배되지 않음이 차별 없음이 되었으니, 마치 새 발자국이 허공과 합한 것과 같다.

---

214) 是說은 南金本作說是誤.
215) 三中은 南金本無, 中下에 甲南續本有謂字.

ⓓ 한량없는 문에 들어간 모양[入無量門相] (四入 29上5)

[疏] 四는 入無量門相이니 入諸地相差別故니라
- ⓓ 한량없는 문에 들어간 모양이니 모든 지의 모양이 차별됨에 들어간 까닭이다.

㉔ 여래지의 모양에 의지하다[如來地相] 2.
㉠ 법과 이치를 총합하여 해석하다[總釋法義] (第九 29上9)

復次法無礙智로 知一切如來가 一念에 成正覺하며 義無礙智로 知種種時種種處等의 各差別하며 辭無礙智로 說成正覺差別하며 樂說無礙智로 於一一句法에 無量劫說不盡이니라

또 법에 걸림 없는 지혜로는 모든 여래께서 한 생각에 바른 생각을 이룸을 알고, 뜻에 걸림 없는 지혜로는 여러 때와 여러 곳들이 각각 차별함을 알고, 말에 걸림 없는 지혜로는 바른 각을 이루는 차별을 말하고, 말하기 즐기는 데 걸림 없는 지혜로는 낱낱 글귀의 법을 한량없는 겁에 말하여도 다하지 못하느니라."

[疏] 第九, 如來地相이니 約眞應하야 以分法義라
- ㉔ 여래지의 모양에 의지함이다. 진실로 상응함에 의지하여 법과 이치를 구분하였다.

ⓒ 낱낱이 따로 해석하다[一一別釋] 4.
ⓐ 법신의 모양[法身相] (謂一 29上4)

[疏] 謂一은 法身相이니 卽始本無二之法身일새 故云一念成正覺이니라
- 이를테면 ⓐ 법신의 모양이니 곧 시각(始覺)과 본각(本覺)이 둘이 없는 법신이므로 "한 생각에 바른 깨달음을 이룬다"고 하였다.

[鈔] 第九如來地相中에 以始本無二로 釋一念者는 以起信에 云, 謂一念相應慧로 無明頓盡을 名一切種[216]智라하니 言一念相應者는 卽始覺이 與本覺으로 相應故라 彼論에 云, 如菩薩地盡에 滿足方便하야 一念相應故로 覺心初起하야 心無初相이라 以遠離微細念故로 得見心性하야 心卽常住하니 名究竟覺이라하나니 正是始本이 無二相也니라 次上論에 釋本覺竟하고 云호대 何以故오 本覺義者는 對始覺義說이니 以始覺者가 卽同本覺이라하며 又云호대 若得無念者는 則知心相의 生住異滅하나니 以無念等故라 而實無有始覺之異니 以四相이 俱時而有라 皆無自立하야 本來平等하야 同一覺故라하니 故以始覺이 同於本覺하야 無復始本之異가 爲[217]一念相應이며 亦是一念에 頓覺一切法故라 故로 淨名에 云,[218] 一念에 知一切法이 是道場이니 成就一切智故라하나니라 餘並可知로다

- ㉮ 여래지의 모양 중에 시각과 본각이 둘이 없으므로 '한 생각[一念]'을 해석한 것은 『기신론(起信論)』에서는, "이는 한 생각과 상응하는 지혜로서 무명이 단번에 없어지는 것을 일체종지라 한다"고 하였다. '한

---

216) 種은 甲南續金本無, 論原本有.
217) 爲는 甲南續金本作於.
218) 인용문은 『維摩經』 菩薩品 제4 光嚴童子章의 내용이다. (대정장 권14 p.542c10-)

생각과 상응한다'고 말한 것은 시각이 본각과 상응한 것을 뜻한다. 저 논에서는, "보살지진(菩薩地盡)의 사람은 방편을 만족하여 한 생각과 상응하고 마음의 처음 일어나는 모양을 깨달아 마음에 처음 모양[初相]이 없으니, 이는 미세한 생각을 멀리 여의었기 때문이며, 마음의 본성을 보게 되어 마음이 곧 상주하나니 이를 구경각(究竟覺)이라 한다"라고 하였다. 바로 시각과 본각이 둘이 아닌 모양을 뜻한다. 다음은 위의 논서에 본각에 대해 해석을 마치고 이르되, "어째서인가? 본각의 뜻이란 시각(始覺)의 뜻에 상대한 말이니, 시각이란 바로 본각과 같기 때문이다"라고 하였고, 또 "만약 망념이 없게 되면 마음의 모양[心相]이 나고[生]·머물고[住]·달라져[異]·없어짐[滅]을 알게 되어 무념과 같아지기 때문이며, 실로 시각과 차별이 없어지게 된다. 왜냐하면 네 가지 모양[四相]이 동시에 있어서 모두 자립함이 없으며 본래 평등하여 동일한 깨달음이기 때문이다"라고 하였다. 그러므로 시각이 본각과 같아서 다시 시각과 본각의 다름이 없는 것이 한 생각과 상응한 것이며, 또한 한 생각에 단박 일체법을 깨달았기 때문이다. 그러므로 『유마경』(보살품 제4)에는, "한 생각에 일체법을 아는 것이 곧 도량이니 일체지를 성취했기 때문이다"라고 하였다. 나머지는 함께 대조하면 알 수 있으리라.

ⓑ 색신의 모양[色身相] (二色 30上3)
ⓒ 바른 깨달음의 모양[正覺相] (三正)
ⓓ 설법하는 모양[說相] (四說)

[疏] 二는 色身相이니 種種時者는 隨何劫中이오 種種處者는 隨何國土니

依報事오 各差別者는 隨何等佛身이니 正報事니라 三은 正覺相이니 通說正覺이나 十佛이 差別故니라 四는 說相이니 佛德無盡일새 故說亦無盡이니라

- ⓑ 색신의 모양이니 '여러 때'란 '어떤 겁을 따르는가'이고, '여러 곳'이란 '어떤 국토를 따르는가'이니 의보(依報)의 일이요, '각각 차별함'은 '어떤 부처님을 따르는가'이니 정보(正報)의 일에 해당한다. ⓒ 바른 깨달음의 모양이니 통틀어 바른 깨달음이라 하였지만 열 가지 부처님 몸이 차별한 까닭이다. ⓓ 설법하는 모양이니 부처님의 공덕이 다함이 없으므로 설법도 다함이 없다.

㉑ 주지하는 모양에 의지하다[作住持相] 2.
㉠ 법과 이치를 총합하여 해석하다[總釋法義] (第十 30下2)

復次法無礙智로 知一切如來의 語와 力과 無所畏와 不共佛法과 大慈大悲와 辯才와 方便과 轉法輪과 一切智智隨證하며 義無礙智로 知如來가 隨八萬四千衆生의 心行根解差別音聲하며 辭無礙智로 隨一切衆生行하여 以如來音聲差別說하며 樂說無礙智로 隨衆生信解하여 以如來智淸淨行圓滿說이니라

"또 법에 걸림 없는 지혜로는 일체 여래의 말씀과 힘과 두려울 것 없음과 함께하지 않는 부처님 법과 대자비와 변재와 방편과 법륜을 굴리는 온갖 지혜의 지혜로 따라 증득함을 알고, 뜻에 걸림 없는 지혜로는 여래께서 팔만사천인 중생의 마음과 행과 근기와 이해를 따르는 차별한 음성을 알

고, 말에 걸림 없는 지혜로는 일체 중생의 차별을 따라 여래
의 음성으로써 차별하게 말하고, 말하기 즐기는 데 걸림 없
는 지혜로는 중생의 믿음과 이해를 따라서 여래의 지혜로
써 청정한 행을 원만하게 말하느니라."

[疏] 第十, 作住持相이니 約諸佛의 能說德과 所說聲教하야 以分法義라
■ ㉻ 주지를 하는 모양에 의지함이니 부처님의 설법하는 주체인 덕과 설법할 대상인 음성과 교법에 의지하여 법과 이치로 구분하였다.

[鈔] 第十作住持相中에 約就能所하야 以分法義라 亦是總別이니 總知如來所轉法輪을 名法이오 別知八萬四千差別이 爲義어니와 而前意가 義長일새 故로 疏但擧一意니라 辭와 及樂說은 同體義分이니 依前法과 義하야 起說을 名辭오 辭中差別을 說爲樂說이니라
● ㉻ 주지를 하는 모양 중에 설법하는 주체와 대상에 입각하여 법과 이치로 나눈 것이다. 또한 총상과 별상이라 하기도 한다. 부처님이 굴리시는 법륜을 총상으로 아는 것을 '법'이라 하고, 팔만사천 가지 차별을 별상으로 아는 것을 '이치'라 하겠지만, 앞의 의미에서 이치가 나오므로 소문에서 단지 한 가지 의미만 거론하였다. 언사와 말하기 좋아함은 체성은 같지만 이치로 구분된다. 앞의 법과 이치에 의지하여 설법하는 것을 '언사'라 하고, 언사 속의 차별을 설하는 것을 '말하기 좋아함'이라 한 까닭이다.

ⓒ 낱낱이 따로 해석하다[一一別釋] 4.
ⓐ 깨달음의 모양[覺相] (一覺 30下8)

[疏] 一은 覺相이니 卽作住持德이니 覺法性相故라 語者는 隨自意語와 隨他意語와 隨自他意語니 此는 能說法故라 十力은 破魔와 憍慢이오 無畏는 伏外道오 不共은 異二乘이오 慈悲故로 常說이오 辯才故로 能說이오 方便者는 隨順物機오 轉法輪者는 正說이니 此上은 皆一切智智隨證이니라

■ ⓐ 깨달음의 모양이니 곧 주지를 하는 덕을 뜻한다. 법의 체성과 모양을 깨달았기 때문이다. 말씀이란 자기 의사를 따르는 말과 다른 이의 의사를 따르는 말과 자기와 남의 의사를 따르는 말을 가리키나니, 이것은 설법하는 주체인 법이기 때문이다. '열 가지 힘'이란 마군과 교만을 타파하는 것이요, '두려움 없음'이란 외도를 항복받는 것이요, '함께하지 않음'은 이승과 다름을 뜻한다. 인자하고 대비한 연고로 항상 설법하며, 변재가 좋은 연고로 잘 설법한다. '방편'이란 중생의 근기에 수순함이요, '법륜을 굴린다'는 것은 바르게 설한다는 뜻이다. 이 위는 모두 일체 지혜의 지혜에 따라 증득한 덕이다.

[鈔] 隨自意等者는 論主가 但云, 語者는 能說法故라하니 疏以涅槃意로 明如來說法이 不出三語니 卽三十五의 迦葉品[219]中에 因說若言衆生이 定有佛性인대 名爲執着이오 若言定無인대 是則妄語라하사 便云하사대 如我說十二部經이 或隨自意語等이라하니 初會에 已引[220]이어니와 今更略示호리라 如五百比丘가 各說身因하고 問佛한대 佛言하사대 我爲欲界衆生說하야는 父母로 以爲身因이라하고 結云하사대 是名隨自意語니라 次云하사대 如答把咃長者가 問이라 瞿曇이 知幻하나니 應是幻人이로다 佛乃反問[221]하사대 汝識王舍城中의 氣噓旃陀羅不

---

[219] 인용문은 『涅盤經』제32권 迦葉品 제24의 ②의 내용이다. (대정장 권12 p.820b2-)
[220] 初會는 初地라 해야 한다. 그러므로 初地의 ②具足諸苦觀의 과목 중 釋邪見에 나온다. (崑字卷下 6下3, 역자 주)

아 答云호대 我知니다 佛言하사대 汝知㨉陀羅호대 而非㨉陀羅니 我知幻者런들 豈是幻人이리오 結云하사대 是名隨他意語라하니라 次言하사대 世智說有어든 我亦說有하고 世智說無어든 我亦說無하나니 是隨自他語等이라하니라 十力已下는 轉法輪之德이라 此上은 皆一切智智下가 結釋經文이니 是佛이 現覺일새 故爲說德이니라

- '자기 의사를 따르는' 따위는 논주가 단지 "말씀은 설법을 잘하기 때문이다"라고만 하였다. 소가가 『열반경』의 의미로 부처님의 설법이 세 가지 말씀에서 벗어나지 않음을 밝혔으니, 곧 『열반경』 제35권 가섭보살품에서 '만일 중생에게 결정코 부처 성품이 있다고 말하면 집착이 되고, 만일 결정코 부처 성품이 없다고 말하면 거짓말이 된다'고 말씀하심으로 인해 바로 말하되, "마치 내가 설한 12부경(部經)이 혹은 자기 의사를 따르는 말 등이라 함과 같다"고 하였다. 초지에서 이미 인용하였지만 지금 다시 간략히 보이리라. 마치 오백 비구가 각기 몸의 원인을 말하고 부처님께 여쭈었는데 부처님께서 답하시되, "나는 욕계 중생을 위하여 설할 때는 부모로서 몸의 원인이 된다"고 말한 것과 같고, 결론하기를 '이것을 자기 의사에 따르는 말'이라 한다. 다음에 이르되, "마치 파타(把吒) 장자가 묻되 '구담사문이여, 당신은 환술을 아십니까? 만일 환술을 안다면 곧 환술장이일 것이요, (만일 모른다면 일체를 아는 지혜가 아닐 것입니다.)' 부처님께서 비로소 반대로 묻되, '너는 왕사성에 사는 기허(氣噓) 전타라를 아는가? (구담이여, 나는 오래전부터 그를 압니다.)' '그대가 오래전부터 안다면, 곧 그대는 전타라가 아니겠는가?'라고 하였더니, 장자가 말하되, '구담이여, 나는 비록 그 전타라를 알았더라도 나의 몸은 전타라가 아닙니다.' '그렇다

---

221) 乃反問은 南續金本作反問云.

면 어찌하여 내가 지금 환술을 알았다고 어찌 환술장이겠는가?' 결론하기를 이것을 남의 의사에 따르는 말이라 한다"라고 하였다. 다음에는, "세간 지혜로 있다고 하면 나 또한 있다고 말하고, 세간 지혜로 없다고 하면 나 또한 없다고 말할 것이니, 이것을 나와 남의 의사에 따르는 말 등이라 한다"고 하였다. 十力 아래는 법륜을 굴리는 덕이다. 此上皆一切 아래는 경문을 결론적으로 해석함이니 부처님의 깨달음을 나타내는 연고로 설법하는 덕이 된다.

ⓑ 차별한 모양[差別相] (二差 31下5)
ⓒ 설법하는 모양[說相] (三說)
ⓓ 저 한량없는 모양[彼無量相] (四彼)

[疏] 二는 差別相이니 知佛隨心種性等하야는 差別聲教故니라 三은 說相이니 用前音聲差別說故니라 四는 彼無量相이니 異異說故니라 隨信解者는 示現菩薩의 無盡樂說故라 以如來智等者는 諸佛法身이 以利生으로 爲行하니 此行이 合智故로 無垢淸淨이오 不可破壞일새 故云 圓滿이라 此地에 分得일새 故用之而說이니라

■ ⓑ 차별한 모양이니 부처님이 마음과 종성 따위를 따라서는 음성과 교법을 차별함을 알기 때문이다. ⓒ 설법하는 모양이니 앞의 음성을 써서 차별하게 설하는 까닭이다. ⓓ 저 한량없는 모양이니 다르고 다르게 설하기 때문이다. '믿음과 이해를 따른다'는 것은 보살의 그지없이 말하기 좋아함을 나타내 보이는 까닭이다. '여래의 지혜 등으로써'는 부처님의 법신이 중생을 이롭게 함으로 행법을 삼았다. 이 행법이 지혜와 합하는 연고로 '때 없이 청정하다[無垢淸淨]'고 하고, 파괴

할 수 없으므로 '원만하다'고 하였다. 이 제9지에서 부분적으로 얻는 까닭에 그것을 써서 설한다는 뜻이다.

(ㄷ) 법사의 자재함을 성취하다[法師自在成就] 2.

❖ 제6회 십지품 제9 善慧地 (科圖 26-89; 夜字卷下)

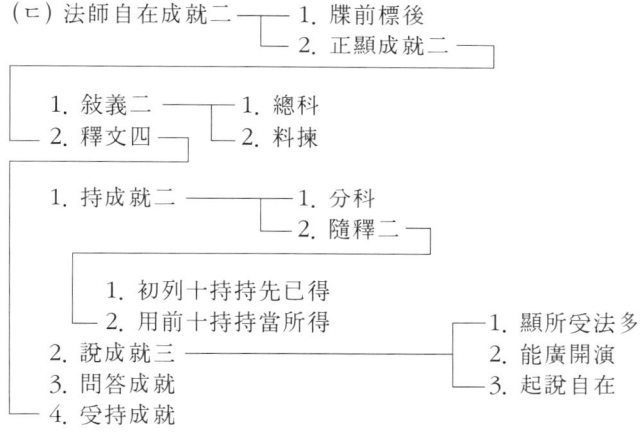

a. 앞을 따와서 뒤를 표방하다[牒前標後] (第三 32上3)

佛子여 菩薩이 住第九地에 得如是善巧無礙智하며 得如來妙法藏하여 作大法師하나니

"불자여, 보살이 제9지에 머물면 이러한 공교하고 걸림 없는 지혜를 얻으며, 여래의 미묘한 법장을 얻어서 큰 법사가 되나니,

[疏] 第三, 佛子菩薩住第九地下는 法師自在成就中에 二니 先은 牒前標
後오
- (ㄷ) 佛子菩薩住第九地 아래는 법사의 자재함을 성취함이다. 그중
 에 둘이니 a. 앞을 따라서 뒤를 표방함이요,

b. 성취함에 대해 바로 밝히다[正顯成就] 2.
a) 이치를 밝히다[敍義] 2.
(a) 총합하여 과목 나누다[總科] (二得 32上4)
(b) 구분하다[料揀] (則前)

[疏] 二, 得義下는 正顯成就라 有四種事하니 一은 持成就니 得不失故오
二는 說成就니 巧能演故오 三은 問答成就니 斷疑網故오 四는 受持
成就니 更受勝法故라 則前三은 自分이오 後一은 勝進이니라 又前一
은 釋得妙法藏이오 後三은 釋作大法師니라 於此四種에 皆無縛着하
니 即攝第九廻向也니라
- b. 得義 아래는 성취함에 대해 바로 밝힘이다. 네 종류의 일이 있으
 니 (a) 총지를 성취함이니 잃어버리지 않음을 얻은 까닭이요, (b) 설
 법을 성취함이니 공교하게 잘 연설하기 때문이요, (c) 문답으로 성취
 함이니 의심의 그물을 끊어버린 까닭이요, (d) 받아 지님을 성취함이
 니, 다시 훌륭한 법을 받았기 때문이다. 다시 말하면 앞의 셋은 자분
 행이요, 뒤의 하나[(4) 受持成就]는 승진행이다. 또 앞의 하나[(a) 持成
 就]는 묘법의 창고를 얻음에 대한 해석이요, 뒤의 셋은 큰 법사가 됨
 에 대한 해석이다. 이 네 종류에서 모두 얽히거나 집착함이 없나니 곧
 제9 무박무착해탈회향에 섭속된다.

[鈔] 第三法師自在成就라 於正顯中에 二니 初一, 總科오 二, 則前下는 料揀이라 於中에 三이니 一, 二分分別이오 二, 又前下는 對釋標文이오 三, 於此下는 攝位分別이라

- (ㄷ) 법사의 자재함을 성취함이다. b. (성취함에 대해) 바로 밝힘 중에 둘이니 a) (이치를 밝힘) 중에 (a) 총합하여 과목 나눔이요, (b) 則前 아래는 구분함이다. 그중에 셋이니 ㊀ 두 부분으로 분별함이요, ㊁ 又前 아래는 표방한 문장을 상대하여 해석함이요, ㊂ 於此 아래는 지위를 포섭하여 분별함이다.

b) 경문 해석[釋文] 4.
(a) 총지를 성취하다[持成就] 2.
㊀ 과목 나누다[分科] (今初 32下5)

得義陀羅尼와 法陀羅尼와 智陀羅尼와 光照陀羅尼와 善慧陀羅尼와 衆財陀羅尼와 威德陀羅尼와 無礙門陀羅尼와 無邊際陀羅尼와 種種義陀羅尼하여 如是等百萬阿僧祇陀羅尼門을 皆得圓滿하여 以百萬阿僧祇善巧音聲辯才門으로 而演說法이니라

뜻 다라니와 법 다라니와 지혜 다라니와 광명이 비치는 다라니와 선한 지혜 다라니와 여러 재물 다라니와 위덕 다라니와 걸림 없는 문 다라니와 그지없는 다라니와 가지가지 이치 다라니와 이러한 백만 아승지 다라니 문을 얻어 모두 원만하고, 백만 아승지의 공교한 음성과 변재의 문으로 법을 연설하느니라.

[疏] 今初를 分二니 初, 列十持니 持先已得이오 後, 此菩薩得如是下는 用前十持하야 持當所得이니라
- 지금은 ㅡ을 둘로 나누었으니 ① 열 가지 총지를 나열함이니 총지를 먼저 이미 얻음이요, ② 此菩薩得如是 아래는 앞의 열 가지 총지를 써서 장차 얻을 것을 간직함이다.

[鈔] 今初先列下는 文이 三이니 初, 總出意오 次, 初三下는 總科오
- 今初先列 아래는 소문이 셋이니 ㉠ 총합하여 의미를 내보임이요, ㉡ 初三 아래는 총합하여 과목 나눔이다.

㈁ 과목에 따라 해석하다[隨釋] 2.
① 열 가지 총지를 나열하다[列十持] 2.

㉮ 나열하다[列] 3.
㉠ 의미를 내보이다[出意] (今初 32下6)
㉡ 총합하여 과목 나누다[總科] (初三)
㉢ 개별로 해석하다[別釋] (一持)

[疏] 今初니 先, 列十持니 並從所起業用하야 立名이라 初三은 起意業이오 次三은 起身業이오 後四는 起口業이라 一은 持義오 二는 持敎法이오 三은 持能知智오 四는 善軟者를 慈光으로 攝受오 五는 剛强者를 善慧로 降伏하야 種種施爲故라 六은 上供諸佛하고 下攝貧窮하니 故名 衆財라 七은 於大乘中에 狹劣衆生에 示敎大乘의 威德勝利하야 令生喜故오 八은 不斷辯才로 智常說故오 九는 無盡樂說로 深說故오

十은 種種義를 樂說로 廣說故니라

■ 지금은 (a) (총지를 성취함)에서 ① 열 가지 총지를 나열함이니 아울러 일으킨 업과 작용에서 세운 명칭이다. 처음의 셋은 의업을 일으킴이요, 다음의 셋은 신업을 일으킴이요, 뒤의 넷은 구업을 일으킴이다. (1) 이치를 간직함이요, (2) 교법을 간직함이요, (3) 아는 주체인 지혜를 간직함이요, (4) '선하고 부드럽다'는 것은 자비광명으로 섭수함이요, (5) '굳세고 강하다'는 것은 선한 지혜로 항복받아 갖가지로 베풀기 때문이다. (6) 위로 부처님께 공양 올리고 아래로 빈궁한 이를 섭수하나니 그래서 '여러 재물'이라 칭하였다. (7) 대승법 중의 좁고 열등한 중생에게 대승의 위덕이 뛰어나고 이로움을 내보이고 가르쳐서 중생을 기쁘게 한다. (8) 끊이지 않는 변재로 지혜를 항상 설함이요, (9) 그지없는 요설변재(樂說辯才)로 깊게 설법함이요, (10) 갖가지 이치를 요설변재로 자세히 설하기 때문이다.

[鈔] 後, 一義持²²²⁾下는 別釋이라 然以人望法에 十皆所持어니와 約三業中인대 亦有能所하니 初三은 意中에 義教所持²²³⁾오 三은 是能知니라 身業三中에 通能所攝이니 而初二는 以正報攝이오 後一은 以依報攝이니라 後四口中에 七은 以教攝²²⁴⁾이오 八은 以辯이오 九와 十은 所說深廣이니 九는 無盡樂說深說者는 深約契理니 何有盡時리오 餘²²⁵⁾는 可知로다

● ㉢ 一義持 아래는 개별로 해석함이다. 그러나 사람으로 법을 바라보면 열 가지가 모두 가질 대상이지만 세 가지 업에 의지한다면 또한

---

222) 義持는 據疏應作持義.
223) 持下에 南續金本有次字.
224) 攝下에 甲南續金本作有二字.
225) 餘는 甲南續金本作十廣.

주체와 대상이 있다. ① 처음의 셋은 의업 중에 이치와 교법으로 간직할 대상이 되고, ② 다음의 셋은 아는 주체가 된다. ③ 신업(身業)의 셋 중에 주체와 대상을 통틀어 섭속하였으니, 그중 처음의 둘[光照다라니, 善慧″]은 정보로 포섭하고 뒤의 하나[衆財″]는 의보로 포섭한다. 뒤의 넷인 구업 중에 (7) [威德″]은 교법으로 포섭하고 (8)[無礙門″]은 변재로 포섭하고 (9)와 (10)[無邊際″, 種種義″]은 설법할 대상이 깊고 자세함에 포섭된다. (9)의 '그지없는 요설변재로 깊게 설한다'는 것은 깊이 이치에 계합함에 의지하나니, 어찌 시간이 다함이 있겠는가? 나머지는 알 수 있으리라.

㉔ 총합하여 결론하다[總結] (後如 33上9)

[疏] 後, 如是下는 總結이라 以百萬下는 顯持之用이니라
- ㉔ 如是 아래는 총합하여 결론함이다. 以百萬 아래는 총지의 작용에 대해 밝힌 내용이다.

② 앞의 열 가지 총지를 써서 장차 얻을 것을 간직하다
[用前十持持當所得] (二持 33下3)

此菩薩이 得如是百萬阿僧祇陀羅尼門已하여는 於無量佛所에 一一佛前에 悉以如是百萬阿僧祇陀羅尼門으로 聽聞正法하고 聞已不忘하여 以無量差別門으로 爲他演說이니라
이 보살이 이러한 백만 아승지 다라니 문을 얻고는 한량없

는 부처님 계신 데서 부처님 앞에서마다 이러한 백만 아승지 다라니 문으로 바른 법을 들으며, 듣고는 잊어버리지 않고 한량없이 차별한 문으로 다른 이를 위하여 연설하느니라."

[疏] 二, 持當得中에 聞已不忘은 正顯持義오 爲他演說은 亦持之用이니라
■ ② 장차 얻을 것을 간직함 중에 '듣고서 잊지 않는 것'은 총지의 이치를 바로 밝힘이요, '남을 위해 연설함'도 또한 총지의 작용이다.

(b) 설법을 성취하다[說成就] 3.
㊀ 받을 대상인 법이 많음을 밝히다[顯所受法多] (第二 33下8)

此菩薩이 初見於佛하고 頭頂禮敬하여 卽於佛所에 得無量法門하니 此所得法門은 非彼聞持諸大聲聞의 於百千劫에 所能領受니라
"이 보살이 처음 부처님을 뵙고 머리를 조아려 예경하고, 부처님 계신 데서 한량없는 법문을 얻었으니, 이 법문은 저 듣고 기억하는 큰 성문들이 백천 겁 동안에도 들을 수 있는 것이 아니니라.

[疏] 第二, 此菩薩初見下는 明說成就라 於中에 三이니 初, 顯所受法多오
■ (b) 此菩薩初見 아래는 설법을 성취함이다. 그중에 셋이니 ㊀ 받을 대상인 법이 많음을 밝힘이요,

㈡ 자세하게 연설할 수 있는 능력[能廣開演] (二此 34上3)

此菩薩이 得如是陀羅尼와 如是無礙智하고 坐於法座하여 而說於法하되 大千世界滿中衆生에 隨其心樂差別爲說하나니 唯除諸佛과 及受職菩薩하고 其餘衆會는 威德光明이 無能與比니라

이 보살이 이러한 다라니와 이러한 걸림 없는 지혜를 얻고 법상에 앉아서 법을 말할 적에 대천세계에 가득한 중생들에게 그 좋아하는 마음의 차별함을 따라서 연설하였으니, 여러 부처님과 직위를 받은 보살들을 제하고는 다른 대중들은 그 위덕과 광명을 비길 이가 없느니라.

[疏] 二, 此菩薩得如是下는 能廣開演이오
㈡ 此菩薩得如是 아래는 자세하게 연설할 수 있는 능력이요,

㈢ 설법을 시작함이 자재하다[起說自在] (三此 34下5)

此菩薩이 處於法座하여 欲以一音으로 令諸大衆으로 皆得解了하여 卽得解了하며 或時엔 欲以種種音聲으로 令諸大衆으로 皆得開悟하며 或時엔 心欲放大光明하여 演說法門하며 或時엔 心欲於其身上一一毛孔에 皆演法音하며 或時엔 心欲乃至三千大千世界의 所有一切形無形物에 皆悉演出妙法言音하며 或時엔 心欲發一言音하여 周徧法界하여 悉令解了하며 或時엔 心欲一切言音으로

皆作法音하여 恒住不滅하며 或時엔 心欲一切世界의 簫笛鐘鼓와 及以歌詠과 一切樂聲으로 皆演法音하며 或時엔 心欲於一字中에 一切法句의 言音差別이 皆悉具足하며 或時엔 心欲令不可說無量世界에 地水火風四大聚中의 所有微塵으로 一一塵中에 皆悉演出不可說法門하나니 如是所念이 一切隨心하여 無不得者니라

이 보살이 법상에 앉아서, 한 음성으로써 모든 대중이 다 알게 하려면 곧 알게 되며, 어떤 때에는 가지가지 음성으로써 모든 대중이 다 깨닫게 하려 하며, 어떤 때에는 큰 광명을 놓아서 법문을 연설하게 하려 하며, 어떤 때에는 그 몸에 있는 털구멍마다 모두 법을 연설하게 하려 하며, 어떤 때에는 삼천대천세계에 있는 형상이 있거나 형상이 없는 물건들이 모두 법문하는 음성을 내게 하려 하며, 어떤 때에는 한 말을 내어도 법계에 가득 퍼져서 여럿이 알게 하려 하며, 어떤 때에는 온갖 음성이 모두 법문의 소리가 되어 항상 머물고 없어지지 않게 하려 하며, 어떤 때에는 모든 세계의 퉁소·저·종·북과 노래와 모든 풍류 소리가 다 법문을 연설하게 하려 하며, 어떤 때에는 한 글자 가운데 온갖 법문 구절과 음성과 말의 차별한 것을 모두 구족하게 하려 하며, 어떤 때에는 마음으로 말할 수 없이 한량없는 세계의 땅·물·불·바람 따위의 큰 덩어리에 있는 티끌들마다 모두 말할 수 없는 법문을 연설하게 하려 하거든, 이렇게 생각하는 것이 모두 마음대로 되지 않는 것이 없느니라."

[疏] 三, 此菩薩處於法座下는 明起說自在니라
- ㈢ 此菩薩處於法座 아래는 설법을 시작함이 자재함이다.

(c) 문답으로 성취하다[問答成就] (第三 35上5)

佛子여 此菩薩이 假使三千大千世界所有衆生이 咸至其前하여 一一皆以無量言音으로 而興問難하되 一一問難이 各各不同이라도 菩薩이 於一念頃에 悉能領受하고 仍以一音으로 普爲解釋하여 令隨心樂하여 各得歡喜하며 如是乃至不可說世界所有衆生이 一刹那間에 一一皆以無量言音으로 而興問難하되 一一問難이 各各不同이라도 菩薩이 於一念頃에 悉能領受하고 亦以一音으로 普爲解釋하여 各隨心樂하여 令得歡喜하며 乃至不可說不可說世界滿中衆生이라도 菩薩이 皆能隨其心樂하여 隨根隨解하여 而爲說法하며 承佛神力하여 廣作佛事하며 普爲一切하여 作所依怙니라

"불자여, 이 보살은 가령 삼천대천세계에 있는 모든 중생이 모두 그 앞에 와서 제각기 한량없는 말로 질문을 일으키는데, 그 낱낱 질문이 각각 같지 않더라도, 이 보살이 한 생각 동안에 모두 듣고, 바로 한 음성으로 두루 해석하여 그들의 마음을 따라서 제각기 환희케 하느니라. 이와 같이 내지 말할 수 없는 세계에 있는 중생들이 한 찰나 동안에 낱낱이 한량없는 말과 음성으로 질문을 일으키는데, 낱낱 질문이 같지 않더라도, 이 보살이 한 생각 동안에 모두 듣고, 또한 한

음성으로 두루 해석하여 그들의 마음을 따라서 제각기 환희케 하며, 내지 말할 수 없이 말할 수 없는 세계에 있는 중생들을, 보살이 모두 그 마음을 따르고 근성을 따르고 지혜를 따라서 법을 말하며, 부처님의 신통력을 받들고 불사를 널리 지어 일체 중생의 의지할 바가 되느니라."

[疏] 第三, 佛子此菩薩假使下는 問答成就니 初, 一界答難이오 二, 明一切世界라

- (c) 佛子此菩薩假使 아래는 문답으로 성취함이니 ㊀ 한 세계에서 힐난에 대답함이요, ㊁ 모든 세계에서 대답하여 밝힘이다.

(d) 받아 지님을 성취하다[受持成就] (第四 35下3)

佛子여 此菩薩이 復更精進하여 成就智明하여는 假使一毛端處에 有不可說世界微塵數諸佛衆會하되 一一衆會에 有不可說世界微塵數衆生하며 一一衆生에 有不可說世界微塵數性欲이어든 彼諸佛이 隨其性欲하여 各與法門하시며 如一毛端處하여 一切法界處에 悉亦如是라도 如是所說無量法門을 菩薩이 於一念中에 悉能領受하여 無有忘失이니라

"불자여, 이 보살이 다시 정진하여 밝은 지혜를 성취하나니, 가령 한 털끝만 한 곳에 말할 수 없는 세계의 티끌 수같이 많은 부처님의 대중들이 모였고, 대중들이 모인 데마다 말할 수 없는 세계의 티끌 수같이 많은 중생이 있고, 낱낱

중생마다 말할 수 없는 세계의 티끌 수 같은 근성과 욕망이 있는데, 저 부처님들이 그들의 근성과 욕망을 따라서 각각 법문을 일러 주는데, 한 털끝만 한 곳에서와 같이 일체 법계의 곳마다 모두 그러하나니, 이와 같이 말하신 바 한량없는 법문을, 보살이 한 생각에 모두 듣고 기억하여 잊지 아니하느니라."

[疏] 第四, 佛子此菩薩復更下는 受持成就니 可知로다
- (d) 佛子此菩薩復更 아래는 받아 지님을 성취함이니 알 수 있으리라.

나. 제9지의 과덕[地果] 3.

가) 조화롭고 부드러운 결과[調柔果] 4.
(가) 조화롭고 부드러운 행법의 체성[調柔行體] 3.
ㄱ. 법으로 설하다[法] (第二 35下10)

佛子여 菩薩이 住此第九地에 晝夜專勤하여 更無餘念하고 唯入佛境界하여 親近如來하며 入諸菩薩甚深解脫하여 常在三昧하여 恒見諸佛하여 未曾捨離하며 一一劫中에 見無量佛과 無量百佛과 無量千佛과 乃至無量百千億那由他佛하여 恭敬尊重하고 承事供養하며 於諸佛所에 種種問難하여 得說法陀羅尼하여 所有善根이 轉更明淨하나니라

"불자여, 보살이 이 제9지에 머물러서는 밤낮으로 부지런히 정근하고 다른 생각이 없으며, 다만 부처님 경지에 들어가서 여래를 친근하며, 보살들의 매우 깊은 해탈에 들어가서 항상 삼매에 있으면서 여러 부처님을 뵙고 잠깐도 떠나지 아니하며, 날날 겁마다 한량없는 부처님과 한량없는 백 부처님과 한량없는 천 부처님과 내지 한량없는 백천억 나유타 부처님을 뵙고 공경하고 존중하고 받들어 섬기고 공양하며, 여러 부처님 계신 데서 가지가지로 질문하여 법문 말하는 다라니를 얻어 그러한 착한 뿌리가 점점 더 밝고 깨끗하여지느니라.

[疏] 第二, 佛子菩薩住此下는 明位果라 三果는 同前이라 但初調柔의 見佛緣中에 初는 依內證하야 近佛法身이오 後는 依三昧하야 見佛色身이라 餘文은 可知[226]로다

- 나. 佛子菩薩住此 아래는 제9지의 과덕을 밝힘이다. 세 가지 결과는 앞과 같다. 단지 가) 조화롭고 부드러운 결과에서 부처님을 친견하는 인연 중에 (1) 내부의 증도에 의지하여 부처님의 법신을 친근함이요, (2) 삼매에 의지하여 부처님의 색신을 뵙는 것이다. 나머지 경문은 알 수 있으리라.

ㄴ. 비유로 밝히다[喩] (經/譬如 36上3)

ㄷ. 법과 비유를 합하다[合] (經/此第)

---

226) 此下에 續本有譬如眞金下 二喩明 此第九地下 三合佛子譬如下 二敎智淨 此菩薩十波羅密下 三別地行相 佛子是名下 第四結說地名 佛子菩薩摩訶薩下 第二攝報果 若以菩薩下 三願智果.

譬如眞金을 善巧金師가 用作寶冠하여 轉輪聖王이 以嚴其首하면 四天下內一切小王과 及諸臣民의 諸莊嚴具가 無與等者인달하나니 此第九地菩薩善根도 亦復如是하여 一切聲聞辟支佛과 及下地菩薩의 所有善根이 無能與等이니라

마치 공교한 금을 다루는 사람이 진금으로 보배관을 만들어 전륜성왕의 머리에 장엄하면 사천하 안에 있는 모든 왕과 신하들의 여러 장엄거리로는 그와 같을 것이 없나니, 이 제9지 보살의 착한 뿌리도 그와 같아서 일체 성문이나 벽지불이나 아래 지위에 있는 보살들이 가진 착한 뿌리로는 능히 대등할 수가 없느니라.

(나) 교도의 지혜가 청정하다[敎智淨] (經/佛子 36上7)

佛子여 譬如二千世界主大梵天王이 身出光明하여 二千界中幽遠之處를 悉能照耀하여 除其黑闇인달하여 此地菩薩의 所有善根도 亦復如是하여 能出光明하여 照衆生心하여 煩惱黑暗을 皆令息滅이니라

불자여, 마치 2천 세계의 임금인 대범천왕이 몸으로 광명을 내면, 2천 세계 중에 있는 깊고 먼 곳을 모두 비추어서 그 어두움을 제하나니, 이 지의 보살의 착한 뿌리도 그와 같아서 능히 광명을 내어 중생의 마음에 비치어 번뇌의 어두움을 모두 없어지게 하느니라.

(다) 제9지의 행상을 구분하다[別地行相] (經/此菩 36下1)
(라) 제9지의 명칭을 결론하다[結說地名] (經/佛子)

此菩薩이 十波羅蜜中에 力波羅蜜이 最勝하니 餘波羅蜜은 非不修行이로되 但隨力隨分이니라
佛子여 是名略說菩薩摩訶薩의 第九善慧地니 若廣說者인댄 於無量劫에도 亦不能盡이니라
이 보살이 십바라밀다 중에는 힘 바라밀다가 가장 수승하니, 다른 바라밀다를 닦지 않는 것이 아니지마는 힘을 따르고 분한을 따를 뿐이니라. 불자여, 이것이 보살마하살의 제9 선혜지를 간략히 말함이라 하거니와 만일 널리 말하자면 한량없는 겁에도 다할 수 없느니라."

나) 보답으로 거둔 결과[攝報果] (經/佛子 36下5)

佛子여 菩薩摩訶薩이 住此地에 多作二千世界主大梵天王하여 善能統理하여 自在饒益하며 能爲一切聲聞緣覺과 及諸菩薩하여 分別演說波羅蜜行하며 隨衆生心하여 所有問難이 無能屈者하며 布施愛語利行同事하나니 如是一切諸所作業이 皆不離念佛하며 乃至不離念一切種과 一切智智니라
復作是念하되 我當於一切衆生中에 爲首며 爲勝이며 乃至爲一切智智依止者라하나니 此菩薩이 若發勤精進하면 於一念頃에 得百萬阿僧祇國土微塵數三昧하며 乃至示

現百萬阿僧祇國土微塵數菩薩로 以爲眷屬이니라

"불자여, 보살마하살이 이 지에 머물러서는 흔히 2천 세계의 임금인 대범천왕이 되어 잘 통치하며 자유롭게 이익하고, 모든 성문과 연각과 보살들을 위하여 바라밀다행을 분별하여 연설하며, 중생의 마음을 따라 질문하더라도 능히 굽힐 수 없느니라. 보시하고 좋은 말을 하고 이익한 행을 하고 일을 함께 하나니, 이렇게 여러 가지 짓는 업이 모두 부처님 생각함을 떠나지 아니하며, 내지 갖가지 지혜와 온갖 지혜의 지혜를 생각함을 떠나지 아니하느니라.

또 생각하기를 '내가 모든 중생들 가운데 머리가 되고 나은 이가 되며, 내지 온갖 지혜와 지혜의 의지함이 되리라 하느니라. 이 보살이 만일 부지런히 정진하면 잠깐 동안에 백만 아승지 국토의 티끌 수같이 많은 삼매를 얻으며, 내지 백만 아승지 국토의 티끌 수같이 많은 보살을 나투어 권속을 삼거니와

다) 서원과 지혜의 결과[願智果] (經/若以 37上4)

若以菩薩殊勝願力으로 自在示現인댄 過於此數하여 乃至百千億那由他劫에도 不能數知니라

만일 보살의 수승한 원력으로 자유롭게 나타내면 이보다 지나가서, 내지 백천억 나유타 겁에도 세어서 알지 못하리라."

3) 거듭 노래하는 부분[重頌分] 2.

(1) 게송으로 설하는 광경[說偈儀] (經/爾時 37上6)

爾時에 金剛藏菩薩이 欲重宣其義하여 而說頌曰,
그때 금강장보살이 이 뜻을 다시 펴려고 게송으로 말하였다.

(2) 바로 게송을 설하다[正說偈] 2.
가. 과목 나누기[分科] (第三 37下1)

[疏] 第三, 重頌分中에 二十四頌을 分三이니 初, 十九는 頌地行이오 次, 四는 頌位果오 後, 一은 結歎이라 今初에 具頌上四分이니

■ 3) 거듭 노래하는 부분 중에 24개 게송을 셋으로 나누었으니 가) 19개의 게송은 제9지의 행상을 노래함이요, 나) 네 개의 게송은 제9지의 과덕을 노래함이요, 다) 한 게송은 결론하여 찬탄함이다. 지금은 가) 위의 네 부분[가) 法師方便成就 나) 智成就 다) 入行成就 라) 說法成就]을 갖추어 노래한 내용이다.

나. 바로 해석하다[正釋] 3.
가) 19개 게송은 제9지의 행상을 노래하다[初十九偈頌地行] 4.

(가) 두 게송은 법사의 방편 성취에 대해 노래하다[初二偈頌法師方便]
(初二 37下2)

無量智力善觀察하니　　　　最上微妙世難知라
普入如來秘密處하여　　　　利益衆生入九地로다
한량없는 지혜로 자세히 살피니
가장 높고 미묘하여 알기 어려워
여래의 비밀하온 곳에 들어가
중생들 이익 주려 9지에 들고

總持三昧皆自在하고　　　　獲大神通入衆刹하며
力智無畏不共法과　　　　　願力悲心入九地로다
다라니와 삼매에 다 자재하고
신통으로 한량없는 세계에 들며
힘과 지혜, 두려움 없고, 함께하지 않는 법
원력과 자비로써 9지에 드네.

[疏] 初, 二는 頌法師方便이요

- (가) 두 게송은 법사의 방편에 대해 노래함이요,

(나) 두 게송은 지혜를 성취함에 대해 노래하다[次二偈頌智成就]

(次二 37下8)

住於此地持法藏하여　　　　了善不善及無記하며
有漏無漏世出世와　　　　　思不思議悉善知로다
이 지에 머물고는 법장을 호지하여
선하고 불선하고 둘이 아닌 법

샘이 있고 샘이 없고 세간 출세간
사의와 부사의를 모두 잘 알고,

若法決定不決定과　　　三乘所作悉觀察하며
有爲無爲行差別을　　　如是而知入世間이로다
결정하고 결정하지 못한 법이나
삼승의 할 일들을 다 관찰하며
함이 있고 함이 없는 행의 차별을
이렇게 다 알고서 세간에 들며

[疏] 次, 二는 頌智成就오
■ (나) 두 게송은 지혜를 성취함에 대해 노래함이요,

(다) 일곱 게송은 행법에 들어감을 성취함에 대해 노래하다
　　[次七偈頌入行成就] (次七 38下3)

若欲知諸衆生心인댄　　　則能以智如實知
種種速轉壞非壞와　　　無質無邊等衆相이니라
중생들의 마음을 알고자 하면
지혜로써 사실대로 모두 아나니
빨리 구르고 무너지고 무너지지 않고
바탕 없고 끝이 없는 여러 모양들

煩惱無邊恒共伴과　　　眠起一義續諸趣와

業性種種各差別과 　　　　因壞果集皆能了로다
그지없는 번뇌와 함께 있으며
자고 일어남이 한 뜻이고 갈래가 계속,
업의 성질 가지가지 차별한 것과
인이 가고 과가 모임 모두 다 알고

諸根種種下中上과 　　　　先後際等無量別이라
解性樂欲亦復然하니 　　　八萬四千靡不知로다
여러 근기 하품 중품 상품 되는 것
앞과 뒤가 한량없이 차별한 일과
지혜나 근성이나 욕망도 그래
팔만사천 가지를 모두 다 알고

衆生惑見恒隨縛하여 　　　無始稠林未除翦이라
與志共俱心並生하여 　　　常相羈繫不斷絶이로다
중생은 번뇌 소견 따라 얽히고
비롯 없는 빽빽한 숲 제거하지 못하니
깊은 뜻과 마음과 함께 나면서
항상 서로 얽혀서 끊지 못하며

但唯妄想非實物이며 　　　不離於心無處所라
禪定境排仍退轉이요 　　　金剛道滅方畢竟이로다
허망한 생각이란 참이 아니니
마음을 안 여의나 처소가 없고

선정 경계 등지고 물러나나니
금강도에 멸해야 끝이 나리라.

六趣受生各差別하니　　　業田愛潤無明覆하며
識爲種子名色芽로　　　　三界無始恒相續이로다
여섯 갈래 태어남에 각각 다르고
업 밭에 사랑이 젖고 무명 덮으며
식이란 종자에서 후생 싹 나서
삼계가 언제나 계속하더라.

惑業心習生諸趣니　　　若離於此不復生이어늘
衆生悉在三聚中하여　　或溺於見或行道로다
번뇌 업과 버릇으로 육도에 나니
이것만을 여의면 다시 안 나며
중생들이 세 종류의 가운데 있어
소견에도 빠지고 도도 행하네.

[疏] 次, 七은 頌入行成就오
■ (다) 일곱 게송은 행법에 들어감을 성취함에 대해 노래함이다.

(라) 여덟 게송은 설법 성취에 대해 노래하다[後八偈頌說成就] 3.
ㄱ. 반의 게송은 지혜 성취에 대해 노래하다[初半偈頌智成就]

(四有 38下5)

住於此地善觀察하여　　　　隨其心樂及根解라
이 지에 머물러서 잘 관찰하고
그 마음과 근성과 이해를 따라

[疏] 四, 有八偈는 頌說成就라 於中에 初半偈는 頌智成就오
■ (라) 여덟 게송은 설법 성취에 대해 노래함이다. 그중에 ㄱ. 반의 게송은 지혜 성취에 대해 노래함이요,

ㄴ. 두 게송은 구업 성취에 대해 노래하다[次二偈頌口業成就]
(次二 38下10)

悉以無礙妙辯才로　　　　如其所應差別說하되
處於法座如師子하고　　　亦如牛王寶山王하며
모두 다 걸림 없이 묘한 변재로
적당하게 분별하여 연설하는데
법상에 앉아 있어 사자도 같고
우왕이나 보배 산의 왕과도 같으며

又如龍王布密雲하여　　　霔甘露雨充大海라
善知法性及奧義하여　　　隨順言辭能辯說이로다
용왕이 빈틈없는 구름을 펴고
큰비 내려 바다에 가득하듯이
법의 성품 깊은 이치 모두 잘 알고
여러 가지 말을 따라 연설하오며

[疏] 次, 二偈는 頌口業成就라 其中의 諸喩는 長行에 所無라
- ㄴ. 두 게송은 구업 성취에 대해 노래함이다. 그중의 모든 비유는 장항에 없는 부분이다.

ㄷ. 다섯 개 반의 게송은 법사 성취에 대해 노래하다
[後五偈半頌法師成就] 4.
ㄱ) 한 개 반의 게송은 총지 성취를 노래하다[初一偈半頌持] (後五 39上4)

總持百萬阿僧祇를　　　譬如大海受衆雨하니
總持三昧皆淸淨하여　　能於一念見多佛하며
백만 갑절 아승지 다라니 문은
큰 바다가 많은 비를 받아들이듯
다라니와 삼매가 모두 청정해
한 생각에 많은 부처 모두 뵈오며

一一佛所皆聞法하고　　復以妙音而演暢이로다
부처님께 날날이 법문을 듣고
미묘한 음성으로 연설하더라.

[疏] 後, 五偈半은 頌法師自在成就라 於中에 初一偈半은 頌持오
- ㄷ. 다섯 개 반의 게송은 법사 성취에 대해 노래함이다. 그중에 ㄱ) 한 개 반의 게송은 총지 성취에 대해 노래함이요,

ㄴ) 설법 성취를 노래하다[次一偈頌說] (次一 39上8)

若欲三千大千界에　　　敎化一切諸群生인댄
如雲廣布無不及하여　　隨其根欲悉令喜니라
언제나 삼천대천 넓은 세계에서
수많은 중생들을 교화하려면
구름이 온 세계에 널리 퍼지듯
근기와 욕망 따라 기쁘게 하며

[疏] 次, 一偈는 頌說이오
- ㄴ) 한 게송은 설법 성취를 노래함이요,

ㄷ) 한 게송은 문답 성취를 노래하다[次一偈頌問答] (次一 39下1)

毛端佛衆無有數하며　　衆生心樂亦無極이어든
悉應其心與法門하며　　一切法界皆如是로다
털끝에 부처 대중 수가 없으며
중생의 욕망들도 끝이 없거든
그 마음 모두 따라 법 일러 주며
한량없는 법계에도 그와 같더라.

[疏] 次, 一은 頌問答이라
- ㄷ) 한 게송은 문답 성취를 노래함이다.

ㄹ) 두 게송은 수지 성취와 겸하여 문답 성취를 노래하다
　　[後二偈頌受持兼頌問答] (後二 39下6)

菩薩勤加精進力하고　　　　復獲功德轉增勝하여
聞持爾所諸法門을　　　　　如地能持一切種이로다
보살이 부지런히 더 정진하면
더 훌륭한 공덕을 다시 얻어서
저러한 모든 법문 들어 가지기
땅덩이가 온갖 만물 받들고 있듯

十方無量諸衆生이　　　　　咸來親近會中坐하여
一念隨心各問難이라도　　　一音普對悉充足이로다
시방세계 한량없는 모든 중생들
모두 와서 회중에 친근히 앉아
마음 따라 제각기 질문하는 일
한 소리로 대답하여 만족하게 하네.

[疏] 後, 二는 頌受持兼頌問答227)이니라
■　ㄹ) 두 게송은 수지 성취와 겸하여 문답 성취를 노래함이다.

나) 네 게송은 제9지의 과덕을 노래하다[次四偈頌位果] (經/住於 39下7)

住於此地爲法王하여　　　　隨機誨誘無厭倦하며
日夜見佛未曾捨하여　　　　入深寂滅智解脫이로다
이 지에 머물러선 법왕이 되어
근기 따라 일러 주기 게으름 없고

---

227) 此下에 續本有住於下 第二四頌 頌位果 此是下 第三一頌結說.

밤낮으로 부처 뵙고 버리지 않아
깊은 적멸 지혜 해탈 들어가도다.

供養諸佛善益明하니　　　　如王頂上妙寶冠이요
復使衆生煩惱滅하니　　　　譬如梵王光普照로다
부처님들 공양하여 밝음 더하니
전륜왕이 보배 관을 머리에 쓴 듯
또다시 중생들의 번뇌 멸하니
대범천왕 밝은 광명 널리 비치듯

住此多作大梵王하여　　　　以三乘法化衆生하며
所行善業普饒益하여　　　　乃至當成一切智로다
이 지에서 흔히는 대범왕 되어
삼승의 법문으로 중생을 교화
수행한 선업으로 이익하게 하니
마땅히 온갖 지혜 이루게 되리.

一念所入諸三昧가　　　　　阿僧祇刹微塵數라
見佛說法亦復然이어니와　　願力所作復過此로다
한 생각에 들어간 여러 삼매들
아승지 세계 안에 티끌 수 같고
부처 뵙고 법 말함도 그러하거늘
원력으로 짓는 것은 그보다 많아

다) 결론하여 설함을 노래하다[後一偈頌結說] (經/此是 40上5)

　　　此是第九善慧地니　　　大智菩薩所行處라
　　　甚深微妙難可見을　　　我爲佛子已宣說이로다
　　　이런 것이 제9의 선혜지에서
　　　큰 지혜 보살들이 행하는 데니
　　　매우 깊고 미묘하여 볼 수 없거늘
　　　내가 지금 불자 위해 일러 주노라.

제9절 선혜지(善慧地) 終

大方廣佛華嚴經 제39권
大方廣佛華嚴經疏鈔 제39권의 ① 光字卷 上
제26 十地品 ⑱

정종분 X 제10. 법운지[法雲地] ①

법운지는 십지의 완성이다. 법운이란 "큰 교법의 지혜의 구름이 많은 덕의 물을 함유해서, 모든 번뇌를 가리고 법신에 충만하게 하기 때문이다"라 하여 일체지직위(一切智識位)를 받는다.

"그 마지막 삼매는 이름이 '일체지를 받는 승묘한 직위[受一切智勝職位]'이다. 이 삼매가 앞에 나타날 때에 대연화(大蓮華)가 홀연히 솟아오르는데 그 꽃이 넓고 커서 양이 백만 삼천대천세계와 같으며, 여러 가지 묘한 보배로 사이사이 장엄하였느니….

보살이 이 삼매를 얻을 적에는	菩薩得此三昧時에
보배 연꽃 어느덧 앞에 나타나	大寶蓮華忽然現커늘
연꽃같이 큰 몸으로 위에 앉으니	身量稱彼於中坐하니
불자들이 둘러앉아 우러러보고,	佛子圍遶同觀察이로다
시방의 세계들이 다 진동하고	十方世界咸震動하고
모든 지옥 고통이 소멸되거늘	一切地獄苦消滅이라
그때에 부처님이 직책을 주어	是時諸佛與其職하시니
전륜왕의 태자가 되듯 하니라.	如轉輪王第一子로다"

> 大方廣佛華嚴經 제39권
> 大方廣佛華嚴經疏鈔 제39권의 ① 光字卷 上

제26 십지법문을 설하는 품[十地品] ⑱

제10절. 법의 구름 같은 지[法雲地] 2.

❖ 제6회 십지품 제10 法雲地 (科圖 26-90; 光字卷)

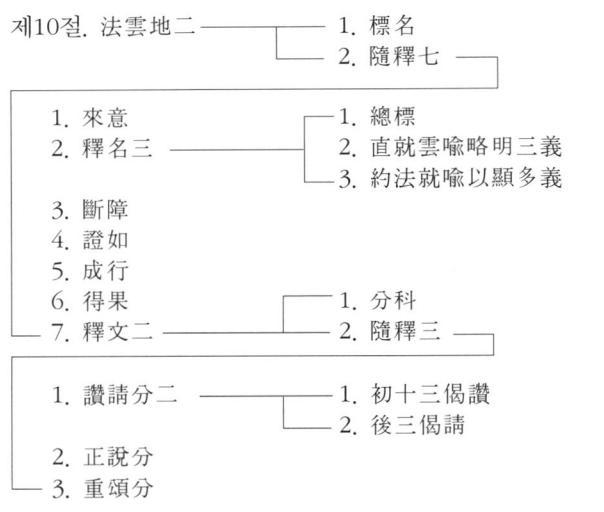

1. 명칭으로 표방하다[標名] (第十 1上5)

[疏] 第十, 法雲地라
 ■ 제10절. 법의 구름 같은 지이다.

2. 과목에 따라 해석하다[隨釋] 7.
1) 오게 된 뜻[來意] 3.

(1) 유가론과 유식론을 인용해 밝히다[引瑜伽唯識第九] (所以 1上5)
(2) 논경을 인용하여 앞의 아홉 지(地)를 모두 포섭하다[引本論通攝前九]
(論云)
(3) 오로지 뒤의 세 지위에만 상대하여 밝히다[唯對後三] (又一)

[疏] 所以來者는 瑜伽意에 云,[228] 雖於一切品類宣說法中에 得大自在나 而未能得圓滿法身하야 現前證受라가 今에 精勤修習하야 已得圓滿이라하니 故有此來니라 論에 云, 於九地中에 已作淨佛國土와 及化衆生하고 第十地中에 修行하야 令智覺滿이 此是勝故라하니 以八九의 二地가 同無功用이나 故對之顯勝일새 有此地來니라 又一乘中에 最居極故니라

■ 1) 오게 된 뜻은 『유가사지론』에서 의미로 이르되, "비록 온갖 품류로 널리 펴 말하는 법 안에서 크게 자재함을 얻었지만, 그러나 아직은 원만한 법신을 현전에서 증득하여 받을 수 없나니, 지금은 부지런히 힘써 닦아 익혀서 원만하게 된다"라고 하였다. 그래서 여기에 온 것이다. 논경에 이르되, "보살이 9지에서 이미 불국토를 청정히 하고 중생을 교화하는 일을 하고, 제10지에서는 수행하여 지혜와 깨달음이 원만히 구족되도록 하나니, 이것이 뛰어난 것이다"라고 하였다. 제8지와 제9지가 모두 공용이 없지만 짐짓 그와 상대하여 뛰어남을 드러내었으므로 이 지(地)가 오게 되었다. 또 일승 가운데 가장 끝에

---

228) 인용문은 『瑜伽師地論』 제78권 攝決擇分中菩薩地의 내용이다.(대정장 권30p.729-)

있는 까닭이다.

[鈔] 第十法雲地라 初, 來意에 有三하니 初는 引瑜伽하야 唯攝第九라 於中[229]에 先은 明九地所能이오 次, 而未下는 明前地不能이니 則是擧劣顯勝이오 後, 今精勤下는 顯此地之能이니 卽擧勝揀劣이라
二, 論云下는 引本論하야 通攝前九니 故云於九地中이니 非第九也라 已作淨佛國土는 卽第八地오 及化衆生은 卽第九地라 旣通前九어늘 而偏語八九者는 後三이 通[230]無功用일새 故擧揀異라 又八은 多約身이오 九는 多約口[231]오 今云智滿은 多約意業이니 故勝於前이니라 言智覺滿者는 智度圓故며 菩薩地盡故니라 三, 又一乘下는 唯對後三이니 以後三地가 皆一乘故라 亦成前義니라

● 제10절. 법의 구름 같은 지이다. 1) 오게 된 뜻에 셋이 있으니 (1) 유가론을 인용하여 오로지 제9지만 포섭함이다. 그중에 가. 제9지의 공능의 대상을 밝힘이요, 나. 而未 아래는 제9지에서 이루지 못한 것을 밝힘이니, 곧 열등함을 거론하여 뛰어남을 드러냄이요, 다. 今精勤 아래는 이 제9지의 공능을 밝힘이니, 곧 뛰어남을 거론하여 열등함과 구분함이다.

(2) 論云 아래는 본 논경을 인용하여 앞의 아홉 지를 모두 포섭함이니, 그래서 '아홉 지에서'라고 하였으니 제9지만 가리킨 것이 아니다. '이미 불국토를 청정히 하고'라 말한 것은 곧 제8지의 공능이요, '중생을 교화하는 일을 하고'라고 말한 것은 곧 제9지의 공능이다. 이미 앞의 아홉 지와 통하였는데 치우쳐 제8지와 제9지만 말한 것은 뒤의

---

229) 中下에 甲南續金本有有三二字.
230) 通은 甲本無, 南續金本作同.
231) 口는 甲南續金本作語.

세 지가 모두 공용 없음인 연고로 거론하여 구분한 것이다. 또 제8지는 신업(身業)에 의지함이 많고, 제9지는 구업(口業)에 의지함이 많고, '지금 지혜가 만족하다'고 말한 것은 의업(意業)에 의지함이 많나니 그래서 앞보다 뛰어난 것이다. '지혜와 깨달음이 원만하다'고 말한 것은 지혜바라밀이 원만한 까닭이며, 보살지(菩薩地)의 끝인 까닭이다.

(3) 又一乘 아래는 오로지 뒤의 셋만 상대하여 밝힘이니 뒤의 세 지위가 모두 일승인 까닭이다. 또한 앞의 의미를 결론한 내용이다.

2) 명칭 해석[釋名] 3.

(1) 총합적으로 표방하다[總標] (次釋 1下9)
(2) 바로 구름의 비유에 입각해 세 가지 뜻을 밝히다[直就雲喩略明三義]
(雲者)

[疏] 次, 釋名이라 下에 自有釋名分이어니와 今且略解호리라 雲者는 是喩라 略有三義하니 一은 含水義오 二는 覆空義오 三은 霔雨義라

■ 2) 명칭 해석이다. 아래에 자연히 명칭을 해석한 부분이 있겠지만 지금은 우선 간략히 풀이해 보리라. '구름'이란 비유이다. 대략 세 가지 의미가 있으니 (1) 물을 머금고 있다는 뜻이요, (2) 허공을 덮고 있다는 뜻이요, (3) 비를 내린다는 뜻이다.

(3) 법에 의지하고 비유에 입각하여 여러 의미를 드러내다
[約法就喩以顯多義] 2.
가. 허공과 구름의 두 가지 비유로 표방하다[標空雲二喩] 2.

가) 구름에 대한 해석[釋雲] (約法 1下10)
나) 허공에 대한 해석[釋空] (空亦)

[疏] 約法就喩인대 則有多義라 雲有四義하니 一은 喩智慧오 二는 喩法身이오 三은 喩應身이오 四는 喩多聞熏因이니라 空亦四義니 一은 喩眞如오 二는 喩麤重이오 三은 喩法身이오 四는 喩梨耶니라

- 법에 의지하고 비유에 입각한다면 여러 의미가 있게 된다. 그래서 구름에 네 가지 뜻이 있으니 (1) 지혜에 비유하고 (2) 법신에 비유하고 (3) 응신에 비유하고 (4) 다문으로 인행을 훈습함에 비유하였다. 허공에도 네 가지 뜻이 있으니 ① 진여에 비유하고 ② 추중번뇌에 비유하고, ③ 법신에 비유하고 ④ 아뢰야식에 비유한 내용이다.

나. 여러 경론을 인용하여 해석하다[引諸經論釋] 2.
가) 바로 인용하여 해석하다[正引釋] 9.

(가) 섭대승론을 인용한 해석[引攝論] 3.
ㄱ. 첫째 뜻을 해석하다[釋第一義] (攝大 2上3)
ㄴ. 둘째 뜻을 해석하다[釋第二義] (又云)
ㄷ. 셋째 뜻을 해석하다[釋第三義] (又云)

[疏] 攝大乘論에 云,[232] 由得總緣一切法智가 含藏一切陀羅尼門과 三摩地門이라하니 此는 喩含水義오 總緣一切法契經等智가 不離眞如라하니 如雲合空이라 總持三昧가 卽是水也니라 又云, 譬如大雲이 能

---

[232] 인용문은 『섭대승론본』 下권 彼修差別分 제6의 내용이다. (대정장 권31 p. 145 c14-)

覆如空廣大障故라하니 此喩覆空義니 卽以前智가 能覆惑智二障이니라 又云, 又於法身에 能圓滿故라하니 此有二義하니 一은 喩霆雨義니 卽上之智가 出生功德하야 充滿所依法身故오 二는 喩徧滿이니 卽前之智가 自滿法身耳라

- 『섭대승론』에 이르되, "(어째서 제10지를 법운지라고 이름하는가?) 총체적으로 일체법을 반연하는 지혜를 얻고, 모든 다라니문・삼마지문을 함장하는 것이니(비유하면 큰 구름과 같아서, 허공 같은 광대한 장애를 능히 덮어 버리기 때문이다"라고 하였으니), 이것은 (1) 물을 포함한 뜻으로 비유한[含水喩] 부분이요, "총체적으로 온갖 법과 계경 등의 지혜를 반연한 것이 진여를 여의지 않는다"라고 하였으니 마치 구름이 허공과 합한 것과 같다. 여기서 다라니와 삼매는 곧 물을 뜻한다. 또 이르되, "비유하자면 큰 구름이 능히 허공처럼 광대한 장애를 덮어 버리는 까닭이다"라고 하였으니, 이것은 (2) 허공을 덮는다는 뜻으로 비유한[覆空喩] 부분이다. 곧 앞의 지혜가 능히 번뇌장과 소지장의 두 가지 장애를 덮어 버린다는 뜻이다. 또 이르되, "또 법신을 능히 원만하게 할 수 있기 때문이다"라고 하였다. 여기에 두 가지 의미가 있으니 (3) 첫째는 비 내리는 뜻으로 비유한[霆雨喩] 부분이니, 곧 위의 지혜가 공덕을 생겨나게 하여 의지할 대상인 법신을 충만케 하는 까닭이요, (4) 둘째는 두루 만족함에 비유한[徧滿喩] 부분이니, 곧 앞의 지혜가 스스로 법신을 원만하게 함을 뜻한다.

(나) 금광명경을 인용한 해석[金光明經] (故金 2上10)
(다) 유식론을 인용한 해석[唯識論] (成唯)
(라) 유가론을 인용한 해석[瑜伽論] (而瑜)

(마) 무성보살의 해석[無性釋] (而無)

[疏] 故로 金光明에 云,²³³⁾ 法身如虛空이오 智慧如大雲이라하니라 成唯識中에 亦有三義하니 全同攝論이니라 而瑜伽에 云,²³⁴⁾ 麤重之身은 廣如虛空이오 法身圓滿은 譬如大雲이 皆能徧覆이라하니 此同攝論第二義라

而無性釋에 以智覆空을 此以法身者는 智滿則法身圓滿이니라 起信論에 云, 顯現法身하야 智純淨故라하며 本分에 云,²³⁵⁾ 得大法身하야 具足自在라하야 亦以法身으로 喩雲이니라

■ 그래서『금광명경』에는, "법신은 허공과 같고 지혜는 큰 구름과 같다"고 하였다.『성유식론』에도 세 가지 의미가 있는데『섭대승론』과 완전히 견해가 같다. 그런데『유가사지론』에서는, "추중(麤重)의 몸의 넓이가 마치 허공과 같은데 법신의 원만함은 비유하면 큰 구름이 모두 다 그를 두루 덮어 버린 것과 같나니"라고 하였는데, 이것은 모두『섭대승론』의 두 번째 허공을 덮는 비유[覆空喩]와 같다.

그러나 무성(無性)보살의 해석에 '지혜로 허공을 덮는 것을 법신이라 한다'라고 말한 것은 지혜가 만족하면 법신이 원만해진다는 뜻이다.『기신론』에서는, "법신을 드러내어 지혜가 맑고 깨끗하게 된 까닭이다"라고 하였다. 본분에서는, "큰 법신을 얻어 자재한 능력을 구족한 까닭"이라고 하였으니, 또한 법신을 구름에 비유한 내용이다.

[鈔] 次釋名下는 文分爲三이니 初, 總標요 二, 雲者下는 開釋이오 三, 然

---

233) 인용문은『金光明經』제3권의 내용이다. (대정장 권16 p. 374-).
234) 인용문은『瑜伽師地論』제78권의 내용이다. (대정장 권30 p. 729-)
235) 水字卷 63丈 上8행에 나온다.

諸釋下는 總結이라 二中에 四니 一, 釋雲이오 二, 約法下는 釋法이오 三, 空亦四義236)下는 影出如空이라 以標名이 雖無나 釋有空故라 四, 攝大乘下는 以諸經論으로 釋上空雲하니 總有九釋이오 兼攝論三義하면 成十一義라 一은 引攝論이오 二는 金光明이오 三은 唯識이오 四는 瑜伽오 五는 無性이오 六은 眞諦오 七은 莊嚴이오 八은 十住오 九는 重引瑜伽라 今初, 攝論釋237)에 有三義하니 此는 卽第一義라 從此喩下는 疏釋彼論이니 此句는 卽疏라

從總緣一切下는 無性釋論이니 彼釋에 具云238)호대 由得總緣一切法智와 總緣一切契經等이 不離眞如하니 此一切法共相境界智는 譬如大雲이오 陀羅尼門三摩地門은 猶如淨水오 智能藏彼는 如雲含水니 有能生彼勝功德故라하니라 釋曰, 共相境智者는 雲與空合이 如智與境으로 冥이라 又共相은 卽是總釋之義니 今疏에 取其要言하야 釋彼本論하니 義已盡矣로다

● 2) 釋名 아래는 소문을 셋으로 나누니 (1) 총합하여 표방함이요, (2) 雲者 아래는 전개하여 해석함이요, (3) 然諸釋 아래는 총합하여 결론함이다. (2)에 넷이니 가. 구름에 대한 설명이요, 나. 約法 아래는 법에 대한 설명이요, 다. 空亦四義 아래는 비추어 허공과 같음을 내보임이다. 명칭으로 표방함이 없긴 하지만 허공을 해석한 까닭이다. 라. 攝大乘 아래는 여러 경과 논서로 위의 허공과 구름을 해석하였으니 통틀어 아홉 가지 해석이요, 『섭론(攝論)』의 세 가지 설명을 겸하면 11가지가 된다. (가) 『섭대승론』을 인용한 해석 (나) 『금광명경』을 인용한 해석 (다) 『유식론』을 인용한 해석 (라) 『유가론』을 인

---

236) 上四字는 原續本作空亦, 金本作亦因義; 玆從南藏.
237) 上三字는 甲南續金本作總.
238) 인용문은 『無性攝論』제7권 彼修差別分의 내용이다. (대정장 권31 p.424 a-)

용한 해석 (마) 무성보살의 해석 (바) 진제삼장의 해석 (사)『장엄론』을 인용한 해석 (아)『십주비바사론』을 인용한 해석 (자) 다시『유가론』을 인용하여 해석함이다. 지금은 (가)『섭대승론』을 인용한 해석에 세 가지 의미가 있으니, 이것은 첫째 의미[含水喩]이다. 此喩부터 아래는 소가가 섭론을 해석한 내용이니 이 구절은 곧 소의 문장이다. 總緣一切부터 아래는『무성섭론』에 의지해 해석한 내용이다. 저 해석을 갖추어 말하면, "모든 일체법을 반연하는 지혜를 얻었기 때문에 진여를 여의지 않는 모든 계경 등의 법을 모두 반연한다. 이러한 일체법과 공상(共相)인 경계의 지혜는 비유컨대 큰 구름과 같고, 다라니문과 삼마지문은 마치 청정한 물과 같아서, 지혜는 능히 저것을 저장하나니 구름이 물을 머금은 것과 같다. 왜냐하면 저 뛰어난 공덕을 생기게 할 수 있기 때문이다"라고 하였다. 해석하자면, 일체법과 공상인 경계의 지혜는 구름이 허공과 합한 것이 마치 지혜가 경계와 그윽이 합하는[冥合] 것과 같다. 또 공상은 곧 총합하여 해석한 의미이니, 지금 소에서 그 요점을 취하여 저 논경을 해석하였으니 의미가 이미 다한 것이다.

[鈔] 又云譬如下는 卽攝論第二義니 從此喩下는 疏釋彼論이오 從卽以下는 取無性意釋이라 彼釋에 具云, 又如大雲이 覆隱虛空하야 如是 總緣一切法智가 覆隱如空廣大充徧惑智二障이라하니라 言覆隱者는 隔義며 斷義니라

又云於法身下는 攝論第三義오 從此有下는 疏釋이니 亦取無性意라 無性이 釋此云호대 又如大雲이 澍淸冷水하야 充滿虛空인달하야 如是 總緣一切法智가 出無量殊勝功德하야 充滿所依法身이라하니라 釋

曰, 彼言雖多나 疏已收盡이니라 次四는 可知로다

- 又云譬如 아래는 『섭론』의 둘째 의미[覆空喩]이다. 此喩부터 아래는 소가가 『섭론』을 해석한 내용이요, (마) 卽以부터 아래는 무성보살의 주장을 취하여 해석한 내용이다. 저 해석을 갖추어 말하면 "또 마치 큰 구름이 허공을 덮는 것과 같아서 이와 같이 일체법을 모두 다 반연하는 지혜는 허공처럼 광대하고 그지없는 번뇌장과 소지장의 두 가지 장애를 덮고 막아 준다. 부은(覆隱)이란 말은 '막는다', '끊는다'는 의미이다."

  又於法身 아래는 『섭론』의 셋째 의미[霔雨喩]이고 此有부터 아래는 소가의 해석이니, 또한 무성보살의 주장을 취한 해석이다. 무성보살이 이 부분을 해석하되, "또 큰 구름이 맑고 차가운 물을 허공에 가득 흘려보내는 것과 같이, 이와 같이 일체법을 모두 반연하는 지혜는 한량없는 뛰어난 공덕을 출생하여 의지할 법신에 충만하다"고 하였다. 해석하자면 저 무성의 말씀이 비록 많은 듯하지만 소에 이미 모두 반영한[收] 내용이다. 다음의 넷째 의미[徧滿喩]는 알 수 있으리라.

(바) 진제삼장의 해석[眞諦釋] (眞諦 2下5)

[疏] 眞諦三藏이 釋金光明經云호대 虛空은 喩三法身이오 雲은 喩三道之智라하나니 此는 法喩亦齊나 似非經意니 此는 喩位極이오 非道前故니라

- 진제(眞諦)삼장이 『금광명경』을 해석하면서, "허공은 세 가지 법신을 비유하였고, 구름은 세 가지 도[見道, 修道, 證道]의 지혜에 비유한다"라고 하였으니, 이것은 법과 비유가 가지런하지만 본경의 의미가 아닌

듯하다. 여기서는 지위가 끝인 것에 비유하였고 견도 이전은 아닌 까닭이다.

❖ 十地의 명칭 대조표 (도표 26-5)

	華嚴經	唯識論	十地論	瑜伽論	攝論	仁王經	大乘莊嚴論	毘婆沙論	解深密經
初地	歡喜地	極喜地	〃	極喜地	〃	〃	見淨地	〃	極喜地
二地	離垢地	〃	〃	〃	無垢地	〃	戒淨地	明地	〃
三地	發光地	〃	明地	〃	明焰地	〃	定淨地	炎地	〃
四地	焰慧地	〃	焰地	〃	燒然地	〃	斷法門異慢地	〃	〃
五地	難勝地	〃	〃	極難勝	〃	〃	斷相續異慢地	〃	極難勝
六地	現前地	〃	〃	〃	〃	〃	斷染淨異慢地	〃	〃
七地	遠行地	〃	〃	〃	〃	遠達地 玄達地	得覺地	深遠地	〃
八地	不動地	〃	〃	〃	〃	等觀地	行捨地	〃	〃
九地	善慧地	〃	〃	〃	〃	慧光地	化衆生地	〃	〃
十地	法雲地	〃	〃	〃	〃	〃	①大神通 ②滿法身 ③能現身 ④受職地	〃	〃
十一地	—	—	佛地	佛地	—	—		—	佛地

[鈔] 眞諦三藏下는 六은 引眞諦라 於中에 先言虛空喻三法身者는 譬如虛空이라 空有三義하니 一은 容受義니 譬如自性法身이 不礙生死오

二는 無邊義니 譬如顯了法身이니 謂雖得顯了나 猶未究竟이 如空有 淸淨處며 有塵霧處하야 如道內法身이 徧解惑中道也라 三은 淸淨 無塵霧義니 譬如聖果法身이니라 雲喩三道之智者는 卽智慧는 如大 雲이라 譬如如智에 有其三義니 一은 道前性得이오 二는 道內修得이 오 三은 道後至得이라 文239)言徧者는 性得如如智가 徧如如理오 滿 者는 修得如如智가 滿如如理오 覆者는 至得如如智가 覆如如240)理 하야 境智241)相稱이니라 雲卽是雨오 雨有三義하니 一은 能除塵이니 謂 道前自性智가 淸淨無染義오 二는 能洗垢니 道內에 滅除惡業이오 三 은 能生萌芽니 道後에 能生如如萌芽니라 又虛空은 如法身이오 雲如 應身이니라

此法喩亦齊下는 二, 疏斷得失이니 先, 取오 後, 似非經意下는 奪之 니 謂若如上釋인대 道前에 應得法雲之名이리라 名旣此立일새 故似非 經意라 而言似者는 以約理에 可通故니 謂道前에 雖有雲義나 三義 未足일새 不得此名이오 十地位滿하야사 方得名耳니 此則可通일새 故 云似也니라

● (바) 眞諦三藏 아래는 진제삼장의 해석이다. 그중에 (ㄱ) 허공으로 세 가지 법신에 비유한 말은 허공에 비유한 내용이다. 허공에 세 가지 의미가 있으니 (1) 용납하여 받아들이는 의미[容受義]이니, 비유하자면 마치 자성 법신이 생사에 걸리지 않음과 같고 (2) 그지없는 의미[無盡義]이니, 비유하자면 법신을 밝게 요달함과 같다. 다시 말하면 비록 밝게 요달하긴 했지만 아직도 궁극이 아닌 것이 마치 허공은 깨끗한 곳[淸淨處]도 있고 티끌로 더러워진 곳[塵霧處]도 있는 것과 같이

---

239) 文은 探玄記作又.
240) 上四字는 南續金本無, 原及探玄記有.
241) 智는 南續金本作至誤.

마치 보리 속의 법신이 미혹을 아는 중도로 가득함과 같다. (3) 더러움 없이 깨끗한 곳[淸淨無塵霧處]이라는 의미이니, 성인의 과덕인 법신에 비유함과 같다. '구름으로 세 가지 도의 지혜에 비유한다'는 것은 곧 지혜는 큰 구름과 같다는 뜻이다. 여여지(如如智)를 비유함에 세 가지 뜻이 있으니 ① 보리를 얻기 전에 체성으로 얻은 지혜[道前性得] ② 보리의 수행 중에 수행으로 얻은 지혜[道內修得] ③ 보리를 이룬 후에 궁극적으로 얻은 지혜[道後至得]이다. 또 '두루 하다'고 말한 것은 체성으로 얻은 여여지(如如智)가 여여리(如如理)에 두루 함이요, '가득하다'는 말은 수행으로 얻은 여여지가 여여리에 가득함이요, '덮는다'는 말은 궁극에 얻은 여여지가 여여리를 덮어서 경계와 지혜가 서로 걸맞은 것을 말한다. 구름이 곧 비이니 비에 세 가지 뜻이 있다. 1) 더러운 먼지를 능히 없앤다는 뜻이니, 보리를 이루기 전의 자성의 지혜가 오염 없이 깨끗하다는 의미요, 2) 더러움을 능히 씻어 낸다는 뜻이니, 보리 속의 악업을 없앤다는 의미요, 3) 새싹을 능히 틔운다는 뜻이니, 보리를 얻은 후에 능히 여여지의 새싹을 틔우게 한다는 의미이다. 또 허공은 법신(法身)과 같고 구름은 응신(應身)과 같다.

ㄱ. 此法喻亦齊 아래는 소가가 얻고 잃음을 단절함이니 ㄱ) 취함이요, ㄴ) 似非經意 아래는 뺏음이다. 말하자면 만일 위에 해석함과 같다면 보리를 얻기 전에 응당히 법운(法雲)이라는 명칭을 붙였으리라. 명칭이 이미 정해졌으므로 본경의 의미가 아닌 듯하다. 그러나 '비슷하다'고 말한 것은 이치에 의지하면 통할 수 있는 까닭이다. 말하자면 보리를 얻기 전에도 비록 구름이란 뜻이 있긴 하지만 세 가지 뜻이 만족하지 않으므로 이런 명칭을 붙일 수가 없다. 십지의 지위가 만족해야만 비로소 명칭을 붙일 수 있나니, 이렇다면 통

할 수 있으므로 '비슷하다'고 말하였다.

(사) 장엄론을 인용한 해석[莊嚴論] (莊嚴 2下8)
(아) 십주비바사론을 인용한 해석[十住論] (十住)
(자) 다시 유가론을 인용하여 해석하다[重引瑜伽] (瑜伽)

[疏] 莊嚴論第十三에 云, 於第十地中에 由三昧門과 及陀羅尼門하야 攝一切聞熏習因하야 徧滿阿梨耶識中이 譬如浮雲이 徧滿虛空이니 能以此聞熏習雲으로 於一一刹那와 於一一相과 於一一好와 於一一毛孔에 雨無量無邊法雨하야 充足一切가 所化衆生이라 由能如雲雨法雨故로 故名法雲이라하니 此從法身이 未及佛故로 立頼耶名이니라 十住論에 云,[242] 於無佛世界에 能雨法雨故라하며 瑜伽에 又意云호대 言大雲者는 未現等覺이라 若現等覺인댄 能雨大雨하야 作利益故라하니 是則密雲不雨오 含德而已니라

■ 『대승장엄론(大乘莊嚴論)』제13권에서는, "제10지에서 삼매문과 다라니문으로 인해 모든 듣고서 훈습하는 원인을 포섭하여 아뢰야식 속에 가득하게 함은, 비유컨대 마치 뜬구름이 허공에 가득함과 같다. 능히 이런 듣고서 훈습하는 구름으로 낱낱의 순간과 낱낱의 모양과 낱낱의 수호(隨好)와 낱낱의 털구멍에 한량없고 그지없는 법의 비를 내려서 온갖 교화받을 중생을 충족시킨다. 능히 구름에서 법의 비를 내리게 할 수 있으므로 법의 구름이라 한다"고 하였다. 이것은 법신이 아직 부처의 경지에 미치지 못한 것으로부터 아뢰야식의 명칭을 세

---

242) 無佛은 探玄記作無量. 인용문은 『十住毘婆沙論』제1권 入初地品 제2의 내용이다. (대정장 권26 p. 23-) [제10지 중에서는 보살이 시방의 한량없는 세계에서 한꺼번에 법의 비를 내릴 수 있음이 마치 劫燒 후에 큰 비를 널리 쏟는 것과 같은지라 法雲地라 이름한다.] 『探玄記』제14권 法雲地 釋名條에 云, "十住論無佛世界能雨法雨名法雲地"이라 하였다. (『六十華嚴經探玄記合編』제2책 p. 215- ; 종립승가대학원 刊 2000)

운 것을 뜻한다. 『십주비바사론』에서는, "부처님이 안 계신 세계에 능히 법의 비를 내리게 하는 까닭이다"라고 하였다.

『유가사지론』에 또 의미로 말하되, "큰 구름이라 말한 것은 등각(等覺)을 나타낸 것이 아니다. 만일 등각을 나타낸 것이라면 능히 큰비[大雨]를 내려서 이익을 준다"고 해야 할 것이다. 그렇다면 빽빽한 구름[密雲]은 비는 내리지 못하면서 공덕을 가득 품고 있을 뿐이다.

[鈔] 莊嚴論下는 七, 引莊嚴이니 先, 引論이오 此從法下는 疏釋이라 十住論은 第一也라

● (사) 莊嚴論 아래는 장엄론을 인용한 해석이니, ㄱ. 장엄론을 인용함이요, ㄴ. 此從法 아래는 소가의 해석이다. (아)『십주비바사론』은 제1권[243]의 내용이다.

나) 총합하여 소속을 결론하다[總結屬] (然諸 3上6)

[疏] 然諸釋이 雖衆이나 不出三義니 謂以智慧含德과 徧斷諸障과 徧證法身故니라

■ 하지만 여러 해석이 많긴 하지만 세 가지 의미를 벗어나지 못한다. 이를테면 (1) 지혜로 공덕을 간직함이요, (2) 모든 장애를 두루 단절함이요, (3) 법신을 두루 증득함이다.

[鈔] 瑜伽又意下는 九, 重引瑜伽니 先, 擧論이오 後, 是則密雲下는 疏釋이니 卽周易小畜卦語라 易에 云, 小畜은 亨하니 密雲不雨는 自我西

---

[243] 『十住論』제1권에 云, "제10地 중에서는 보살이 시방의 한량없는 세계에서 한꺼번에 법의 비를 내릴 수 있음이 마치 겁의 불길[劫燒] 후에는 큰비를 널리 쏟는 것과 같은지라 法雲地라 이름한다."(대정장 권26 p. 23-)

郊로다 象曰, 小畜은 柔得位而上下應之할새 曰小畜이라 健而巽하며 剛中而志行하야 乃亨하리라 密雲不雨는 上往也오 自我西郊는 施未 行也라하니라 釋曰, 彼況文王이 當紂之時하야 身爲西伯하야 有君之 德이 猶如密雲이오 未有君位하야 德未施行이 猶如不雨라 今況十地 가 含佛之德이나 未等正覺[244]일새 故로 云,[245] 含德而已니라

● (자) 瑜伽又意 아래는 다시 유가론을 인용한 해석이다. ㄱ. 논문을 거론함이요, ㄴ. 是則密雲 아래는 소가의 해석이니 곧 『주역(周易)』 소축괘(小畜卦)의 말씀이다. 『주역』에 이르되, "조금 모아 놓으면 통한다. 된구름이 일지만 비가 내리지 않는다. 우리의 서쪽 교외에서 시작하리라." 단사(彖辭)에 이르되, "소축괘(小畜卦)는 부드러워 자리를 얻고 아래위가 응하나니 이를 소축(小畜)이라 한다. 건실하면서 유순하고 강하고 중립이면서 행하는 데 뜻을 두니, 비로소 형통한다. 된구름에 비가 오지 않는 것은 오히려 가는 것이다. 나의 서쪽 교외에서 시작하는 것은 베푸는 것이 아직 행해지지 않은 것이다"라고 하였다. 해석하자면 저에서 하물며 문왕(文王)이 걸주(桀紂)대의 혼란기를 당하여 신분이 서백(西伯)이 되어 임금의 덕이 마치 된구름과 같았고, 아직도 군왕의 자리에 있으면서 덕을 베풀지 못하는 것이 비가 내리지 않음과 같다. 지금 제10지가 부처님의 공덕을 머금은 것에 비교하였지만 아직 등정각(等正覺)이 아니므로 '덕을 머금었을 뿐이다'라고 하였다.

3) 장애를 단절하다[斷障] 4.

---

244) 覺下에는 南續金本有是字.
245) 故云은 南續金本作是故但云.

(1) 명칭으로 총합 표방하다[總標名] (所覆 5上9)
(2) 장애하는 주체의 이름과 체성[能障名體] (謂於)
(3) 장애받는 대상의 업[所障之業] (此障)
(4) 어리석음을 단절하다[釋斷愚] (斯卽)

[疏] 所覆麤重은 卽所離障이니 謂於諸法中에 未得自在障[246]이니 此障十地大法智雲과 及所含藏所起事業故라 斯卽二愚니 障所起業은 名大神通愚요 障大智雲은 卽悟入微細秘密愚니라

■ 덮여 있는 추중번뇌는 여의어야 할 장애이다. 모든 법 속에서 아직 자재함을 얻지 못하게 하는 장애를 말하나니, 그것은 제10지의 큰 법의 지혜 구름[法雲] 및 함장된 것[다라니문과 삼매문]과 일으켜진 사업을 장애한다. 이것이 곧 두 가지 어리석음이니, 일으킨 업을 장애하는 것은 (1) 크게 신통하려는 어리석음[大神通愚]이요, 큰 지혜의 구름을 장애하는 것은 (2) 미세하고 비밀한 것을 깨달아 들어가려는 어리석음[悟入微細秘密愚]이다.

---

246) 제10지에서 끊어야 할 두 가지 어리석음은 『성유식론』 제10권의 내용이다. (대정장 권31 p.53c12-) [제10은 모든 법 속에서 아직 자재함을 얻지 못하게 하는 장애이다. 소지장 중에서 선천적으로 일어나는 것의 일부분이, 모든 법에 대해서 자재함을 얻지 못하게 하는 것을 말한다. 그것은 제10지의 큰 법의 지혜 구름[法雲] 및 함장된 것[다라니문과 삼매문]과 일으켜진 사업을 장애한다. 제10지에 들어갈 때에 문득 능히 영원히 단멸한다. 그러므로 제10지에서 두 가지 장애와 그것의 추중을 끊는다고 말한다. 첫째는 큰 신통의 어리석음이니, 곧 이 중에서 일으켜지는 사업을 장애하는 것을 말한다. 둘째는 미세하고 비밀한 것을 깨달아 들어가는 어리석음이니, 곧 이 중에서 큰 법의 지혜 구름 및 함장된 것을 장애하는 것을 말한다.]
또 대정장 권31 p.53c18- 에는, [이 십지에서는 법[總持·禪定·業]에 대해서 자재함을 얻긴 하지만, 남아 있는 장애가 있으므로 아직 最極이라고 이름하지 않는다. 선천적으로 일어나는 미세한 소지장이 있고, 자연히 일어나는 번뇌장의 종자가 있다. 따라서 金剛喩定이 현전할 때에 그것을 모두 단박에 끊고 如來地에 들어간다. 그러므로 부처님 지위에서 두 가지 어리석음과 그것의 추중을 끊는다고 말한다. 첫째는 모든 인식대상에 대해서 매우 미세하게 집착하는 어리석음이니, 곧 이 중에서 미세한 소지장이다. 둘째는 매우 미세하게 장애하는 어리석음이니, 곧 이 중에서 자연히 일어나는 모든 번뇌장의 종자이다.]

[鈔] 所覆下는 卽第三離障이라 於中에 四니 一, 標오 二, 謂於下는 能障名體오 三, 此障下는 所障之業이오 四, 斯卽下는 斷愚니라
- 3) 所覆 아래는 장애를 단절함이다. 그중에 넷이니 (1) 표방함이요, (2) 謂於 아래는 명칭과 체성을 능히 장애함이요, (3) 此障 아래는 장애받는 대상인 업이요, (4) 斯卽 아래는 어리석음을 단절함이다.

4) 진여를 증득하다[證如] (斷此 5下3)

[疏] 斷此障故로 便能證得業自在等의 所依眞如니
- 이런 장애를 단절한 까닭에 문득 능히 업에 자재함 등의 의지처인 진여를 증득하게 된다.

5) 행법을 성취하다[成行] (謂神 5下4)

[疏] 謂神通作業과 總持定門이 皆自在故로 便成受位等行이라
- 말하자면 신통으로 업을 지음과 총지의 삼매문이 모두 자재한 연고로 단박에 수직위(受職位) 등의 행법을 성취하게 된다.

6) 과덕을 얻다[得果] (具智 5下6)

[疏] 具智波羅密하야 得化身三昧等果는 卽是雲雨오 究竟成佛法身과 及所證如는 皆亦所徧虛空이니 其旨一耳니라
- 지혜바라밀을 구족하여 화신(化身)삼매 등의 과덕을 얻는 것이 곧 구름과 비이고, 궁극에 부처님의 법신을 이룸과 증득할 진여를 성취하

는 것은 모두 허공에 두루 함이니, 그 뜻이 한결같을 뿐이다.

[鈔] 證理成行得果니 文並可知로다
- 4) 진여를 증득함과 5) 행법을 성취함과 6) 과덕을 얻음은 경문과 함께하면 알 수 있으리라.

7) 경문 해석[釋文] 2.

(1) 과목 나누기[分科] (次正 6上4)

[疏] 次, 正釋文이라 文中에 三分이니 先은 讚請中에 有十六偈하니 前十三은 讚이오 後三은 偈請이라
- 7) 경문 해석이다. 경문에 세 부분이니 가. 찬탄하며 청법하는 부분에 16개의 게송이 있으니, 가) 앞의 13개의 게송은 찬탄함이요, 나) 뒤의 세 게송은 게송으로 청법함이다.

(2) 과목에 따라 해석하다[隨釋] 3.
가. 찬탄하며 청법하는 부분[讚請分] 2.

가) 13개 게송은 찬탄하다[初十三偈讚] 2.
(가) 세 게송은 부처님께 공양을 베풀기만 하다[初三偈但申供養]
(前中 6上5)

淨居天衆那由他가　　　聞此地中諸勝行하고

空中踊躍心歡喜하여　　　　悉共虔誠供養佛이로다
정거천 하늘 무리 나유타들이
이 지의 좋은 행을 듣고 나서는
공중에서 뛰놀며 마음이 기뻐
정성으로 부처님께 공양하오며

不可思議菩薩衆이　　　　　亦在空中大歡喜하여
俱燃最上悅意香하여　　　　普熏衆會令淸淨이로다
헤아릴 수가 없는 보살 대중도
허공중에 있으며 크게 즐거워하여
뜻에 맞는 좋은 향을 모두 살라
대중에게 풍기어 청정케 하고

自在天王與天衆이　　　　　無量億數在虛空하여
普散天衣供養佛하니　　　　百千萬種繽紛下로다
자재천의 임금과 하늘 무리들
한량없는 억 사람 허공에 있어
하늘 옷을 흩어서 부처님께 공양하여
백천만 가지들이 어지럽게 내리며

[疏] 前中에 亦二니 前三偈는 但申供養이라 有三類는 可知로다
- 가) 중에 또 둘이니 (가) 앞의 세 게송은 단지 공양을 베풀기만 함이다. 세 부류에 대해서는 알 수 있으리라.

(나) 열 게송은 천녀들이 공양 올리며 찬탄하다[後十偈天女供讚] 2.
ㄱ. 공양 올리며 찬탄함에 대해 표방하다[初一偈總標供讚] (後十 6上9)

  天諸婇女無有量하여   靡不歡欣供養佛하고
  各奏種種妙樂音하여   悉以此言而讚歎하되
  하늘의 채녀들도 한량이 없어
  환희하게 공양하지 않는 이 없고
  제각기 묘한 풍류 소리를 내어
  이런 말로 부처님을 찬탄하니라.

[疏] 後, 十偈는 天女供讚이라 於中에 亦二니 初一은 總標供讚이오
 ■ (나) 열 게송은 천녀들이 공양 올리며 찬탄함이다. 그중에 또 둘이니
  ㄱ. 처음 한 게송은 공양 올리며 찬탄함에 대해 표방함이다.

ㄴ. 아홉 게송은 찬탄하는 언사를 바로 밝히다[後九偈正顯讚辭] 2.
ㄱ) 여덟 게송은 공덕과 공능을 찬탄하다[初八偈讚德能] 2.

(ㄱ) 다섯 게송은 큰 작용이 자재함을 찬탄하다[初五偈讚大用自在] 2.
a. 두 게송은 작용한 이익이 두루 하다[初二偈用益普周] (餘九 6下4)

  佛身安坐一國土하사   一切世界悉現身하시니
  身相端嚴無量億이라   法界廣大悉充滿이로다
  부처님 몸 한 국토에 앉아 계시나
  온 세계에 여러 몸 나타내시니

몸매가 단정하기 한량없으사
크고 넓은 법계에 가득 차시고

於一毛孔放光明하사 　　　普滅世間煩惱暗하시니
國土微塵可知數어니와 　　此光明數不可測이로다
한 털구멍 속으로 광명을 놓아
세간의 어두운 번뇌 두루 없애니
세계의 티끌 수는 헤아릴 수 있지만
이 광명은 헤어서 알 수가 없고

[疏] 餘九는 正顯讚辭라 於中에 亦二니 前八은 讚佛德能이오 後一은 勸
修利益이라 前中에 亦二니 前五는 讚大用自在오 後三은 顯自在所
由라 前中에 亦二니 前二는 用益普周오

■ ㄴ. 나머지 아홉 게송은 찬탄하는 언사를 바로 밝힘이다. 그중에 또 둘이니 ㄱ) 앞의 여덟 게송은 공덕과 공능을 찬탄함이요, ㄴ) 뒤의 한 게송은 수행한 이익을 권함이다. ㄱ)에도 둘이니 (ㄱ) 앞의 다섯 게송은 큰 작용이 자재함을 찬탄함이요, (ㄴ) 뒤의 세 게송은 자재한 원인을 밝힘이다. (ㄱ) 에도 또 둘이니 a. 앞의 두 게송은 작용한 이익이 두루 함이요,

b. 세 게송은 견해에 따라 같지 않다[後三偈隨見不等] 2.
a) 한 게송은 총합하여 밝히다[初一偈總明] (後三 6下9)

或見如來具衆相하사 　　　轉於無上正法輪하며

或見遊行諸佛刹하고　　　或見寂然安不動이로다
혹은 여래 모든 몸매 모두 갖추고
위없이 바른 법륜 굴림을 보며
여러 세계 다니심을 보기도 하고
어떤 때는 고요하여 동치 않으며

[疏] 後三은 隨見不等이라 於中에 亦二니 初一은 總明이오
- b. 세 게송은 견해에 따라 같지 않음이다. 그중에 또 둘이니 a) 한 게송은 총합하여 밝힘이요,

b) 두 게송은 성불하는 여덟 가지 모양[後二偈八相] (後二 7上4)

或現住於兜率宮하고　　　或現下生入母胎하며
或示住胎或出胎하사　　　悉令無量國中見[247]이로다
어떤 때엔 도솔천궁 계심을 보고
어떤 때엔 내려와서 모태에 들고
혹은 태에 머물다가 혹은 나와서
한량없는 국토에서 보게 하오며

或現出家修世道하고　　　或現道場成正覺하며
或現說法或涅槃하사　　　普使十方無不覩로다
어떤 때는 집을 떠나 도를 닦다가
어떤 때는 도량에서 정각 이루고

---

247) 現住는 續金本作見住.

법문을 말하며 열반에 들어
　　　시방세계 중생들이 보게 하나니

[疏] 後二는 八相[248]이라
　■ b) 두 게송은 성불하는 여덟 가지 모양이다.

(ㄴ) 세 게송은 자재한 원인을 밝힘에 대해 노래하다
　　　[後三偈顯自在所由] 2.
a. 한 게송은 세상이 환술 같음을 알다[初一偈了知世幻] (顯所 7下1)

　　　譬如幻師知幻術에　　　　在於大衆多所作인달하여
　　　如來智慧亦復然하여　　　於世間中普現身이로다
　　　비유하면 요술쟁이 요술을 부려
　　　대중에게 여러 물건 나타내나니
　　　부처님의 지혜도 그와 같아서
　　　세간에서 여러 가지 몸을 나투네.

b. 두 게송은 궁극에 체성과 양상을 증득하다[後二偈證窮性相]
　　　　　　　　　　　　　　　　　　(經/佛住)

　　　佛住甚深眞法性하사　　　寂滅無相同虛空하되
　　　而於第一實義中에　　　　示現種種所行事로다
　　　깊고 참된 성품 속에 부처 계시어

---

248) 相下에 續金本有顯字誤, 案疏云 後三顯自在所由 故顯字應屬下.

고요하고 형상 없어 허공 같지만
제일이고 진실한 진리 가운데
가지가지 행할 일을 보이시나니

所作利益衆生事가　　　　　皆依法性而得有하니
相與無相無差別하여　　　　入於究竟皆無相이로다
중생을 이익하려 짓는 일들이
법의 성품 의지하여 있게 되나니
형상 있고 형상 없음 차별이 없이
필경에 들어가면 모두 없는 것

[疏] 顯所由中에 亦二니 初一은 智了世幻故니 文有喩合이라 後二는 證窮性相故라 於中에 半偈는 證體오 半偈는 起用이오 半偈는 用不離體오 半偈는 體用泯絶이니라

■ (ㄴ) 자재한 원인을 밝힘 가운데 또 둘이니 a. 처음 한 게송은 지혜로 세상이 환술임을 요달함이니 경문에 비유와 합이 있다. b. 뒤의 두 게송은 궁극에 체성과 모양을 증득한 까닭이다. 그중에 a) 반 개의 게송은 체성을 증득함이요, b) 반 개의 게송은 작용을 일으킴이요, c) 반 개의 게송은 작용이 체성을 여의지 않음이요, d) 반 개의 게송은 체성과 작용이 끊어짐이다.

ㄴ) 수행한 이익을 권하다[後一偈勸修利益] (經/若有 7下4)

若有欲得如來智인댄　　　　應離一切妄分別이니

有無通達皆平等하면 　　　疾作人天大導師로다
여래의 깊은 지혜 얻으려거든
갖가지 허망 분별 여읠 것이니
있고 없음 통달하면 모두 평등해
천상 인간 대도사를 빨리 지으리.

나) 세 게송은 청법을 노래하다[後三偈請] 2.
(가) 묵연히 생각으로 청법하다[初一偈結黙念請] (後三 8上2)

無量無邊天女衆이 　　　種種言音稱讚已하고
身心寂靜共安樂하여 　　瞻仰如來黙然住러니
한량없고 그지없는 하늘 여인들
가지가지 음성으로 칭찬하더니
몸과 마음 고요하고 함께 즐거워
부처님 앙모하여 잠자코 있네.

(나) 두 게송은 상수대중이 언사로 청법하다[後二偈上首言請]

卽時菩薩解脫月이 　　　知諸衆會咸寂靜하고
向金剛藏而請言하시되 　大無畏者眞佛子여
그때에 우두머리 해탈월보살
모인 대중 고요함을 살펴서 알고
금강장보살에게 청하는 말씀
두려움 없으신 참된 불자여,

從第九地入十地하는 所有功德諸行相과
及以神通變化事를 願聰慧者爲宣說하소서
제9지로부터서 제10지에 드는
여러 가지 공덕과 모든 행상과
아울러 신통으로 변화하는 일
지혜 있는 보살께서 말씀하소서.

[疏] 後三는 請中에 初一은 結黙念請이오 後二는 上首言請이라
- 나) 세 게송은 청법을 노래함이다. 그중에 (가) 한 게송은 묵연히 생각으로 청법함으로 결론함이요, (나) 두 게송은 상수대중이 언사로 청법함이다.

나. 바로 설법하는 부분[正說分] 2.

가) 명칭의 뜻을 총합하여 말하다[總敍名義] 2.
(가) 논경에 의지하여 총합하여 과목 나누다[依論總科] (第二 8上10)

爾時에 金剛藏菩薩摩訶薩이 告解脫月菩薩言하시되 佛子여 菩薩摩訶薩이 從初地로 乃至第九地히 以如是無量智慧로 觀察覺了已하고 善思惟修習하며 善滿足白法하며 集無邊助道法하며 增長大福德智慧하며 廣行大悲하며 知世界差別하며 入衆生界稠林하며 入如來所行處하며 隨順如來寂滅行하며 常觀察如來力無所畏不共佛法이 名爲得一切種과 一切智智受職位니라

그때 금강장보살마하살이 해탈월보살에게 말하였다. "불자여, 보살마하살이 초지로부터 제9지에 이르면서, 이렇게 한량없는 지혜로 관찰하여 깨닫고는 잘 생각하여 닦으며, 흰 법을 만족하고 그지없는 도를 돕는 법을 모으며, 큰 복덕과 지혜를 증장하고 크게 가엾이 여기는 마음을 널리 행하여, 세계의 차별함을 알며, 중생 세계의 빽빽한 숲에 들어가며, 여래가 행하시는 곳에 들어가며, 여래의 적멸한 행을 따라 순종하며, 여래의 힘과 두려움 없음과 함께하지 않는 부처님 법을 항상 관찰하나니, 갖가지 지혜와 온갖 지혜의 지혜를 얻은 직책을 받는 지위라 이름하느니라."

[疏] 第二, 正說이라 論分八分하니 一은 方便作滿足地分이니 攝前九地所修하야 總爲方便하야 滿此地故라 二는 得三昧分이니 初住地行에 行德無量이나 偏擧受職之所依故라 三은 得受位分이니 正住地行이니 依前定力하야 攝佛智故라 四는 入大盡分이니 是地滿行이니 望前諸地에 行已窮盡이오 今復地滿하니 盡之極故라 五는 釋名分이니 此地에 學窮일새 辨德顯稱故라 六은 神通力有上無上分이니 地滿足已에 妙用自在하야 形前無上이며 形佛劣故라 七은 地影像分이니 以喩顯法이 如因影像하야 知形質故라 八은 地利[249]益分이니 彰說殊勝하야 勸修趣入故니라

- 나. 바로 설법하는 부분이다. 논경에서는 여덟 부분으로 나누었으니
 ㄱ. 방편으로 지은 것이 십지를 만족하는 부분이니, 앞의 아홉 지에서 닦은 바를 포섭하여 모두 방편으로 삼아 이 십지를 만족하게 하

---

249) 利는 南續金本作顯, 論原作利.

는 까닭이다. ㄴ. 삼매를 얻는 부분이니, 처음으로 지(地)에 머물러 행할 적에 행덕이 한량없지만 수직위(受職位)의 의지할 바에만 치우쳐 거론하는 까닭이다. ㄷ. 지위를 받게 되는 부분이다. 바로 지(地)에 머물러 행하는 것이니, 앞의 선정의 힘에 의지하여 부처님 지혜를 섭수한 까닭이다. ㄹ. 크게 다함에 들어가는 부분이다. 이 지(地)를 만족한 행이니, 앞의 모든 지와 대조하여 행하여 다함이요, 지금 다시 지(地)가 만족한 후에 끝까지 다한 까닭이다. ㅁ. 명칭을 해석하는 부분이니, 제10지에서 배움이 다하므로 덕을 구분하여 걸맞음을 드러내는 까닭이다. ㅂ. 신통력이 최고이거나 최고가 아닌 부분이니, 십지를 만족하고 나서 묘한 작용이 자재하여 앞과 상대하면 최고이며 불지(佛地)와 상대하면 열등하기 때문이다. ㅅ. 십지가 영상처럼 비치는 부분이다. 비유로 법을 드러낸 것이 마치 영상으로 말미암는 것과 같아서 모양과 내용을 아는 까닭이다. ㅇ. 십지의 이익이 되는 부분이니, 설법이 뛰어남을 밝혀서 수행하여 향해 들어가기를 권유하는 까닭이다.

[鈔] 第二, 正說中에 疏文有二하니 一, 依論總科하야 便以疏釋이오
- 나. 바로 설법하는 부분에서 소문이 둘이니 (가) 논경에 의지해 총합하여 과목 나누고 소가가 해석한 내용이다.

(나) 구분하다[料揀] 3.
ㄱ. 논경으로 구분하다[料揀論] (後之 8下10)
ㄴ. 경문으로 논문과 배대하다[以經對論] (若依)
ㄷ. 앞의 세 마음에 배대하다[對前三心] (六中)

❖ 제6회 십지품 제10 法雲地 (科圖 26-91; 光字卷)

```
나. 正說二 ─┬─ 1. 總叙名義
            └─ 2. 別釋經文二
  │
  ├─ 1. 彰地行六 ─┐
  │   1. 方便作滿足地分二 ─┬─ 1. 分科      ┬─ 1. 總明
  │                        └─ 2. 隨釋二    └─ 2. 別顯
  │   2. 得三昧分二 ─┬─ 1. 牒前標後 ─┬─ 1. 分科
  │                  └─ 2. 正顯得法二 └─ 2. 隨釋四
  │      1. 標擧十名二 ─┬─ 1. 釋初一句總 ─┬─ 1. 總釋
  │                     └─ 2. 釋餘九句別二 └─ 2. 別釋八
  │         1. 釋初句入密無垢
  │         2. 釋第二句近無垢
  │         3. 釋第三句放光無垢
  │         4. 釋第四句陀羅尼無垢
  │         5. 釋第五句起通無垢
  │         6. 釋第六·七句淸淨佛土無垢
  │         7. 釋第八句化生無垢
  │         8. 釋第九句正覺無垢
  │      2. 結所得數
  │      3. 彰入滿足
  │      4. 彰最後名
  │   3. 得受位分
  │   4. 入大盡分
  │   5. 釋名分
  │   6. 神通力有上無上分
  └─ 2. 重明位果
```

[疏] 後之二分은 通該十地라 將前攝後하야 云此地에 有八이어니와 若依 前長科인대 後二分은 通이라 則此地를 分二니 先은 明地行이오 後는 彰位果라 地行之中에 方有六分하니 如上所列이라 六中에 初一은 是 入心이오 餘는 是住心이오 出心은 卽調柔果니 已如前說이니라

- 뒤의 두 부분[(ㅅ) 地影像分 (ㅇ) 地利益分]은 십지를 전체적으로 포괄한 내용이다. 앞을 가지고 뒤를 포섭하여, '이 십지에 여덟 부분이 있다'고 하였지만, 만일 앞의 긴 과목에 의지한다면 뒤의 두 부분은 통틀어 말하였다. 그래서 이 제10지를 둘로 나누면 ㄱ) 제10지의 행법을 밝힘이요 ㄴ) 제10지의 과덕을 밝힘이다. ㄱ) 제10지의 행법에 비로소 여섯 부분이 있으니 위에 나열한 부분과 같다. 여섯 부분 중에 처음 하나[(ㄱ) 方便作滿足地分]는 들어가는 마음이요, 나머지 다섯 부분은 머무는 마음이요, 나가는 마음은 곧 조유과(調柔果)이니 이미 앞에서 설명한 내용과 같다.

[鈔] 二, 後之二分下는 料揀이라 於中有三하니 初, 料揀論이오 次, 若依前下는 以經對論이오 後, 六中下는 對前三心이니라
- (나) 後之二分 아래는 구분 지음이다. 그중에 셋이 있으니 ㄱ. 논경으로 구분 지음이요, ㄴ. 若依前 아래는 본경으로 논경과 배대함이요, ㄷ. 六中 아래는 앞의 세 가지 마음과 배대함이다.

나) 개별로 경문을 해석하다[別釋經文] 2.
(가) 제10지의 행상을 밝히다[彰地行] 6.

ㄱ. 방편으로 지은 것이 십지를 만족하는 부분[方便作滿足地分] 2.
ㄱ) 과목 나누기[分科] (今初 9上6)

[疏] 今初分中에 二니 先, 總明이오 後, 善滿下는 別顯이라
- 지금 ㄱ. 중에 둘이니 (ㄱ) 총합하여 밝힘이요, (ㄴ) 善滿 아래는 개

별로 밝힘이다.

ㄴ) 과목에 따라 해석하다[隨釋] 2.
(ㄱ) 총합하여 밝히다[總明] (今初 9上6)

[疏] 今初니 無量智者는 阿含이 廣故오 觀察覺了者는 證智가 深故라 寶性論中에 地上菩薩이 起二修行하니 一은 約根本智하야 名如實修니 卽此證智오 二는 約後得智하야 名徧修行이니 卽此廣智라 諸地에 具起上二種行이오 今은 於上二에 決擇思修니라

■ 지금은 (ㄱ) 총합하여 밝힘에서 '한량없는 지혜'란 아함의 지혜가 넓은 까닭이요, '관찰하여 깨닫고는'이란 증도의 지혜가 깊은 까닭이다. 『보성론(寶性論)』에서 십지 이상의 보살이 두 가지 수행을 일으키나니 (1) 여실한 수행[如實修]이라 부르나니 곧 여기의 증도의 지혜를 말하고, (2) 두루 닦는 수행[徧修行]이라 부르나니 곧 여기의 넓은 지혜[廣智]를 가리킨다. 모든 지에서 위의 두 가지 수행을 함께 일으키는 것이요, 지금은 위의 둘에서 생각을 결정하여 수행한다는 뜻이다.

(ㄴ) 개별로 밝히다[別顯] 2.
a. 가름을 열다[開章] (別中)
b. 가름을 따라 해석하다[隨釋] 2.
a) 동일한 모양[初三句同相] (七中 9下1)

[疏] 別中에 十句를 攝爲七相이니 初三과 七八인 二處가 合故라 七中에 一은 善修行故니 卽是同相이니 謂初三句는 明證과 助와 不住니 諸地가

同修故라 初句는 證道니 無漏白法故라 何以得證고 由次句助道니라 何因成助오 由後句不住道라 增福德故로 不住無爲오 增智慧故로 不住有爲니라
- (ㄴ) 개별로 밝힘 중에 열 구절로 일곱 가지 모양을 포섭하였으니, 처음의 셋과 일곱째와 여덟째 두 곳이 합해진 까닭이다. 일곱 가지 모양 중에 a) 첫째, 잘 수행하는 것이니 곧 동일한 모양이다. 이를테면 처음의 세 구절에서 증도(證道)와 조도(助道)와 부주도(不住道)를 밝혔으니 여러 지를 함께 수행하기 때문이다. 첫 구절[善滿足白法]은 증도이니 무루의 맑고 깨끗한[淸白] 법인 까닭이다. 어떻게 증득하는가? 다음 구절[集無邊助道法]의 조도(助道)에 의해서이다. 무슨 원인으로 조도(助道)를 성취하는가? 뒤 구절[增長大福德智慧]의 부주도(不住道)로 말미암아서이다. 복덕을 늘리는 연고로 무위법에 머물지 않게 되고, 지혜를 늘리는 연고로 유위법에도 머물지 않는다.

b) 일곱 구절은 개별적인 모양[後七句別相] 6.
(a) 네 구절은 두루 수순하는 모양[第四句普遍隨順相] (後六 9下6)
(b) 다섯째 구절은 제8지의 모양[第五句八地相] (三一)

[疏] 後六은 別相이니 謂二는 廣行大悲가 卽普遍隨順自利利他相이니 此는 總前七地하야 合爲一相이라 以七地의 差別之相을 八地之初에 已辨일새 故此總擧니 普遍으로 釋廣이오 隨順으로 釋行이오 大悲利他가 而成自業일새 故云自利라 三, 一句는 令佛土淨이니 卽八地相이오 下의 三相은 卽九地니 以親證此일새 故多擧之니라
- b) 뒤의 여섯 구절은 개별적인 모양이다. 이를테면 (a) 널리 대비를

행함이 곧 자리행과 이타행에 널리 수순하는 모양이니, 이것은 앞의 일곱 지(地)를 총합하여 한 모양으로 삼은 부분이다. ① 제7지의 차별스러운 모양을 제8지의 처음에 이미 밝혔으므로 여기서 총합하여 거론하였으니, 보변(普遍)으로 광(廣)을, 수순(隨順)으로 행(行)을 해석하고, 대비(大悲)는 이타행이긴 하지만 자신의 일로 성취한 것이므로 자리행(自利行)이라 하였다.

(b) 셋째, 한 구절[5. 知世界差別]은 불국토를 청정하게 하는 부분이니 곧 제8지의 모양이다. 아래의 세 가지 모양[③ 敎化衆生相 ④ 善解相 ⑤ 無厭足相]은 제9지의 모양에 해당하나니, 이를 직접 증득하므로 자주 거론한 것이다.

(c) 여섯째 구절은 중생을 교화하는 모양[第六句敎化衆生相]

(謂四 10上2)

(d) 일곱째와 여덟째 구절은 잘 아는 모양[第七八句善解相] (五有)

[疏] 謂四의 一句는 敎化衆生相이라 卽九地自分行이니 入十一稠林故니라 五, 有二句는 善解相이니 謂解達眞如가 是佛所行處故며 善順如來하야 能證寂滅行故니라

- 이를테면 (c) 넷째, 한 구절[6. 入衆生界稠林]은 중생을 교화하는 모양이다. 곧 제9지의 자분행이니 11가지 빽빽한 숲[稠林]에 들어가는 까닭이다. (d) 다섯째와 여섯째, 두 구절[7. 入如來所行處, 8. 隨順如來寂滅行]은 잘 아는 모양이다. 말하자면 진여를 알아 통달하는 것이 부처님의 행하시는 곳인 까닭이며, 여래가 능히 적멸행(寂滅行)을 증득한 까닭이다.

[鈔] 卽九地者는 則顯後二相이 是勝進行이니라 眞如是佛行處者는 今此九地가 入向十地라 何名入如來所行고 答이라 十地가 同佛境相應故니라

● 卽九地라는 것은 뒤의 선해상(善解相)과 무염족상(無厭足相)의 두 모양이 승진행임을 밝힌 내용이다. '진여가 바로 부처님의 행하시는 곳이다'라고 말한 것은 지금 이 9지가 십지로 향해 들어가는 길목이라는 뜻이다. 묻는다. '어떤 것을 부처님의 행하시던 곳에 들어감이라 하는가?' 답한다. '십지가 부처님의 경계와 같이 상응하는 까닭이다.'

(e) 아홉째 구절은 싫어하지 않는 모양[第九句無厭足相] (六無 10上8)
(f) 열째 구절은 끝까지 들어간 모양[第十句盡至入相] (七地)

[疏] 六, 無厭足相이니 常觀察力等하야 欲趣入故라 上句는 解오 此句는 行이니 並九地勝進故라 前地에 云, 晝夜專勤하야 更無餘念하고 唯入佛境界故라하니라 七, 地盡至入相이니 謂十地證窮故니 同前諸地의 結行入位라 已屬第十일새 故云名爲得受職位니라

■ (e) 여섯째, 싫어하지 않는 모양이니 부처님의 십력(十力) 등을 항상 관찰하여 취향해 들어가려 하는 까닭이다. 위의 ④[7. 8. 두 구절]는 이해하는 모양이요, 이 구절[9. 常觀察如來力無畏不共佛法]은 행하는 모양이다. 함께 제9지의 승진행인 까닭에 앞의 제9지에서 "밤낮으로 부지런히 정근하고 다른 생각이 없으며 단지 부처님 경계에만 들어가서"라고 말하였다. (f) 일곱째, 십지의 끝까지 들어간 모양이다. 이를테면 십지를 궁극까지 증득한 까닭이니, 앞의 모든 지의 행법을 결론하여 지위에 들어감과 같다. 이미 제10지에 속하므로 "직책을 받는 지

위[受職位]를 얻었다"고 말한다.

[鈔] 七地盡者는 卽經의 名爲得下의 經文이라 十地學窮이 名爲地盡이오 依行得證을 說爲至入이니라
- (f) '십지의 끝'이란 곧 경문의 名爲得 아래의 경문을 가리킨다. 십지의 배움이 다하는 것을 '궁극의 지위[地盡]'라 이름하고, 행법에 의지해 증득하는 것을 '궁극까지 들어간다'고 말하였다.

ㄴ. 삼매를 얻는 부분[得三昧分] 2.

ㄱ) 앞을 따와서 뒤를 표방하다[牒前標後] (第二 10下6)

佛子여 菩薩摩訶薩이 以如是智慧로 入受職位已하여는
"불자여, 보살마하살이 이러한 지혜로 직책을 받는 지위에 들어가서는

[疏] 第二, 佛子菩薩摩訶薩以如是下는 明三昧分이라 於中에 二니 初는 牒前起後오
- ㄴ. 佛子菩薩摩訶薩以如是 아래는 삼매를 얻는 부분이다. 그중에 둘이니 ㄱ) 앞을 따와서 뒤를 일으킴이요,

ㄴ) 바로 법을 얻음에 대해 설명하다[正顯得法] 2.
(ㄱ) 과목 나누다[分科] (後卽 11上2)

卽得菩薩離垢三昧와 入法界差別三昧와 莊嚴道場三昧와 一切種華光三昧와 海藏三昧와 海印三昧와 虛空界廣大三昧와 觀一切法自性三昧와 知一切衆生心行三昧와 一切佛皆現前三昧하나니

곧 보살의 때를 여의는 삼매를 얻으며, 법계의 차별한 삼매와 도량을 장엄하는 삼매와 온갖 꽃빛 삼매와 해장 삼매와 해인 삼매와 허공이 넓고 큰 삼매와 모든 법의 제 성품을 관찰하는 삼매와 일체 중생의 마음과 행동을 아는 삼매와 모든 부처님이 앞에 나타나는 삼매에 들어가나니,

[疏] 後, 卽得下는 正顯이라 於中에 四니 初, 別擧十名이오 二, 如是等下는 結所得數오 三, 菩薩於此下는 彰入滿足이오 四, 其最後下는 顯最後名이라

- ㄴ) 卽得 아래는 바로 법을 얻음에 대한 설명이다. 그중에 넷이니 a. 열 가지 명칭을 개별적으로 거론함이요, b. 如是等 아래는 얻은 법의 숫자를 결론함이요, c. 菩薩於此 아래는 들어감을 만족함에 대한 설명이요, d. 其最後 아래는 최종적인 명칭을 설명함이다.

(ㄴ) 과목에 따라 해석하다[隨釋] 4.
a. 열 가지 명칭을 표방하고 거론하다[標擧十名] 2.
a) 총상인 첫 구절을 해석하다[釋初一句總] (今初 11上4)

[疏] 今初라 十中에 初는 總이오 餘는 別이라 總에 云離垢者는 離煩惱垢故니 是障盡地일새 偏受此名이라

■ 지금은 a. 의 열 가지 명칭 중에 (a) 총합하여 해석함이요, (b) 개별로 해석함이다. (a) 총상으로 '때를 여읜다'고 말한 것은 번뇌의 때를 여의는 까닭이니, 보살의 궁극의 지를 장애하므로 치우쳐 이런 이름을 붙였다.

b) 별상인 나머지 아홉 구절을 해석하다[釋餘九句別] 2.
(a) 총합하여 해석하다[總釋] (別中 11上5)

[疏] 別中에 九定은 離八種垢니
■ b) 개별로 해석함 중에 아홉 가지 삼매는 여덟 가지 때를 여읜다는 뜻이다.

[鈔] 第二, 三昧分이라 別中에 九定者는 六과 七이 合故[250]라 下疏에 一一結之어니와 若從上科[251]인대 八中에 前七은 自分이오 後一은 勝進이라 前中에 前六은 自利오 後一은 利他라 前中에 前五는 法身行이오 後一은 攝淨土行이니라 前中에 有三이니 一은 解오 二는 行이오 三은 成德이니라

● ㄴ. 삼매를 얻는 부분이다. b) 개별적인 해석 가운데 '아홉 가지 삼매'란 여섯째와 일곱째가 합해진 까닭이다. 아래 소문에서 낱낱이 결론하였지만 만일 위의 ㄴ) 과목을 구분함[料揀科]에 따른다면 여덟 가지 무구(無垢) 가운데 앞의 일곱 가지는 자분경계요, 뒤의 하나[正覺無垢]는 승진경계이다. 앞의 자분 경계 중에 (ㄱ) 여섯 가지는 자리행(自利行)이요, (ㄴ) 뒤의 한 가지[化生無垢]는 이타행(利他行)이다. (ㄱ)에서

---

250) 故下에 南續金本有然字.
251) 科는 南續金本作料誤.

a. 앞의 다섯 가지는 법신의 행법이요, b. 뒤의 하나[淸淨佛土無垢]는 정토를 포괄하는 행법이다. a. 법신의 행법에 셋이 있으니 (1) 첫째는 이해함이요, (2) 둘째는 실천이요, (3) 셋째는 과덕을 성취함이다.

(b) 개별로 해석하다[別釋] 8.
㊀ 첫 구절은 비밀에 들어감에 때가 없다[釋初句入密無垢]
(一入 11上10)

[疏] 一은 入密無垢니 謂解入事事法界深密之處하야 不與惑俱故라
■ ㊀ 비밀에 들어감에 때가 없음이다. 말하자면 사사법계(事事法界)의 깊고 비밀한 곳에 들어가 미혹과 함께하지 않는 줄 알기 때문이다.

[鈔] 不與惑俱者는 釋無垢義라 然就總開別인대 皆帶無垢니 無垢는 卽 不與惑俱니 故로 初句에 示其帶總하야 云不與惑俱니라
● '미혹과 함께하지 않는다'는 것은 '때가 없다[無垢]'는 뜻을 해석한 말이다. 하지만 총상에 입각해 개별적으로 전개한다면 모두 때가 없음을 동반한다. 때가 없음이 곧 미혹과 함께하지 않는 것이므로 첫 구절에 그 총상을 동반함을 보여 주려고 "미혹과 함께하지 않는다"고 말하였다.

㊁ 둘째 구절은 가까움에 때가 없다[釋第二句近無垢] (二近)
㊂ 셋째 구절은 방광함이 때가 없다[釋第三句放光無垢] (三放)
[疏] 二, 近無垢니 萬行已圓하야 道場斯近故니 如淨名說하니라 上來에 初一은 解오 次一은 行이오 下三은 成德이니라 三, 放光無垢니 謂光開

心華하야 令其見實하며 亦能坐種種大寶蓮華하야 光無不照故니라
- ㈢ 가까움에 때가 없음이다. 보살의 온갖 수행이 원만해져서 도량에 이렇게 가까워진 까닭이니, 『유마경』의 말씀과 같다. 여기까지 처음 하나[入密無垢]는 이해함이요, 다음 하나[近無垢]는 실천함이요, 아래 셋[放光無垢, 陀羅尼 ″, 起通 ″]은 과덕을 성취함이다. ㈢ 방광함이 때가 없음이다. 말하자면 광명으로 마음의 꽃을 피워서 그들로 하여금 실법을 보게 하며, 또 갖가지 '큰 보배 같은 연꽃[大寶蓮華]'에 능히 앉아 빛을 비추지 않는 곳이 없는 까닭이다.

[鈔] 下三成德者는 卽身口意密也니라 初放光中의 疏에 雙就身智二光[252]이나 正意는 在身이니라
- '아래 셋은 과덕을 성취함'이란 신밀(身密)·구밀(口密)·의밀(意密)의 셋을 가리킨다. 처음의 광명을 방출함에서 소가는 몸의 광명[心華]과 지혜 광명[大寶蓮華]인 둘에 입각하고 있지만 진정한 의미는 몸의 광명에 있다.

㈣ 넷째 구절은 다라니가 때가 없다[釋第四句陀羅尼無垢] (四陀)
㈤ 다섯째 구절은 신통력 일으킴이 때가 없다[釋第五句起通無垢] (五起)
㈥ 여섯째, 일곱째 구절은 불국토를 깨끗이 함에 때가 없다
[釋第六. 七句淸淨佛土無垢] (六有)

---

252) 遺忘記云, "初放光者 三密中初也 疏亦下身光也"라 하였지만, 譯者가 보기에 初放光의 初를 初會로 본다면 世主妙嚴品의 경문을 참고할 필요가 있다. 經云, "爾時에 世尊이 處于此座하사 於一切法에 成最正覺하시니 智入三世하야 悉皆平等하고 其身이 充滿一切世間하시니라."[그때에 세존께서 이 자리에 계시사 일체법에서 최정각을 이루시었다. 지혜는 삼세에 들어가서 모두 평등하여졌으며 그 몸은 일체세간에 충만하셨느니라] (화엄소초 권1의 ②; 日字卷下 1丈 上5) *여기에도 智光과 身光을 동시에 거론하였지만 밖으로 나타나는 것은 身光이라는 의미이리라. (譯者註)

[疏] 四, 陀羅尼無垢니 如海包藏이라 五, 起通無垢니 則無心頓現이라 上五는 皆起法身之定也니라 六, 有二定은 淸淨佛土無垢니 上句는 無量이니 則盡法界之彊域이오 下句는 正觀이니 窮國土之體性이라 上六은 自利니라

■ ㉔ 다라니가 때가 없음이니, 바다처럼 포섭하여 저장한다는 뜻이다.
㉕ 신통력 일으킴이 때가 없음이니 무심하게 금방 나타난다는 뜻이다. 위의 다섯 가지는 모두 법신의 삼매에서 일으킨 작용이다. ㉖ 두 가지 삼매[虛空界廣大三昧, 觀一切法自性三昧]는 불국토를 깨끗이 함에 때가 없음이다. 위 구절은 헤아릴 수 없으니 영역이 법계 전체라는 뜻이요, 아래 구절은 바른 관찰이니 불국토를 궁구하는 체성이란 뜻이다. 위의 여섯 가지는 모두 자리행(自利行)이다.

[鈔] 上句無量者는 即經의 虛空界廣大三昧니 此同自受用刹이오 下句窮國土之體性은 即法性土니 此能窮究니라

● 위 구절의 '無量'이란 곧 경문의 '허공처럼 넓고 큰 삼매'를 가리킨다. 이것은 '자수용의 국토[自受用土]'에 해당하고, 아래 구절의 '궁국토지체성(窮國土之體性)'은 곧 법성토(法性土)에 해당하나니, 이 땅은 능히 궁구할 수 있기 때문이다.

㉗ 여덟째 구절은 중생을 교화함에 때가 없다[釋第八句化生無垢] (七化)
㉘ 아홉째 구절은 바른 깨달음이 때가 없다[釋第九句正覺無垢] (八正)

[疏] 七, 化生無垢니 上之二利는 皆自分行이니라 八, 正覺無垢니 謂勝進上覺하야 將成菩提時에 一切諸佛이 迭共現前하사 而證知故니 如下

受職處說이라 以本覺이 將現前故니라

- ㉗ 중생을 교화함에 때가 없음이니 위의 2리행(二利行)은 모두 자분경계의 행법이다. ㉘ 바른 깨달음이 때가 없음이다. 말하자면 위의 깨달음으로 승진하여 장차 보리를 이룰 적에 일체의 모든 부처님이 서로 번갈아 출현하셔서 증명하고 아시는 까닭이니, 아래 수직처(受職處)에서 설명한 내용과 같다. 이것은 본래의 깨달음[本覺]이 장차 나타나게 된다는 뜻이다.

❖ 본경의 三昧와 논경의 無垢 대조 (도표 26-6)

	본경의 열 가지 三昧	논경의 여덟 가지 無垢	疏釋		二利行	自分 勝進
1	菩薩離垢三昧	1. 入密無垢	解			
2	入法界差別三昧	2. 近無垢	行			
3	莊嚴道場三昧	3. 放光無垢	成德	法身行	自利行	自分行
4	一切種華光三昧	4. 陀羅尼無垢				
5	海藏三昧	5. 起通無垢				
6	海印三昧					
7	虛空界廣大三昧	6. 清淨佛土無垢				
8	觀一切法自性三昧					
9	知一切衆生心行三昧	7. 化生無垢		攝淨土行	利他行	
10	一切佛皆現前三昧	8. 正覺無垢				勝進行

b. 얻은 삼매의 숫자로 결론하다[結所得數] (二結 12下2)

c. 들어감이 만족함을 밝히다[彰入滿足] (三彰)

d. 마지막 삼매의 명칭을 밝히다[彰最後名] (四彰)

如是等百萬阿僧祇三昧가 皆現在前이니라 菩薩이 於此
一切三昧에 若入若起에 皆得善巧하며 亦善了知一切三
昧의 所作差別하나니 其最後三昧가 名受一切智勝職位
니라

이러한 백만 아승지 삼매가 모두 앞에 나타나느니라. 보살
이 이 모든 삼매에 들어가고 일어날 적에 다 선하고 공교함
을 얻으며, 모든 삼매의 짓는 일이 차별함도 잘 아나니, 그
마지막 삼매를 이름하여 온갖 지혜와 수승한 직책을 받는
지위라 하느니라."

[疏] 二, 結數者는 亦是眷屬이라 皆現前者는 久修成就하야 不加功力하고
自然現故니라 三, 彰入滿足中에 能入者는 通方便定體니 入起相卽
하야 隱顯無方일새 故云善巧라 善了所作은 卽知業用이니라 四, 彰最
後名者는 將說受位分故라 一切智者는 佛無分別智也라 論經에 重
言智者는 兼後得智니 二智平等을 名受位也니라

- b. 얻은 삼매의 숫자로 결론함이란 역시 권속을 뜻한다. '모두 나타
난다'는 것은 오랜 수행을 성취하여 공력(功力)을 더하지 않더라도 자
연히 나타난다는 뜻이다. c. 들어감이 만족함을 밝힘 중에 들어가는
주체는 방편과 삼매의 체성에 통하나니, 들어감과 일어남이 서로 합
치하여 숨고 나타남이 일정함이 없으므로[無方] '선교(善巧)'라 하였
다. 지은 바를 잘 아는 것이 바로 업의 작용을 아는 것이다. d. '마지
막 삼매의 명칭을 밝힘'이란 장차 직책을 받는 지위[受職位]에 대해 설
명하려는 까닭이다. '온갖 지혜'란 부처님의 무분별의 지혜를 말한다.
논경에 거듭하여 '지혜의 지혜'라 말한 것은 후득의 지혜를 겸한다는

뜻이니, 두 가지 지혜에 평등한 것을 '직책을 받았다'고 말한다.

ㄷ. 직책을 받는 지위를 얻는 부분[得受位分] 2.

❖ 제6회 십지품 제10 法雲地 (科圖 26-92; 光字卷)

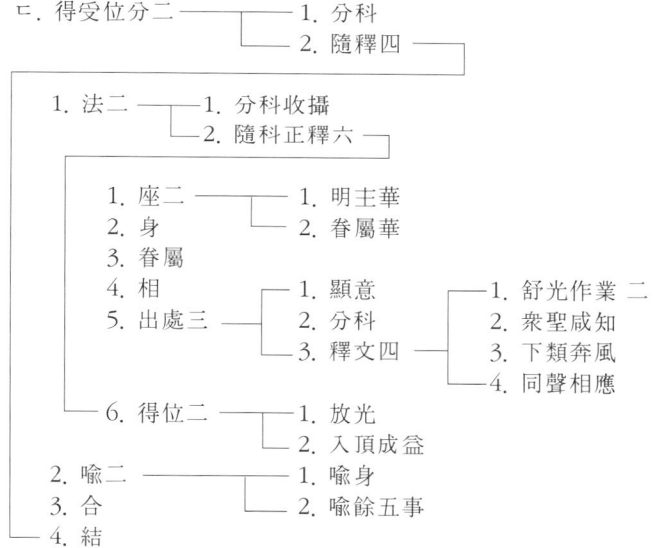

ㄱ) 과목 나누다[分科] (第三 13上9)

[疏] 第三, 此三昧現在前下는 明受位分이라 於中에 有四하니 一은 法이오 二는 喩오 三은 合이오 四는 結이라

- ㄷ. 此三昧現在前 아래는 직책을 받는 지위를 얻는 부분에 대한 설명이다. 그중에 넷이 있으니 (ㄱ) 법으로 설함이요, (ㄴ) 비유로 밝힘

이요, (ㄷ) 법과 합함이요, (ㄹ) 결론함이다.

[鈔] 第三, 受位分이라 自有十相者[253]는 文中에 法과 喩와 合과 結이라
- ㄷ. 직책을 받는 지위를 얻는 부분이다. 경문에 (ㄱ) 법으로 설함과 (ㄴ) 비유로 밝힘과 (ㄷ) 법과 비유를 합함과 (ㄹ) 결론함이 있다.

ㄴ) 과목에 따라 해석하다[隨釋] 4.
(ㄱ) 법으로 설하다[法] 2.
a. 과목을 나누고 거두어 포섭하다[分科收攝] (今初 13下2)

[疏] 今初에 有六하니 一은 座오 二는 身이오 三은 眷屬이오 四는 相이오 五는 出處오 六은 得位라 六中에 前五는 自分德備오 後一은 上攝佛果라 前中에 初三은 位體오 次一은 位相이오 後一은 位用이라 前三은 卽依正眷屬이니라
- 지금은 (ㄱ) 법으로 설함에 여섯이 있으니 a) 자리요, b) 몸이요, c) 권속이요, d) 모양이요, e) 나온 장소[出處]요, f) 지위를 얻음[得位]이다. 여섯 가지 중에 (1) 앞의 다섯 가지는 자분(自分)의 공덕을 구비함이요, (2) 뒤의 한 가지[得位]는 위로 부처님의 과덕을 포괄함이다. (1) 중에 (가) 처음의 세 가지[一 座 二 身 三 眷屬]는 지위의 체성이요, (나) 다음의 하나[四 相]는 지위의 모양이요, (다) 뒤의 하나[五 出處]는 지위의 작용이다. 여기서 앞의 세 가지는 의보와 정보의 권속이다.

---

253) 遺忘記云, 自有十相者 五字當在下六行 如世花之上而花下 落一字也.(『三家本私記』遺忘記 p.401-)

b. 과목에 따라 바로 해석하다[隨科正釋] 6.
a) 어떤 자리에 따르는가[座] 2.

此三昧가 現在前時에 有大寶蓮華가 忽然出生하되 其華가 廣大하여 量等百萬三千大千世界하고 以衆妙寶로 間錯莊嚴하며 超過一切世間境界하며 出世善根之所生起며 知諸法如幻性衆行所成이며 恒放光明하여 普照法界하며 非諸天處之所能有며 毘瑠璃摩尼寶로 爲莖하고 旃檀王으로 爲臺하고 瑪瑙로 爲鬚하고 閻浮檀金으로 爲葉하며 其華가 常有無量光明하여 衆寶爲藏하고 寶網彌覆하며 十三千大千世界微塵數蓮華로 以爲眷屬이니라

"이 삼매가 앞에 나타날 때에 큰 보배 연꽃이 홀연히 솟아 나나니, 그 꽃이 넓고 커서 백만 삼천대천세계와 같으며, 여러 가지 묘한 보배로 사이사이 장엄하였으니, 일체 세간의 경계를 초월하여 출세간의 착한 뿌리로 생기었으며, 모든 법이 요술과 같은 성품인 줄을 아는 여러 행으로 이룬 것이며, 항상 광명을 놓아 법계에 두루 비치어 여러 하늘에도 있는 것이 아니어서, 비유리 마니보배로 줄기가 되고 전단으로 꽃판이 되고 마노로써 꽃술이 되고 염부단금으로 잎이 되었는데, 그 꽃에는 언제나 한량없는 광명이 있고, 여러 보배로 연밥이 되고 보배 그물로 덮였으니, 열 삼천대천세계의 티끌처럼 많은 연꽃으로 권속이 되었다.

(a) 주된 꽃[明主華] 10.

㈠ 주된 모양은 큰 보배 연꽃이다[初句主相卽寶蓮華] (今初 13下4)
㈡ 분량으로 보면 광대한 크기이다[次句量相卽廣大量] (二其)
㈢ 뛰어난 모양은 여러 가지 보배이다[次句勝相卽衆寶] (三以)

[疏] 今初는 隨何等座니 謂大寶華王座故라 於中에 二니 先은 明主華라 自有十相하니 一은 主相이니 卽寶蓮華오 二, 其華下는 量相이오 三, 以衆妙下는 勝相이니 具德故라

- 지금은 a) '어떤 자리에 따르는가'이다. 이를테면 큰 연꽃으로 만든 왕의 자리인 까닭이다. 그중에 둘이니 (a) 주된 꽃에 대한 설명이다. 자연히 열 가지 모양이 있으니 ㈠ 주된 모양은 곧 보배 같은 연꽃을 가리킨다. ㈡ 其華 아래는 분량으로 본 모양이다. ㈢ 以衆妙 아래는 뛰어난 모양이니 곧 공덕을 구비한 까닭이다.

[鈔] 一, 如世之華에 上者가 爲主니 菩薩之華는 大寶故로 上이니라 二, 廣大로 爲量이니라 三, 事則衆寶間錯故로 勝이오 法則衆德爲嚴이니 亦如上說에 有同時具足相應과 廣狹自在와 一多相容等德故니라

- ㈠ (自有十相에서) 마치 세상의 꽃 중에 뛰어난 것이 주인이 되는 것과 같나니, 보살이란 꽃은 큰 보배이므로 '뛰어난' 것이다. ㈡ 광대함으로 분량을 삼았다. ㈢ 현상으로는 여러 보배가 사이사이에 장엄된 연고로 뛰어난 것이요, 법으로는 여러 공덕으로 장엄을 삼았으니 또한 위에서 설명한 중에 동시에 구족하게 서로 응한 문[同時具足相應門]과 넓고 좁은 데에 자유로워 걸림 없는 문[廣狹自在無礙門]과 하나와 여럿이 서로 용납하는 문[一多相容不同門] 등의 공덕을 가진 까닭이다.

㈣ 지(地)의 모양은 법계 지혜의 경지이다[次句地相卽法界智地] (四超)
㈤ 인행의 모양은 종자를 심는 것이다[次句因相卽種植] (五出)
㈥ 성취한 모양은 흘러나오는 물과 같다[次句成相卽如出水] (六知)
㈦ 제일가는 이치의 모양은 널리 비추다[次句第一義相卽普照] (七恒)

[疏] 四, 超過下는 地相이니 生處故라 五, 出世下는 因相이오 六, 知諸下는 成相이오 七, 恒放下는 第一義相이니 正觀普照法界現事故라 如世蓮華가 開敷菌萏에 爲第一故니라
- ㈣ 超過 아래는 지(地)의 모양이니 태어난 곳인 까닭이다. ㈤ 出世 아래는 인행의 모양이다. ㈥ 知諸 아래는 성취한 모양이다. ㈦ 恒放 아래는 제일가는 이치의 모양이니, 널리 법계를 비추어 나타나는 현상을 바르게 관찰하는 까닭이다. 마치 세상의 연꽃이 꽃봉오리가 터지는 것을 제일로 삼는 것과 같다.

[鈔] 四, 法界智地로 爲生處故니라 五, 因如種植이니라 六, 成如出水니라 七, 第一相이라 然華有三時之異하니 一은 華而未敷오 二는 處中盛時오 三은 彫而將落이니 今非初後오 正處中盛時니라 正觀普照는 等彼流光이오 法界現事는 如開菌萏이오 披敷見蓮하야 華實雙美는 事理가 昭著며 權實이 開榮이니라
- ㈣ 법계 지혜의 경지로 태어날 곳을 삼은 까닭이다. ㈤ 인행은 종자를 심는 것과 같다. ㈥ 성취한 모양은 흘러나오는 물과 같다. ㈦ 제일가는 이치의 모양이다. 하지만 꽃에는 세 가지 시기로 다르나니 1) 꽃은 맺었지만 피지 않은 상태이고, 2) 한창 왕성한 상태이고, 3) 시들어 곧 떨어지려는 상태이니 지금은 1)과 3)이 아니요, 바로 2) 한

창 왕성한 상태에 해당한다. '널리 법계를 비추어 나타나는 현상을 바르게 관찰한다'는 것은 저 흐르는 광명과 같고, '법계에 나타나는 현상'은 꽃봉오리가 터짐과 같다. 꽃봉오리가 터지면 연꽃을 보고, 꽃과 열매가 모두 아름다운 것은 현상과 이치가 밝고 뚜렷하며, 방편과 실법이 펼쳐져 영화로운 모습이다.

㉘ 공덕의 모양은 공덕을 부른다[次句功德相卽德招] (八非)
㉙ 체성의 모양은 유리 같은 보배이다[次句體相卽琉璃寶] (九毘)
㉚ 장엄스러운 모양은 늘 빛난다[後句莊嚴相卽常光] (十其)

[疏] 八, 非諸天下는 功德相이니 菩薩의 德招故라 九, 毘琉璃下는 體相이오 十, 其華下는 莊嚴相이니라

■ ㉘ 非諸天 아래는 공덕의 모양이니 보살이 공덕을 부르기 때문이다. ㉙ 毘琉璃 아래는 체성의 모양이다. ㉚ 其華 아래는 장엄스러운 모양이다.

[鈔] 八, 世之蓮華는 人德感故오 今此之華는 出世德感이니라 九, 琉璃爲淨이오 旃檀爲樂이오 碼碯爲我오 檀金爲常이니 四德으로 爲體니라 十, 智光圓照하야 照如來藏이오 敎網遐張이 爲莊嚴也니라

● ㉘ 세상의 연꽃은 사람들의 공덕으로 감득한 까닭이요, 지금 여기의 꽃은 출세간의 공덕으로 감득한 까닭이다. ㉙ 비유리(毘琉璃)[254]는 열반의 정덕(淨德)에 해당하고, 전단은 낙덕(樂德)에 해당하고, 마노는 아덕(我德)에 해당하고, 염부단금은 상덕(常德)에 해당하나니, 이

---

254) 毘琉璃: 범어 vaidñya의 음사. 七寶의 하나. 吠琉璃·瑠璃·鞞頭梨 등으로 음역한다. 遠山寶라 번역하며 중앙아시아 바이칼호의 서안지방에서 나오는 청색 보석을 가리킨다. (불교학대사전 p.1632-)

처럼 열반의 네 가지 덕으로 체성을 삼는다. ㉩ 지혜광명이 두렷이 비추어 여래장을 비추며, 교법의 그물이 멀리 펼쳐지는 것을 장엄으로 삼는다.

(b) 꽃의 권속[眷屬華] (二十 14下8)

[疏] 二, 十三千下는 明眷屬華니라
■ ② 十三千 아래는 꽃의 권속에 대한 설명이다.

b) 어떤 몸을 따르는가[身] (第二 14下10)
c) 어떤 권속을 따르는가[眷屬] (第三)
d) 어떤 모양을 따르는가[相] (第四)

爾時菩薩이 坐此華座하시니 身相大小가 正相稱可하며 無量菩薩로 以爲眷屬하여 各坐其餘蓮華之上하여 周帀圍遶하되 一一各得百萬三昧하여 向大菩薩하여 一心瞻仰이러라
佛子여 此大菩薩과 幷其眷屬이 坐華座時에 所有光明과 及以言音이 普皆充滿十方法界하며 一切世界가 咸悉震動하며 惡趣休息하고 國土嚴淨하며 同行菩薩이 靡不來集하며 人天音樂이 同時發聲이어든 所有衆生이 悉得安樂하여 以不思議供養之具로 供一切佛하며 諸佛衆會가 悉皆顯現하니라
그때 보살이 이 꽃자리에 앉으니, 몸의 크기가 잘 어울리고,

한량없는 보살로 권속이 되었는데, 각각 다른 연꽃 위에 앉아서 둘러쌌으며, 제각기 백만 삼매를 얻고, 큰 보살을 향하여 일심으로 우러러보고 있었다.

불자여, 이 큰 보살과 권속들이 꽃자리에 앉았을 적에 놓는 광명과 말과 음성이 시방 법계에 두루 가득하여 모든 세계가 한꺼번에 진동하여, 나쁜 갈래는 고통이 쉬고 국토가 깨끗하여져서 함께 수행하는 보살이 모두 와서 모이었으며, 인간과 천상의 풍류에서 한꺼번에 소리를 내니 모든 중생들이 모두 안락함을 얻었고, 부사의한 공양거리로 모든 부처님께 공양하니, 여러 부처님의 대중들이 다 나타났느니라."

[疏] 第二, 爾時下는 隨何等身이니 殊妙之身이 稱於座故니라 第三, 無量下는 隨何眷屬이라 第四, 佛子此大下는 隨何等相이니 周徧作業으로 爲其相故니라

- b) 爾時 아래는 '어떤 몸을 따르는가'이니, 특별히 묘한 몸이 자리에 어울리는 까닭이다. c) 無量 아래는 '어떤 권속을 따르는가'이다. d) 佛子此大 아래는 '어떤 모양을 따르는가'이니, 두루 업을 지음으로 그 모양을 삼은 까닭이다.

e) 어떤 광명 나온 장소를 따르는가[出處] 3.
(a) 의미를 밝히다[顯意] (第五 15下10)
(b) 과목 나누기[分科] (文分)

[疏] 第五, 佛子此菩薩坐彼下는 隨何出處니 十處에 出光하야 令惡道로

出離하고 菩薩로 增行故라 文分爲四니 一은 舒光作業이오 二는 衆聖咸知오 三은 下類奔風이오 四는 同聲相應이라 今初니 十處放光이 有三種業하니 一은 利益業이오 二는 發覺業이오 三은 攝伏業이라

■ e) 佛子此菩薩坐彼 아래는 '어떤 광명 나온 장소를 따르는가'이다. 열 개의 장소에서 광명을 방출하여 악한 갈래에서 벗어나게 하고 보살이 수행을 더하게 하는 까닭이다. 경문을 넷으로 나누었으니 ㊀ 광명을 펼쳐 업을 지음이요, ㊁ 여러 성인들이 모두 아는 것이요, ㊂ 아래 부류도 영향을 받음[奔風]이요, ㊃ 같은 소리로 서로 응함이다. 지금은 ㊀이니 열 개의 장소에서 광명을 방출하는 것에 세 가지 업이 있다. (1) 이익되는 업이요, (2) 깨달음을 일으키는 업이요, (3) 섭수하고 조복하는 업이다.

(c) 경문 해석[釋文] 4.
㊀ 광명을 펼쳐 업을 짓다[舒光作業] 2.
① 업의 작용을 총합하여 밝히다[總明業用] (今類 16上3)

[疏] 今類例相從하야 且分爲四니
■ 지금은 서로 따르는 것끼리 사례를 모아 우선 네 가지로 나누었다.

② 부류를 따라 나누어 해석하다[隨類分釋] 4.
㉮ 앞의 일곱 개의 광명은 이익업뿐이다[前之七光但有利益業]
(一前 16上4)
㉯ 여덟째 광명에 두 개 반의 업이 있다[第八一光有二業半] (二第)

佛子여 此菩薩이 坐彼大蓮華座時에 於兩足下에 放百萬阿僧祇光明하여 普照十方諸大地獄하여 滅衆生苦하며 於兩膝輪에 放百萬阿僧祇光明하여 普照十方諸畜生趣하여 滅衆生苦하며 於臍輪中에 放百萬阿僧祇光明하여 普照十方閻羅王界하여 滅衆生苦하며 從左右脇하여 放百萬阿僧祇光明하여 普照十方一切人趣하여 滅衆生苦하며 從兩手中하여 放百萬阿僧祇光明하여 普照十方一切諸天과 及阿修羅의 所有宮殿하며 從兩肩上하여 放百萬阿僧祇光明하여 普照十方一切聲聞하며 從其項背하여 放百萬阿僧祇光明하여 普照十方辟支佛身하나니라 從其面門하여 放百萬阿僧祇光明하여 普照十方初始發心과 乃至九地諸菩薩身하며

"불자여, 이 보살이 큰 연꽃 자리에 앉았을 적에, (1) 두 발바닥으로 백만 아승지 광명을 놓으니 시방의 여러 큰 지옥에 비치어 지옥 중생들의 고통을 멸하며, (2) 두 무릎으로 백만 아승지 광명을 놓으니 시방의 여러 축생 갈래에 비치어 축생들의 고통을 멸하며, (3) 배꼽으로 백만 아승지 광명을 놓으니 시방의 염라왕 세계에 비치어 중생들의 고통을 멸하며, (4) 좌우의 옆구리로 백만 아승지 광명을 놓으니 시방의 모든 인간에게 비치어 중생들의 고통을 멸하며, (5) 두 손바닥으로 백만 아승지 광명을 놓으니 시방의 모든 천상과 아수라들의 궁전에 비치며, (6) 두 어깨로 백만 아승지 광명을 놓으니 시방의 모든 성문들에게 비치며, (7) 목덜미로 백만 아승지 광명을 놓으니 시방의 벽지불들의 몸에 비

치었느니라. (8) 얼굴로 백만 아승지 광명을 놓으니 시방의 처음으로 발심한 보살과 내지 9지 보살의 몸에 비치며,

[疏] 一, 前之七光은 但有益業하니 前五는 益凡이오 後二는 益小니라 二, 第八一光은 有二業半하니 一者는 益이니 益九地已還菩薩故오 二者는 發覺이니 令知故라 言一半者는 但有攝義니 攝彼하야 令來故니라

㉮ 앞의 일곱 개의 광명은 이익된 업만 있으니 ㉠ 앞의 다섯 개의 광명은 범부에게 이익됨이요, ㉡ 뒤의 두 가지 광명은 소승에게 이익됨이다. ㉯ 여덟째 광명[面門放光]에 두 개 반의 업이 있다. (1) 이익되는 업이니 9지 이전의 보살을 이익되게 하는 까닭이요, (2) 깨달음을 일으키나니 깨달아 알게 하는 까닭이다. '반 개'라 말한 것은 단지 '섭수한다'는 뜻만 있으니 저들을 섭수하여 오게 하는 까닭이다.

㉰ 아홉째 광명에 두 개 반의 업이 있다[第九一光有二業半]

(三第 16下3)

從兩眉間하여 放百萬阿僧祇光明하여 普照十方受職菩薩하여 令魔宮殿으로 悉皆不現하니라
(9) 두 눈썹 사이로 백만 아승지 광명을 놓으니 시방에서 직책을 받은 보살들께 비치어 마군의 궁전들을 나타나지 못하게 하였느니라.

[疏] 三, 第九一光도 亦二業半이니 一은 益等位菩薩故라 下文에 彼光이 旣令此益하니 此光이 必益於彼故라 二는 發覺令知故라 言一半者는

魔宮不現이 是伏業故니라

■ ㉣ 아홉째 광명[眉間光明]에 두 개 반의 업이 있다. (1) 같은 지위의 보살을 이익되게 하는 까닭이다. 아래 경문에 저 광명이 이미 이들을 이익되게 하기 때문이다. (2) 깨달음을 일으켜 알게 하는 까닭이다. '반개'라 말한 것은 마군의 궁전을 나타나지 못하게 하는 것이 바로 조복되는 업을 일으킨다.

㉤ 열째 정수리 광명에 깨달음을 일으키는 업이 있다
[第十頂光但有發覺業] 3.
㉠ 영역을 뚜렷이 비추다[顯照分齊] (四第 16上8)
㉡ 지은 업을 바로 밝히다[正顯作業] (二右)

從其頂上하여 放百萬阿僧祇三千大千世界微塵數光明하여 普照十方一切世界諸佛如來道場衆會하여 右遶十币하고 住虛空中하여 成光明網하니 名熾然光明이라 發其種種諸供養事하여 供養於佛하니 餘諸菩薩의 從初發心으로 乃至九地히 所有供養으로 而比於此하면 百分에 不及一이며 乃至算數譬喩로 所不能及이라 其光明網이 普於十方——如來衆會之前에 雨衆妙香과 華鬘衣服과 幢幡寶蓋와 諸摩尼等莊嚴之具하여 以爲供養하니 皆從出世善根所生이라 超過一切世間境界하니 若有衆生이 見知此者면 皆於阿耨多羅三藐三菩提에 得不退轉이니라
(10) 정수리로 백만 아승지 삼천대천세계 티끌 수 같은 광명을 놓으니 시방 일체 세계에 있는 모든 부처님의 도량에

모인 대중에게 비치어 오른쪽으로 열 바퀴를 돌고는 허공에 머물러서 광명 그물이 되었으니 이름이 치성한 광명이라. 여러 가지 공양거리를 내어 부처님께 공양하니, 다른 보살들이 처음 발심한 때부터 9지에 이르기까지에 하던 공양으로 이 공양에 비하면 백 분의 일에도 미치지 못하며, 내지 산수와 비유로도 미칠 수 없느니라. 그 광명 그물이 시방의 모든 부처님의 대중들이 모인 데 두루 하여 여러 가지 묘한 향과 꽃과 꽃타래와 의복과 당기와 번기와 보배 일산과 여러 가지 마니 따위의 장엄거리를 비 내려 공양하니, 모두 출세간한 착한 뿌리로부터 난 것이므로 모든 세간의 경계를 초월하였으며, 만일 중생들이 이런 것을 보고 알면 아뇩다라삼먁삼보디에서 물러나지 아니하느니라.

- [疏] 四, 第十頂光에 但有發覺이라 文分爲三이니 一은 顯照分齊오 二, 右遶下는 正顯作業이니 謂興供成益이라 益에 言不退菩提者는 論有四義하니 一은 於登地證決定故오 二는 入正定聚故오 三은 定離放逸惡故오 四는 定集善事故니라
- ㉤ 열째 정수리 광명에는 단지 깨달음을 일으키는 업만 있으니, 경문을 셋으로 나누면 ㉠ 영역을 뚜렷이 비춤이요, ㉡ 右遶 아래는 지은 업을 바로 밝힘이다. 이를테면 공양을 일으켜 이익을 성취하는 것이다. 성취한 이익에 '보리에서 물러나지 않는다'고 말한 것은 논경에 네 가지 의미가 있다. (1) 지에 올라 증득함이 결정된 연고요, (2) 정정취(正定聚)에 들어간 연고요, (3) 방일하는 악을 결정코 여읜 연고요, (4) 착한 일을 결정코 모은 까닭이다.

㉢ 역할을 마치고 광명을 거두다[事訖收光] (三佛 17下 4)

佛子여 此大光明이 作於如是供養事畢하고 復遶十方一切世界一一諸佛道場衆會하여 經十帀已하고 從諸如來足下而入이니라

불자여, 이 큰 광명이 이렇게 공양하는 일을 마치고는 다시 시방의 모든 세계에 있는 모든 부처님의 도량마다 모인 대중들을 열 바퀴를 돌았고, 그러고는 여러 여래의 발바닥으로 들어갔느니라.

[疏] 三, 佛子下는 事訖收光이라 言足下入者는 若約敎相인대 頂光入足은 顯深敬故오 若約證實인대 終極之智가 從下趣入諸佛境故라 故로 論에 釋後段云호대 平等攝故라하나니 顯證佛境이 卽自證故니라

㉢ 佛子 아래는 역할을 마치고 광명을 거둠이다. '발 밑으로 들어간다'고 말한 것은, 만일 교도의 행상에 의지한다면 '정수리 광명이 발로 들어간 것'은 깊은 공경심을 드러낸 부분이요, 만일 증도의 실법에 의지한다면 궁극의 지혜가 아래로부터 부처님의 경계로 향해 들어간 것이 된다. 그래서 논경에 뒤 단락을 해석하되, "(부처님의 광명과 저 보살이 번갈아 서로 아는 것이) 평등하게 포섭한 까닭이다"라고 하였다. 부처님의 경계를 증득한 부분이 곧 스스로 증득한 부분임을 드러낸 것이다.

[鈔] 255) 若約敎相者는 顯有二意하니 前은 約敎相이니 人之所賤이 莫過

---

255) 此下에 甲本有若約敎相者 至餘可知也一段 與後文重複. *하지만 이것은 편집상의 오류로 보인다. 목판본에 의하는 것이 옳은 듯하다. (覺性講伯 견해)

於足이오 人之所貴가 莫過於頂이어늘 頂光入足하니 故顯敬深이니라
二, 若約證下는 自有二意나 文乃有三이니 一, 頂光入足은 顯此菩
薩이 入他佛境이오 二, 故論下는 引證이오 三, 顯證佛境卽自證故者
는 是第二意니 入自佛境이 因圓趣果故라

論言平等攝者는 此有二意하니 一, 如來下攝하사 足收其光하시고 菩
薩上攝하야 光入佛境일새 云平等攝이라 二, 入他佛境이 卽入自境이
라 自他佛境이 無二體故로 云平等攝이니 是以處中이라 引論하야 證
上證下라 第一平等은 下疏에 自具라 而約二光하야 以明相攝하니 謂
菩薩頂光이 入足하고 佛光入頂이어늘 今但入足하니 已顯相攝이라 餘
는 可知也니라

● '만일 교도의 행상에 의지한다'는 것은 확실히 두 가지 의미가 있다. 1) 교도의 행상에 의지한 분석이니 사람들이 천하게 여기는 부분이 발보다 더한 것이 없고, 귀하게 여기는 부분은 정수리보다 나은 것이 없는데, 정수리 광명이 발로 들어갔으므로 공경심이 깊음을 드러낸 것이 된다. 2) 若約證 아래도 (중도의 행상에 의지한 분석이니,) 스스로 두 가지 의미가 있지만 문장으로는 셋이 된다. (가) '정수리 광명이 발로 들어간 것'은 이 제10지 보살이 다른 부처님의 경지에 들어갔음을 밝힌 부분이요, 故論 아래는 (나) 인용하여 증명함이요, (다) '부처님 경계를 증득한 것이 곧 스스로 증득한 것임을 드러낸 것이다'라고 말한 것은 둘째 의미이니, 자신의 부처님 경계에 들어간 것이 인행이 원만해져서 과덕으로 취향한 까닭이다.

논경에서 '평등하게 포섭한다'고 말한 것은 여기에 두 가지 의미가 있으니 ① 부처님은 아래를 포섭하여 발로 그 광명을 거두시었고, 보살은 위로 포섭하여 광명이 부처님의 경계에 들어갔으므로 '평등하게 포

섭한다'고 말하였다. ② 다른 부처님의 경계에 들어간 것이 곧 자신의 경계에 들어간 것이다. 자신의 부처와 다른 부처님의 경계가 두 가지 체성이 아닌 연고로 '평등하게 포섭한다'고 하였으니, 이런 까닭에 중간에 논경을 인용하여 위와 아래에 증명을 둔 것이다. ①의 평등은 아래 소문에 자연히 구비되어 있다. 두 광명에 의지하여 서로 포섭함을 밝혔으니, 이를테면 보살의 정수리 광명이 발로 들어가고, 부처님의 광명은 보살의 정수리로 들어갔을 텐데 지금은 단지 발로만 들어갔으니, 이미 서로 포섭함을 밝힌 것이다. 나머지는 알 수 있으리라.

㊂ 여러 성인들이 모두 아시다[衆聖咸知] (第二 18上10)
㊂ 아래 부류도 영향을 받다[下類奔風] (第三)

爾時諸佛과 及諸菩薩이 知某世界中에 某菩薩摩訶薩이 能行如是廣大之行하여 到受職位하니라 佛子여 是時에 十方無量無邊乃至九地諸菩薩衆이 皆來圍遶하여 恭敬供養하고 一心觀察하니 正觀察時에 其諸菩薩이 卽各獲得十千三昧하니라

그때 여러 부처님과 보살들이, 아무 세계의 아무 보살마하살이 이런 광대한 행을 능히 행하고 직책을 받는 지위에 이른 줄을 알았으며 불자여, 이때에 시방에 있던 한량없고 그지없는 보살과 제9지의 보살들까지 모두 와서 둘러싸고 공경하고 공양하며 한결같은 마음으로 관찰하였으며, 한창 관찰할 적에 그 보살들이 각각 십천 삼매를 얻었느니라.

[疏] 第二, 爾時下는 衆聖咸知오 第三, 佛子是時下는 下位奔風이라 申敬獲益은 文並可知로다

- ㈢ 爾時 아래는 여러 성인들이 모두 아심이요, ㈢ 佛子是時 아래는 아래 부류도 영향을 받음이다. 공경함을 펼쳐서 이익을 얻음은 경문과 함께하면 알 수 있으리라.

㈣ 같은 소리로 서로 응하다[同聲相應] (第四 19上1)

當爾之時하여 十方所有受職菩薩이 皆於金剛莊嚴臆德相中에 出大光明하니 名能壞魔怨이라 百萬阿僧祇光明으로 以爲眷屬하여 普照十方하여 現於無量神通變化하니라 作是事已하고 而來入此菩薩摩訶薩金剛莊嚴臆德相中하니 其光入已에 令此菩薩의 所有智慧로 勢力增長이 過百千倍하니라

이러한 때에 시방에 있는 직책을 받은 보살들이, 모두 가슴에 있는 금강으로 장엄한 공덕 모양에서 큰 광명을 놓으니 이름이 마군과 원수를 파괴함이라, 백만 아승지 광명으로 권속을 삼고 시방을 두루 비추어 한량없는 신통 변화를 나타내고, 이런 일을 마치고는 이 보살마하살들의 가슴에 있는 금강으로 장엄한 공덕 모양으로 들어갔으며, 그 광명이 들어간 후에는 이 보살들의 지혜가 세력을 더하여 백천 곱절로 지났느니라."

[疏] 第四, 當爾之時下는 同聲相應이니 以修平等因行하야 互相資故라

表內吉祥深廣之德이니 嚴心已圓故로 外於此相에 放光相益이니라
又上의 此照彼에 放眉間光은 表中道已照오 今彼照此에 乃於胸相
者는 表心契懸同이니 德圓魔盡이 名壞魔怨이니라

■ ㈣ 當爾之時 아래는 같은 소리로 서로 응함이니 평등한 인행을 닦아서 서로 돕는 까닭이다. 안으로 길상함이 깊고 넓은 공덕을 표출한 것이니 마음을 장엄함이 원만해진 연고며, 밖으로 이런 모양에 광명을 방출하여 서로 이익이 된다는 뜻이다. 또 위의 여기에서 저곳을 비출 적에, 눈썹 사이에서 광명을 방출한 것[제9 放光]은 중도가 이미 비춘 것을 나타낸 것이요, 지금은 저곳에서 여기를 비출 적에 비로소 가슴의 만 자(卍字) 형상으로 들어간 것은 마음이 계합하여 확실히 같아짐을 나타낸 내용이다. 과덕이 원만하면 마군이 다하는 것을 '마군과 원수가 무너졌다'고 말한다.

[鈔] 第四, 當爾下²⁵⁶⁾는 同聲相應이니 文中에 有四하니 一, 總顯相應之由²⁵⁷⁾오 同聲相應者는 卽周易乾卦文言之語니 易에 云, 同聲相應하며 同氣相求하야 水流濕하며 火就燥하며 雲從龍하며 風從虎라 聖人이 作而萬物覩하나니 本乎天者는 親²⁵⁸⁾上하고 本乎地者는 親下하나니 則各從其類也라하니라 今取同位일새 故曰同聲이라 同謂何能고 有相益顯이 如世朋友가 互相成益故니라

二, 表內下는 釋德相放光之由오 三, 又上下는 對前會釋이오²⁵⁹⁾ 下에 彼光照此하야 此增智力하니 今此照彼하야 益彼가 何疑리오 四, 德圓下는 釋光名號니라

---

256) 當爾下는 疏鈔會本作至, 續本作當爾之時下.
257) 疏鈔會本에 由下有二, 表內下 釋德相放光之由 三, 又上下 對前會釋 四, 德圓下 釋光名號等二十七字.
258) 親下에 原續金本有其字, 易南本無, 次句同.
259) 釋下에 金本有今(今 金本作下)彼光照此等十七字 原南本已見前.

● ㈣ 當爾 아래는 같은 소리로 서로 응함이다. 경문에 넷이 있으니 ① 서로 응하는 이유를 총합적으로 밝힘이다. '같은 소리로 서로 응한다'는 것은 곧 『주역』건괘(乾卦) 문언전(文言傳)의 말씀이다. 『주역』에서, "('나는 용이 하늘에 있다. 대인(大人)을 만나 봄이 이롭다 함은 무엇을 이르는 것입니까?' 공자께서 말씀하시기를,) '같은 소리가 서로 응하고 같은 기운이 서로 요구되어 물은 축축한 데로 흐르고 불은 마른 데로 나아가며 구름은 용을 따르고 바람은 범을 따르오. 성인이 일어나야 만물이 보이나니 하늘에 근본을 둔 물건은 위와 친근히 하고, 땅에 근본을 둔 물건은 아래와 친근히 하오. 바로 각각 그 종류에 따르는 것이오'라고 하셨다." 지금은 그 같은 지위이므로 '같은 소리'라 하였다. 같음은 어떤 공능을 말하는가? 이익을 주는 것을 드리내는 것은 마치 세상의 친구가 서로 이익이 되는 것과 같은 까닭이다.

② 表內 아래는 공덕상[卍字相]에서 광명을 방출한 이유를 설명함이요, ③ 又上 아래는 앞과 상대하여 회통하여 설명함이요, 아래에 저 곳의 광명이 여기를 비추어 지력(智力)을 더하였고, 지금은 여기서 저 곳을 비추어 저를 이익한다 한들 무엇이 의심스러우리오! ④ 德圓 아래는 광명의 이름을 해석한 내용이다.

f) 지위를 얻다[得位] 2.
(a) 광명을 놓다[放光] (第六 20上2)

爾時에 十方一切諸佛이 從眉間出淸淨光明하시니 名增益一切智神通이라 無數光明으로 以爲眷屬하여 普照十方一切世界하여 右遶十帀하며 示現如來廣大自在하며

開悟無量百千億那由他諸菩薩衆하며 周徧震動一切佛
刹하며 滅除一切諸惡道苦하며 隱蔽一切諸魔宮殿하며
示一切佛得菩提處道場衆會莊嚴威德하며 如是普照盡
虛空徧法界一切世界已하고 而來至此菩薩會上하야 周
帀右遶하며 示現種種莊嚴之事하시니라

"그때 시방의 모든 부처님들이 양미간으로부터 청정한 광명이 나오니 이름이 온갖 지혜와 신통을 더함이라, 무수한 광명으로 권속을 삼아 시방의 일체 세계에 비추면서 오른쪽으로 열 바퀴를 돌고, 여래의 광대하게 자재함을 나타내며, 한량없는 백천억 나유타 보살들을 깨우치고, 모든 부처님 세계를 두루 진동하여, 모든 나쁜 갈래의 고통을 없애고, 모든 마군의 궁전을 가리며, 모든 부처님들이 보리를 얻으신 도량에 있는 대중들의 장엄한 위덕을 보이었다. 이와 같이 온 허공과 법계에 가득한 모든 세계를 두루 비추고는 이 보살들의 회상에 돌아와서 오른쪽으로 두루 돌면서 가지가지로 장엄한 일을 나타내었느니라.

[疏] 第六, 爾時十方下는 明隨所得位라 於中에 二니 一은 放光이라 於中에 十業이니 初光은 名卽益業이니 益一切智하야 令成佛故라 二는 眷屬光이니 是因業이오 三은 示佛是敬業이오 四는 開悟業이오 五는 震動業이오 六은 止惡業이오 七은 降魔業이오 八은 示現業이오 九, 如是下는 卷舒業이오 十, 示現種種은 卽變化業이니라

■ f) 爾時十方 아래는 어떤 지위에 따르는가[隨所得位]를 밝힘이다. 그 중에 둘이니 (a) 광명을 방출함이다. 그중에 열 가지 업이니 (1) 광명

의 이름은 이익을 주는 업이니, 모든 지혜를 더하여 부처를 이루게 하는 까닭이다. (2) 광명의 권속이니 인행의 업이요, (3) 부처님께 공경하는 업을 보인 것이요, (4) 보살에게 깨달음을 열어 주는 업이요, (5) 불찰(佛刹)을 진동하는 업이요, (6) 악을 그치게 하는 업이요, (7) 마군을 항복시키는 업이요, (8) 나타내 보여 주는 업이요, (9) 如是 아래는 광명을 폈다가 거두는 업이요, (10) 갖가지 장엄을 보여 주는 것은 변화하는 업이다.

(b) 정수리로 들어가 이익을 성취하다[入頂成益] 2.
㈠ 가름으로 표방하다[標章] (二現 20下1)

現是事已에 從大菩薩頂上而入하신대 其眷屬光明도 亦各入彼諸菩薩頂이어든 當爾之時하여 此菩薩이 得先所未得百萬三昧하니 名爲已得受職之位라 入佛境界하여 具足十力하여 墮在佛數하니라

이런 일을 나타내고는 큰 보살의 정수리로 들어가니, 그 권속 광명들도 각각 보살들의 정수리로 들어갔다. 이러는 동안에 이 보살들이 전에 얻지 못하였던 백만 가지 삼매를 얻었으니, 이름이 직책을 받는 지위를 얻음이라, 부처님의 경계에 들어가서 열 가지 힘을 구족하고 부처님 수에 섞이었느니라."

[疏] 二, 現是事已下는 入頂成益이라
- (b) 現是事已 아래는 정수리로 들어가 이익을 성취함이다.

㈢ 가름에 따라 해석하다[隨釋] 2.
① 정수리로 들어가다[入頂] 3.
㉮ 바로 해석하다[正釋] (入頂 20下1)

[疏] 入頂者는 若約化相인대 上收於下也오 若約實義인대 照極心源이 名爲智頂이오 成果在己가 是爲光入이라
- ① '정수리로 들어간다'는 것은 만일 교화하는 모양에 의지한다면 위에서 아래를 거두는 것이요, 만일 실법의 이치에 의지한다면 비추어 마음의 근원까지 다하는 것을 '지혜의 정수리'라고 할 것이요, ㉮ 과덕을 성취함이 자신에게 있는 것을 '광명이 들어간다'고 말한다.

[鈔] 於中十業者는 以文顯故로 疏不指經이어니와 若欲指者인대 二, 無數下가 是오 三, 示現下오 四, 開悟下오 五, 周徧下오 六, 滅除下오 七, 隱蔽下오 八, 示一切下오 九, 如是下오 十, 示現下가 是니라
若約化相者는 疏但有二하니 初, 身光이 入菩薩色身之頂은 但爲化相이니 卽上收下라 就實約義中하야 曲復有二하니 一, 約相顯實인대 卽諸佛智光이 入菩薩心頂이오 二, 直就實論인대 自智已圓에 當成之果가 顯在心源이니 是故로 結云果成在己니라
- '그중에 열 가지 업'이란 경문에 나타나 있으므로 소가가 경문을 지적하지는 않았지만, 만일 지적해 본다면 ㉯ 인행업(因行業)은 無數 아래이고, ㉰ 시경업(示敬業)은 示現 아래이고, ㉱ 개오업(開悟業)은 開悟 아래이고, ㉲ 진동업(震動業)은 周遍 아래이고, ㉳ 지악업(止惡業)은 滅除 아래이고, ㉴ 항마업(降魔業)은 隱蔽 아래이고, ㉵ 시현업(示現業)은 示一切 아래이고, ㉶ 권서업(卷舒業)은 如是 아래이고, ㉷ 변화

업(變化業)은 示現 아래가 그것이다.

'만일 교화하는 모양'에 의지한다면 소에는 단지 둘만 있으니 1) 몸의 광명이 보살의 형상의 몸[色身]의 정수리로 들어간 부분은 단지 화현한 모양뿐이니, 위에서 아래를 거두는 것이다. 실법에 입각해 이치에 의지한다면 그중에도 또 둘이 있으니 ① 모양에 의지해 실법을 밝힌다면 부처님의 지혜 광명이 보살의 가슴과 정수리로 들어간 부분이요, ② 바로 실법에 입각하여 논한다면 자신의 지혜가 원만해지면 미래에 이룰 과덕이 마음의 근원 자리임을 드러낸 부분이다. 이런 까닭에 결론적으로 "과덕을 성취함이 자신에게 있다"고 말하였다.

㉴ 인용하여 증명하다[引證] (論云 20下8)
㉵ 소가의 해석[疏釋] (謂菩)

[疏] 論에 云, 諸如來의 光明과 彼菩薩의 迭互智[260]가 平等攝受故라하니 謂菩薩頂光이 入佛足은 則因이 上進於果也오 佛光이 入菩薩頂은 果收因也며 亦因收果라 入則無迹이오 因果를 雙亡일새 名平等也니라

- 논경에 이르되, "모든 부처님의 광명과 저 법운지 보살의 번갈아 서로 아는 것[迭互知]이 평등하게 포섭하여 받아들인 까닭이다"라고 하였다. 말하자면 보살의 정수리 광명이 부처님의 발에 들어간 것은 인행이 위로 과덕에 승진한 부분이요, 부처님의 광명이 보살의 정수리로 들어간 것은 과덕이 인행을 거둔 부분이며, 동시에 인행이 과덕을 거둔 부분이다. 들어가면 자취가 없어지고 인행과 과덕이 함께 사라졌으므로 '평등하다'고 표현하였다.

---

260) 遺忘記云, "智는 論作知, 然唐本論 亦是智字 恐唐本誤也.(『三家本私記』遺忘記 p.401-)

[鈔] 論云下는 引證이오 謂菩薩下는 疏釋이라 言亦因收果者는 上義는 佛果가 下收菩薩이오 今은 菩薩頂이 收得佛光耳라 上은 釋迭互攝受오 入則下는 釋平等攝受니라

- ㉔ 論云 아래는 인용하여 증명함이다. ㉕ 謂菩薩 아래는 소가의 해석이다. '동시에 인행이 과덕을 거둔다'고 말한 것은 위의 의미는 부처님의 과덕이 아래로 보살을 거둠이요, 지금은 보살의 정수리로 부처님의 광명을 거두어들인 것일 뿐이다. ㉖ 위는 서로 번갈아 섭수함에 대한 설명이요, ㉗ 入則 아래는 평등하게 섭수함에 대한 설명이다.

② 이익을 성취하다[成益] (當爾 21上4)

[疏] 當爾之時下는 得益이오 名爲下는 結位오 入佛境者는 所證이 同也오 具十力者는 行德이 同也오 墮佛數者는 如始出家에 便墮僧數니라

- ② 當爾之時 아래는 이익을 성취함이다. 名爲 아래는 지위로 결론함이요, '부처님의 경계에 들어갔다'고 말한 것은 증득한 바가 같다는 뜻이요, '열 가지 힘을 구족한다'는 것은 행법의 공덕이 같다는 뜻이다. '부처님 수에 섞인다'는 것은 처음 출가하자 금방 스님의 수에 섞임과 같은 의미이다.

(ㄴ) 비유로 밝히다[喩] 2.
a. 몸에 비유하다[喩身] (第二 21下2)

佛子여 如轉輪聖王의 所生太子가 母是正后요 身相具足이어든 其轉輪王이 令其太子로 坐白象寶妙金之座하고

張大網幔하며 建大幢旛하며 燃香散花하며 奏諸音樂하며 取四大海水하여 置金瓶內하고 王執此瓶하여 灌太子頂하나니 是時에 卽名受王職位라 墮在灌頂刹利王數하며 卽能具足行十善道일새 亦得名爲轉輪聖王인달하니라

"불자여, 마치 전륜성왕이 낳은 태자는 어머니가 왕후, 몸매가 구족한데 전륜왕이 태자로 하여금 흰 코끼리 등에 마련한 황금 자리에 앉게 하고 그물로 된 휘장을 두르고 큰 당기와 번기를 세우고 향을 사르고 꽃을 흩고 음악을 잡히며 황금 병으로 사해의 물을 길어다가 왕이 손수 병을 들고 태자의 정수리에 부으면, 이것을 이름하여 왕의 직책을 받는 지위라 하여 머리에 물을 부은 찰제리왕의 축에 들게 되며 곧 열 가지 착한 도를 행하여 전륜성왕이란 이름을 얻게 되느니라.

[疏] 第二, 佛子如轉輪下는 喩니 喩上六事호대 文少不次라 初는 喩隨何身이오

■ (ㄴ) 佛子如轉輪 아래는 비유로 밝힘이니 위의 여섯 가지 현상[㊀ 座 ㊂ 身 ㊃ 眷屬 ㊃ 相 ㊄ 出處 ㊅ 得位]에 비유한 것인데, 경문의 순서가 조금 다르다. a) '어떤 몸을 따르는가'를 비유한 내용이다.

[鈔] 初喩隨何身者는 卽經에 云, 如轉輪聖王所生太子母是正后身相具足이 是也라 然이나 論經에 云, 玉女寶所生이라하니 準智論컨대 玉女寶不生은 乃是一說이오 準薩遮尼揵子經第三云[261]인대 千子가 皆玉

---

261) 云은 甲南續金本無. 인용문은 『大薩遮尼揵子所說經』 제3권 王論品 제3의 내용이다. (대정장 권9 p.330-)

女生이오 彼名夫人寶라하니 餘則可知로다

- b) '어떤 몸을 따르는가'는 곧 경문에서, "마치 전륜성왕이 낳은 태자는 어머니가 왕후요, 몸매가 구족하다"고 말한 것이 그것이다. 하지만 논경에는 "왕녀의 소생이다"라고 하였다. 『대지도론』에 준해 보면 왕녀의 소생이 아니라는 것은 한 가지 설이요, 『살자니건자경(薩遮尼揵子經)』 제3권에 준해 말하면 "천 명의 태자가 모두 왕녀의 소생이요, 저들을 '보배로운 부인'이라 칭한다"라고 하였다. 나머지는 알 수 있으리라.

b. 나머지 다섯 가지 현상에 비유하다[喩餘五事] (二其 21下8)

[疏] 二, 其轉輪下는 喩隨何座오 三, 張大下는 喩隨何相이오 四, 取四大下는 喩隨所得位니 王은 喩眞身이오 手는 喩應身이오 甁은 喩白毫요 水는 喩於光이라 應有第三隨何等眷屬이니 謂文武百寮[262]로 以爲輔弼이라 五, 卽能下는 明隨何等出處니라

- b. 其轉輪 아래는 b) '어떤 자리에 따르는가'를 비유함이요, c) 張大 아래는 '어떤 모양을 따르는가'를 비유함이요, d) 取四大 아래는 '얻은 지위를 따르는가'를 비유함이다. 여기서 왕은 진여 법신에 비유하였고, 손은 응신에, 병은 백호상에, 물은 광명에 비유하였다. 응당히 c) '어떤 권속을 따르는가'도 있어야 할 것이다. 다시 말하면 문무백관을 보필하는 권속으로 삼아야 할 것이다. e) 卽能 아래는 '어떤 광명 나온 곳을 따르는가'를 설명한 내용이다.

---

262) 寮는 金本作僚.

[鈔] 隨所得位者는 然論釋에 云, 此菩薩이 同得位時가 名爲善住라하니 遠公이 有二釋하니 一은 明同上王子得位時오 二는 同佛得位時라하니라

● '얻은 지위를 따르는가'는 그런데 논경에서는, "이 보살이 함께 지위를 얻었을 때를 이름하여 이 지(地)에 잘 머문다"고 하였다. 혜원법사는 두 가지로 해석하되, "1) 위의 왕자가 왕위를 얻었을 때와 같음을 밝혔고, 2) 부처님이 지위를 얻었을 때와 같음을 밝혔다"고 하였다.

(ㄷ) 법과 비유를 합하다[合] (第三 22上6)

菩薩受職도 亦復如是하여 諸佛智水로 灌其頂故로 名爲受職이니 具足如來十種力故로 墮在佛數니라
보살이 직책을 받는 것도 그와 같아서 부처님의 지혜물을 정수리에 부으므로 직책을 받는다 이름하며, 여래의 열 가지 힘을 구족하였으므로 부처님 가운데 섞이게 되느니라."

[疏] 第三, 菩薩受職下는 合이니 但合隨所得位라 正意가 在此故니라
■ (ㄷ) 菩薩受職 아래는 법과 비유를 합함이니, 단지 '얻은 지위를 따르는가'에만 합한 내용이다. 바른 의미가 여기에 있기 때문이다.

(ㄹ) 총합 결론하다[結] (第四 22下1)

佛子여 是名菩薩受大智職이니 菩薩이 以此大智職故로 能行無量百千萬億那由他難行之行하여 增長無量智慧

功德하나니 名爲安住法雲地니라
"불자여, 이것을 이름하여 보살이 큰 지혜의 직책을 받았다 하며, 보살이 이 지혜의 직책을 받으므로, 한량없는 백천만억 나유타나 되는 행하기 어려운 행을 능히 행하며, 한량없는 지혜 공덕을 증장하면 법운지에 머문다 이름하느니라."

[疏] 第四, 佛子下는 總結이니 結斯一分이니라
□ (ㄹ) 佛子 아래는 총합하여 결론함이니 이 한 부분에 대한 결론이다.

ㄹ. 크게 다함에 들어가는 부분[入大盡分] 4.

❖ 제6회 십지품 제10 法雲地 (科圖 26-93; 光字卷)

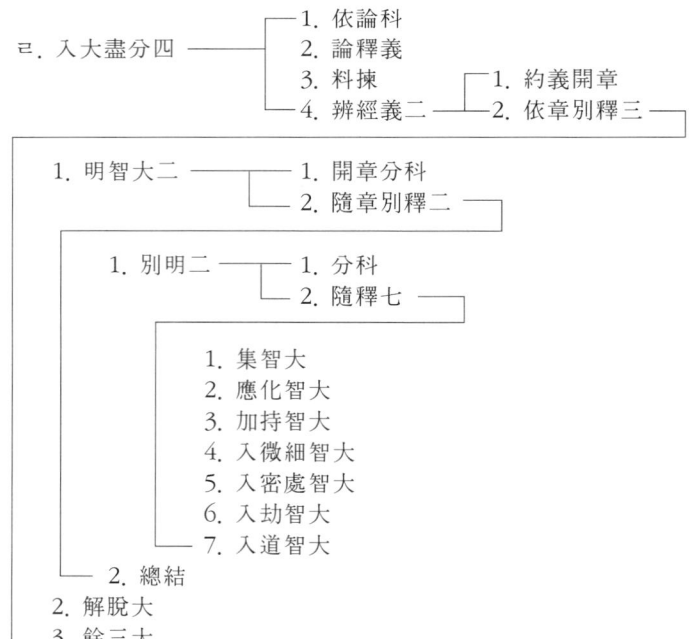

ㄱ) 논경에 의지하여 과목 나누다[依論科] (大文 22下2)

ㄴ) 논경의 의미 해석[論釋義] (此五)

ㄷ) 구분하다[料揀] (前二)

[疏] 大文第四, 佛子菩薩住此法雲下는 明入大盡分이라 於中에 有五種大하니 一은 智大오 二는 解脫大오 三은 三昧大오 四는 陀羅尼大오 五는 神通大라 此五가 依五種義하니 一은 依正覺實智義니 離智障故오 二는 依心自在義니 離煩惱障故오 三은 依發心에 卽成就一切事義니 意定力故오 四는 依一切世間隨利益衆生義니 意能徧持하며 口能徧隨故오 五는 依堪能度衆生義니 身及諸通을 廣能運故라 前二는 自利오 後三은 利他니라

■ ㄹ. 큰 문단으로 佛子菩薩住此法雲 아래는 크게 다함에 들어가는 부분이다. 그중에 다섯 종류의 광대함이 있으니 a. 지혜가 광대함이요, b. 해탈이 광대함이요 c. 삼매가 광대함이요, d. 다라니가 광대함이요, e. 신통이 광대함이다. 이 다섯 종류의 광대함은 다섯 가지 이치에 의지하였으니 (1) 바른 깨달음과 실법의 지혜의 이치에 의지하였으니, 지적인 장애를 여읜 까닭이요, (2) 마음에 자재한 이치에 의지하였으니, 번뇌의 장애를 여읜 까닭이요, (3) 발심할 적에 곧 모든 현상을 성취한다는 이치에 의지하였으니, 의업인 삼매의 힘인 까닭이요, (4) 모든 세간의 중생을 따라 이익되게 하는 이치에 의지하였으니, 의업이 능히 두루 간직하며 구업이 능히 두루 따르는 까닭이요, (5) 능히 중생 제도를 감당하는 이치에 의지하였으니, 신업과 모든 신통을 널리 잘 움직이는 까닭이다. 앞의 둘은 자리행(自利行)이요, 뒤의 셋은 이타행(利他行)이다.

[鈔] 大文第四, 大盡分中에 文前有四하니 一, 依論科오 二, 此五依下는 論釋義오 三, 前二下는 料揀이오 四, 文中下는 辨經義라 二中에 五義之內에 義字向上은 皆是論文이오 義字已下는 卽是疏釋이라 然前二는 離惑智二障하야 成心慧二解脫이오 後三, 利他는 卽是三業이니 一은 意오 二는 口라 雖云意持나 正在口說이라 三은 卽身通이니라

- 큰 문단으로 ㄹ. 크게 다함에 들어가는 부분에서 경문에 들어가기 전에 넷이 있으니 ㄱ) 논경에 의지한 과목이요, ㄴ) 此五依 아래는 논경의 의미 해석이요, ㄷ) 前二 아래는 구분 지음이요, ㄹ) 文中 아래는 경문의 이치를 밝힘이다. ㄴ) 중에 다섯 가지 이치에 의 자(義字)에서 위쪽으로는 모두 논경의 문장이요, 아래는 소가의 해석이다. 그러나 앞의 두 가지[(1) 依正覺 " (2) 依心自在 "]는 번뇌장과 소지장의 두 가지를 여의고, 마음과 지혜의 두 가지 해탈을 성취한 내용이요, 뒤의 세 가지는 이타행이니 곧 세 가지 업을 말한다. 그중에 첫째[(3) 依發心 "]는 의업이요, 둘째 [(4) 依一切 "]는 구업이다. 비록 '의업에 의지한다'고 말하였지만 진정한 의미는 입으로 말하는 데 있다. 셋째[(5) 依堪能 "]는 신업과 신통을 가리킨다.

ㄹ) 경문의 이치를 밝히다[辨經義] 2.
(ㄱ) 이치에 의지해 가름을 전개하다[約義開章] (文中 23下2)

[疏] 文中에 三이니 前二는 別明이오 後三은 合例라
- 경문에 셋이니 앞의 둘은 개별적인 설명이요, 뒤의 셋은 사례를 합한 내용이다.

(ㄴ) 가름에 의지해 개별로 해석하다[依章別釋] 3.
a. 지혜가 광대하다[明智大] 2.

a) 가름을 전개하여 과목 나누다[開章分科] (今初 23下2)

[疏] 今初의 智大를 分二니 先은 別明이오 後는 總結이라
- 지금은 a. 지혜가 광대함을 둘로 나누었으니 (a) 개별로 설명함이요, (b) 총합하여 결론함이다.

b) 가름에 따라 개별로 해석하다[隨章別釋] 2.
(a) 개별로 설명하다[別明] 2.
㈠ 과목 나누다[分科] (今初 23下3)

[疏] 今初에 有七種智하니 一은 集智大오 二는 應化智大오 三은 加持智大오 四는 入微細智大오 五는 密處智大오 六은 入劫智大오 七은 入道智大니 此七이 展轉相生이니라
- 지금은 (a) 개별로 설명함에 일곱 종류의 지혜가 있으니 ① 모은 지혜가 광대함이요, ② 응신과 화신의 지혜가 광대함이요, ③ 가지하는 지혜가 광대함이요, ④ 미세함에 들어가는 지혜가 광대함이요, ⑤ 비밀하게 처하는 지혜가 광대함이요, ⑥ 겁에 들어가는 지혜가 광대함이요, ⑦ 보리에 들어가는 지혜가 광대함이니, 이런 일곱 종류가 점차적으로 서로 생겨나는 것이다.

㈡ 과목에 따라 해석하다[隨釋] 7.

① 모은 지혜가 광대하다[集智大] 4.
㉮ 광대한 의미를 해석하다[釋大意] (今初 23下5)

佛子여 菩薩摩訶薩이 住此法雲地에 如實知欲界集과 色界集과 無色界集과 世界集과 法界集과 有爲界集과 無爲界集과 衆生界集과 識界集과 虛空界集과 涅槃界集하며 此菩薩이 如實知諸見煩惱行集하며 知世界成壞集하며 知聲聞行集과 辟支佛行集과 菩薩行集과 如來力無所畏色身法身集과 一切種一切智集과 示得菩提轉法輪集과 入一切法分別決定智集하나니 擧要言之컨댄 以一切智로 知一切集이니라

"불자여, 보살마하살이 이 법운지에 머물면 사실대로 욕심세계의 모임과 형상세계의 모임과 형상 없는 세계의 모임과 세계의 모임과 법계의 모임과 함이 있는 세계의 모임과 함이 없는 세계의 모임과 중생계의 모임과 인식계의 모임과 허공계의 모임과 열반계의 모임을 알며, 이 보살이 사실대로 모든 소견과 번뇌의 행이 모임을 알며 세계가 이루고 헐림의 모임을 알며, 성문의 행이 모임과 벽지불의 행이 모임과 보살의 행이 모임과 여래의 힘과 두려움 없음과 형상 몸과 법의 몸이 모임과 갖가지 지혜와 온갖 지혜의 지혜가 모임과 보리를 얻어 법륜을 굴림을 보이는 것이 모임과 온갖 법에 들어가 분별하고 결정하는 지혜가 모임을 아나니, 중요함을 들어 말하면 온갖 지혜로써 온갖 모임을 아느니라.

[疏] 今初, 集智는 依能斷疑力하야 了法緣集故라
- 지금은 ① 모은 지혜는 능히 의심을 단절하는 힘에 의지하여 법을 깨달을 인연이 모인 까닭이다.

[鈔] 今初集智下에 疏文有四하니 一, 總彰大意오 二, 文中下는 總科오 三, 然通眞妄下는 總辨義類오 四, 在文六重下는 對文收攝이라 今初니 然論中에 文有三節하니 一은 總立七名이니 謂一은 集智大等이니 如向疏引이오 二는 總辨七智之所依起니 略顯其相이오 三은 總釋七智之相이라
今疏文中에 分爲七段이니 一一智內에 皆有三重하니 如今集智에 云, 今初集智는 卽第一列名이오 二, 依能斷下는 卽論의 第二依起之一이오 三, 了法緣下는 卽論의 第三段釋義라 下之六智에 皆具此三이니라 然이나 遠公이 釋緣集云호대 統唯一種이오 或分爲二니 一은 妄緣集이니 三界虛妄하야 唯一心作이니 如夢所見이 但²⁶³⁾是心解오 二는 眞緣集이니 一切諸法이 皆眞心起가 如夢所見이 皆報心作이라하니라 或說爲三호대 一, 眞妄離合이 爲三이니 離爲前二오 合爲第三이니라 第二, 約心識論三이니 一은 事緣集이니 從事識하야 起一切法이오 二는 妄緣集이니 從其妄緣하야 起一切法이오 三은 眞緣集이니 眞識體中에 具過一切恒沙性德하야 互相集成일새 故言緣集이니라 又從眞識하야 起一切法이니 故로 經에 說言하사대 若無藏識하면 七識不住하며 不得厭苦樂求涅槃이어니와 由如來藏일새 故起諸法이라하니라 三, 就有爲無爲하야 說三이니 一은 卽有爲緣集이오 二는 無爲緣集이오 三은 具二緣集이라 並如六地에 已說하니라

263) 但은 南續金本作唯.

● 今初集智 아래에 소의 문장에 넷이 있으니 ㉮ 광대함의 의미를 총합하여 밝힘이요, ㉯ 文中 아래는 총합하여 과목 나눔이요, ㉰ 然通眞妄 아래는 총합적으로 의미로 포섭해 분류함이요, ㉱ 在文六重 아래는 경문과 상대하여 거두어 포섭함이다. 지금 ㉮에서 논경의 경문에 세 부분이 있으니, 1) 총합하여 일곱 가지 명칭을 세움이다. 말하자면 ① 모은 지혜가 광대함 등이니 앞의 소에서 인용한 내용과 같다. 2) 일곱 가지 지혜에 의지하여 일어남에 대해 총합하여 밝힘이니 대략 그 모양을 드러낸 것이요, 3) 일곱 가지 지혜의 모양을 총합적으로 해석함이다.

지금의 소문에 일곱 문단으로 나누었으니 하나하나의 지혜 안에 모두 세 가지 중첩이 있다. 마치 지금의 모은 지혜의 광대함에서 이르되, "지금 ① 모은 지혜에는 ㉮ 명칭을 나열함이요, ㉯ 依能斷 아래는 논경의 둘째 의지해 일으킴 중의 하나이고, ㉰ 了法緣 아래는 곧 논경의 셋째 문단인 의미 해석이다"라고 하였으니, 아래의 여섯 가지 지혜에도 모두 이 세 가지 과목을 갖추고 있다. 하지만 혜원법사는 인연이 모임[緣集]에 대해, "통합하면 한 종류뿐이요, 혹은 둘로 나눌 수 있다. 첫째, 망녕된 인연이 모인 것이다. 삼계가 허망하여 오직 한 마음이 짓는 것일 뿐이니, 마치 꿈꾸다가 본 것은 단지 마음으로만 아는 것과 같다. 둘째, 진실한 인연이 모인 것이다. 일체의 모든 법이 모두 진심에서 일어난 것이니, 마치 꿈꾸다가 본 것이 모두 과보의 마음[報心]이 짓는 것과 같다"고 하였다. 혹은 셋으로 말하되, "첫째, 진심과 망연이 여의고 합하여 셋이 되나니 여의면 앞의 둘이 되고 합하면 셋째가 된다. 둘째, 마음과 인식에 의지해 셋으로 논하나니 ① 현상적인 인연이 모임이니 분별사식[6식]으로부터 일체법이 일어남이요,

② 망녕된 인연이 모임이니 그 망녕된 인연에서 일체법이 일어남이요, ③ 진식의 인연이 모임이니 진식[8식]의 체성에 일체 항하의 모래보다 많은 체성 공덕이 구비되어 서로 모아 이룬 것이므로 '인연이 모인 것'이라 말한다." 또 진식(眞識)으로부터 일체법이 일어났으므로 경문에서, "만일 장식(藏識)이 없으면 7식이 머물지 않으며, 고통을 싫어하고 열반 구하기를 좋아하지 않겠지만 여래장으로 인하여 모든 법을 일으킨다"고 하였다. "셋째, 유위법과 무위법에 입각하여 셋으로 말하나니 ① 유위법의 인연으로 모은 것이요, ② 무위법의 인연으로 모은 것이요, ③ 유위법과 무위법의 두 가지 인연을 구비하여 모은 것이다." 이는 모두 제6지에서 이미 설명한 내용과 같다.

⑭ 총합하여 과목 나누다[總科] (文中 24下3)

[疏] 文中에 先, 別明이오 後, 擧要下는 總結이라 前中에 有二十集하니 皆明因緣集이라
- 경문 중에 ㉠ 개별로 설명함이요, ㉡ 擧要 아래는 총합하여 결론함이다. ㉠ 중에 20가지 모음이 있으니, 모두 인연이 모인 것에 대한 설명이다.

⑮ 이치의 종류로 포섭해 분류하다[攝以義類] (然通 24下4)

[疏] 然通眞妄과 及與和合일새 故有三分이니 一은 染分이오 二는 淨分이오 三은 滅分이라 在文六重이니
- 하지만 진식과 망연과 함께 화합함에 통하므로 세 부분이 있으니 (1)

잡염분이요, (2) 청정분이요, (3) 적멸분이다. 경문에는 여섯 가지 중첩이 있다.

[鈔] 三, 攝以義類니 卽前三中에 第一三也라 四中에 在文雖六이나 不出前三하니 收攝已竟이오 釋義已周니라

- ㉓ (集智大를) 이치의 종류로 포섭함이니 곧 앞의 세 부분 중에 첫째의 세 가지를 가리킨다. 경문에 비록 여섯 가지 중첩이 있지만 앞의 세 가지에서 벗어나지 않으므로 거두어 포섭하여 마쳤고, 이치에 대한 해석도 이미 두루 해졌다.

㉤ 큰 문단으로 서로 포섭하다[大文相攝] 6.
㉠ 잡염뿐인 부분[唯染] (一唯 24下8)
㉡ 청정뿐인 부분[唯淨] (二唯)
㉢ 적멸뿐인 부분[唯滅] (三唯)
㉣ 청정과 잡염을 합한 부분[淨染合說] (四淨)

[疏] 一은 唯染이니 謂初四[264]와 及衆生集과 諸見煩惱集이라 二는 唯淨이니 謂聲聞已下의 諸集이라 三은 唯滅이니 謂虛空이라 四는 淨染合說이니 謂識과 及有爲와 世界成壞니라

- ㉠ 잡염뿐인 부분이니 처음의 세 가지[1. 欲界集 2. 色界集 3. 無色界集]와 중생계의 모임과 모든 소견과 번뇌행의 모임과 세계가 이루고 헐림의 모임을 말한다. ㉡ 청정뿐인 부분이니 성문행의 모임부터 모든 모임을 말한다. ㉢ 적멸뿐인 부분이니 허공계의 모임을 말한다. ㉣ 청정

---

264) 遺忘記云, "初四四字 當作三, 煩惱集下 落世界成壞集 而下染淨合說中世界下 成壞二字衍也 準下鈔可知".(『三家本私記』遺忘記 p.402-)

과 잡염을 합한 부분이니, 인식계와 하염 있음과 세계가 이루어지고 무너짐 등의 모임을 말한다.

[鈔] 一唯染中에 已攝六集이니라 二有七集이니라 三唯一集이니라 四有三集이니라

- ㉠ 잡염뿐인 부분 중에 이미 여섯 가지 모임을 포섭한다. ㉡ 청정뿐인 부분에 일곱 가지 모임이 있다. ㉢ 적멸뿐인 부분에는 오직 허공계의 모임 한 가지만 있다. ㉣ 청정과 잡염을 합한 부분에 세 가지 모임 [識界集, 虛空界集, 涅槃界集]이 있다.

㉤ 청정과 적멸을 합한 부분[淨滅合說] (五淨 25上4)
㉥ 잡염과 청정과 적멸에 통하는 부분[通染淨滅] (六通)

[疏] 五는 淨滅合說이니 謂無爲와 及涅槃이라 擇滅無爲는 爲淨이오 非擇滅은 爲滅이오 性淨涅槃은 稱滅이오 餘三涅槃은 爲淨이라 六, 通染淨滅이니 謂法界라 故로 論에 云, 隨所正不正²⁶⁵⁾이라하니 以法界는 通善不善과 及無爲故라 而論諸句에 皆有隨所言者는 隨何等差別하야 皆能知故니라

- ㉤ 청정과 적멸을 합한 부분이니 하염없는 모임과 열반계의 모임을 말한다. 택멸무위(擇滅無爲)는 청정분이 되고, 비택멸무위(非擇滅無爲)는 적멸분이 되며, '체성이 청정한 열반'은 적멸과 걸맞고, 나머지 세 가지 열반[有餘, 無餘, 無住處涅槃]은 청정분이 된다. ㉥ 잡염과 청정과 적멸에 통하는 부분이니 법계의 모임을 말한다. 그래서 논경에서 "설

---

265) 論經作隨所說正不正.

한 바 바르고 바르지 않음을 따른다"고 하였으니, 법계의 모임은 착함과 착하지 않음과 함이 없음에 통하는 까닭이다. 그러나 논경의 모든 구절에 모두 수소(隨所)라는 말이 있는 것은 어떤 차별을 따라서 모두 능히 알 수 있는 까닭이다.

[鈔] 五唯二集이니라 無爲에 有三호대 虛空은 已別說竟하고 但二無爲니 一은 淨이오 二는 滅이니라 涅槃이 有四하니 餘와 無餘와 及與無住는 皆約修顯일새 故得稱淨이니라 六은 唯一集이니 故有二十也니라

- ㉤ 청정과 적멸을 합한 부분에 오직 두 가지 모임뿐이다. 하염없는 모임에 세 가지가 있는데 '허공 같은 하염없음[虛空無爲]'은 이미 따로 설명하였고, 단지 두 가지 하염없음의 부분뿐이니 ① 청정분이요, ② 적멸분이다. 열반이 네 가지이니 유여열반과 무여열반과 무주처열반은 모두 닦음에 의지해 밝힌 것이므로 청정분과 걸맞는다. ㉥ 잡염과 청정과 적멸에 통하는 부분에 오직 한 가지 모임[法界集]뿐이니 그래서 20가지 모임이 된다.

第六段中[266]에 四니 一, 標通三이오 二, 故論下는 引證이오 三, 以法界下는 疏釋이라 順上善法界는 爲淨이오 不善法界는 爲染이오 無爲法界는 爲滅이오 無爲와 與善은 爲正이오 不善은 不正이니라 四, 而論諸句下는 會釋論文이라 然上이 以其三事로 開合일새 故爲六段이나 而文不次니라 又今經이 與論經으로 次亦小異하니 若依今文하야 辨次第者인대 然望論經에 論經에 闕二하니 一은 無世界集이오 二는 無最後入一切法分別決定智集이라 彼意는 謂世界는 卽世界成壞오

---

266) 段中은 續金本作通染下有.

將後入一切法集하야 屬於總結일새 故但十八이며 并結十九어니와 今
謂世界는 是總이라 通佛衆生이니 如世界成就品에 通有唯成이오 無
有壞義하니 成壞之利은 唯屬衆生이니라 彼次가 與此로 亦小有[267]異
하니 以法界로 居虛空之後하고 衆生識界로 居爲無爲前이니라 且依
今經하야 以辨次者인대 先明三界는 通於依正이니 總辨衆生所依오
次云世界는 通於染淨이오 次辨法界는 向上하야는 爲上四所依오 向
下하야는 與爲와 無爲等으로 而爲所依라 法界是總이니 以性從緣에
則有爲無爲니라 衆生은 是能迷之人이오 識界는 爲衆生之本이오 虛
空은 是衆生等住處오 涅槃은 是衆生所歸오 煩惱는 是能迷之因이오
行은 兼於業하니 則顯前이 皆是果라 故此句初에 有此菩薩言이라 由
煩惱因하야 感界成壞니라 次三은 辨反源之人이오 如來下는 四辨反
源之果라 結云一切者는 非止二十故也니라

- ㊅ 잡염과 청정과 적멸에 통하는 부분에 넷이니 ⓐ 세 가지에 통함을 표방함이요, ⓑ 故論 아래는 인용하여 증명함이요, ⓒ 以法界 아래는 소가의 해석이다. 위에서 착한 법계를 따르는 것은 청정분이요, 착하지 않은 법계는 잡염분이요, 하염없는 법계는 적멸분이요, 하염없음과 착한 법계는 바름이 되고, 착하지 않은 법계는 바르지 않음이 된다. ⓓ 而論諸句 아래는 논경의 문장과 회통하여 해석함이다. 그러나 위에서 그 세 가지 현상으로 전개하고 합하는 연고로 여섯 문단이 되었지만 경문은 순서가 다르다. 또 지금의 본경도 논경과 순서가 역시 조금 다르다. 만일 본경의 문장에 의지하여 순서를 밝힌다면 논경과 대조하여 논경에 두 가지가 빠져 있으니 ① 세계의 모임이 없고, ② 최후에 일체법에 들어가 분별하고 결정하는 지혜의 모임이 없다.

---

[267] 小有는 金本作有小.

저 논경의 이치에서 세계는 세계의 이루고 헐림의 모임을 가리키고, 그걸 가져서 뒤의 일체법의 모임에 들어가서 총합하여 결론함에 섭속되므로 단지 18가지뿐이다. 함께하면 19가지로 결론하였지만, 지금 '세계'라 말한 것은 총합적인 표현이다. 부처와 중생에 통하나니 세계성취품(世界成就品)에는 오직 이룸에만 통하고 헐림의 의미는 없음과 같나니, 이루고 헐리는 세계는 오직 중생의 모임에 속한다. 저 논경의 순서가 이와 함께 조금 다른 점이 있으니 법계의 모임을 허공의 모임 뒤에 두었고, 중생의 인식세계를 무위의 모임 앞에 두었다. 우선 본경에 의지하여 순서를 밝힌다면 먼저 세 가지 세계는 의보와 정보에 통함을 밝혔으니, 총합하여 중생의 의지처를 밝힌 부분이다. 다음에 말한 세계의 모임은 잡염과 청정에 통하고, 다음에 법계의 모임을 위로 향해서는 위의 네 가지 의지처를 삼았고, 아래로 향해서는 유위와 무위 등으로 의지처를 삼았음을 밝혔다. 법계는 총상이니 체성으로 인연에 따르면 유위와 무위이다. 중생은 미혹하는 주체인 사람이요, 인식의 세계는 중생의 근본이 되며, 허공은 중생 등이 사는 곳이요, 열반은 중생의 귀의처요, 번뇌(煩惱)는 미혹하게 하는 원인이요, 행(行)은 업을 겸하나니 앞은 모두 과덕임을 밝혔다. 그래서 이 구절의 처음에 차보살(此菩薩)이란 말이 있는 것이다. 번뇌의 원인으로 인하여 세계가 이루고 헐림을 감득한다. 다음의 셋[聲聞行集, 辟支佛〃, 菩薩〃]은 근원으로 돌아간 사람을 밝힌 것이요, 如來 아래의 넷[如來力〃, 一切種〃, 示得菩提〃, 入一切〃]은 근원으로 돌아간 과덕을 밝힌 내용이다. 결론하여 '일체(一切)'라고 말한 것은 20가지에만 그치지 않기 때문이다.

② 응하여 변화하는 지혜가 광대하다[應化智大] (第二 26下5)

佛子여 此菩薩摩訶薩이 以如是上上覺慧로 如實知衆生業化와 煩惱化와 諸見化와 世界化와 法界化와 聲聞化와 辟支佛化와 菩薩化와 如來化와 一切分別無分別化하야 如是等을 皆如實知니라

불자여, 이 보살마하살이 이러한 상상품의 깨달은 지혜로써 중생의 업으로 변화함과 번뇌로 변화함과 여러 소견으로 변화함과 세계로 변화함과 법계로 변화함과 성문으로 변화함과 벽지불로 변화함과 보살로 변화함과 여래로 변화함과 일체 분별 있고 분별없게 변화함을 사실대로 아나니, 이런 따위를 다 사실대로 아느니라.

[疏] 第二, 佛子下는 明應化智라 中에 三이니 初, 牒前起後니 以依前緣集智身하야 起化用故라 故로 論에 云, 依彼身起力하니라 次, 如實下는 正顯이오 後, 如是下는 總結이라

別[268]中 十句에 初三은 衆生世間自在化니 化起衆生의 善惡業과 及利鈍使하야 令衆生見으로 似眞造作故라 次一句는 器世間自在化오 次五는 智正覺世間自在化니 三乘正覺故라 一法界化는 爲三乘所說法行이오 餘四化는 爲三乘人과 及果라 後一은 通三世間이니 有情은 有分別이오 器無分別이라 智正覺은 通上二也니라

■ ② 佛子 아래는 응하여 변화하는 지혜가 광대함이다. 그중에 셋이니 ㉮ 앞을 따와서 뒤를 일으킴이니 앞의 인연의 모임과 지혜의 몸에 의지하여 화신의 작용을 일으킨 까닭이다. 그래서 논경에서 "저 지혜의 몸[智身]에 의지하여 힘을 일으킨다"고 하였다. ㉯ 如實 아래는 개별

---

268) 別은 南綱續本作顯, 原本與下鈔及探玄記均作別; 案上疏正顯, 探玄記作別顯.

로 밝힘이요, ㉰ 如是 아래는 총합하여 결론함이다.

㉱ 개별로 밝힘 중에 열 구절 가운데 ㉠ 처음의 세 구절[衆生業化, 煩惱化, 諸見化]은 중생세간에 자재한 변화이니, 중생의 선업과 악업, 날카로운 속박과 우둔한 속박을 변화해 일으켜 중생의 소견으로 하여금 참된 지음과 같게 만든 까닭이다. ㉡ 다음의 한 구절[世界化]은 기세간에 자재한 변화이고, ㉢ 다음의 다섯 구절[法界化, 聲聞化, 辟支佛化, 菩薩化, 如來化]은 지정각세간에 자재한 변화이니, 삼승으로 바르게 깨달은 까닭이다. (다음의 다섯 구절 중에) 첫째, 법계의 변화는 삼승으로 설해진 법의 행법을 삼았고, 나머지 네 가지 변화는 삼승의 사람과 과덕이다. 뒤의 한 구절[一切分別無分別化]은 삼세간에 통하나니 (1) 중생세계는 분별이 있고, (2) 기세간은 분별이 없으며, (3) 지정각세간은 위의 둘과 통한다.

[鈔] 第二, 應化智라 亦具上三하니 謂一은 列名이오 二는 依起오 三은 釋相이라 在文에 分二니 先, 標名總科오 後, 別中十句下는 隨文別釋이라 前中에 卽將躡經前文하야 釋論第二牒所依起오 其第三釋義는 易解不擧라 論에 云, 是中에 應化智者는 衆生應化等差別이라하야늘 遠公이 云, 然化有三種하니 一은 據始起니 有分別心으로 而作變化오 二는 就息想論이니 物見我化나 我實不化오 三은 就眞實說이니 緣起門中에 皆是眞實作因[269]法門之所示現이라하니 今依後義라 是故로 依前緣集智[270]하야 而起化用이니라

● ② 응하여 변화하는 지혜가 광대함이다. 역시 위의 세 과목을 갖추

---

269) 因은 甲南續金本作用.
270) 依는 原本無, 南續金本有; 智는 甲南續金本作故.

었으니, 이를테면 1) 명칭을 나열함이요, 2) 의지해 일으킴이요, 3) 모양을 해석함이다. 경문을 둘로 나누면 ㉮ 명칭으로 표방해 총합하여 과목 나눔이요, ㉯ 別中十句 아래는 경문을 따라 개별로 해석함이다. ㉮ 중에 곧 본경의 앞 문장을 토대로 논경의 ㉠ 의지처를 따와서 일으킴을 해석한 부분이요, ㉡ 의미 해석은 알기 쉬우므로 거론하지 않았다. 논경에서 "이 가운데 응화의 지혜란 중생으로 응화하는 등의 차별이다"라고 하였는데, 혜원법사가 이르되, "그런데 변화에 세 종류가 있으니 ① 처음에 의거해 일으킴이니 분별이 있는 마음으로 변화를 짓는 것이요, ② 생각을 쉬는 것에 입각해 논함이니 사물을 보고 내가 화현하지만 내가 진실로 변화하는 것은 아니요, ③ 진실에 입각하여 말함이니 연기문에 모두 진실로 인행을 짓는 법문으로 나타내 보인 것이다"라고 하였으니, 지금은 뒤의 의미에 의지한 내용이다. 이런 까닭에 앞의 인연의 모임과 지혜에 의지하여 변화의 작용을 일으킨 것이다.

③ 가지하는 지혜가 광대하다[加持智大] 4.
㉮ 경문을 따와서 명칭을 세우다[牒經立名] (第三 27下2)
㉯ 의지하여 일으킴을 밝히다[辨所依起] (論云)

又如實知佛持와 **法持**와 **僧持**와 **業持**와 **煩惱持**와 **時持**와 **願持**와 **供養持**와 **行持**와 **劫持**와 **智持**하여 **如是等**을 **皆如實知**니라
또 부처님의 가지와 법의 가지와 승의 가지와 업의 가지와 번뇌의 가지와 시절의 가지와 원력의 가지와 공양의 가지

와 행의 가지와 겁의 가지와 지혜의 가지를 사실대로 아나니, 이런 따위를 다 사실대로 아느니라.

[疏] 第三, 又如實知佛持下는 加持智니 論에 云, 依如是如是轉行力이라 하니
- ③ 又如實知佛持 아래는 가지하는 지혜가 광대함이다. 논경에서는, "이러이러하게 바뀌어 가는 힘에 의지한다"고 하였다.

㉰ 소가가 논경을 해석하다[疏釋論] (謂依 27下3)
㉱ 경문을 따라 개별로 해석하다[隨文別釋] (有十)

[疏] 謂依彼應化하야 常化不絶이 爲加持行이라 其事非一일새 重言如是니라 有十一句하니 初三은 不斷三寶니 是境界持오 餘八은 是行持라 於中에 初二는 逆行이니 勝熱의 炙身과 無厭의 行虐과 婆須의 染欲과 徧行의 處邪가 皆其事也니라 後六은 順行이니 前四는 起因行時니 謂起因之時라 願等은 因體라 後二는 得果在時니 時는 謂長劫이오 智는 卽果體니 謂一切智智故니라

- 말하자면 저 응화의 지혜에 의지하여 끊임없이 항상 교화하는 것이 가지로 행함이 된다. 그 일이 하나가 아니므로 여시여시(如是如是)라고 거듭 말하였다. 11구절이 있으니 처음의 세 구절[佛持, 法持, 僧持]은 삼보가 끊이지 않음이니 경계의 가지이고, 나머지 여덟 구절[業持부테은 행법의 가지이다. 그중에 앞의 둘[業持, 煩惱持]은 거스르는 행법이니, 승열(勝熱)바라문의 몸을 태우는 행법과 무염족왕(無厭足王)의 잔학한 행법과 바수밀녀(婆須密女)의 오염된 욕망과 변행(徧行)외도의

사명(邪命)에 처함이 모두 그러한 사례271)들이다. 뒤의 여섯[時持부터—]은 수순하는 행법이니, 그중에 앞의 넷[時持, 願持, 供養持, 行持]은 인행(因行)을 일으킨 때이니 보살행을 시작한 때를 말한다. 원지(願持) 등은 인행의 체성이다. 뒤의 둘[劫持, 智持]은 얻은 과덕이 시간에 달려 있다는 뜻이다. 시(時)는 오랜 세월을 말하고, 지(智)는 과덕의 체성을 가리키나니, 온갖 지혜의 지혜를 말하는 까닭이다.

[鈔] 第三加持智中에 文亦具三이니 初, 牒經立名이오 二, 論云下는 辨所依起오 三, 謂依彼下는 疏釋論依起니 便是第三段中의 釋義라 常化不絶이 爲加持故니 即以不絶이 是轉義니 如轉法輪이니라

初三不斷三寶者는 不斷이 是三寶中持義니 謂佛種不斷이 即是佛持等이라 願等因體者는 望上時持일새 故名因體라 就體하야 有二하니 願은 是起行方便之心이오 供養과 及行은 即依願正行이니 供養은 攝福이오 行은 攝智故니라

● ③ 가지하는 지혜가 광대함 중에 경문에 역시 세 과목을 갖추었으니 ㉮ 경문을 따와서 명칭을 세움이요, ㉯ 論云 아래는 의지하여 일으킬 것을 밝힘이요, ㉰ 謂依彼 아래는 소가가 논경을 의지해 일으킴을 해석함이니, 바로 셋째 단락의 의미 해석에 해당한다. 끊임없이 항상 변화함이 가지(加持)가 되기 때문이다. '끊임없이'로 전(轉)의 의미를 해석하였으니 '법륜을 굴림'과 같다.

처음의 세 구절이 '삼보가 끊이지 않음'이란 끊이지 않는 것이 삼보 가운데 가지(加持)의 의미이다. 말하자면 부처 종자를 끊지 않는 것이

---

271) 승열(勝熱)바라문, 무염족왕(無厭足王), 바수밀녀(婆須密女), 변행(徧行)외도는 모두 선재동자의 구법행각에 나오는 53분의 선지식이다.

바로 부처님의 가지력(加持力) 등을 가리킨다. '원지(願持) 등은 인행의 체성'이란 위의 시지(時持)와 대조한 연고로 인행의 체성이라 칭하였다. 체성에 입각하여 둘이 있으니 서원은 행법의 방편을 일으키는 마음이요, 공양과 행함은 서원에 의지해 바로 행하는 것이니, 공양은 복덕을 포섭하고 행함은 지혜를 포섭하는 까닭이다.

④ 미세함에 들어가는 지혜가 광대하다[入微細智大] 3.
㉮ 경문을 따와서 명칭을 세우다[牒經立名] (第四 28上9)
㉯ 의미를 해석하다[解義] (謂知)
㉰ 의지하여 행법을 일으키다[辨依起行] (故論)

又如實知諸佛如來의 入微細智하나니 所謂修行微細智와 命終微細智와 受生微細智와 出家微細智와 現神通微細智와 成正覺微細智와 轉法輪微細智와 住壽命微細智와 般涅槃微細智와 敎法住微細智니 如是等을 皆如實知니라

또 부처님 여래들의 미세한 데 들어가는 지혜를 사실대로 아나니, 이른바 수행함이 미세한 지혜와 목숨을 마침이 미세한 지혜와 태어남이 미세한 지혜와 집 떠남이 미세한 지혜와 신통 나툼이 미세한 지혜와 바른 깨달음을 이룸이 미세한 지혜와 법륜 굴림이 미세한 지혜와 목숨을 유지함이 미세한 지혜와 열반에 듦이 미세한 지혜와 교법이 세상에 머묾이 미세한 지혜이니, 이런 따위를 다 사실대로 아느니라.

[疏] 第四, 又如實知諸佛下는 微細智니 謂知佛化用의 微細自在라 故로 論에 云, 依彼應化加持善集하야 不二作故²⁷²⁾라하니 謂依前應化等 三智하야 合爲不二之智하야 作此微細化用이니 故隨一事하야 卽具 前三이오 非但八相에 一具餘七이라 文並可知니라

④ 又如實知諸佛 아래는 미세함에 들어가는 지혜가 광대함이다. 말하자면 부처님의 화현과 작용이 미세하고 자재함을 아는 것이다. 그러므로 논경에서 "저 응화지와 가지지와 선집지(善集智)에 의지하여 둘이 아닌 지혜를 짓는 까닭이다"라고 하였다. 말하자면 앞의 응화하는 지혜 등 세 가지 지혜에 의지하여 합하여 둘이 아닌 지혜가 되어 이런 미세한 변화와 작용을 짓는 연고로, 한 가지 사례를 따라 앞의 셋을 구비하는 것이요, 단지 여덟 가지 모양에서 하나에 나머지 일곱 가지를 구비하는 것만이 아니다. 경문과 함께하면 알 수 있으리라.

[鈔] 第四, 微細智中에 文三이니 一, 牒經標名이오 二, 謂知下는 解義오 三, 故論下는 躡前하야 辨依起行이라 中에 先, 擧論이오 後, 謂依前下는 疏釋이라 言三智者는 一은 應化오 二는 加持오 三은 善集이니 卽 前의 緣集智라 所以合者는 集智는 是智오 應化는 是²⁷³⁾悲니 悲智無 礙가 爲佛微細니라

非但八相者는 但應化一智가 卽能令一로 而具一切어니와 今에는 一一事에 皆具三智일새 故爲微細니 以如來가 證此法門故라 別有十事호대 多同八相하니 八相은 不具니라

④ 미세함에 들어가는 지혜가 광대함에 셋이니 ㉮ 경문을 따와서 명칭을 세움이요, ㉯ 謂知 아래는 의미 해석이요, ㉰ 故論 아래는 앞을

---

272) 論經作不二智作.
273) 應化是는 甲南續金本作餘二多.

토대로 의지하여 일으키는 행법을 밝힘이다. ㉭ 중에 ㉠ 논경을 거론함이요, ㉡ 謂依前 아래는 소가의 해석이다. 세 가지 지혜란 ① 응화의 지혜요, ② 가지하는 지혜요, ③ 잘 모은 지혜[善集智]이니, 곧 앞의 인연을 모은 지혜[緣集智]를 가리킨다. 합한 이유는 잘 모은 지혜[集智]는 지혜에 해당하고, 응화지(應化智)는 자비에 해당하나니, '자비와 지혜가 걸림이 없음[悲智無礙]'을 '부처님의 미세한 지혜'라고 하는 까닭이다.

'단지 여덟 가지 모양만이 아니다'는 것은 단지 응화의 지혜 하나만이 능히 하나로 하여금 일체를 구비하게 할 뿐이지만, 지금은 하나하나의 사례에 모두 세 가지 지혜를 구비한 연고로 '미세하다'고 하였으니, 부처님께서 이런 법문을 증득한 까닭이다. 개별적으로 열 가지 사례가 있으니 여덟 가지 모양에 대해서는 구체적으로 밝히지 않았다.

⑤ 비밀한 곳에 들어가는 지혜가 광대하다[入密處智大] 4.
㉮ 명칭으로 표방하다[標名] (第五 29上2)
㉯ 의지하여 일으킴을 밝히다[辨所依起] (依護)

又入如來秘密處하나니 所謂身秘密과 語秘密과 心秘密과 時非時思量秘密과 授菩薩記秘密과 攝衆生秘密과 種種乘秘密과 一切衆生根行差別秘密과 業所作秘密과 得菩提行秘密이니 如是等을 皆如實知니라

또 여래의 비밀한 곳에 들어가나니, 이른바 몸의 비밀과 말의 비밀과 마음의 비밀과 때와 때 아님을 생각하는 비밀과 보살에게 수기하는 비밀과 중생을 거두어 주는 비밀과 가

지가지 승(乘)의 비밀과 일체 중생의 근성과 행이 차별한 비밀과 업으로 짓는 비밀과 보리를 얻는 행의 비밀이니, 이런 따위를 사실대로 아느니라.

[疏] 第五, 又入下는 密處智니 依護根未熟衆生하야 不令驚怖故니라
- ⑤ 又入 아래는 비밀한 곳에 들어가는 지혜가 광대함이다. 근기가 성숙되지 않은 중생을 가호함에 의지하여 하여금 놀라거나 두려워하지 않게 하는 까닭이다.

㉰ 비밀의 의미를 해석하다[釋秘密] (現麤)
㉱ 경문을 해석하다[釋文] (初三)

[疏] 現麤隱細하야 而秘密俱成이니라 初三은 卽總顯三密이오 次三은 別顯起化密이니 一은 意知化時오 二는 口與其記니 謂懈怠者에 遲記하고 怯退者에 速記하며 或引實行聲聞하야 與應化者記니라 又昔에 但記菩薩하면 則於聲聞記에 爲秘密이니 隨機隱顯이니라 後는 攝衆生密이니 論經에 云攝伏이라하니 謂攝受折伏이 皆通身口니라 次一은 敎密이니 約實인대 則無三에 說三하니 三卽爲密이니 但爲化菩薩故오 約機인대 非一에 說一이니 一亦爲密이니라 後三은 約所知明密이니 知根種種에 知業萬差하며 知逆順行이 皆得菩提니 故爲密也니라
- 거친 것은 나타내고 미세한 것은 숨겨서 비밀하게 모두 이루어지는 것이다. (1) 처음의 셋[身密, 語密, 心密]은 총합적으로 세 가지 비밀스러운 업을 밝힘이요, (2) 다음의 셋[時非時思量秘密, 授菩薩記〃, 攝衆生〃]은 개별로 교화를 일으키는 비밀을 밝힘이니, ① 마음으로 교화

할 때를 아는 것이요, ② 입으로 수기를 주는 것이다. 말하자면 게으른 자에게는 더디게 수기하고, 겁먹고 물러나는 자에게는 빠르게 수기하며, 혹은 실천하는 성문을 이끌어 응화할 자에게 수기하기도 하였다. 또 예전에는 단지 보살에게만 수기하였지만 지금은 성문에게도 수기함이 비밀이 되나니, 근기에 맞게 숨고 드러내는 것이다. ③ 중생을 포섭하는 비밀이다. 논경에서는 '섭수하고 절복한다'고 하였으니 이를테면 섭수하고 절복함이 모두 신업과 구업에 통한다. (3) 다음의 하나[種種乘秘密〃]는 교법의 비밀이다. 실법에 의지한다면 삼승이 없는데 삼승을 말하였으니, 세 가지는 곧 비밀이 되나니 보살만을 교화하기 때문이요, 근기에 의지한다면 근기가 하나가 아닌데 한 가지로 말했으니 하나 또한 비밀이 된다. (4) 뒤의 셋[一切衆生根行差別〃, 業所作〃, 得菩提行〃]은 아는 대상에 의지하여 비밀을 밝혔다. 근기가 갖가지임을 알면 업이 만 가지로 차별함을 알게 되며, 거스르는 행법과 수순하는 행법이 모두 보리를 얻게 됨을 아는 것이니 그래서 '비밀'이라 한다.

[鈔] 第五, 密處智라 文中에 有四하니 一, 標名이오 二, 依護根下는 辨所依起오 三, 現麤下는 釋秘密義오 四, 初三下는 釋文이라 文含多義하니 前諸疏文에 已皆具矣니라

- ⑤ 비밀한 곳에 들어가는 지혜가 광대함이다. 소문에 넷이 있으니 ㉮ 명칭으로 표방함이요, ㉯ 依護根 아래는 의지하여 일으킴을 밝힘이요, ㉰ 現麤 아래는 비밀의 의미를 해석함이요, ㉱ 初三 아래는 경문 해석이다. 경문에는 여러 의미를 포함하고 있으니 앞의 모든 소문에 이미 모두 구비되어 있다.

⑥ 겁에 들어가는 지혜가 광대하다[入劫智大] 5.
㉮ 명칭으로 표방하다[標名] (第六 29下8)

又知諸佛所有入劫智하나니 所謂一劫이 入阿僧祇劫하고 阿僧祇劫이 入一劫과 有數劫이 入無數劫하고 無數劫이 入有數劫과 一念入劫하고 劫入一念과 劫入非劫하고 非劫入劫과 有佛劫이 入無佛劫하고 無佛劫이 入有佛劫과 過去未來劫이 入現在劫하고 現在劫이 入過去未來劫과 過去劫이 入未來劫하고 未來劫이 入過去劫과 長劫이 入短劫하고 短劫이 入長劫이니 如是等을 皆如實知니라

또 부처님들이 겁에 들어가는 지혜를 아나니, 이른바 한 겁이 아승지 겁에 들어가고 아승지 겁이 한 겁에 들어감과, 수 있는 겁이 수없는 겁에 들어가고 수 없는 겁이 수 있는 겁에 들어감과, 한 찰나가 겁에 들어가고 겁이 한 찰나에 들어감과, 겁이 겁 아닌 데 들어가고 겁 아닌 것이 겁에 들어감과, 부처님 있는 겁이 부처님 없는 겁에 들어가고 부처님 없는 겁이 부처님 있는 겁에 들어감과, 과거 겁과 미래 겁이 현재 겁에 들어가고 현재 겁이 과거 겁과 미래 겁에 들어감과, 과거 겁이 미래 겁에 들어가고 미래 겁이 과거 겁에 들어감과, 오랜 겁이 짧은 겁에 들어가고 짧은 겁이 오랜 겁에 들어감이라, 이런 따위를 다 사실대로 아느니라.

[疏] 第六, 又知下는 入劫智라
■ ⑥ 又知 아래는 겁에 들어가는 지혜가 광대함이다.

㈎ 의지하여 일으킴을 거론하다[擧依起] (依命 29下8)
㈏ 소가가 논경을 해석하다[疏釋論] (謂劫)

[疏] 依命行과 加持와 捨와 自在意라하니 謂劫時遷流를 名爲命行이오 一攝一切를 名曰加持오 一入一切를 名之爲捨니 以廢己隨他故오 劫隨心轉을 名爲自在라
■ '명행과 가지와 버림에 의지하여 생각에 자재하다'고 하였다. 말하자면 세월이나 시간이 흘러가는 것을 '명행(命行)'이라 하고, 하나가 일체를 포섭하는 것을 '가지(加持)'라 이름하고, 하나가 일체에 들어가는 것을 '버림[捨]'이라 한다. 자신을 던져 버리고 남에게 수순하는 까닭이요, 세월이 마음 따라 바뀌는 것을 '자재하다'고 지칭한다.

[鈔] 第六, 入劫智라 文有五니 一, 標名이오 二, 依命行下는 擧論依起오 三, 謂劫下는 疏釋論이니 含於入劫之相이라
● ⑥ 겁에 들어가는 지혜가 광대함이다. 소의 문장이 다섯이 있으니 ⓐ 명칭으로 표방함이요, ⓑ 依命行 아래는 논경에 의지하여 일으킴을 거론함이요, ⓒ 謂劫 아래는 소가가 논경을 해석함이니, 겁에 들어가는 모양을 포함하고 있다.

㈐ 십현문으로 결론하다[結成玄門] (亦十 30上2)
㈑ 합치하고 들어가는 이유[卽入所以] (以得)

[疏] 亦十世隔法異成門也니 以得不思議解脫하야 不見長短一多大小하야 互相卽入等이라 並如發心品[274]하니라

- 또한 제8. 십세(十世)로 법을 격하여 다르게 성립하는 문이라 한다. 불가사의한 해탈을 얻어서 길고 짧으며, 하나와 여럿, 크고 작음을 가리지 않고 서로서로 합치하고 들어가는 까닭 등이다. 모두 발심공덕품(發心功德品)의 내용과 같다.

[鈔] 四, 亦十世下는 結成玄門이오 五, 以得下는 出卽入所以니라
- ㉔ 亦十世 아래는 십현문으로 결론함이요, ㉕ 以得 아래는 합치하고 들어가는 이유를 내보임이다.

⑦ 갈래에 들어가는 지혜가 광대하다[入道智大] 4.
㉮ 명칭으로 표방하다[標名] (第七 30上10)
㉯ 의지해 일으킴을 밝히다[辨所依起] (論云)
㉰ 의지해 일으킴에 대한 소가의 해석[疏釋依起] (謂徧)

又知如來諸所入智하나니 所謂入毛道智와 入微塵智와 入國土身正覺智와 入衆生身正覺智와 入衆生心正覺智와 入衆生行正覺智와 入隨順一切處正覺智와 入示現徧行智와 入示現順行智와 入示現逆行智와 入示現思議不思議世間了知不了知行智와 入示現聲聞智와 辟支佛智와 菩薩行과 如來行智니라

또 여래께서 들어가는 지혜를 아나니, 이른바 터럭 같은 범부에 들어가는 지혜와 작은 티끌에 들어가는 지혜와 국토의 몸으로 바로 깨닫는 데 들어가는 지혜와 중생의 몸으로

---

274) 十世隔法異成門에 대해서는 제17. 初發心功德品의 내용을 흔히 자문으로 말한다. (화엄경교재 제1책 p.441-)

바로 깨닫는 데 들어가는 지혜와 중생의 마음으로 바로 깨닫는 데 들어가는 지혜와 중생의 행으로 바로 깨닫는 데 들어가는 지혜와 온갖 곳을 따라서 바로 깨닫는 데 들어가는 지혜와 두루 행함을 보이는 데 들어가는 지혜와 순하는 행을 보이는 데 들어가는 지혜와 거슬리는 행을 보이는 데 들어가는 지혜와, 헤아릴 수 있고 헤아릴 수 없는 세간을 알고 알지 못하는 행을 보이는 데 들어가는 지혜와, 성문의 지혜·벽지불의 지혜·보살의 행·여래의 행을 보이는 데 들어가는 지혜이니라.

[疏] 第七, 又知如來下는 入道智니 論에 云, 依對治意說이라하니 謂徧入諸道하야 若逆若順이 皆爲對治니 無非入道라 此約知凡夫道어니와 若約知化凡夫道인대 卽此逆順等이 便是佛道니라

■ ⑦ 又知如來 아래는 갈래에 들어가는 지혜가 광대함이다. 논경에서 "다스린다는 의미에 의지해 설한다"고 하였다. 말하자면 여러 갈래에 두루 들어가서 거스르고 수순함이 모두 다스림이 되나니 들어가지 않는 갈래가 없다. 이것은 범부를 아는 갈래에 의지한 것이지만, 만일 범부를 교화할 줄 아는 갈래에 의지한다면 이 거스르고 수순하는 등이 바로 부처님의 갈래인 것이다.

[鈔] 第七, 入道智라 文中에 有四하니 一, 標名이오 二, 論云下는 依起오 三, 謂徧入下는 疏釋依起오 四, 別中下는 釋文이라 三中에 顯前標名이니 具於三義라 一, 明知凡夫道니 道는 謂業惑이니 以逆順等이 皆所知故라 二, 若約下는 知化凡夫道니 謂一切善法[275]이니 論名對

治라하니 卽順字에 攝之라 及第三知化凡夫는 卽是佛道니 文正出此니라

- ㉠ 갈래에 들어가는 지혜가 광대함이다. 소문에 넷이니 ㉮ 명칭으로 표방함이요, ㉯ 論云 아래는 의지하여 일으킴이요, ㉰ 謂徧入 아래는 의지해 일으킴에 대한 소가의 해석이요, ㉱ 別中 아래는 경문 해석이다. ㉰ 중에 앞의 명칭으로 표방함을 밝힘이니 세 가지 뜻을 갖추었다. 1) 범부를 아는 갈래를 밝힘이다. 갈래[道]는 업에 미혹함을 말하나니 거스르고 수순하는 등이 모두 소지장인 까닭이다. 2) 若約 아래는 범부를 교화할 줄 아는 갈래이니 일체의 착한 법을 말한다. 논경에서 '다스린다'고 하였으니 곧 순 자(順字)에 포섭된다. 3) 범부를 교화할 줄 아는 것이 곧 부처님의 세계이니, 경문은 바로 여기서 나온 내용이다.

㉱ 개별로 경문을 해석하다[別釋文] 2.
㉠ 총상 구절[初句總] (別中 30下7)
㉡ 별상 구절[後餘別] (餘句)

[疏] 別中에 有十四句[276]하니 初句는 總入所化니 謂毛道凡夫는 隨風不定이라 故로 論經에 云, 入凡夫道라하고 論에 云, 依凡夫地라하니라 餘句는 別顯所化니 略有三種하니 一, 依我慢行者하야 令入微塵智니 觀破搏聚[277]가 唯塵無我故라 二, 依信求生天者하야 入淨國土니 過於所信故라 餘皆依覺觀者니 於中初句는 起覺觀身이오 次二句는

---

275) 法下에 南續金本有下字.
276) 雜花記云, 四當作五.(『三家本私記』雜花記 p.267-)
277) 遺忘記云, "觀破搏聚者 般若經中 亦有色身搏聚 名身搏聚 以細末不念二種方便 觀破也".(『三家本私記』遺忘記 p.405-)

正顯覺觀心行差別이오 次句는 明所覺境이니 上四는 卽所化之覺觀이오 次四句는 能化之行이니 初句는 總顯徧行故오 次二는 隨宜니 若逆若順이오 後句는 若深若淺이니라 後四句는 化今入三乘果니라

- ㉔ 개별로 경문을 해석함 중에 14구절이 있으니 ㉠ 첫 구절은 총상으로 교화의 대상에 들어감이다. 말하자면 '근성이 우둔한 범부[毛道凡夫]'[278)]는 바람에 따라 정해지지 않는다는 뜻이다. 그래서 논경에서 "범부의 갈래에 들어간다"고 하였고, 해석에는, "범부의 지위에 의지한다"라고 말하였다. ㉡ 나머지 아홉 구절은 교화할 대상을 개별로 밝힘이니 대략 세 종류가 있다. (1) 입미진지(入微塵智)는 아만을 행하는 자에 의지하여 하여금 작은 티끌에 들어가게 하는 지혜이니, 잡은 덩어리[搏聚]가 오직 티끌 같은 무아(無我)임을 관찰하여 타파한 까닭이다. (2) 입국토신정각지(入國土身正覺智)는 믿음으로 하늘에 태어나기를 구하는 자에 의지하여 청정한 국토에 들어가나니, 믿음의 대상보다 지나친 까닭이다. 나머지는 모두 각관을 행하는 자에 의지하나니, 그중에 첫 구절[4. 入衆生身正覺智]은 각관을 일으키는 몸이요, 다음의 두 구절[5. 入衆生心〃, 6. 入衆生行〃]은 각관의 마음과 행법의 차별을 바로 밝힘이요, 다음 구절[7. 入隨順一切處〃]은 깨달을 대상 경계를 밝힌 내용이다. 그중에 위의 네 구절[8. 入示現徧行智, …]은 교화할 대상인 거친 생각과 미세한 관찰이요, 다음 네 구절은 교화하는 주체의 행법이니, 첫 구절[8. 入示現〃]은 총합하여 변행을 밝힌 까닭이요, 다음의 두 구절[9. 入示現順行智, 10. 入示現逆行智]은 근기에 따른 것

---

278) 毛道凡夫: 毛道는 (1) 범어 vāla-patha의 번역이니 또 毛端毛頭라고도 한다. 아주 좁은 장소의 형용. (2) 毛道凡夫란 말은 菩提流支가 번역한 『金剛般若經』 등에 나오는 譯語인데, 이것은 嬰愚凡夫를 잘못 번역한 것이고, 『金剛經』의 異譯에 있는 小兒凡夫, 또는 嬰兒凡夫의 뜻으로 해석한다. 그러니 곧 '머리털이 바람에 흔들리듯 근성이 우둔하여 定心이 없는 것'을 말한다. (불교학대사전 p.381-)

이니 순행과 역행이요, 뒤 구절[11. 入示現思議不思議世間了知不了知行智]은 깊은 것과 얕은 것이다. 뒤의 네 구절[12. 入示現聲聞智, …]은 교화하여 삼승과에 들어가게 함이다.

[鈔] 四, 別中에 總句279)는 義通三義니라 別顯三種中에 前二는 皆第一知凡夫道니 其中에 觀破搏聚者는 四十八經에 當具解釋하니라 次四句能化之行者는 卽化凡夫道며 亦兼第三의 知凡夫道280)니 卽是佛道라 後四는 化果니 其中思議等은 並如九地하니라

- ㉣ 개별로 경문을 해석함 중에 ㉠ 총상 구절은 의미가 세 가지에 통한다. '개별로 밝힌 세 종류' 중에 앞의 둘은 모두 1) 범부를 아는 갈래에 해당한다. 그중에 '잡은 덩어리가 무아(無我)임을 관찰하여 타파한다[觀破搏聚]'는 것은 제48권 경[如來十身相海品]에 가서 구체적으로 해석하겠다. 2) '위의 네 구절은 교화하는 주체의 행법[能化之行]'이란 곧 범부를 교화하는 갈래이며, 또한 3) 범부를 교화할 줄 아는 갈래이니 곧 부처님의 갈래에 해당한다. 뒤의 네 구절은 교화의 과덕이니 그 가운데 사의함 등은 함께 제9지의 내용과 같다.

(b) 총합하여 결론하다[總結] (第二 31下2)

佛子여 一切諸佛의 所有智慧가 廣大無量이어늘 此地菩薩이 皆能得入이니라
불자여, 모든 부처님의 가진 지혜가 광대하고 한량이 없거늘, 이 지의 보살이 모두 능히 들어가느니라."

---

279) 總句는 甲本作初句爲總, 南續金本作初句爲總者.
280) 遺忘記云, "知凡間落化字".(『三家本私記』遺忘記 p.405-, 雜華記 p.267-)

[疏] 第二, 佛子一切下는 總結前七이 皆佛之智어늘 菩薩能入하니 故名 智大니라

- (b) 佛子一切 아래는 앞의 일곱 가지 지혜의 광대함을 총합하여 결론한 내용이다. 모두 부처님의 지혜에 보살이 능히 들어가나니, 그래서 '지혜가 광대하다'고 칭하였다.

b. 해탈이 광대하다[解脫大] 3.

a) 얻은 지위를 표방하다[標得位] (第二 31下5)
b) 간략히 밝히다[略顯] (次卽)

佛子여 菩薩摩訶薩이 住此地에 卽得菩薩不思議解脫과 無障礙解脫과 淨觀察解脫과 普照明解脫과 如來藏解脫과 隨順無礙輪解脫과 通達三世解脫과 法界藏解脫과 解脫光明輪解脫과 無餘境界解脫하나니
"불자여, 보살마하살이 이 지에 머물러서는, 곧 보살의 부사의한 해탈과 걸림 없는 해탈과 깨끗하게 관찰하는 해탈과 두루 밝게 비치는 해탈과 여래장 해탈과 따라 순종하여 걸림 없는 바퀴 해탈과 세 세상을 통달하는 해탈과 법계장 해탈과 해탈한 광명의 바퀴 해탈과 남음 없는 경계의 해탈이니,

[疏] 第二, 佛子로 至住此地下는 明解脫大라 中에 三이니 初는 標得位오 次, 卽得下는 略顯이니 有十이라 初, 依神通境界가 轉變自在하야 言

念으로 不及故니 如淨名所得이니라 二, 能至無量世界호대 以願智力으로 無拘礙故니라 三, 明離障解脫이니 故云淨觀이라 離障에 有二[281]하니 並皆知之라 一, 約位則世出世間의 所離不同이오 二, 就出世中하야 學無學이 別이라 此學無學은 並通三乘이니라 上三中에 前二는 約通이오 此一은 約智라 共爲一對하니 總相以明인대 約身明通이오 就人顯智니라

次三이 一對니 一은 通이오 二는 智니 四, 約心明通이니 普照物機하야 隨意轉變하야 一時普應이 如觀音의 普門示現故니라 次二는 約法明智니 謂五는 卽法陀羅尼니 顯如來藏中에 蘊恒沙德故라 六은 卽能破他言이니 隨彼言하야 破無礙圓滿故니라

次二가 一對니 相入通智[282]라 約時明通이니 由達三世劫하야 隨意住持相入故오 約因緣集顯智는 一切種智[283]가 包藏法界之中故라 後二가 一對니 約相卽明通智와 約身明通이니 不離一身光明輪하고 而普照故라 是解脫光輪은 約時明智니 卽一而能知多故라

- b. 佛子에서 住此地까지 아래는 해탈이 광대함을 밝힘이다. 그중에 셋이니 a) 얻은 지위를 표방함이요, b) 卽得 아래는 간략히 밝힘이니 열 가지가 있다. (1) 신통한 경계가 전변함이 자재함에 의거하여 '생각이 미치지 않는다'고 말한 까닭이니, 『유마경』에서 얻은 바와 같다. (2) 능히 한량없는 세계에 가지만 서원의 힘과 지혜의 힘으로 인해 구애됨이 없는 까닭이다. (3) 장애를 여읜 해탈을 밝혔으므로 '청정한 관찰[淨觀]'이라 하였다. '장애를 여읨'에 둘이 있으니 경문과 함께하면 모두 알 수 있다. ① 지위에 의지하면 세간과 출세간이 여읠 대상

---

281) 離障解脫에 대해서는 제3 發光地의 疏文에 云, "次,略釋文 一, 佛智名無障礙解脫者 無二障故 是離障解脫 具十智力 權實無礙故 是作用解脫 此是究竟攝生方便"(劍字卷 27上10)
282) 遺忘記에 云, "一對下 應云約相入明通智 今落約明字 又可知故不言也".
283) 智는 南續金本作皆.

이 같지 않으며, ② 출세간에 입각하면 유학(有學)과 무학(無學)이 다르다. 이 유학과 무학이 모두 삼승에 통한다. (a) 위의 세 구절 가운데 앞의 두 구절[1. 不思議解脫 2. 無障礙解脫]은 신통에 의지한 분석이요, 지금의 한 구절[3. 淨觀察解脫]은 지혜에 의지한 분석이다. 함께 한 개의 대구(對句)를 삼아서 총상으로 밝힌다면 몸에 의지해 신통을 밝힌 것이요, 사람에 입각하여 지혜를 밝힌 것이다.

(b) 다음의 세 구절이 한 개의 대구가 되었으니, 하나는 신통이요, 둘은 지혜이다. 다시 말하면 넷째[4. 普照明解脫]는 마음에 의지하여 신통을 밝혔으니, 중생의 근기를 널리 비추어 의미에 따라 전변하여 한꺼번에 널리 응하는 것이 마치 관세음보살이 '넓은 문으로 시현하심[普門示現]'과 같은 까닭이다. 다음의 두 구절은 법에 의지해 지혜를 밝혔다. 이를테면 다섯째[5. 如來藏解脫]는 곧 법(法)다라니이니, 여래장 속에 항하의 모래 같은 공덕이 쌓였음을 밝힌 까닭이다. 여섯째[6. 隨順無礙輪 〃]는 곧 다른 이의 말을 능히 타파하는 것이니, 저들의 말을 따라 걸림 없고 원만함을 타파하는 까닭이다.

(c) 다음의 두 구절이 한 가지 대구이니 서로 들어감에 의지하여 신통과 지혜를 밝힌 부분이다. 이를테면 일곱째[7. 通達三世 〃]는 시간에 의지해 신통을 밝힌 부분이니, 과거 현재 미래의 삼세의 세월을 통달함으로 인해 의미에 따라 머물러 가져서 서로 들어가는 까닭이요, 여덟째[8. 法界藏 〃]는 인연이 모임에 의지해 지혜를 밝힌 부분이니, 일체 종지가 법계 속에 포함되어 저장된 까닭이다.

(d) 뒤의 두 구절이 한 가지 대구이니 서로 합치함에 의지해 신통과 지혜를 밝힌 부분이다. 아홉째[9. 解脫光明輪 〃]는 몸에 의지해 신통을 밝힌다면 한 몸의 광명을 여의지 않고 널리 비추는 연고로 해탈의 광

명이라 하였고, 열째[10. 無餘境界〃]는 시간에 의지해 지혜를 밝힌다면 하나에 합치해 능히 여럿을 알게 되는 까닭이다.

[鈔] 第二, 解脫下는 總有四對라 疏中에 已配하니 義並可知니라
- b) 解脫 아래는 총합하면 네 가지 대구가 있다. 소문에 이미 배대하였으니 뜻은 함께 대조하면 알 수 있으리라.

c) 널리 결론하다[結廣] (後此 32下8)

此十爲首하여 有無量百千阿僧祇解脫門을 皆於此第十地中得하며
이 열 가지를 으뜸으로 하여 한량없는 백천 아승지 해탈문이 있는데, 모두 이 제10지에서 얻으며,

[疏] 後, 此十下는 結廣이니라
- c) 此十 아래는 널리 결론함이다.

c. 나머지 세 가지가 광대하다[餘三大] (第三 33上1)

如是乃至無量百千阿僧祇三昧門과 無量百千阿僧祇陀羅尼門과 無量百千阿僧祇神通門을 皆悉成就니라
이와 같이 내지 한량없는 백천 아승지 삼매문과 한량없는 백천 아승지 다라니문과 한량없는 백천 아승지 신통문을 모두 성취하느니라."

[疏] 第三, 如是乃至下는 總例餘三이니라 大盡分은 竟하다
- c. 如是乃至 아래는 총합하여 나머지 세 가지[삼매문, 다라니문, 신통문]를 유례한 분석이다. ㄹ. 크게 다하는 부분은 마친다.

ㅁ. 명칭을 해석하는 부분[釋名分] 2.

ㄱ) 과목 나누기[分科] (大文 33上4)

[疏] 大文第五, 佛子菩薩摩訶薩通達如是下는 釋名分이라 中에 三이니 一, 能受如來大法雲雨니 故名法雲이니라 二, 佛子此地菩薩以自願下는 明能注雨滅惑이니 故名法雲이니라 三, 佛子此地菩薩於一念下는 明注雨生善이니 故名法雲이니라
- 큰 문단으로 ㅁ. 佛子菩薩摩訶薩通達如是 아래는 명칭을 해석하는 부분이다. 그중에 셋이니 a) 여래의 큰 법의 구름과 비를 능히 받으므로 '법의 구름'이라 이름한다. b) 佛子此地菩薩以自願 아래는 능히 비 내려 미혹을 없앰에 대해 밝힘이니, 그래서 법의 구름이라 하였다. c) 佛子此地菩薩於一念 아래는 비를 뿌려서 선근을 생기게 함이니, 그래서 '법의 구름'이라 지칭하였다.

ㄴ) 개별로 해석하다[別釋] 2.
(ㄱ) 총합하여 의미를 밝히다[總顯意] 3.

a. 다른 점을 구분하다[揀別] (然後 33上8)
b. 논경을 인용하여 해석하다[引論釋] (今此)

c. 소가의 논경 해석[疏釋論] (謂佛)

[疏] 然이나 後之二段은 從自受名이오 今此一段은 從所受立名이라 論에
云, 雲法相似하니 以徧覆故라 此地中에 聞法相似가 猶如虛空이 身
徧覆故라하니 謂佛身雲이 徧覆法界하며 法雨도 亦多어늘 唯此能受일
새 故名法雲이니라

■ 하지만 뒤의 두 문단은 자체로부터 명칭을 붙인 것이요, 지금의 한 문단은 받을 대상에 따라 명칭을 붙인 것이다. 논경에서는, "구름과 법이 흡사하게 세상을 모두 덮기 때문이다. 이 지에서 법문 듣는 것이 마치 허공이 몸을 두루 덮는 것과 닮았다"라고 하였다. 말하자면 부처님의 몸 구름이 법계를 두루 덮으며 법의 비도 또한 많은데 오직 여기서만 능히 받기 때문에 법의 구름이라 칭하였다.

[鈔] 第五, 釋名分이라 今此一段下는 此文有三하니 初, 此上揀別이오 二,
引論釋이오 三, 謂佛身下는 疏釋論이라 然此一段을 若從所受인대 應
名法雨地오 若從能受인대 應名法海地어늘 今從受處하야 名爲法雲
하니 雲當佛身이라 而論意는 又以聞法相似가 猶如虛空이라하니 則以
虛空으로 爲能受菩薩이니 身徧覆故라 雲爲所受之法이니 以雲義가
多含일새 故論影出之니라

● ㅁ. 명칭을 해석하는 부분이다. 今此一段 아래는 소문이 셋이 있으니 a. 이 위는 구분하여 분별함이요, b. 논경을 인용하여 해석함이요, c. 謂佛身 아래는 소가의 논경 해석이다. 하지만 이 한 문단을 만일 받을 대상에 따른다면 응당히 '법의 비 같은 지[法雨地]'라 이름해야 할 것이요, 만일 받는 주체를 따른다면 응당히 '법의 바다 같은 지[法海

地]'라 해야 할 텐데 지금은 받을 장소에 따라 '법의 구름 같은 지[法雲地]'라 이름하였으니, 구름은 부처님의 몸에 해당한다. 그러나 논경에서 뜻으로 또 "법문 듣는 것이 허공과 같이 닮았다"고 하였다. 허공으로 받는 주체인 보살을 삼았으니, 몸을 두루 덮기 때문이다. 구름은 받을 대상의 법이 되나니, 구름이란 의미가 여러 가지를 포함하므로 논경에서 비추어 내보인 것이다.

(ㄴ) 경문 해석[正釋文] 3.
a. 받는 주체의 덕에 의지해 밝히다[約能受德] 2.
a) 받는 주체의 덕을 총합하여 밝히다[總明能受之德] (文中 33下7)

佛子여 此菩薩摩訶薩이 通達如是智慧에 隨順無量菩提하며 成就善巧念力이므로
"불자여, 이 보살마하살이 이러한 지혜를 통달하고는 한량없는 보리를 따라서 공교하게 생각하는 힘을 성취하였으므로

[疏] 文中에 二니 先은 總明能受之德이니 由前七智가 成就念力하야 能受多法이라 此智가 實成多德일새 故云無量菩提니 近說受持之義耳니라

■ (ㄴ) 경문 해석에 둘이니 a) 받는 주체의 공덕을 총합하여 밝힘이다. 앞의 일곱 가지 지혜가 생각하는 능력을 성취함으로 인해 능히 많은 법을 받을 수 있다. 이런 지혜가 진실로 많은 공덕을 성취하므로 '한량없는 보리'라고 하였으니, 가깝게는 받아 간직한다는 뜻으로 말했을 뿐이다.

[鈔] 由前七智者는 七智는 正是此地別行일새 所以擧之라 成就念力은 偏語受法之德이오 此智實成下는 釋經隨順無量菩提之言이라 由因成果就일새 故云隨順無量菩提라하니 無量之德이 皆隨順也니라

- '앞의 일곱 가지 지혜로 인해'란 일곱 가지 지혜가 바로 이 법운지의 특별한 행법이므로 거론한 것이다. '생각하는 능력을 성취한다'는 것은 법문을 받아들이는 덕에 치우쳐 말한 것이요, 此智實成 아래는 경문의 '한량없는 보리에 수순한다'는 말을 해석한 내용이다. 인행을 성취하여 과덕에 나아감으로 인해 "한량없는 보리에 수순한다"고 말하였으니, 한량없는 공덕을 모두 수순한다는 뜻이다.

b) 법문 받아들이는 모양을 따로 밝히다[別顯受法之相] 2.
(a) 과목 나누기[分科] (二十 34上9)

[疏] 二, 十方下는 別顯受法之相이라 於中에 三이니 初는 總顯受多오 二는 歷數顯多오 三은 問答顯多라

- b) 十方 아래는 법문 받아들이는 모양을 따로 밝힘이다. 그중에 셋이니 ㉠ 받아들일 법문이 많음을 총합적으로 밝힘이요, ㉡ 숫자를 거쳐 많음을 밝힘이요, ㉢ 질문과 대답으로 많음을 밝힘이다.

(b) 과목에 따라 해석하다[隨釋] 3.
㉠ 받아들일 법문이 많음을 총합적으로 밝히다[總顯受多] 3.

① 법으로 설하다[法] 3.
㉮ 받아들일 법문이 많음을 밝히다[明所受法多] (今初 34上10)

㈎ 받을 법문이 미묘함을 밝히다[明所受法妙] (大法)
㈐ 받는 주체의 덕을 밝히다[顯能受德] (三於)

十方無量諸佛의 所有無量大法明과 大法照와 大法雨를 於一念頃에 皆能安能受하며 能攝能持하나니
시방의 한량없는 부처님들이 가지신 한량없는 큰 법의 광명과 큰 법의 비침과 큰 법의 비를, 잠깐 동안에 모두 능히 견디고 능히 받고 능히 거두고 능히 유지하느니라.

[疏] 今初에 有法과 喩와 合이라 法中에 三이니 一, 明所受法多오 二, 大法明下는 所受法妙니 故로 下合에 云秘密藏也라하니라 文有三句하니 上二句는 性故니 謂三慧所知를 名法自性이니 大法明은 是聞思智의 攝受故오 照는 是修慧로 所攝受故라 下句는 作故니 謂說授衆生이 如雲與他하야 雨法雨故라 三, 於一念下는 顯能受德이니 一念者는 速故니 旣多妙又速하니 展轉顯勝이니라 能安者는 堪能安受文故라 受者는 信受故니 上二는 受文이라 攝者는 思惟攝取義故오 持者는 攝受彼文義하야 成二持故라 此는 但順說이오 下喩合中에는 兼反顯不能이라 文並易了로다

■ 지금은 ㊀에 ① 법으로 설함과 ② 비유로 밝힘과 ③ 법과 비유를 합함이 있다. ① 법에도 셋이니 ㉮ 받아들일 법문이 많음을 밝힘이요, ㉯ 大法明 아래는 받을 법문이 미묘함을 밝힘이니, 그래서 아래 ③ 합에서 '비밀한 창고'라고 하였다. 문장에 세 구절이 있으니, 위의 두 구절[大法明, 大法照]은 체성인 까닭이다. 말하자면 세 가지 지혜로 아는 것을 '법의 자성'이라 한다. 큰 법의 광명은 문혜(聞慧)와 사혜(思

慧)에 섭수되는 까닭이요, 큰 법의 비침은 수혜(修慧)에 섭수되는 까닭이다. 아래 구절[大法雨]은 작용이다. 말하자면 중생이 마치 구름처럼 남에게 법비를 내려 줌을 말한다.

㉰ 於一念 아래는 받는 주체의 덕을 밝힘이다. '잠깐 동안'이란 빠른 까닭이니, 이미 미묘함이 많고 또 빠르니 더욱더 뛰어남을 밝혔다. 능안(能安)이란 편안히 받는 것을 능히 감당한다는 문장이기 때문이다. 수(受)는 믿어 받는 까닭이니 위의 둘은 받아들인다는 문장이다. 섭(攝)이란 사유함이니 포섭하여 취한다는 의미요, 지(持)는 저 문장의 뜻을 섭수하여 두 가지의 지킴을 이루는 까닭이다. 이것은 단지 따라서 말하는 부분이요, 아래의 비유와 합 가운데 겸하여 반대로 가능하지 않음을 드러낸 부분이다. 문장과 함께 대조하면 쉽게 알 것이다.

[鈔] 上二句者는 論에 一時具云호대 聞法者는 性故며 作故니 二事로 示現이라하니 疏離破之니라 謂三慧下는 疏釋論이라 大法明下는 牒論釋經이라 然今經에 云安受攝持라하야늘 論經에 云受堪思持라하나니 思는 卽是攝이오 堪은 卽是安이라 受와 堪이 雖倒나 俱是聞慧일새 疏가 取義順經하고 不違論釋이라 餘는 並可知로다

● '위의 두 구절'이란 논경에서 한꺼번에 구비하여, "법문 듣는 것은 체성과 작용의 두 가지 일로 시현한다"라고 하였는데 소가가 분리하여 설파하였다. 謂三慧 아래는 소가가 논경을 해석함이다. 大法明 아래는 논문을 따와서 경문을 해석함이다. 하지만 본경에서, "견디고 받고 거두고 유지한다"고 하였지만 논경에는, "받고 감당하고 생각하고 유지한다"고 하였으니, 생각함은 거두는 것이요, 감당함은 견디는 것이 된다. 받음과 감당함이 비록 뒤바뀌긴 했지만 모두 문혜

(聞慧)이므로 소가가 의미를 취하여 경문에 따르면서도 논경의 해석을 어기지 않았다. 나머지는 함께 대조하면 알 수 있으리라.

② 비유로 밝히다[喻] (經/譬如 34上4)
③ 법과 비유를 합하다[合] (經/如來)

譬如娑伽羅龍王의 所霔大雨를 唯除大海하고 餘一切處는 皆不能安不能受하며 不能攝不能持인달하여 如來秘密藏의 大法明大法照大法雨도 亦復如是하여 唯除第十地菩薩하고 餘一切衆生과 聲聞獨覺과 乃至第九地菩薩은 皆不能安不能受하며 不能攝不能持니라

비유하면 사가라 용왕이 내리는 큰비를, 큰 바다를 제하고는 어떠한 곳에서도 견디지 못하며 받지 못하며 거두지 못하며 유지하지 못하듯이, 여래의 비밀한 법장인 큰 법의 광명과 큰 법의 비침과 큰 법의 비도 그와 같아서, 오직 제10지 보살을 제하고는 다른 모든 중생이나 성문이나 독각이나 내지 제9지 보살들도 능히 견디지 못하며 능히 받지 못하며 능히 거두지 못하며 능히 유지하지 못하느니라.

㈢ 숫자를 통해 많음을 밝히다[歷數顯多] 2.
① 비유로 밝히다[喻] (第二 35上10)
② 법과 비유를 합하다[合] (經/住法)

佛子여 譬如大海가 能安能受能攝能持一大龍王의 所霔

大雨하며 若二若三과 乃至無量諸龍王雨가 於一念間에 一時霍下라도 皆能安能受하며 能攝能持하나니 何以故오 以是無量廣大器故인달하니 住法雲地菩薩도 亦復如是하여 能安能受能攝能持一佛의 法明法照法雨하며 若二若三으로 乃至無量히 於一念頃에 一時演說이라도 悉亦如是일새 是故此地가 名爲法雲이니라

불자여, 마치 큰 바다는 한 용왕이 내리는 큰비를 능히 견디고 받고 거두고 유지하며, 둘이나 셋이나 내지 한량없는 용왕의 비가 잠깐 동안에 한꺼번에 내리더라도 다 능히 견디고 받고 거두고 유지하나니, 왜냐하면 이것은 한량없고 크고 넓은 그릇인 까닭이니라. 법운지에 있는 보살도 그와 같아서 한 부처님의 법의 광명과 법의 비침과 법의 비를 능히 견디고 받고 거두고 유지하며, 둘이나 셋이나 내지 한량없는 부처님이 잠깐 동안에 한꺼번에 연설하더라도 또한 그와 같나니, 그러므로 이 지를 법운이라 이름하느니라."

[疏] 第二, 佛子譬如大海下는 歷數顯多라 中에 先은 喩오 後는 合이라 海能安者는 受一切水故오 受者는 不濁故니 濁如不信이라 攝者는 餘水數入에 失本名故오 持者는 用不可盡故니라

㈢ 佛子譬如大海 아래는 숫자를 통해 많음을 밝힘이다. 그중에 ① 비유로 밝힘이요, ② 법과 합함이다. '바다가 능히 견딘다'는 것은 일체의 물을 감당하는[安] 까닭이요, '받는다'는 말은 혼탁하지 않은 것이니, 혼탁함은 '믿지 않는다'는 뜻이다. '거둔다'는 것은 다른 물이 자주 들어가면 본래의 명칭을 잃기 때문이요, '유지한다'는 것은 써도

다하지 않기 때문이다.

㊂ 질문과 대답으로 많음을 밝히다[問答顯多] 2.
① 질문하다[問] (第三 35下5)

解脫月菩薩이 言하시되 佛子여 此地菩薩이 於一念間에 能於幾如來所에 安受攝持大法明大法照大法雨니잇고
해탈월보살이 말하였다. "불자여, 이 지의 보살이 한 찰나 동안에 몇 여래의 처소에서 큰 법의 광명과 큰 법의 비침과 큰 법의 비를 능히 견디고 받고 거두고 유지하나이까?"

[疏] 第三, 解脫月下는 問答顯多니 中에 先은 問이오 後는 答이라
- ㊂ 解脫月 아래는 질문과 대답으로 많음을 밝힘이니, 그중에 ① 질문함이요, ② 대답함이다.

② 대답하다[答] 2.
㉮ 한 부처님의 처소를 보여 주다[示一佛所] (答中 36上7)
㉯ 유례하여 여러 부처님 처소를 밝히다[類顯多佛] (後如)

金剛藏菩薩이 言하시되 佛子여 不可以算數로 能知니 我當爲汝하여 說其譬喩하리라 佛子여 譬如十方에 各有十不可說百千億那由他佛刹微塵數世界어든 其世界中一一衆生이 皆得聞持陀羅尼하여 爲佛侍者하여 聲聞衆中에 多聞第一이 如金剛蓮華上佛所에 大勝比丘하되 然一

衆生의 所受之法을 餘不重受하면 佛子여 於汝意云何오
此諸衆生의 所受之法이 爲有量耶아 爲無量耶아 解脫
月菩薩言하시되 其數甚多하여 無量無邊이니이다

金剛藏菩薩言하시되 佛子여 我爲汝說하여 令汝得解케
하리라 佛子여 此法雲地菩薩이 於一佛所에 一念之頃에
所安所受所攝所持인 大法明大法照大法雨의 三世法藏
을 前爾所世界一切衆生의 所聞持法이 於此에 百分에
不及一이며 乃至譬喩도 亦不能及이니라 如一佛所하여
如是十方에 如前所說爾所世界微塵數佛이 復過此數하
여 無量無邊이어든 於彼一一諸如來所에 所有法明法照
法雨의 三世法藏을 皆能安能受하며 能攝能持일새 是故
此地가 名爲法雲이니라

금강장보살이 말하였다. "불자여, 산수로는 알 수 없나니,
내가 그대를 위하여 비유를 말하리라. 불자여, 비유컨대 시
방에 각각 열 배의 말할 수 없는 백천억 나유타 부처님 세계
의 티끌 수 세계가 있고, 그 세계들 가운데 있는 낱낱 중생
이 모두 듣고 지니는 다라니를 얻고 부처님의 시자가 되어
성문 대중 중에 많이 듣기로 제일인 것이, 금강연화상 부처
님의 대승비구와 같지마는, 한 중생이 받은 법을 다른 이는
다시 받지 않는다 하면, 불자여, 그대는 어떻게 생각하는가.
이 여러 중생들의 받은 법이 한량이 있겠는가 한량이 없겠
는가?" 해탈월보살이 말하였다. "그 수효가 매우 많아서 한
량없고 그지없겠나이다."

금강장보살이 말하였다. "불자여, 내가 그대에게 말하여 알

게 하리라. 불자여, 이 법운지보살이 한 부처님 계신 데서 한 찰나 동안에 견디고 받고 거두고 유지한 큰 법의 광명과 큰 법의 비침과 큰 법의 비인 삼세의 부처님 법장을, 앞에 말한 그러한 세계의 일체 중생이 듣고 지닌 법으로는 백 분의 하나에도 미치지 못하며, 내지 비유로도 미칠 수 없느니라. 한 부처님 계신 데서와 같이, 시방에는 앞에 말한 바와 같은 그렇게 많은 세계의 티끌 수 부처님보다 더 지나가서 한량없고 그지없는 부처님이 계시거든, 그 낱낱 여래의 처소에 있는 법의 광명과 법의 비침과 법의 비인 삼세의 부처님 법장을 모두 다 능히 견디고 능히 받고 능히 거두고 능히 유지하나니, 그러므로 이 지의 이름을 법운지라 하느니라."

[疏] 答中에 二니 先은 校量顯示一佛之所受法廣多오 後, 如一佛下는 類顯多佛이라 言三世法藏者는 三世佛法之藏也라 而論에 云於法界中三種事藏者는 意取法明과 照雨가 蘊在法界故라 以彼經에 云法界藏故라하나니 故爲此釋이니라

■ ② 대답함 중에 둘이니 ㉮ 분량으로 비교하여 한 부처님의 처소에서 받은 법이 넓고 많음을 밝힘이다. ㉯ 如一佛 아래는 유례하여 여러 부처님 처소를 밝힘이다. '삼세의 부처님 법장'이란 삼세의 불법 창고를 말한다. 하지만 논경에서 '법계에 세 가지 현상의 창고[事藏]'라고 말한 것은 법의 광명과 비춤과 비가 법계에 쌓인다는 의미를 취한 까닭이다. 저 경문에는 "법계의 창고인 까닭이다"라고 하였으므로 이렇게 해석하였다.

b. 미혹을 없앰에 의지하여 밝히다[約能滅惑] (第二 37上2)

佛子여 此地菩薩이 以自願力으로 起大悲雲하며 震大法雷하며 通明無畏로 以爲電光하며 福德智慧로 而爲密雲하여 現種種身하여 周旋往返하되 於一念頃에 普徧十方 百千億那由他世界微塵數國土하여 演說大法하여 摧伏魔怨하며 復過此數하여 於無量百千億那由他世界의 微塵數國土에 隨諸衆生心之所樂하여 霪甘露雨하여 滅除一切衆惑塵焰일새 是故此地가 名爲法雲이니라

"불자여, 이 지의 보살이 자기의 원력으로 크게 자비한 구름을 일으키고 큰 법의 우레를 진동하며 육통과 삼명과 두려움 없음으로 번개가 되고 복덕과 지혜는 빽빽한 구름이 되며, 여러 가지 몸을 나타내어 가고 오며 두루 돌아다니면서, 잠깐 동안에 시방으로 백천억 나유타 세계의 티끌 수 국토에 두루 하여 큰 법문을 연설하여 마군과 원수들을 꺾어 굴복하며, 이보다 더 지나가는 한량없는 백천억 나유타 세계의 티끌 수 국토에서 중생들의 좋아하는 마음을 따라서 단이슬비를 퍼부어 일체 번뇌의 불을 멸하나니, 그러므로 이 지를 법운지라 하느니라."

[疏] 第二, 注雨滅惑이라 釋名中에 此中雲等은 如出現品에 廣明하니라 悲雲은 普覆故며 法雷는 驚蟄故며 通明無畏는 照機速疾하야 令見道故며 以福智因으로 成種種身이 如雲形顯多故오 法雨는 正能破四魔故니라

■ b. 비를 뿌려서 미혹을 없앰이다. 명칭을 해석한 중에 이 가운데 구름 등은 여래출현품(如來出現品)에 자세히 밝힌 내용과 같다. '대비의 구름'은 널리 덮는 연고이며, '법의 우레'는 잠자던 곤충을 놀라게 하는 연고이며, '육통(六通)과 삼명(三明)과 두려움 없음'이란 중생의 근기를 비춤이 빨라서 도를 보게 되는 연고이다. 복덕과 지혜의 인행으로 갖가지 몸을 성취하는 것이 구름처럼 형태가 많음을 밝힌 까닭이며, 법비는 바로 능히 네 가지 마군을 타파하는 까닭이다.

c. 선근을 생기게 함에 의지하여 밝히다[約受生善] (第三 37上10)

佛子여 此地菩薩이 於一世界에 從兜率天下하여 乃至涅槃히 隨所應度衆生心하여 而現佛事하며 若二若三으로 乃至如上微塵數國土하며 復過於此하여 乃至無量百千億那由他世界微塵數國土에 皆亦如是일새 是故此地가 名爲法雲이니라

"불자여, 이 지의 보살이 한 세계에서, 도솔천에서 내려오며 내지 열반에 드시도록 제도받을 중생들의 마음을 따라서 불사를 나타내며, 두 세계, 삼계로 내지 위에서 말한 티끌 수 극토에 이르며, 또 이보다 지나가서 한량없는 백천억 나유타 세계의 티끌 수 극토에서도 그와 같이 하나니, 그러므로 이 지를 법운지라 하느니라."

[疏] 第三, 注雨生善으로 釋名이라 八相漸盆故를 可知로다
■ c. 비를 뿌려서 선근을 생기게 함으로 명칭을 해석하였다. 그중에

"여덟 가지 모양으로 점차 이익되게 한다"고 말한 까닭을 알 수 있으리라.

ㅂ. 신통력이 최고이거나 최고가 아닌 부분[神通力有上無上分] 2.

❖ 제6회 십지품 제10 法雲地 (科圖 26-94; 光字卷)

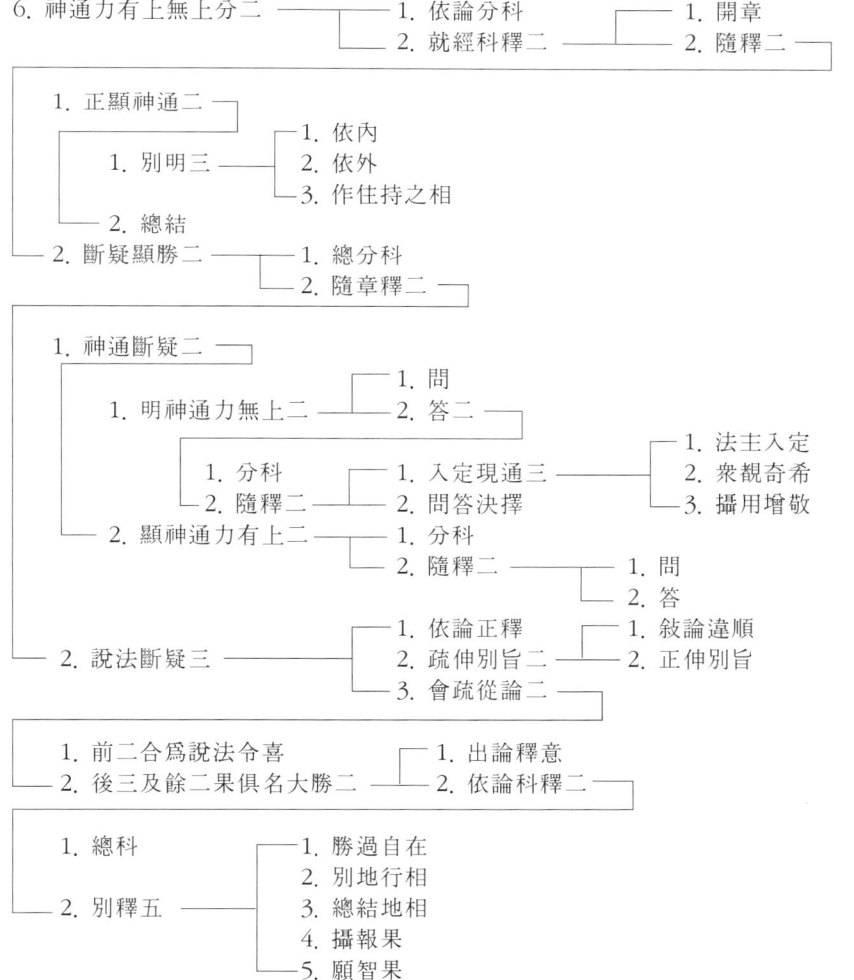

ㄱ) 논경에 의지해 과목 나누다[依論分科] (大文 37下2)

[疏] 大文第六, 神通力有上無上分이라 中에 有六種相하니 一은 依內오 二는 依外오 三은 自相이오 四는 作住持相이오 五는 令歡喜相이오 六者는 大勝이라
- 큰 문단으로 ㅂ. 신통력이 최고이거나 최고가 아닌 부분이다. 그중에 여섯 가지 모양이 있으니, (a) 내부에 의지한 모양 (b) 외부에 의지한 모양 (c) 자체적인 모양 (d) 머물러 유지함을 만드는 모양 (e) 환희하게 하는 모양 (f) 크게 뛰어난 모양이다.

ㄴ) 경문에 입각하여 과목을 해석하다[就經科釋] 2.
(ㄱ) 가름을 전개하다[開章] (若就 37下4)

[疏] 若就經文하야 分二인대 前四는 合爲一段이니 正顯神通이오 後二는 爲一이니 斷疑顯勝이라 今初를 分二니 先은 別明이오 後는 總結이라 別中에 三이니
- 만일 경문에 입각하여 둘로 나누면 a. 앞의 네 가지 모양을 합하여 한 가지로 하였으니 바로 신통을 밝힘이요, b. 뒤의 두 가지 모양을 하나로 하였으니 의심을 끊고 뛰어남을 드러냄이다. 지금은 a.를 둘로 나누었으니 a) 개별로 설명함이요, b) 총합하여 결론함이다. 먼저 a) 개별로 설명함에 셋이다.

(ㄴ) 가름에 따라 해석하다[隨釋] 2.
a. 바로 신통을 밝히다[正顯神通] 2.

a) 개별로 설명하다[別明] 3.
(a) 내부에 의지한 모양[依內] (初明 37下6)

佛子여 此地菩薩이 智慧明達하고 神通自在하여
"불자여, 이 지의 보살이 지혜가 밝게 통달하고 신통이 자재하므로

[疏] 初, 明依內라 智慧明達者는 卽起通之智오 亦陀羅尼라 二, 神通者는 是通體오 三, 自在는 卽通德이니 亦攝不思議解脫과 及與三昧라 具此三事가 卽通無上이니라

■ (a) 내부에 의지한 모양이다. (1) '지혜가 밝게 통달한다'는 것은 곧 신통을 일으키는 지혜이고 또한 다라니이다. (2) '신통'이란 신통의 체성이요, (3) '자재함'은 곧 신통의 덕이다. 또한 부사의한 해탈과 부사의한 삼매를 포섭하나니, 이런 세 가지 현상[신통, 부사의해탈, 부사의삼매]을 구족하면 곧 신통력이 최고가 되는 것이다.

[鈔] 第六, 神通力有上無上分이라 智慧明達者는 經에 但兩句오 論經에도 亦但云, 住此地하야 於智慧에 得上自在力과 善擇大智神通하야 隨心所念이라하야늘 而論에 云, 是中에 依內者는 有四種[284]하니 一은 不思議解脫이오 二는 三昧오 三은 起智陀羅尼오 四는 神通이니 如前所說이라하니라 釋曰, 今疏가 取意하야 各別配經하고 亦具此四라 論言如前所說者는 卽大盡分中의 五種大니 但合智와 及陀羅尼耳니 以陀羅尼는 智爲體故니라

---

284) 有下에 南續金本有其字, 論原本無.

- ㅂ. 신통력이 최고이거나 최고가 아닌 부분이다. '지혜가 밝게 통달한다'는 것은 경문에는 두 구절뿐이요, 논경에도 단지, "이 지에 머물러서 지혜에서 뛰어난 자재력을 얻고 큰 지혜의 신통력을 잘 선택하여 생각을 따른다"라고만 하였는데, 논경의 해석에 "여기서 내부에 의지한다는 것은 네 가지가 있으니 1) 부사의한 해탈이요, 2) 삼매요, 3) 지혜를 일으키는 다라니요, 4) 신통이니 앞에서 말한 것과 같다"고 하였다. 해석하자면 지금의 소가는 의미를 취해서 각기 개별로 경문에 배대하고 또 이런 네 가지를 구비하였다. 논경에서 '앞에서 말한 것과 같다'고 말한 것은 곧 ㄹ. 크게 다하는 부분 중에 다섯 가지 광대함을 가리킨다. 단지 지혜와 다라니만 합했을 뿐이니, 다라니는 지혜로 체성을 삼는 까닭이다.

(b) 외부에 의지한 모양[依外] 2.
㊀ 총합하여 해석하다[總釋] (第二 38上6)

[疏] 第二, 隨其下는 依外니 謂業用이 依外境而起故라 亦是第三, 依自相이니 謂轉變作用이 是神通相故니라
- (b) 隨其 아래는 외부에 의지한 모양이다. 말하자면 업의 작용이 외부경계에 의지하여 일어나는 까닭이다. 또한 (c) 자체적인 모양에 의지함이니, 전변하는 작용이 신통의 모양인 까닭이다.

㊁ 개별로 해석하다[別釋] 2.
① 외부 현상을 전변하다[轉變外事] 3.

㉮ 같은 부류가 넓고 좁은 세계로 전변하다[同類略廣轉] (此二 38上7)
㉯ 더러움과 청정함으로 현상이 다르게 전변하다[垢淨異事轉] (二垢)
㉰ 티끌세계가 자재하게 전변하다[塵界自在轉] (三或)

隨其心念하여 能以狹世界로 作廣世界하고 廣世界로 作狹世界하며 垢世界로 作淨世界하고 淨世界로 作垢世界하며 亂住次住와 倒住正住의 如是無量一切世界를 皆能互作하며 或隨心念하여 於一塵中에 置一世界의 須彌盧 等一切山川하되 塵相如故하고 世界不減하며 或復於一微塵之中에 置二置三과 乃至不可說世界의 須彌盧等一切山川하되 而彼微塵이 體相如本하고 於中世界가 悉得明現하며

或隨心念하여 於一世界中에 示現二世界莊嚴과 乃至不可說世界莊嚴하고 或於一世界莊嚴中에 示現二世界와 乃至不可說世界하며 或隨心念하여 以不可說世界中衆生으로 置一世界하고 或隨心念하여 以一世界中衆生으로 置不可說世界하되 而於衆生에 無所嬈害하니라

(1) 그 생각을 따라서 능히 좁은 세계를 넓은 세계로 만들고 넓은 세계를 좁은 세계로 만들며, (2) 더러운 세계를 깨끗한 세계로 만들고 깨끗한 세계를 더러운 세계로 만들며, (3) 어지럽게 있고 차례대로 있고 거꾸로 있고 바로 있는 이렇게 한량없는 모든 세계들을 다 능히 서로 만드느니라. (4) 혹은 생각을 따라서 한 티끌 속에 한 세계의 수미산과 모든 산과 강을 넣더라도 티끌의 모양이 본래와 같고 세계도 감하지

아니하며, (5) 혹은 또 가장 작은 한 티끌 속에 두 세계, 삼
계 내지 말할 수 없는 세계의 수미산과 모든 산과 강을 넣더
라도 저 작은 티끌 모양이 본래와 같고 그 속에 있는 세계도
분명히 나타나느니라.

(6) 혹은 생각을 따라서 한 세계 가운데 두 세계의 장엄과 내
지 말할 수 없는 세계의 장엄을 나타내기도 하고, (7) 혹은
한 세계의 장엄 가운데 두 세계, 내지 말할 수 없는 세계를
나타내기도 하며, (8) 혹은 한 생각을 따라서 말할 수 없는
세계에 있는 중생들을 한 세계에 두기도 하고, (9) 혹은 생
각을 따라서 한 세계에 있는 중생들을 말할 수 없는 세계에
두더라도 그 중생들에게는 시끄럽거나 해로움이 없느니라.

[疏] 此二는 經文是一이로대 義分爲二니 今依自相釋文인대 自有二種하니
一은 轉變外事라 於中에 三이니 一은 同類略廣轉이오 二, 垢世界下
는 垢淨異事轉이오 三, 或隨心下는 塵容世界等이 是自在轉이니라
■ 이 둘[依外, 依自相]은 본경의 문장으로는 하나이지만 이치로 둘로 나
누었다. 지금 자체적인 모양에 의지하여 해석하자면 자연히 두 가지
가 있으니 ① 외부적인 현상을 전변함이다. 그중에 셋이니 ㉮ 같은
부류가 넓고 좁은 세계로 전변함이요, ㉯ 垢世界 아래는 더러움과 청
정함으로 현상이 다르게 전변함이요, ㉰ 或隨心念 아래는 티끌 속에
들어간 세계 등이 자재하게 전변함이다.

[鈔] 此之二段者는 卽以轉變外事로 爲神通自相故니라
● 此之二段이란 곧 외부적인 현상을 전변하는 것으로 신통의 자체적인

모양을 삼았기 때문이다.

② 자신에 응하여 화현하다[應化自身] (二或 39上4)

或隨心念하여 於一毛孔에 示現一切佛境界莊嚴之事하며
(10) 혹은 생각을 따라서 한 털구멍에 모든 부처님 경계와 장엄한 일을 나타내기도 하며,

[疏] 二, 或隨心念於一毛下는 應化自身이니 可知로다
- ② 或隨心念於一毛 아래는 자신에 응하여 화현함이니 알 수 있으리라.

(c) 머물러 유지함을 만드는 모양[作住持之相] (第三 40上2)

或隨心念하여 於一念中에 示現不可說世界微塵數身하고 一一身에 示現如是微塵數手하고 一一手에 各執恒河沙數華盦香篋鬘蓋幢旛하여 周徧十方하여 供養於佛하며 一一身에 復示現爾許微塵數頭하고 一一頭에 復現爾許微塵數舌하여 於念念中에 周徧十方하여 歎佛功德하며 或隨心念하여 於一念間에 普徧十方하여 示成正覺과 乃至涅槃과 及以國土莊嚴之事하며 或現其身하여 普徧三世하되 而於身中에 有無量諸佛과 及佛國土莊嚴之事와 世界成壞를 靡不皆現하며 或於自身一毛孔中에 出一切風하되 而於衆生에 無所惱害하며

或隨心念하여 以無邊世界로 爲一大海하고 此海水中에 現大蓮華하되 光明嚴好하여 偏覆無量無邊世界어든 於中에 示現大菩提樹莊嚴之事하고 乃至示成一切種智하며 或於其身에 現十方世界一切光明하여 摩尼寶珠와 日月星宿와 雲電等光을 靡不皆現하며 或以口噓氣하여 能動十方無量世界하되 而不令衆生으로 有驚怖想하며 或現十方風災火災와 及以水災하며 或隨衆生心之所樂하여 示現色身莊嚴具足하며 或於自身에 示現佛身하고 或於佛身에 而現自身하며 或於佛身에 現己國土하고 或於己國土에 而現佛身하나니라

(1) 혹은 생각을 따라서 한 생각 동안에 말할 수 없는 세계의 티끌 수 몸을 나타내고, 낱낱 몸마다 저러한 티끌 수 손을 나타내고, 낱낱 손마다 항하의 모래 수 같은 꽃바구니·향상자·화만·일산·당기·번기를 들고 시방으로 돌아다니면서 부처님께 공양하며, 또 낱낱 몸마다 저러한 티끌 수 머리를 나타내고, 낱낱 머리에 저러한 티끌 수 혀를 나타내어 찰나찰나 동안에 시방으로 다니면서 부처님의 공덕을 찬탄하느니라.

(2) 혹은 생각을 따라서 잠깐 동안에 시방에 두루 하여 바른 깨달음을 이루며, 내지 열반에 드는 일과 국토를 장엄하는 일을 보이기도 하고, (3) 혹은 그 몸이 세 세상에 두루 함을 나타내는데, 몸 가운데 한량없는 부처님과 부처님 국토의 장엄한 일이 있기도 하고, 세계가 성취하고 파괴하는 일을 나타내며, (4) 혹은 자신의 한 털구멍에서 온갖 바람을 내지

마는 중생에게는 시끄럽지 아니하느니라. (5) 혹은 생각을 따라서 그지없는 세계로 큰 바다를 만들고 그 바다 속에 큰 연꽃이 나타나는데, 광명이 훌륭하여 한량없고 그지없는 세계를 두루 덮으며 그 가운데 큰 보리수와 장엄하는 일을 보이기도 하고, 내지 갖가지 지혜를 성취함을 보이기도 하며, (6) 혹은 그 몸에 시방세계를 나타내는데, 온갖 광명과 마니 구슬과 해와 달과 별과 구름과 번개의 빛이 모두 나타나며, (7) 혹은 입으로 바람을 토하며 시방의 한량없는 세계를 흔들지마는 중생들을 놀라지 않게 하며, (8) 혹은 시방의 풍재와 화재와 수재를 나타내느니라. (9) 혹은 중생의 마음을 따라서 형상의 몸을 나타내는 데 장엄이 구족하며, (10) 혹은 자기의 몸에 부처님 몸을 나타내고, (11) 혹은 부처님 몸에 자기의 몸을 나타내고, (12) 혹은 부처님 몸에 자기의 국토를 나타내고, (13) 혹은 자기의 국토에 부처님 몸을 나타내느니라.

[疏] 第三, 或隨心念於一念中示現不可說下는 作住持相이니 謂常用不絶故니라
- (c) 或隨心念於一念中示現不可說 아래는 머물러 유지함을 만드는 모양이니, 항상 끊임없이 작용함을 말하는 내용이다.

b) 총합하여 결론하다[總結] (經/佛子 40上4)

佛子여 此法雲地菩薩이 能現如是와 及餘無量百千億那

由他自在神力이니라

불자여, 이 법운지보살이 이러한 신통과 그 외에 한량없는 백천억 나유타의 자유로운 신통을 나타내느니라."

b. 의심을 끊고 뛰어남을 드러내다[斷疑顯勝] 2.
a) 총합하여 과목 나누다[總分科] (第二 40上9)

[疏] 第二, 爾時下는 斷疑顯勝이라 中에 二니 先은 斷疑오 後는 顯勝이라 今初니 卽論의 生喜는 由疑除故라 於中에 二니 先은 示自神通力斷疑오 二는 說法斷疑라 今初에 有二問答하니 初一, 問答은 顯神力無上하야 令衆歡喜오 後一, 問答은 顯神力有上하야 令衆歡喜라 前中에 先은 問이오 後는 答이라

■ b. 爾時 아래는 의심을 끊고 뛰어남을 드러냄이다. 그중에 둘이니 a) 의심을 끊음이요, b) 뛰어남을 드러냄이다. 지금은 a)이니 곧 논경의 '환희가 생겨남'은 의심을 제거했기 때문이다. 그중에 둘이니 (a) 자신의 신통력으로 의심을 끊었음을 보인 것이요, (b) 법문을 설해 의심을 끊음이다. 지금은 (a)에 두 가지 질문과 대답이 있으니 ㊀ 처음 한 가지 질문과 대답은 신통력이 최고임을 드러내어 대중을 환희하게 함이요, ㊁ 뒤의 한 가지 질문과 대답은 신통력이 최고가 아니면서 대중을 환희하게 함이다. ㊀ 중에 ① 질문함이요, ② 대답함이다.

b) 가름을 따라 해석하다[隨章釋] 2.
(a) 신통력으로 의심을 끊다[神通斷疑] 2.

㈠ 신통력이 최고임을 밝히다[明神通力無上] 2.
① 질문하다[問] 2.
㉮ 대중에게 의심이 생기다[大衆生疑] (問中 40下3)
㉯ 대중의 우두머리가 청법하다[上首爲請] (後上)

爾時에 會中諸菩薩과 及天龍夜叉와 乾闥婆와 阿修羅와 護世四王과 釋提桓因과 梵天淨居와 摩醯首羅인 諸天子等이 咸作是念하되 若菩薩의 神通智力이 能如是者인댄 佛復云何오하니라

爾時에 解脫月菩薩이 知諸衆會心之所念하고 白金剛藏菩薩言하시되 佛子여 今此大衆이 聞其菩薩의 神通智力하고 墮在疑網이로소니 善哉라 仁者여 爲斷彼疑하여 當少示現菩薩의 神力莊嚴之事하소서

그때 회중에 있는 보살들과 하늘과 용과 야차와 건달바와 아수라와, 세상을 보호하는 사천왕과 제석천왕과 범천왕과, 정거천과 마혜수라의 여러 천자들이 이렇게 생각하였다. '보살의 신통과 지혜의 힘이 이러하다면 부처님은 어떠하시겠는가?'

이때 해탈월보살이 여러 모인 대중의 생각함을 알고 금강장보살에게 아뢰었다. "불자여, 이 대중이 보살의 신통과 지혜의 힘을 듣고 의심의 그물에 떨어졌사오니, 거룩하옵니다, 어지신 이여. 저들의 의심을 풀기 위하여 보살의 신통한 힘과 장엄하는 일을 조금만 나타내어 보이소서."

[疏] 問中에 先은 大衆生疑니 舉佛하야 疑菩薩호대 如上之事는 佛可得爾어늘 菩薩이 豈然가 後, 上首가 爲請이라
- ① 질문함에 ㉮ 대중에게 의심이 생겨남이다. 부처님을 예로 들어 보살을 의심하되, "위와 같은 현상은 부처님이라야 그렇게 될 수 있는 것이지 보살이 어찌 그렇겠는가?"라고 하였다. ㉯ 대중의 우두머리가 청법함이다.

② 대답하다[答] 2.
㉮ 과목 나누기[分科] (答中 40下10)

[疏] 答中에 二니 一은 入定現通이오 二는 問答決擇이라 今初니 卽事爲驗 故라 於中에 三이니
- ② 대답함 중에 둘이니 ㉮ 삼매에 들어 신통을 나타냄이요, ㉯ 질문과 대답으로 결택함이다. 지금은 ㉮이니 현상 그대로가 증험인 까닭이다. 그중에 셋이다.

㉯ 과목에 따라 해석하다[隨釋] 2.
㉠ 삼매에 들어 신통을 나타내다[入定現通] 3.

ⓐ 설법주가 삼매에 들다[法主入定] (一法 41上1)
ⓑ 대중이 희유함을 보다[衆覩奇希] (二入)
ⓒ 작용을 포섭하여 공경심을 더하다[攝用增敬] (三金)

時에 金剛藏菩薩이 卽入一切佛國土體性三昧하시니라

入此三昧時에 諸菩薩과 及一切大衆이 皆自見身이 在金剛藏菩薩身內하여 於中에 悉見三千大千世界의 所有種種莊嚴之事가 經於億劫토록 說不能盡하며 又於其中에 見菩提樹하니 其身周圍가 十萬三千大千世界요 高는 百萬三千大千世界요 枝葉所蔭도 亦復如是어든 稱樹形量하여 有師子座하고 座上에 有佛하시니 號一切智通王이라 一切大衆이 悉見其佛이 坐菩提樹下師子座上하사 種種諸相으로 以爲莊嚴하여 假使億劫이라도 說不能盡이러라

金剛藏菩薩이 示現如是大神力已하시고 還令衆會로 各在本處케하신대 時諸大衆이 得未曾有하여 生奇特想하고 黙然而住하여 向金剛藏하여 一心瞻仰이러라

그때에 금강장보살이 곧 일체 부처님 극토의 자체성품 삼매에 들었다. 이 삼매에 들었을 적에 여러 보살과 모든 대중이 자기의 몸이 금강장보살의 몸속에 있음을 보았으며, 그 속에서 삼천대천세계에 있는 가지가지 장엄한 일을 보는데, 억겁을 지내면서 말하여도 다할 수 없으며, 또 그 가운데서 보리수를 보는데, 그 밑둥은 십만 삼천대천세계가 되고 높이는 백만 삼천대천세계가 되며, 가지와 잎으로 덮인 것도 그와 같으며, 나무의 형체에 알맞게 사자좌가 있고, 그 위에 부처님이 계시니 명호는 일체지통왕이시라. 모든 대중이 보니 그 부처님이 보리수 아래 있는 사자좌에 앉으셨는데, 가지가지 모양으로 장엄한 것은 억겁을 두고 말하더라도 다할 수 없었다.

금강장보살이 이렇게 큰 신통을 나타내시고는, 다시 모인 대중으로 하여금 각기 제 자리에 있게 하였다. 그때 대중이 전에 없던 일을 보고 이상한 생각을 가지고 잠자코 있으면서 금강장보살을 일심으로 우러러보았다.

[疏] 一은 法主入定이니 國土體性이 無所不融일새 故能一身이 包含無外니라 二, 入此下는 衆覩希奇니 表通自在일새 故佛號通王이니라 三, 金剛下는 攝用增敬이니라

- ⓐ 설법주가 삼매에 드는 부분이니, 국토의 체성이 융화되지 않는 곳이 없으므로 한 몸으로 끝없이 포용할 수 있다. ⓑ 入此 아래는 대중이 희유함을 보는 부분이다. 신통이 자재함을 표하였으므로 부처님 명호를 '신통왕'이라 하였다. ⓒ 金剛 아래는 작용을 포섭하여 공경심을 더함이다.

[鈔] 無所不融[285]者는 此金剛藏이 正用前作住持相中하사 於[286]其身中에 示有無量國土莊嚴之事하며 及於自身에 示現佛身이니라

- '융화되지 않는 곳이 없다'는 것은 여기서 금강장보살이 앞의 머물러 유지함을 짓는 모양을 바로 써서 그 몸 가운데 한량없는 국토의 장엄한 현상을 보여 주며, 나아가 자신에게 부처님의 몸을 나타내 보인다는 뜻이다.

㉡ 질문과 대답으로 결택하다[問答決擇] 3.
ⓐ 삼매의 이름을 묻고 대답하다[問答名字] (第二 41下10)

---

285) 上鈔는 甲本無, 南續金本作國土體性.
286) 於는 南續金本作故.

ⓑ 업과 작용의 범주를 질문하다[問業用分齊] (二又)

> 爾時에 解脫月菩薩이 白金剛藏菩薩言하시되 佛子여 今
> 此三昧가 甚爲希有하여 有大勢力하니 其名何等이니잇고
> 金剛藏이 言하시되 此三昧는 名一切佛國土體性이니라
> 又問此三昧가 境界云何니잇고 答言하시되 佛子여 若菩
> 薩이 修此三昧하면 隨心所念하여 能於身中에 現恒河沙
> 世界微塵數佛刹하며 復過此數하여 無量無邊이니라
> 그때 해탈월보살이 금강장보살에게 아뢰었다. "불자여, 지금 드신 삼매는 매우 희유하옵고 큰 세력이 있사오니, 이름이 무엇이오니까?" 금강장보살이 대답하였다. "그 삼매의 이름은 '일체 부처님 국토의 자체성품'이니라." "이 삼매의 경계는 어떠하오니까?" 답하기를, "불자여, 보살이 이 삼매를 닦으면 생각하는 대로 자기의 몸에 항하의 모래 같은 세계의 티끌 수 세계를 나타내되, 그보다도 지나가서 한량이 없고 끝이 없느니라.

[疏] 第二, 爾時解脫月下는 問答決擇이라 中에 三이니 初는 問名字오 二, 又問下는 業用分齊오
■ ⓛ 爾時解脫月 아래는 질문과 대답으로 결택함이다. 그중에 셋이니 ⓐ 삼매의 이름을 묻고 대답함이요, ⓑ 又問 아래는 업과 작용의 범주를 질문함이요,

ⓒ 유례하여 넓고 많음을 드러내다[類顯廣多] 2.

㉕ 단지 여러 선정만으로 결론하다[但結多定] (三佛 42下2)
㉖ 간략히 결론하고 자세히는 한량없음을 밝히다[結略顯廣] (後佛)

佛子여 菩薩이 住法雲地에 得如是等無量百千諸大三昧故로 此菩薩身과 身業을 不可測知며 語語業과 意意業과 神通自在와 觀察三世와 三昧境界와 智慧境界와 遊戲一切諸解脫門과 變化所作과 神力所作과 光明所作과 略說乃至擧足下足하는 如是一切諸有所作을 乃至法王子住와 善慧地菩薩이라도 皆不能知니라
佛子여 此法雲地菩薩의 所有境界가 略說如是어니와 若廣說者인댄 假使無量百千阿僧祇劫이라도 亦不能盡이니라
불자여, 보살이 법운지에 머물러서는 이렇게 한량없는 백천 가지 큰 삼매를 얻었으므로 이 보살의 몸과 몸으로 짓는 업을 헤아릴 수 없으며, 말과 말로 짓는 업과, 뜻과 뜻으로 짓는 업이 신통하고 자유로워서 세 세상을 관찰하는 삼매의 경계와 지혜의 경계와 모든 해탈문에 유희하는 일과 변화로 짓는 일과 신력으로 짓는 일과 광명으로 짓는 일이며, 간략하게 말하여 내지 발을 들고 발을 내리는 일과 그러한 여러 가지 짓는 일을 내지 법왕자로서 선혜지에 머무른 보살들도 능히 알지 못하느니라.
불자여, 이 법운지보살의 가진 경계를 간략히 말하면 이러하거니와, 만일 널리 말한다면 한량없는 백천 아승지 겁 동안에도 다할 수 없느니라."

[疏] 三, 佛子菩薩住下는 類顯廣多라 於中에 二니 初는 但結多定에 已顯業用難思오 後, 佛子此法雲下는 結略顯廣에 則餘德無盡이라 此中에 亦卽大盡中事니라

- ⓒ 佛子菩薩 아래는 유례하여 넓고 많음을 드러냄이다. 그중에 둘이니 ㉠ 여러 선정만으로 결론하면 업과 작용이 생각하기 어려움을 밝힌 부분이요, ㉡ 佛子此法雲 아래는 간략히 결론하고 자세히는 한량없음을 밝힘이니, 나머지 공덕이 그지없다는 뜻이다. 이 가운데 또 한 ㄹ. 크게 다하는 부분 중의 현상이다.

[鈔] 此中亦等者는 前文標中에 已有五大오 今復結之일새 故云亦是니 謂初總標三業은 卽神通自在오 餘에 具五大하니 一은 觀察三世는 卽第一智大오 二는 三昧境界는 卽第三의 三昧大오 三은 智慧境界는 卽第四陀羅尼大오 四는 遊戲一切下는 卽第二解脫大오 五는 變化下는 卽第五神通大니라

- 此中亦卽 등이란 앞 문장의 표방함 중에 이미 다섯 가지 광대함이 있었고, 지금 다시 결론했으므로 '역시'라 하였다. 말하자면 1) 총합하여 세 가지 업으로 표방한 것은 곧 신통이 자재함이요, 2) 다섯 가지 광대함을 구비하였으니 ① 삼세로 관찰함이 a. 지혜가 광대함이요, ② 삼매의 경계는 곧 c. 삼매가 광대함이요, ③ 지혜 경계는 곧 d. 다라니가 광대함이요, ④ 遊戲一切 아래는 곧 b. 해탈이 광대함이요, ⑤ 變化 아래는 e. 신통이 광대함이다.

㊂ 신통력이 최고가 아니다[顯神通力有上] 2.
① 과목 나누기[分科] (第二)

② 과목에 따라 해석하다[隨釋] 2.
㉮ 질문하다[問] (問中 43上5)

解脫月菩薩이 言하시되 佛子여 若菩薩神通境界가 如是인댄 佛神通力은 其復云何니잇고
해탈월보살이 말하였다. "불자여, 만일 보살의 신통한 경계가 이러하다면, 부처님의 신통한 힘은 어떠하겠나이까?"

[疏] 第二, 解脫月下는 顯有上中에 謂劣於佛故니 先은 問이오 後는 答이라 問中에 卽擧菩薩疑佛이니 謂菩薩이 旣實得爾인댄 則佛應不勝이오 若言勝者인댄 其相云何오 故로 問辭則同이나 疑意는 懸隔이니라
■ ㈂ 解脫月 아래는 신통력이 최고가 아님을 밝힘 중에 부처님보다 열등함을 말하였으니 ㉮ 질문함이요, ㉯ 대답함이다. ㉮ 질문함 중에 보살을 예로 들어 부처님을 의심함이다. 말하자면 보살이 이미 실제로 그러함을 얻었다면 부처님이 응당 뛰어나지 않을 것이요, 만일 '뛰어나다'고 말한다면 그 모양은 어떠한가? 그래서 질문하는 언사는 같지만 의심하는 의미는 현저히 다르다.

[鈔] 問中卽擧等者는 謂信菩薩神通인대 謂佛應不勝이오 前에 擧佛疑菩薩하야 則謂佛得이라하야 亦疑菩薩이 不得이니 故로 問同意別이니라
● '질문 중에 예로 들어'란 말하자면 보살의 신통을 믿는다면 부처님이 응당 '뛰어나지 않다'고 말해야 할 것이니, 앞에서 부처님을 예로 들어 보살을 의심하는 것이 된다. 이를테면 부처님께서는 옳고[佛得] 또한 보살은 옳지 않다[菩薩不得]고 의심하는 것이므로 질문한 언사는

같지만 의심한 의미는 다르다.

㉯ 대답하다[答] 3.
㉠ 질문이 잘못임을 꾸짖어 부처님의 과덕이 한량없음을 밝히다
　[總訶問非顯佛德無量] (答中 43下2)

金剛藏이 言하시되 佛子여 譬如有人이 於四天下에 取一塊土하여 而作是言하되 爲無邊世界大地土가 多아 爲此土가 多아하여 我觀汝問하니 亦復如是로다 如來智慧는 無邊無等이어니 云何而與菩薩比量이리오
금강장보살이 말하였다. "불자여, 마치 어떤 사람이 사천하에서 한 덩이 흙을 들고 말하기를 '그지없는 세계의 땅덩어리 흙이 많겠는가, 이 흙이 많겠는가?' 한다고 하자. 내가 보건대 그대가 물은 것도 그와 같으니라. 여래의 지혜는 그지없고 같을 이가 없거늘, 어떻게 보살의 지혜와 견주어 말하겠는가?"

[疏] 答中에 三이니 一은 總訶問非하야 顯佛德無量이오
- ㉯ 대답함 중에 셋이니 ㉠ 총합하여 질문이 잘못임을 꾸짖어 부처님의 과덕이 한량없음을 밝힘이요,

㉡ 말하지 않은 부분을 거론하여 부처님 공덕이 한량없음을 밝히다
　[擧所未說顯佛德無量] (二復)

復次佛子여 如四天下에 取少許土하면 餘者無量이니 此法雲地神通智慧도 於無量劫에 但說少分이어든 況如來地아 또 불자여, 마치 사천하에서 한 덩이 흙을 든 것보다는 다른 흙이 한량없는 것이, 이 법운지의 신통과 지혜를 한량없는 겁 동안에 조금만 말한 것과 같나니, 하물며 여래의 신통일까보냐.

[疏] 二, 復次下는 擧所未說하야 顯佛德無量이니 謂向所說은 乃是十地德之少分이 如四天下之少土어니와 全將菩薩之德하야 以比如來인대 狀如四天下土로 以比無邊大地온 況將已說之少分하야 以比如來아 則如一塊로 以比無邊大地니 佛은 證極故니라

■ ㉡ 復次 아래는 말하지 않은 부분을 거론하여 부처님 공덕이 한량없음을 밝힘이다. 말하자면 앞에 설한 것은 십지 공덕의 작은 부분인 것이 마치 사천하의 조그만 흙과 같은 것이지만, 완전히 보살의 공덕으로 부처님께 비교한다면 형상이 사천하의 흙덩이 하나로 그지없는 대지에 비교하는 것과 같을 텐데, 하물며 이미 설한 작은 부분을 가지고 여래와 비교할 수 있겠는가? 마치 한 개의 흙덩이로 그지없는 대지와 비교하는 것과 같나니, 부처님은 궁극까지 증득한 까닭이다.

㉢ 그런 비슷한 사례를 인용하여 부처님 공덕이 한량없음을 밝히다
[引其事類顯佛德無量] (三佛 44上6)

佛子여 我今爲汝하야 引事爲證하야 令汝得知如來境界케하리라 佛子여 假使十方의 一一方에 各有無邊世界微

塵數諸佛國土하고 一一國土에 得如是地菩薩이 充滿하되 如甘蔗竹葦稻麻叢林이어든 彼諸菩薩이 於百千億那由他劫에 修菩薩行하여 所生智慧를 比一如來智慧境界하면 百分에 不及一이며 乃至優波尼沙陀分에도 亦不能及이니라

불자여, 내 이제 그대에게 다른 일을 가지고 증명하여 그대로 하여금 여래의 경계를 알게 하리라.

불자여, 가령 시방에서 낱낱 방위에 각각 그지없는 세계의 티끌 수같이 많은 부처님의 국토가 있고, 낱낱 국토마다 이 지의 보살과 같은 이들이 가득하여 사탕수수·대·갈대·벼·삼대·숲같이 많고, 그 여러 보살들이 백천억 나유타 겁에 보살의 행을 닦아서 생긴 지혜를 한 부처님 지혜의 경계에 비긴다면, 백 분에 하나도 미치지 못하고, 내지 우파니사타 분의 하나에도 미치지 못하느니라."

[疏] 三, 佛子我今下는 引事하야 類顯佛德無量이니라
- ㉢ 佛子我今 아래는 그런 비슷한 사례를 인용하여 부처님 공덕이 한량없음을 밝힘이다.

(b) 법문을 설하여 의심을 끊다[說法斷疑] 3.
㊀ 논경에 의지해 바로 해석하다[依論正釋]287) (第二 45上2)

---

287) 이 부분에 거듭된 과목이 있으니 소의 내용을 참조하여 "2. 십지의 과덕을 거듭 밝히다[重明位果] 3. / 1. 조화롭고 부드러운 결과[調柔果] 5. / 1. 조화롭고 부드러운 행법[調柔行] (經/佛子 44上7)을 기록해 둔다. *아래 科圖 참조.

*① 조화롭고 부드러운 결과[調柔果] (經/佛子)

佛子여 此菩薩이 住如是智慧에 不異如來身語意業하되 不捨菩薩의 諸三昧力하고 於無數劫에 承事供養一切諸佛하여 一一劫中에 以一切種供養之具로 而爲供養하며 一切諸佛神力所加로 智慧光明이 轉更增勝하여 於法界中에 所有問難을 善爲解釋하여 百千億劫에 無能屈者니라 佛子여 譬如金師가 以上妙眞金으로 作嚴身具하고 大摩尼寶로 鈿厠其間이어든 自在天王이 身自服戴하면 其餘天人莊嚴之具의 所不能及인달하여 此地菩薩도 亦復如是하여 始從初地로 乃至九地히 一切菩薩의 所有智行이 皆不能及이니라

"불자여, 이 보살이 이런 지혜에 머물고는 여래의 몸의 업, 말의 업, 뜻의 업과 다르지도 않고, 보살의 여러 삼매의 힘을 버리지도 않으면서 수없는 겁 동안에 모든 부처님을 받들어 섬기며 공양하되, 날날 겁마다 갖가지 공양거리로 공양하였고, 모든 부처님의 신통의 힘으로 가피하여 지혜의 광명이 더욱 증장하고 훌륭하였으며, 온 법계에서 묻는 질문을 잘 해석하여 백천억 겁에라도 능히 굴복할 이가 없느니라.

불자여, 마치 금을 다루는 사람이 상품 진금으로 몸에 장엄

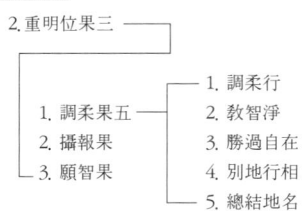

할 거리를 만들고 마니보배로 사이사이 박아 장식한 것을, 자재천왕이 몸에 장식하였으면, 다른 천인들의 장엄거리로는 미칠 수 없느니라. 이 지의 보살도 그와 같아서 초지로부터 제9지에 이르는 모든 보살의 지혜와 행으로는 미칠 수 없느니라.

*② 교도의 지혜가 청정하다[敎智淨] (經/此地 44下6)

288) 此地菩薩의 智慧光明은 能令衆生으로 乃至入於一切智智어니와 餘智光明은 無能如是니 佛子여 譬如摩醯首羅天王光明이 能令衆生으로 身心淸凉일새 一切光明의 所不能及인달하여 此地菩薩의 智慧光明도 亦復如是하여 能令衆生으로 皆得淸凉하며 乃至住於一切智智일새 一切聲聞辟支佛과 乃至第九地菩薩의 智慧光明이 悉不能及이니라

이 지의 보살의 지혜 광명은 중생으로 하여금 내지 온갖 지혜의 지혜에 들어가게 하나니, 다른 지혜의 광명으로는 능히 이와 같을 수 없느니라. 불자여, 마치 마혜수라천왕의 광명은 능히 중생으로 하여금 몸과 마음을 청량하게 하는 것이어서, 모든 광명으로는 미칠 수 없는 것같이, 이 지의 보살의 지혜광명도 그와 같아서 중생으로 하여금 서늘함을 얻게 하며, 내지 온갖 지혜의 지혜에 머물게 하는 것이어서, 모든 성문이나 벽지불이나 내지 제9지 보살의 지혜광명으로는 모두 미치지 못하느니라."

---

288) 여기에도 앞의 2. 重明位果에 따르는 과목 "2. 교도의 지혜가 청정하다[敎智淨] (經/此地,44下6)"가 있어야 한다.

[疏] 第二, 佛子菩薩住如是智慧下는 說法斷疑者는 謂此地菩薩智慧가 能令衆生으로 入一切智하며 復顯上說其德이 不虛일새 故疑除生喜라
- (b) 佛子菩薩住如是智慧 아래는 법문을 설해 의심을 끊음이다. 말하자면 이 법운지보살의 지혜가 능히 중생들이 일체지혜에 들어가게 하며, 다시 위에서 갖춘 공덕이 헛되지 않음을 밝혔으므로, 의심을 없애고 기쁨을 생겨나게 하였다.

㈂ 소가가 별다른 의미를 밝히다[疏伸別旨] 2.
① 논의 어기고 수순함을 말하다[敍論違順] (然此 45上4)

[疏] 然此下文은 當出地心이니 比前諸地인대 卽調柔果어늘 而論에 復將入前分中은 欲顯義門多勢어니와 終似惑人이로다 若準上例인대 上來는 地行竟이오
- 하지만 아래 문장부터는 '지(地)에서 나오는 마음[出地心]'에 해당한다. 앞의 여러 지(地)와 비교한다면 '조화롭고 부드러운 결과[調柔果]'일 텐데 논경에는 다시 가져서 앞부분에 넣은 것은 의미가 여러 형태임을 밝히려 한 것이지만 마침내 사람들을 혼란하게 할 수도 있다. 만일 위의 사례에 준한다면 여기까지 제10지의 행법은 마친 것이 된다.

② 별도의 종지를 밝히다[正伸別旨] (此下)

[疏] 此下는 第二, 明其位果라 於中에 亦有三果하니 今初는 調柔果라 中에 五니 一, 調柔行이오 二, 此地菩薩智慧下는 教智淨이오 三, 佛子此菩薩已能安住下는 勝過自在오 四, 此菩薩十波羅蜜下는 別地行

相이오 五, 佛子是名下는 總結地名이라
- 여기부터는 (나) 그 제10지의 과덕을 밝힘에 해당한다. 그중에도 세 가지 결과가 있으니 지금은 (ㄱ) 조화롭고 부드러운 결과이다. 그중에 다섯이니 a. 조화롭고 부드러운 행법이요, b. 此地菩薩智慧 아래는 교도의 지혜가 청정함이요, c. 佛子此菩薩已能安住 아래는 더욱 뛰어남이 자재함이요, d. 此菩薩十波羅密 아래는 십지의 행상을 구분함이요, e. 佛子是名 아래는 총합적으로 십지의 명칭을 결론함이다.

[鈔] 第二乃至說法斷疑等者는 文中에 有三하니 一, 正顯斷疑오 二, 然此下文下는 會釋經文이오 三, 若準下는 依經解釋이니 可知로다
- (b) 의심을 끊고 뛰어남을 드러냄에서 법문을 설해 의심을 끊음 등에 이르기까지 경문에 셋이 있으니 ㉠ 바로 의심을 끊음에 대해 밝힘이요, ㉡ 然此下文 아래는 경문과 회통하여 해석함이요, ㉢ 若準 아래는 논경에 의지해 해석함이니 알 수 있으리라.

㉢ 소가가 논경에 따라서 회통하다[會疏從論] 2.
① 앞의 둘을 합하여 법문을 설해 기쁘게 하다[前二合爲說法令喜]
(五中 45上10)

[疏] 五中에 前二는 合爲說法令喜를 可知로다
- 다섯 구절 중에 ① 앞의 둘[a. 調柔行 b. 教智淨]을 합해서 법문을 설하여 기쁘게 함이니 알 수 있으리라.

② 뒤의 셋과 남은 두 결과는 모두 크게 수승하다고 말하다
   [後三及餘二果俱名大勝] 2.
㉮ 논경의 해석한 의미를 내보이다[出論釋意].[289] (後三 45下6)

佛子여 此菩薩摩訶薩이 已能安住如是智慧일새 諸佛世尊이 復更爲說三世智와 法界差別智와 徧一切世界智와 照一切世界智와 慈念一切衆生智하시나니 擧要言之인댄 乃至爲說得一切智智니라

"불자여, 이 보살마하살이 이미 이러한 지혜에 편안히 머물렀는데, 여러 부처님 세존이 다시 그에게 삼세의 지혜, 법계의 차별한 지혜, 일체 세계에 두루 하는 지혜, 일체 세계를 비추는 지혜, 일체 중생을 인자하게 생각하는 지혜를 말하나니, 중요한 것을 들어 말하면 내지 온갖 지혜의 지혜를 얻도록 말하느니라.

[疏] 後三과 及餘二果는 俱名大勝이니 顯義多含일새 故로 論連前勢하야 爲果已定이라하야 更不重言하니라

- ② 뒤의 셋[c. 勝過自在 d. 別地行相 e. 總結地名]과 남은 두 결과[(ㄴ) 攝報果 (ㄷ) 願智果]는 모두 크게 수승함이라 말한다. 드러난 의미에 여러 가지가 포함되었으므로 논경에서는 앞의 분위기와 연결하여 결과가 이미 정해졌다고 하였으니 다시 거듭 말하지 않았다.

㉯ 논경의 과목에 의지해 해석하다[依論科釋] 2.

---

[289] 이 과목은 2. 重明位果에 속한 과목으로 "3. 뛰어나고 지나침이 자재하다[勝過自在] (經/佛子 45下2)"로 할 수 있다.

㉠ 총합하여 과목 나누다[總科] (就大 45下7)

[疏] 就大勝中하야 初三은 明神通勝이오 二攝報中에 得十不可說等은 名
算數勝이니 此二種事가 勝一切地일새 故名大勝이라 偏擧此二者는
以是神通有上無上門中에 明故니라
- 크게 수승함에 입각하여 ⓐ 처음의 셋[勝果自在, 別地行相, 總結地名]은
신통이 수승함을 밝힘이요, ⓑ 보답에 포섭되는 결과 중에 열 가지의
불가설(不可說) 등을 얻은 것은 숫자로 헤아림이 수승하다고 하였으
니, 이 두 종류의 현상[神通勝, 算數勝]이 모든 지(地)보다 뛰어나므로
'크게 수승하다'고 말한다. 이 둘만 치우쳐 거론한 것은 ㅂ. 신통력이
최고이거나 최고가 아닌 중에서 밝혔기 때문이다.

㉡ 개별로 해석하다[別釋] 5.
ⓐ 뛰어나고 지나침이 자재하다[勝過自在] (就前 45下10)

[疏] 就前三中하야 先은 明勝過自在라 於中에 三이니 初, 牒前이오 次, 諸
佛下는 別顯이오 後, 擧要下는 總結이니라 別中에 五句가 爲三이니 初
句는 卽能斷疑行이니 謂令通達三世之中에 所有道義故오 二, 一句
는 速疾神通行이니 聞說如來의 秘密法界故오 三, 餘三句等은 作助
行이니 謂以平等三道로 助通化益故라 於中에 初句는 作淨佛國土
平等化니 卽是助道오 次句는 作法明平等化니 謂敎智化오 後句는
作正覺平等化니 謂慈念으로 令得證知故라 故로 論經에 云, 令一切
衆生으로 得證法故라하니라
- 앞의 셋에 입각하여 ⓐ 뛰어나고 지나침이 자재함을 밝힘이요, 그중

에 셋이니 ⓐ 앞을 따옴이요, ⓑ 諸佛 아래는 개별로 밝힘이요, ⓒ 擧要 아래는 총합하여 결론함이다. ⓑ 개별로 밝힘 중에 다섯 구절을 셋으로 삼았으니 (1) 첫 구절[諸佛世尊復更爲說三世智]은 곧 능히 의심을 끊는 행법이다. 말하자면 삼세 중에 소유한 도의 이치를 통달한 까닭이요, (2) 한 구절[法界差別智]은 빠르고 빠른 신통의 행법이니 여래의 비밀스러운 법계에 대해 설한 것을 들었기 때문이요, (3) 나머지 세 구절[徧一切世界智, 照一切世界智, 慈念一切衆生智] 등은 도움을 짓는 행법이다. 말하자면 평등한 세 가지 도로 신통을 도와 교화하여 이익되게 하는 까닭이다. 그중에 첫 구절[徧一切〃]은 불국토를 청정케 하여 평등하게 교화함을 짓는 것이니 곧 조도법(助道法)이요, 다음 구절[照一切〃]은 법의 광명으로 평등하게 교화함을 짓는 것이니 교도의 지혜로 교화함을 뜻한다. 뒤 구절[慈念一切衆生智]은 바른 깨달음으로 평등한 교화를 짓는 것이다. 말하자면 자비한 생각으로 증득하여 알게 하는 까닭이다. 그래서 논경에서 "모든 중생으로 하여금 법을 증득하게 하는 까닭이다"라고 하였다.

ⓑ 제10지의 행상을 구분하다[別地行相][290] (經/此菩 46上9)
ⓒ 총합하여 제10지의 모양을 결론하다[總結地相] (經/佛子)

此菩薩이 十波羅蜜中에 智波羅蜜이 最爲增上이언정 餘波羅蜜을 非不修行이니라
佛子여 是名略說菩薩摩訶薩의 第十法雲地니 若廣說者인댄 假使無量阿僧祇劫이라도 亦不能盡이니라

---

[290] 2. 重明位果에 속한 과목으로 "4. 십지의 행상을 구분하다[別地行相] (經/此菩 46上9)"라고도 할 수 있다.

이 보살이 십바라밀다 중에서는 지혜바라밀다가 가장 승하지만 다른 바라밀다도 닦지 않는 것은 아니니라.
불자여, 이것이 보살마하살의 제10 법운지를 간략하게 말함이라 하거니와, 만일 널리 말하자면 가령 한량없는 아승지 겁에도 다할 수 없느니라."

② 보답으로 거둔 결과[攝報果]²⁹¹⁾ (經/佛子 46下3)

佛子여 菩薩이 住此地에 多作摩醯首羅天王하여 於法自在하여 能授衆生聲聞獨覺一切菩薩波羅蜜行하며 於法界中에 所有問難이 無能屈者하며 布施愛語利行同事하나니 如是一切諸所作業이 皆不離念佛하며 乃至不離念具足一切種과 一切智智니라
復作是念하되 我當於一切衆生에 爲首며 爲勝이며 乃至爲一切智智依止者라하나니 若勤加精進하면 於一念頃에 得十不可說百千億那由他佛刹微塵數三昧하며 乃至示現爾所微塵數菩薩로 以爲眷屬이니라

"불자여, 보살이 이 지에 머물러서는 흔히 마혜수라천왕이 되어 법에 자재하며, 중생들에게 성문이나 독각이나 모든 보살의 바라밀다 행을 주며, 법계 가운데 있는 질문으로는 능히 굽힐 이가 없느니라. 보시하고 좋은 말을 하고 이익한 행을 하고 일을 함께 하나니, 이렇게 여러 가지 짓는 업이 모두 부처님 생각함을 떠나지 아니하며, 내지 갖가지 지혜

---

291) 2. 重明位果에 속한 과목으로 "2. 보답으로 거둔 결과[攝報果] (經/佛子 46下3)"라고도 한다.

와 온갖 지혜의 지혜를 구족하도록 생각함을 떠나지 아니하느니라.

또 생각하기를 '내가 모든 중생들 가운데 머리가 되고 나은 이가 되며, 내지 온갖 지혜와 지혜의 의지함이 되리라'라고 하느니라. 만일 부지런히 정진하면 잠깐 동안에 열 곱절 말할 수 없는 백천억 나유타 부처님 세계의 티끌 수 같은 삼매를 얻으며, 내지 저러한 티끌 수 같은 보살을 나투어 권속을 삼거니와

③ 서원과 지혜의 결과[願智果]292) (經/若以 47上1)

若以菩薩殊勝願力으로 自在示現인댄 過於此數니 所謂 若修行과 若莊嚴과 若信解와 若所作과 若身과 若語와 若光明과 若諸根과 若神變과 若音聲과 若行處를 乃至 百千億那由他劫에도 不能數知니라

만일 보살의 수승한 원력으로 자유롭게 나타내면 이보다 지나가나니, 이른바 수행과 장엄과 믿고 이해함과 짓는 것과 몸과 말과 광명과 여러 근과 신통변화와 음성과 행하는 곳을 내지 백천억 나유타 겁에도 능히 헤어서 알지 못하리라."

[疏] 餘別地結名과 及算數等은 並可知니라
- 나머지 ⓑ 제10지의 행상을 구분함과 ⓒ 제10지의 명칭을 결론함과 ㉢ 숫자로 헤아림 등을 함께 대조하면 알 수 있으리라.

---

292) 2. 重明位果에 속한 과목으로도 "3. 서원과 지혜의 결과[願智果] (經/若以 47上1)"라 하였다.

大方廣佛華嚴經 제39권
大方廣佛華嚴經疏鈔 제39권의 ② 光字卷 下

제26 十地品 ⑲

제3장 유통분 (八) 지영상분(地影像分)

십지가 영상처럼 비치는 부분은 지금까지의 십지 수행을 대해십덕(大海+德)의 비유로 밝힌다. "차례로 점점 깊어지며 송장을 받아 두지 않으며 다른 물이 그 가운데 들어가면 모두 본래의 이름을 잃고 모두 다 한맛이요, 한량없는 보물이 있고 바닥까지 이를 수 없으며 넓고 커서 한량이 없고 큰 짐승들이 사는 곳이며 조수가 기한을 어기지 않고 큰비를 모두 받아도 넘치지 않는다"라고 하였다.

이 지에 머물러선 삼계왕 되어	住此多作三界王하야
삼승의 모든 법문 연설도 하고	善能演說三乘法하며
잠깐 동안 한량없는 삼매 얻으며	無量三昧一念得하고
부처님을 뵈옴도 이와 같더라	所見諸佛亦如是로다
시방 국토 부수어 티끌 된 것은	十方國土碎爲塵이라도
한 생각에 그 수효 알 수 있고	可於一念知其數며
털끝으로 허공 재어 안다 하여도	毫末度空可知量이어니와
이 공덕은 억겁 동안 말로 못다 해.	億劫說此不可盡이로다

大方廣佛華嚴經疏鈔 제39권의 ② 光字卷 下

제26 십지법문을 설하는 품[十地品] ⑲

(八) 십지가 영상처럼 비치는 부분[地影像分] 2.

❖ 제6회 십지품 제10 法雲地 (科圖 26-95; 光字卷)

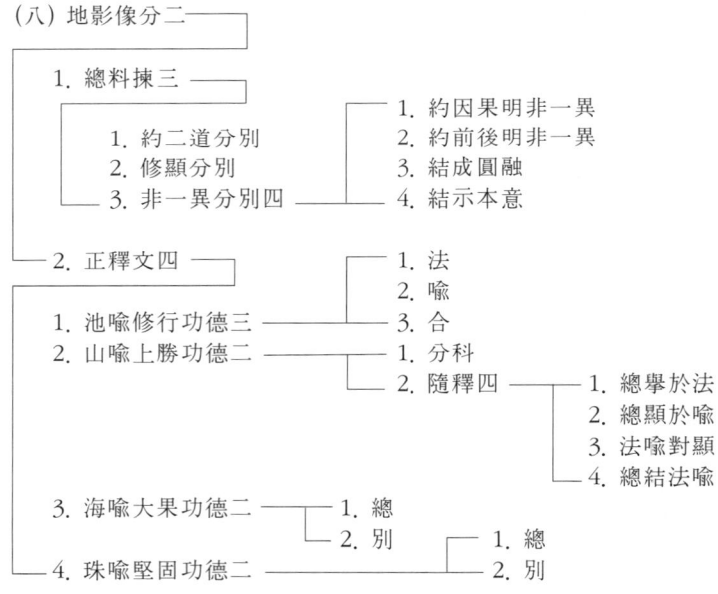

제1. 총합하여 구분하다[總料揀] 3.

1. 두 가지 도에 의지해 분별하다[約二道分別] 3.

1) 본경에 의지해 명칭을 표방하다[依經標名] (大文 47上6)

2) 두 가지 공덕으로 거두어 묶다[以二德收之] (前二)

[疏] 大文第八, 佛子此菩薩摩訶薩十地行相下는 地影像分이라 於中에 四喩니 謂池와 山과 海와 珠로 喩四功德이라 前二는 是阿含德이오 後二는 證德이라

■ 큰 문단으로 (八) 佛子此菩薩摩訶薩十地行相 아래는 십지가 영상처럼 비치는 부분이다. 그중에 네 가지로 비유하였으니 말하자면 연못과 산과 바다와 구슬의 네 가지 공덕으로 비유하였다. 앞의 둘[(1) 연못과 (2) 산은 아함도의 공덕이요, 뒤의 둘[(3) 바다와 (4)구슬은 증도의 공덕이다.

[鈔] 第八, 地影像分이라 於中에 分二니 先은 總料揀이오 後는 正釋文이라 前中에 有三하니 一은 約二道分別이오 二는 約修顯分別이오 三은 非一異分別이라 初는 卽論意라 於中에 三이니 一, 依經標名이오 二, 前二下는 以二德으로 收之오 三, 依論列釋이라 二中293)에 遠公은 前三을 皆阿含이어니와 今以海로 喩十德互徧일새 故喩證德이라 此二敎와 證이 亦可隔句相對니 池望於海는 是修成相對니 地中에 眞僞合修가 爲敎니 如池喩起修之行과 海喩捨妄契眞이라 實德互徧이 猶如義大니라 第二山喩와 第四珠喩는 卽約詮就實相對니 寄言顯十은 如彼十山이니 爲敎와 智오 眞體無二가 如珠라 更含餘義나 略示其一이니라

● (八) 십지가 영상처럼 비치는 부분이다. 그중에 둘로 나누었으니 제1. 총합하여 구분 지음이요, 제2. 경문 해석이다. 제1. 중에 셋이 있으니 1. 두 가지 도에 의지해 분별함이요, 2. 닦아 드러냄에 의지해 분별함이요, 3. 하나도 다른 것도 아님으로 분별함이다. 1.은 곧 논

---

293) 上七字는 南金本無, 此下에 南續金本有然字.

경의 주장이다. 그중에 셋이니 1) 본경에 의지해 명칭을 표방함이요, 2) 前二 아래는 두 가지 공덕으로 거두어 묶음이요, 3) 논경에 의지해 해석을 나열함이다. 2) 중에 혜원법사는 앞의 셋[池, 山, 海]을 모두 아함도로 보고 있지만 지금 (소에서) 바다로 열 가지 공덕을 서로 두루 함에 비유하였으므로 중도의 공덕에 비유한 것이다. 이 두 가지의 교도와 중도가 역시 '구절을 건너 서로 상대한다'고 볼 수 있다. 연못에서 바다를 바라보면 닦아서 성취함[修成]으로 상대함이니, 지(地)에서 참된 것과 거짓된 것을 합쳐 닦는 것이 교도이다. 마치 연못으로 수행을 시작한 행법에 비유하고, 바다로 망념을 버리고 진여에 계합함에 비유한 것과 같다. 실법과 공덕이 서로 두루 함이 마치 이치가 광대함[義大]과 같다. (2) 산의 비유와 (4) 구슬의 비유는 곧 표현에 의지함과 실법에 입각함으로 상대하였다. 언사에 의탁하여 열 가지로 밝힌 것은 저 열 개의 산과 같아서 교법과 지혜가 되고, 진여와 체성이 둘이 아님이 구슬과 같나니, 다시 다른 이치를 포함하고 있지만 대략 그 한 가지를 보인 내용이다.

3) 논경에 의지해 해석을 나열하다[依論列釋] 4.
(1) 연못의 비유[池喩] (前中 47下5)
(2) 산의 비유[山喩] (二山)

[疏] 前中에 池는 喩修行功德이니 卽諸地中에 起修之行이라 二는 山喩上勝功德이니 卽依修成德이니 德位高出故라

- (1) 중에 연못은 수행공덕에 비유하였으니, 여러 지(地) 가운데 수행을 시작하는 행법에 해당한다. (2) 산은 상승(上勝)의 공덕에 비유함

이다. 곧 닦아 이룸에 의지한 공덕에 해당하나니, 공덕의 지위가 높고 특출한 까닭이다.

[鈔] 前中池喩下는 第三, 依論列釋이니 標功德名은 皆是論文이오 餘皆疏釋이라 然下論隨文釋中에 亦自解釋하니 釋第一池喩云호대 依本願修故라하고 釋第二山德云호대 依一切智增上行十地故라하며

● 前中池喩 아래는 3) 논경에 의지해 해석을 나열함이다. 공덕의 명칭을 표방한 것은 모두 논경의 문장이요, 나머지는 모두 소가의 해석이다. 그런데 아래 논경의 경문에 따른 해석 중에 역시 스스로 해석한 것이 있으니 (1) 연못의 비유를 "본원력에 의지해 닦는다"고 해석하였다. (2) 산의 공덕에 대해, "일체지(一切智)가 뛰어남에 의지해 십지를 행하는 까닭이다"라고 해석하였다.

(3) 바다의 비유[海喩] (三海 48上1)
(4) 구슬의 비유[珠喩] (四珠)

[疏] 三은 海喩難度能度大果功德이니 卽修所成德으로 能至大果故니 謂大海難度어늘 十德皆徧일새 故名能度오 大海難成이어늘 由攬十德하야 能成智海일새 故云大果니 此釋은 法喩兼含矣니라 四는 珠喩轉盡堅固功德이니 謂從初地로 轉至法雲하면 障盡證堅故니라

■ (3) 바다는 건너기 어려움을 잘 건너는 큰 과덕의 공덕에 비유하였으니, 수행으로 이루는 공덕으로 능히 큰 결과에 이를 수 있기 때문이다. 말하자면 큰 바다는 건너가기 어렵지만 열 가지 공덕이 모두 가득하므로 '능히 건넌다'고 이름하였고, 큰 바다는 이루기 어렵지만 열

가지 공덕을 잡음으로 인해 능히 지혜의 바다를 이룰 수 있으므로 '큰 결과[大果]'라고 하였으니, 이런 해석은 법과 비유와 합을 겸하고 있다. (4) 구슬은 점점 견고함을 다하는 공덕에 비유하였다. 말하자면 초지로부터 점점 법운지에 이르게 되면 장애가 다하고 증득함이 견고해지는 까닭이다.

[鈔] 釋第三海喩云호대 因果相順故라하고 今에 十德徧海가 卽因順於果오 海攬十德이 卽果順於因이니라 釋第四珠喩云호대 過十寶性이라하니 卽障盡證堅이니라

- (3) 바다의 비유를, "원인과 결과가 서로 순응하는 까닭이다"라고 해석하였다. 지금은 열 가지 공덕이 바다에 가득함이 곧 원인이 결과에 순응함이요, 바다가 열 가지 공덕을 잡고 있는 것이 곧 결과가 원인에 순응함이 된다. (4) 구슬의 비유를, "열 가지 보배의 성품보다 뛰어나다"고 해석하였으니, 곧 장애가 다하고 증득함이 견고해진다는 뜻이다.

2. 닦아서 드러냄에 의지해 분별하다[修顯分別] (又十 48上9)

[疏] 又十地에 有三하니 一은 是修地니 因前果後故로 初二喩로 顯之오 二는 是成地니 隨分修成이 卽是佛智故로 珠喩로 顯之오 三은 是法地니 就佛智法하야 開之爲十故로 海喩로 顯之니 以後一이 融前二하야 無有障礙니라

- 또 십지에 셋이 있으니 첫째, 수행하는 지위[修地]이다. 원인은 앞이요 결과는 뒤인 연고로 (1) 연못의 비유와 (2) 산의 비유로 밝혔다. 둘

째, 성취하는 지위[成地]이다. 분수를 따라 수행을 성취함이 곧 부처님의 지혜인 연고로 (4) 구슬의 비유로 밝혔다. 셋째, 법 받는 지위[法地]이다. 부처님 지혜에 입각하여 법 받아 전개하여 열 가지로 삼은 연고로 (3) 바다의 비유로 밝혔으니, 뒤의 하나가 앞의 둘과 융화하여 장애됨이 없다.

[鈔] 又十地有三者는 第二, 修顯分別이니 以修成法三으로 而收四喩하니 前二는 是修故며 亦²⁹⁴⁾是敎오 次一은 是成이니 亦順於證이오 三是法地는 順佛果海일새 故以海喩로 融前二也라 前二는 即是修成이니 含池山珠之三喩也니라

● 또 '십지에 셋이 있다'고 말한 것은 2. 닦아서 드러냄에 의지해 분별함이다. 앞의 둘은 수지(修地)와 성지(成地)와 법지(法地)의 세 가지로 네 가지 비유를 거두어 묶었으니, 앞의 둘[(1) 池喩 (2) 山喩]은 수지(修地)이며 또 교도인 까닭이다. 다음의 하나[(4) 珠喩]는 성지(成地)이니 또한 증도에 순응함이요, 셋째는 법지(法地)이니 부처님의 과덕에 순응하는 연고로 (3) 바다의 비유[海喩]로 앞의 둘과 융화하였다. '앞의 둘'이란 곧 수지(修地)와 성지(成地)를 가리키나니, 연못과 산과 구슬의 세 가지 비유를 포함하고 있다.

3. 하나도 다른 것도 아님으로 분별하다[非一異分別] 4.
1) 인과에 의지해 하나도 다른 것도 아님을 밝히다[約因果明非一異] 2.
(1) 총합하여 표방하다[總標] (又此 48下7)
(2) 개별로 밝히다[別顯] (初一)

---

294) 亦下에 南續金本有卽字.

[疏] 又此四喩가 皆喩十地가 與彼佛智로 非一非異니 無差別之差別이라 而旨趣各殊하니 初一은 喩始異終同이오 次山喩는 能所依別이니 所依之地는 則一이나 能依之山은 不同이니 此則無差之差라 上二喩는 有能所依오 下二喩는 直喩地智하고 不立能所니라 三, 海喩는 全一佛智之體에 而十德不同이나 德非別物이오 又互相徧하야 不同於山하니 斯乃無差別之差別이며 差卽無差니라 四, 珠喩는 唯是一珠가 前後之異며 唯一智體가 前後增明이니 喩雖無差別이나 不礙差別이니라

■ 또 이런 네 가지 비유가 모두 십지가 저 부처님의 지혜와 하나인 것도 아니요, 다른 것도 아님에 비유하였으니 차별이 없는 차별이다. 그런데 의미와 종취는 각기 다르다. (1) 처음의 하나[池喩]는 시작은 다르지만 끝은 같음에 비유한 것이요, (2) 다음의 산의 비유는 의지하는 주체와 대상이 다른 것이다. 의지할 대상인 지(地)는 하나이지만 의지하는 주체인 산은 같지 않나니, 이것이 차별 없는 차별이다. 위의 두 가지 비유는 의지하는 주체와 대상에 달려 있고, 아래의 두 가지 비유[海喩, 珠喩]는 바로 십지의 지혜에 비유하기만 하고 주체와 대상을 세우지 않았다. (3) 바다의 비유는 전체가 한결같이 부처님 지혜의 체성이라면 열 가지 공덕이 같지 않겠지만 공덕이 다른 물건이 아니요, 또 서로서로 두루 해서 산과는 같지 않나니, 이것이 비로소 차별 없는 차별이며 차별 그대로가 차별이 없는 것이다. (4) 구슬의 비유는 오로지 동일한 구슬뿐이지만 앞과 뒤가 다르며, 오직 동일한 지혜의 체성이지만 앞보다 뒤가 더욱 밝나니, 비유가 비록 차별이 없다 하더라도 차별에 구애되지 않는다.

[鈔] 又此四喩下는 第三, 非一異分別이라 於中에 四니 初는 約因果하야 明

非一異오 二는 約前後오 三은 結成圓融이오 四는 結示本意라 今初를
分二니 先, 總標요 後, 初一下는 別顯이라 池非是海일새 故云始異오
入海에 即池之水일새 故云終同이라 同異先後가 即始差別이나 終無
差也니라 二는 山喩一佛智地가 出十地山일새 故云無差之差니라

上二下는 結前生後니라 三은 海則因果가 交徹이오 四는 珠雖一이나
證智는 不礙分十이니라

● 3. 又此四喩 아래는 하나도 다른 것도 아님으로 분별함이다. 그중
에 넷이니 1) 인과에 의지해 하나도 다른 것도 아님을 밝힘이요, 2)
앞과 뒤에 의지한 분석이요, 3) 원융으로 결론함이요, 4) 근본 의미를
결론해 보임이다. 지금은 1)을 둘로 나누었으니 (1) 총합하여 표방
함이요, (2) 初一 아래는 개별로 밝힘이다. 연못은 바다가 아니므로
'시작이 다르다'고 하였고, 바다에 들어가면 연못의 물과 합치하므로
'끝은 같다'고 하였다. 같거나 다른 것과 앞과 뒤가 바로 시작은 차
별하지만 끝은 차별이 없다는 뜻이다. 2) 산으로 한결같은 부처님
지혜의 경지가 십지의 산에서 나온 것에 비유하였으므로 '차별 없는
차별'이라 하였다.

上二 아래는 앞을 결론하여 뒤를 생기게 함이다. 3) 바다는 원인과
결과가 서로 통함이요, 4) 구슬은 비록 하나이지만 중도의 지혜는 열
개로 나눔에 구애되지 않는다.

2) 앞과 뒤에 의지해 하나도 다른 것도 아님을 밝히다
   [約前後明非一異] (又初 49上9)

[疏] 又初喩는 前後體別하야 前非是後나 而後包前이오 次喩는 前前이 非

後後며 後後가 非前前이나 而同依一體오 海喩는 前後가 雖殊나 而前後相徧이오 珠喩는 前後一體나 而前前이 非後後오 後後는 必具前前이니라

- 또 (1) 연못의 비유는 앞과 뒤의 체성이 달라서 앞이 뒤가 되지는 않지만 뒤는 앞을 포괄하며, (2) 산의 비유는 앞으로 갈수록 뒤와 멀어지고 뒤로 갈수록 앞과 멀어지지만 하나의 체성에 함께 의지하며, (3) 바다의 비유는 앞과 뒤가 다르긴 하지만 앞과 뒤가 서로 가득하며, (4) 구슬의 비유는 앞과 뒤가 하나의 체성이지만 앞으로 갈수록 뒤와 멀어지고 뒤로 갈수록 반드시 앞을 구비해야만 한다.

[鈔] 又初喩下는 第二, 約前後하야 論非一異니 則十地를 相望하야 以爲前後니라

- 2) 又初喩 아래는 앞과 뒤에 의지하여 하나도 다른 것도 아님을 논함이니, 십지를 서로 대조하는 것으로 앞과 뒤를 삼았다.

3) 원융함으로 결론하다[結成圓融] (初一 49下4)

[疏] 初一은 卽是圓家漸이오 次喩는 圓中漸이오 珠喩는 卽是漸圓이오 海喩는 卽圓圓也니 四喩가 圓融이니라

- 처음 (1) 연못의 비유 한 가지는 원교(圓敎)의 점수법이요, 다음의 (2) 산의 비유는 원교 중의 점수법이요, (4) 구슬의 비유는 점교의 원융한 법이요, (3) 바다의 비유는 원교의 원융한 법에 해당하나니 네 가지 비유가 원융한 것이다.

[鈔] 初一卽是下는 第三, 結歸圓融이라 此言은 自天台生[295]호대 而小不同하니 彼處漸圓은 是漸敎家圓이어니와 今亦[296]圓敎의 行布之極耳니라 圓圓도 亦與彼로 不同하니 乃是初後圓融을 名圓圓이오 非[297]圓敎圓滿을 名圓圓也라 是知上取相顯에 前二는 喩敎오 後二는 喩證이나 理實四喩가 一一之中에 皆有敎證이라 如珠喩中에 珠體는 卽證이오 治穿等敎오 池初의 四河는 卽是於敎오 入海는 爲證이라 故約非一인대 皆是敎道오 約非異義인대 皆是證道라 又非一非異가 二義不同이 卽是敎道오 互融이 爲證이니 勿滯語言이어다

● 3) 初一卽是 아래는 원융함으로 결론함이다. 이런 주장은 천태종에서 생겨난 것인데 조금 내용이 다르다. 저 천태종의 점원(漸圓)[298]은 점교가(漸敎家)의 원융한 법이지만 지금은 또한 원교가(圓敎家)의 항포문의 궁극일 뿐이다. 원교의 원융한 법도 역시 저 천태종과는 같지 않나니, 여기서는 처음과 뒤가 원융함을 원원(圓圓)이라 이름한 것이지,

---

295) 智者大師의『法華玄義』제9권의 下의 내용이다.(대정장 권33 p.796 a24-) [네 구절로 구분함이란 묻는다. 만일 원교의 원인과 원교의 결과로 어떻게 점점 수행하고 배워서 불도를 얻을 수 있겠는가? 답한다. '응당히 네 구절로 구분을 하리라. 자연히 점원과 원점과 점점과 원원이 있게 된다. 漸圓이란 이것은 이치 외에 일곱 가지 방편에 의지해서 불지견을 열어서 처음으로 원만한 도리를 발견함과 같다. 원만한 도리를 발견한다는 것은 진실로 이치 외에 일곱 가지 방편으로 인해 점차 원만한 원인에 들어가므로 漸圓이라 한다. 점원은 세 구절이 있다. (云云) 圓漸이란 처음으로 이 圓敎에 들어 함께 三諦의 도리를 관찰하고 실상의 이치를 발견함이 처음과 나중이 다르지 않게 된다. 그러나 현상 속에서 수행이 다 갖추지 못하여 다시 연마하고 익힘을 필요로 한다. 처음 원교에 든 것에 의거하였으므로 圓이라 이름하고 정진하고 수행하여 위로 진행하므로 다시 漸이라 이름한 것이다. 漸漸이란 二住부터 等覺까지이니 이것은 圓家의 漸漸이요, 이치 외의 漸漸이 아니다. 圓圓이란 妙覺까지를 漸圓이라 이름하기도 하며, 圓圓이라 하기도 한다. 원만한 도리는 앞의 圓이요 지금 다시 현상이 원만해졌으므로 圓圓이라 말한다. 다시 圓漸은 初住와 같고 漸漸은 二住에서 三十心까지이고, 漸圓은 初地 이후이며 圓圓은 묘각에 해당한다. 30가지 마음이 비록 현성의 뜻이 있긴 하지만 이치로 칭하면 賢이 되나니 조복이 많고 끊음이 적기 때문이요, 十地까지를 성인이라 하나니 조복함이 적고 끊음이 많은 까닭이다. 또 十住를 賢聖이라 이름하나니 20가지 마음은 聖賢이라 하고 十地와 等覺을 성인이라 한다. 妙覺은 성인 중의 성인[聖聖]이니 지금 초생달을 빌려서 비유하나니 바르고 넓음이 이미 원만하지만 아직 광명의 작용이 갖추어지지 않은 것은 圓漸에 비유한 것이요, 2일부터 14일에 이르기까지는 밝음이 점점 나아가니 이것은 漸漸에 비유하고, 15일까지는 漸圓에 비유하며 또 圓圓에 비유하기도 한다. ―.']
296) 亦은 甲續金本作一.
297) 非下에 甲南續金本有是字.
298) 이 부분은 세주묘엄품 소문에 언급한 적이 있다.(戻字卷 28上8)

원교가 원융함을 원원(圓圓)이라 한 것은 아니다. 이로써 알라. 위에서 모양을 취하여 밝힌다면 앞의 둘은 교도에 비유하고 뒤의 둘은 중도에 비유하였지만, 이치로는 실제로 네 가지 비유가 하나하나 중에 모두 교도와 중도가 있다. 마치 (4) 구슬의 비유에서 구슬의 본체는 중도요, 연마하고 뚫는 등은 교도인 것과 같다. 아누달 연못[阿耨達地]의 시초와 네 개의 강은 그대로 교도요, 바다에 들어감은 중도로 삼았다. 그래서 하나가 아님에 의지한다면 모두 교도이고, 다른 것도 아니라는 뜻에 의지하면 모두 중도가 된다. 또 하나도 아니고 다른 것도 아니라는 뜻에 의지한다면 모두 중도이다. 또 하나도 아니고 다른 것도 아닌 것이 두 가지 이치가 같지 않은 것이 교도에 해당하고 서로 융화한 것이 중도가 되나니, 말이나 언사에 지체하지 말아야 한다.

4) 근본 의미를 결론해 보이다[結示本意] (上來 50上4)

[疏] 上來所解는 在論에 雖無나 理必應爾니 若得斯旨하면 不疑十地差別等相하리라
■ 여기까지 해석한 것은 논경에 비록 없긴 하지만 이치로는 반드시 그러해야 한다. 만일 이런 종지를 얻게 되면 십지가 차별한 등의 모양을 의심하지 않게 되리라.

[鈔] 上來所解下는 第四, 結示本意라 言上來所解者는 唯除四喩로 喩四功德하고 餘皆疏意니 故云在論雖無니라
● 4) 上來所解 아래는 근본 의미를 결론해 보임이다. '여기까지 해석한

것'이란 오로지 네 가지 비유로 네 가지 공덕에만 비유한 것이고, 나머지는 모두 소가의 주장이니, 그래서 "논경에 비록 없긴 하지만"이라 하였다.

제2. 경문 해석[正釋文] 4.
1. 연못으로 수행 공덕에 비유하다[池喩修行功德] 3.

1) 법으로 설하다[法] (今初 50上10)

佛子여 此菩薩摩訶薩이 十地行相이 次第現前하면 則能趣入一切智智하나니라
"불자여, 이 보살마하살은 열 가지 지혜의 행상이 차례로 앞에 나타나서 능히 온갖 지혜의 지혜에 들어가느니라.

[疏] 今初, 修行德中에 有法과 喩와 合하니 法中에 始從歡喜로 終至法雲하면 名次第行相이니 次第旣具에 則入智海니라
■ 지금 1. (연못으로) 수행 공덕에 비유함 중에 법으로 설함과 비유로 밝힘과 법과 비유를 합함이 있으니, 1) 법으로 설함 중에 처음의 환희지로부터 끝의 법운지까지를 '차례대로 수행하는 모양'이라 하였다. 차례가 이미 구족하면 지혜의 바다에 들게 된다.

[鈔] 今初修行德中[299]下는 二, 正釋文이라 然이나 論에 但云, 是中修行功德者는 依本願力修行하야 以四攝法으로 作利益行하야 自善增長

---
299) 上四字는 甲南續金本作文.

하며 及得菩提自利益行을 應知라하고 次論에 牒經帖義하나니 文意는 可知로다
● 지금 1. 修行德中 아래는 제2. 경문 해석이다. 하지만 논경에 단지 "이 가운데 수행 공덕이란 본원력(本願力)에 의지해 수행하고, 사섭법으로 이타행을 지어서 자기의 선근을 증장하며, 보리에 이르러 자리행을 얻는 것을 응당히 알아야 한다"라고만 하였다. 다음에 논경에서 경문을 따라서 뜻을 붙였으니 소문의 의미는 알 수 있으리라.

2) 비유로 밝히다[喩] (譬中 50下5)

譬如阿耨達池에 出四大河하니 其河流注하여 徧閻浮提하되 旣無盡竭하고 復更增長하며 乃至入海하여 令其充滿인달하나니라
마치 아누달 못에서 큰 강 넷이 흘러내리는데 그 강이 남섬부주에 두루 흘러대어도 다하지 아니하고 더욱 불어서 바다에까지 들어가서 가득 차게 하느니라.

[疏] 譬中에 四大河者는 面各出一故니 具如十定品이니라 而言大者는 阿含과 婆沙에 云,300) 出二十河라하니 以四河가 去池四十里에 各分爲四하니 幷本四하야 爲二十이라 今就本河일새 所以言大라 下云增長은 攝餘十六이니라 而勝鬘301)에 云八者는 以東面五河는 人皆具見하고

---

300) 인용문은 『大毘婆沙論』제5권 雜蘊第一中世第一法納息 제1의 ④의 내용이다.(대정장 권27 p.21 c) 관련 내용은 『俱舍論』제11권 分別世品 제3의 내용을 살펴보면, "論曰. 此贍部洲從中向北. 三處各有三重黑山. 有大雪山. 在黑山北. 大雪山北有香醉山. 雪北香南有大池水. 名無熱惱. 出四大河. 一殑伽河. 二信度河. 三徒多河. 四縛芻河. 無熱惱池縱廣正等. 面各五十踰繕那量. 八功德水盈滿其中. 非得通人無由能至. 於此池側有贍部林樹形高大其果甘美. 依此林故名贍部洲. 或依此果以立洲號."(대정장 권29 p.58-)

餘三大河는 名聲普聞하고 十二小河는 不聞不見일새 故但言八이니라

■ 2) 비유로 밝힘 중에 '네 개의 큰 강'이란 한 면에서 각기 하나씩 흘러 나온 까닭이다. 구비하면 십정품(十定品)의 내용과 같다. 하지만 '크다'고 말한 것은 『아함경(阿含經)』과 『대비바사론(大毘婆沙論)』에서는 "20개의 강이 흘러나온다"고 하였다. 네 개의 강이 아누달[阿耨達] 연못에서 40리 떨어진 곳에서 각기 넷으로 나누어지나니, 아울러 넷을 근본으로 하여 20개가 되었다. 지금은 근본 되는 네 개의 강에 입각한 연고로 크다고 말하였다. 아래에 증장(增長)이라 한 것은 나머지 16개의 강을 포섭한 표현이다. 하지만 『승만경』에 여덟 개라고 말한 것은 동쪽의 다섯 개의 강은 사람들이 누구나 보고, 나머지 세 개의 큰 강은 이름이 널리 알려졌고, 12개의 작은 강은 듣지도 보지도 못하였으므로 단지 여덟 개라고만 말하였다.

3) 법과 비유를 합하다[合] (合中 51上6)

佛子여 菩薩도 亦爾하여 從菩提心으로 流出善根大願之水하여 以四攝法으로 充滿衆生하되 無有窮盡하고 復更增長하며 乃至入於一切智慧하여 令其充滿이니라
불자여, 보살도 그와 같아서 보리심으로부터 착한 뿌리와 큰 서원의 물이 흘러나와서 네 가지 거두어 주는 법으로 중생에게 가득 차게 하지마는 다하지 아니하고, 더욱 불어서,

---

301) 인용문은 『勝鬘經』 一乘章 제5의 내용이다. (대정장 권12 p.219 b-) [부처님께 사뢰어 말씀하였다. 세존이시여, 정법을 섭수하는 것은 곧 마하야나(mahayana, 즉 대승)이니, 왜냐하면 마하야나는 온갖 성문 연각과 세간·출세간의 善法을 나게 하는 까닭이옵니다. 세존이시여, 마치 아누달 못(anavatapa, 阿耨達池)에서 여덟 개의 큰 강이 흘러나오듯 이 마하야나에서도 온갖 성문 연각과 세간·출세간의 선법이 나오는 것입니다.]

내지 온갖 지혜의 바다에까지 들어가서 가득 차게 하느니라."

[疏] 合中에 菩提心은 合池오 流出善根等은 合四河오 依菩提心하야 修四攝行하야 自善增長故니라 準十定品인대 說有四河오 今文에 含具하니 一은 願智河니 卽大願之水오 二는 波羅蜜河오 三은 三昧河는 卽今善根이오 四는 大悲河는 卽以四攝法으로 充滿衆生故라 言無有窮盡等者는 合上無盡竭이니 大願等이 皆無盡也니라

- 3) 법과 비유를 합함 중에 보리심은 연못과 합하고 선근이 흘러나오는 등은 네 개의 강에 합한 것이요, 보리심에 의지하여 사섭법의 행을 닦아서 자기의 선근을 증장한 까닭이다. 십정품(十定品)에 준한다면 '네 개의 강이 있다'고 말하였고, 지금의 경문에는 포함하고 구비하였으니 (1) 서원과 지혜의 강이니 곧 큰 서원의 물이요, (2) 바라밀의 강이요, (3) 삼매의 강은 지금의 선근이요, (4) 대비의 강은 곧 사섭법으로 중생을 가득 차게 한 까닭이요, '다함이 없다'는 등이라 말한 것은 위의 다 고갈되지 않음에 합하였으니, 큰 서원 등이 모두 다함이 없다는 뜻이다.

2. 산으로 뛰어난 공덕에 비유하다[山喩上勝功德] 2.

1) 과목 나누다[分科] (第二 51下2)

[疏] 第二, 山喩上勝功德中에 有四하니 初, 總擧於法이오 次, 如因下는 總顯於喩오 三, 佛子如雪山下는 法喩對顯이오 四, 佛子此十寶下

는 總結法喩라
- 2. 산으로 뛰어난 공덕에 비유함 중에 넷이 있으니 (1) 총합하여 법을 거론함이요, (2) 如因 아래는 총합하여 비유로 밝힘이요, (3) 佛子如雪山 아래는 법과 비유를 상대하여 밝힘이요, (4) 佛子此十寶 아래는 총합하여 법과 비유를 결론함이다.

2) 과목에 따라 해석하다[隨釋] 4.
(1) 총합하여 법을 거론하다[總擧於法] (今初 51下4)

佛子여 菩薩十地가 因佛智故로 而有差別이
"불자여, 보살의 열 가지 지는 부처님의 지혜를 인하여서 차별이 있는 것이

[疏] 今初에 言因佛智者는 爲修平等佛智하야 而起諸行이나 修旣未窮일새 故隨十地之行하야 各一增上하니 斯乃爲修無差而成於差언정 以本統末에 非全隔越이니라
- 지금은 (1)에 '부처님 지혜로 인하여'라 말한 것은 평등한 부처님 지혜를 닦기 위해 모든 행법을 시작하였지만 닦음이 아직 끝나지 않았으므로 십지의 행법을 따라 각기 하나씩 더하였다. 이것이 비로소 차별 없는 법을 닦아 차별을 이루게 되겠지만 근본으로 지말을 거느리면 전체가 현격하게 초월되는 것은 아니다.

(2) 총합하여 비유로 밝히다[總顯於喩] (第二 52上1)

如因大地하여 有十山王하니 何等爲十고 所謂雪山王과 香山王과 鞞陀梨山王과 神仙山王과 由乾陀山王과 馬耳山王과 尼民陀羅山王과 斫羯羅山王과 計都末底山王과 須彌盧山王이니라

마치 땅을 인하여 열 산이 있는 것과 같으니라. 무엇이 열인가? 이른바 설산・향산・비타리산・신선산・유건타산・마이산・니민타라산・작갈라산・계도말저산・수미산이니라.

[疏] 第二, 總顯於喩라 喩意는 可知로다 鞞陀梨者는 此云種種持요 由乾陀는 此云雙持니 廻文하면 卽云持雙也라 尼民陀羅는 此云持邊이오 斫迦羅는 此曰輪圍오 計都末底는 此云幢慧니라

■ (2) 총합하여 비유로 밝힘이다. 비유한 의미는 알 수 있으리라. 비타리(鞞陀梨)란 '갖가지로 유지함'이요, 유건타(由乾陀)는 '함께 유지함'이라 번역하나니, 문장을 윤문하면 곧 '두 가지를 유지함'이 된다. 니민타라(尼民陀羅)는 '끝까지 유지함'이요, 작갈라(斫羯羅)는 '바퀴로 에워쌈'이요, 계도말저(計都末底)는 '깃대 같은 지혜'라고 번역한다.

[鈔] 第二, 總以喩顯中에 然此十山이 與俱舍論으로 多同小異하니 彼偈에 云,[302] 蘇迷盧가 處中하고 次, 踰[303]健達羅와 伊沙陀羅山과 揭地

---

302) 인용문은 『俱舍論』 제11권 分別世品 제3의 ④의 내용이다. (대정장 권29 p.57 b-)
[소미로(=妙高)가 가운데 있고 다음은 유건달라(=持雙) 산이며 이사타라(=持軸) 산과 갈지락가(=檜木) 산이며 / 소달리사나(=善見) 산과 알습박갈라(=馬耳) 산이며 비나담가(=象鼻) 산과 니민달라(=魚觜) 산이 있네 / 四大洲 밖에는 철위산이 있으며 그 앞에는 七金山으로 되었고 소미로는 넷의 보배로 되었는데 / 八萬 유선나는 물 속에 들어갔고 妙高山이 솟은 것도 그러하며 그 밖의 여덟 산은 반반으로 내려가는데 넓이가 모두 높이의 양과 같다네.》]
303) 踰는 金本作喩誤.

洛迦山과 蘇達梨舍那와 頗濕縛羯拏와 毘那怛迦山과 尼民達羅山이오 於大洲等外에 有鐵輪圍山이라 前七은 金所成이오 蘇迷盧는 四寶라하니라 釋於梵名은 如昇須彌山頂品하니라 然須彌處中하고 次七金이 繞오 輪圍는 第九라 今有十山호대 爲次가 又別은 爲順十地하야 所出異故라 一, 雪이오 二, 香은 俱舍九中에 所無오 三, 鞞陀梨의 陀梨는 亦云馱[304]羅라 下偈에 復云毘陀는 則正當第三伊沙陀羅니 此云持軸이라 與種種持義로 亦大同하니라 四, 神仙은 應是第五蘇達梨舍那니 此云善見이니 以仙居故라 五, 由乾陀羅는 卽第二持雙이라 六, 馬耳는 全同第六頗濕縛羯拏오 七, 尼民陀羅는 全同第八이니 彼却無翻이라 但約其形하야 名爲魚觜[305]니라 八, 斫羯羅는 同彼第九오 九, 計都末底는 義同揭地落迦니 彼亦無翻이오 但說其相이라 故로 論經에 名衆相山이라하니라 十, 蘇迷盧는 全同第一이라 旣加香雪하니 應除象鼻라 三藏梵夏가 旣各不同하고 言辭輕重하니 難爲剋定이로다

- (2) 총합하여 비유로 밝힘 중에 그런데 이 열 개의 산이 『구사론』과 대부분 같지만 조금은 다르다. 저 『구사론』의 게송에 "소미로(=妙高)가 가운데 있고 다음은 유건달라(=持雙) 산이며 이사타라(=持軸) 산과 갈지락가(=檐木) 산이며 소달리사나(=善見) 산과 알습박갈라(=馬耳) 산이며 비나담가(=象鼻) 산과 니민달라(=魚觜) 산이 있네. 사대주 밖에는 철위산이 있으며 그 앞에는 칠금산으로 되었고 소미로는 네 가지 보배로 되었는데"라고 하였다. 범어 명칭에 대한 해석은 승수미산정품(昇須彌山頂品)의 내용과 같다. 그런데 수미산이 가운데 있고 다음에 칠금산(七金山)이 에워 쌓고 철위산은 아홉째이다. 지금은 열

---

304) 馱는 南續金本作跌誤.
305) 觜는 大續金本作嘴.

개의 산이 있는데 차례를 삼고 또 분별한 내용은 십지에 순응하여 출현함이 다른 까닭이다. ① 설산(雪山)과 ② 향산(香山)은 『구사론』의 아홉 개의 산에는 없는 것이요, ③ 비타리의 타리(陀梨)는 타라(馱羅)라고도 한다. 아래 계송에 다시 '비타(毘陀)'라 한 것은 바로 셋째, 이사타라(Īsadhara)에 해당하나니, 수레의 축 모양의 산[持軸山][306]이라 번역한다. 갖가지를 지탱한다는 의미와 또한 대략 같다. ④ 신선은 응당히 다섯째, 소달리사나(Sudarśana)[307]를 가리키는데 선견(善見)이라 번역하나니 신선이 살기 때문이다. ⑤ 유건타라(yugamdhara)[308]는 곧 둘째, 길이 두 갈래인 산[持雙山]이다. ⑥ 마이(馬耳)는 여섯째, 알습박갈라(Aśvakarna)와 완전히 같다. ⑦ 니민타라(Nemimdhara)[309]는 여덟째와 완전히 같나니 저기에는 도리어 번역이 없다. 단지 그 형태에 의지해서 '고기의 부리 모양[魚觜]'이라고 이름한다. ⑧ 작갈라(Cakravāda)는 저기의 아홉째, 철위산(鐵圍山)[310]과 같고 ⑨ 계도말저(Ketumati)[311]는 이치로는 갈지락가(khadira)와 같다. 저기에는 번역이 없고 단지 그 모양만 말하였으니, 그래서 논경에서 '여러 모양을 가진 산'이라 하였다. ⑩ 소미로(Sumeru-parvata)[312]는 첫째와 완전히 같은

---

306) 持軸山: 九山의 하나. 범어 Īsadhara의 번역으로 伊沙馱羅山이라고도 音譯한다. 이 山頂의 모양이 수레의 축과 같으므로 이렇게 이름했으며, 그 높이와 넓이가 1만1천 유순이라고 한다. (앞의 책 p.1493-)
307) 범어 Sudarśana의 音譯. 또 蘇達利舍苑라고도 한다. 妙見・好見・善見이라 번역. ① 北斗星의 本地妙見菩薩를 말한다. ② 須彌山 주위에 있는 칠금산의 제4봉을 善見山이라 한다. ③ 色界 十八天 중의 제4禪의 제7 善見天을 일컫기도 한다. (앞의 책 p.422-)
308) 由乾陀羅: 범어 yugamdhara 또는 瑜乾馱羅라고도 한다. 칠금산의 제1. 雙持라 번역하나니 두 길이 있기 때문이다. (앞의 책 p.1175-)
309) 니민타라: 범어 Nemimdhara 尼民達羅山의 이름이니 칠금산 가운데 가장 변두리에 있는 산. 持邊이라 번역한다.
310) 鐵圍山: 九山의 하나. 범어 Cakravāda의 번역으로 斫迦羅婆羅라 음역하며 金剛山・鐵輪圍山 등으로 번역한다. 모두 쇠로 이루어졌기 때문에 鐵圍山이며 持邊山을 둘러싸고 있으며, 九山 중 가장 밖에 있는 산이라고 한다. 持邊山에서는 36만 3천2백 88유순 거리에, 南贍部洲로부터는 3억6만 6백63유순 되는 곳에 있는데 높이와 넓이가 모두 312유순이나 된다고 한다. (앞의 책 p.1538-)
311) 計都末底: 범어 Ketumati 幢慧라 번역하며 산의 이름이다. (앞의 책 p.67-)

데, (여기에) 향산(香山)과 설산(雪山)을 더하였으니 응당히 상비[象鼻=7. Vinataka]313)는 제외된 것이다. 삼장과 범어와 중국어가 이미 각기 다르고 언사가 가볍거나 무거움에 따라 다르니 확정하기 어렵다.

(3) 법과 비유를 상대하여 밝히다[法喩對顯] 2.
가. 산의 체성을 밝히다[明山體] (第三 54上6)

佛子여 如雪山王에 一切藥草가 咸在其中하여 取不可盡인달하여 菩薩所住歡喜地도 亦復如是하여 一切世間經書技藝文頌呪術이 咸在其中하여 說不可盡이니라 佛子여 如香山王에 一切諸香이 咸集其中하여 取不可盡인달하여 菩薩所住離垢地도 亦復如是하여 一切菩薩의 戒行威儀가 咸在其中하여 說不可盡이니라 佛子여 如鞞陀梨山王이 純寶所成이라 一切眾寶가 咸在其中하여 取不可盡인달하여 菩薩所住發光地도 亦復如是하여 一切世間禪定神通解脫三昧三摩鉢底가 咸在其中하여 說不可盡이니라 佛子여 如神仙山王이 純寶所成이라 五通神仙이 咸住其中하여 無有窮盡인달하여 菩薩所住焰慧地도 亦復如是하여 一切道中殊勝智慧가 咸在其中하여 說不可

---

312) 須彌山: 범어 Sumeru-parvata 또는 須彌樓・蘇迷盧라고 음사하고, 妙高・妙光・善積이라 번역한다. 4洲세계의 중앙인 金輪 위에 우뚝 솟은 산이다. 이 산의 주위에 7金山 8香海가 있고 또한 鐵圍山이 둘러 있으며 물 위에 보이는 것이 8만 유순이고 물속에 잠긴 것이 8만 유순이라고 한다. 꼭대기는 제석천 중턱은 4왕천의 住處라 한다. (앞의 책 p.883-)

313) 毘那多迦: 범어 Vinataka, 또 毘那耶迦・毘泥怛迦那라 음사하고 障礙 또는 犍與라 번역한다. 또 象鼻라 칭하기도 한다. 니민다라(Nemimdhara) 산의 바깥을 둘러싸고 있으며, 높이는 6백 유순이고 꼭대기가 넓기는 마찬가지이다. 두 개의 산 사이에 바닷물이 1천2백 유순이나 넓게 존재한다. 물 위에 優鉢羅華등 여러 묘한 향기나는 물건 따위로 덮여 있다. (불광대사전2冊 p.127 中- 九山八海條; 불광출판사 간 1988 臺灣高雄)

盡이니라 佛子여 如由乾陀羅山王이 純寶所成이라 夜叉大神이 咸住其中하여 無有窮盡인달하여 菩薩所住難勝地도 亦復如是하여 一切自在如意神通이 咸在其中하여 說不可盡이니라 佛子여 如馬耳山王이 純寶所成이라 一切諸果가 咸在其中하여 取不可盡인달하여 菩薩所住現前地도 亦復如是하여 入緣起理한 聲聞果證이 咸在其中하여 說不可盡이니라 如尼民陀羅山王이 純寶所成이라 大力龍神이 咸住其中하여 無有窮盡인달하여 菩薩所住遠行地도 亦復如是하여 方便智慧獨覺果證이 咸在其中하여 說不可盡이니라 如斫羯羅山王이 純寶所成이라 諸自在衆이 咸住其中하여 無有窮盡인달하여 菩薩所住不動地도 亦復如是하여 一切菩薩의 自在行差別世界가 咸在其中하여 說不可盡이니라 如計都山王이 純寶所成이라 大威德阿修羅王이 咸住其中하여 無有窮盡인달하여 菩薩所住善慧地도 亦復如是하여 一切世間生滅智行이 咸在其中하여 說不可盡이니라 如須彌盧山王이 純寶所成이라 大威德諸天이 咸住其中하여 無有窮盡인달하여 菩薩所住法雲地도 亦復如是하여 如來力無畏不共法一切佛事가 咸在其中하여 問答宣說이 不可窮盡이니라

불자여, (1) 마치 설산은 온갖 약초가 거기 있어서 아무리 캐어내도 다하지 않듯이, 보살이 머물러 있는 환희지도 그와 같아서 일체 세간의 경전과 예술과 글과 게송과 주문과 기술이 그 가운데 있어서 말하여도 다할 수 없느니라. 불자여, (2) 마치 향산은 온갖 향이 거기 모이어서 가져와도 다하지 않듯

이, 보살이 머물러 있는 이구지도 그와 같아서 모든 보살의 계행과 위의가 거기 있어서 말하여도 다할 수 없느니라.
불자여, (3) 마치 비타리산은 순전한 보배로 이루었으매 온갖 보배가 거기 있어서 취하여도 다하지 않듯이, 보살이 머물러 있는 발광지도 그와 같아서 모든 세간의 선정·신통·해탈·삼매·삼마발저가 거기 있어서 말하여도 다할 수 없느니라. 불자여, (4) 마치 신선산은 순전한 보배로 되었고 오신통을 얻은 신선들이 거기 있어서 다함이 없듯이, 보살이 머물러 있는 염혜지도 그와 같아서 온갖 도의 수승한 지혜가 거기 있어서 말하여도 다할 수 없느니라. 불자여, (5) 마치 유건타산은 순전한 보배로 되었고 야차신들이 거기 있어서 다함이 없듯이, 보살이 머물러 있는 난승지도 그와 같아서 일체 자재하고 뜻대로 되는 신통이 거기 있어서 말하여도 다할 수 없느니라. 불자여, (6) 마치 마이산은 순전한 보배로 이루었고 모든 과일이 거기 있어서 취하여도 다하지 않듯이, 보살이 머물러 있는 현전지도 그와 같아서 연기의 이치에 들어가 성문과를 증하는 일이 거기 있어서 말하여도 다할 수 없느니라. 불자여, (7) 마치 니민타라산은 순전한 보배로 되었고 기운 센 용신들이 거기 있어서 다함이 없듯이, 보살이 머물러 있는 원행지도 그와 같아서 방편지혜로 독각의 과를 증하는 일이 거기 있어서 말하여도 다할 수 없느니라. 불자여, (8) 마치 작갈라산은 순전한 보배로 되었고 여러 자재한 무리들이 거기 있어서 다함이 없듯이, 보살이 머물러 있는 부동지도 그와 같아서 모든 보살의 자재한 행의 차별한 세계가 거기 있어서 말하여도 다할 수 없느니라. 불자여, (9) 마치 계도산은 순전한 보배로 되었고 큰 위덕 있는 아수라 왕이 거기 있어서 다함이 없듯이, 보살이 머물러 있는 선혜지도 그와 같아서 일체 세간의 나고 사라지는 지혜의 행이 거기 있어서 말하여도 다할 수 없느니라. (10) 마치 수미산은 순전한 보배로 되었고 큰 위덕 있는 하늘 들이 거기 있어서 다함이 없듯이, 보살이 머물러 있는 법운지도 그와 같아서 여래의 힘과 두려움 없음과 함께하지 않은 일체 부처님의 일이 거기 있어서 묻고 대답하고 말하여도 다할 수 없느니라.

[疏] 三, 法喩對顯中에 語其山體인대 前二는 土山이오 餘八은 是寶라 故로 論에 云, 是中에 純淨諸寶山을 喩八種地라하니 三地世間을 云何言淨고 論에 云, 厭地善淸淨故라하니 謂能修善하야 厭伏煩惱일새 亦得爲淨이니 喩以寶山이니라

- (3) 법과 비유를 상대하여 밝힘 중에 그 산의 자체를 말한다면 앞의 둘은 흙으로 된 산이요, 나머지 여덟 산은 보배로 되었다. 그래서 논경에서는, "여기서 순수하고 청정한 보배로 된 여러 산의 비유를 여덟 가지 지로 비유한다"고 말하였다. 묻되 "세 지의 세간을 어떻게 깨끗하다고 말하는가?" 논경에 답하되, "지(地)가 만족하여 매우 깨끗해졌기 때문이다"라고 하였다. 말하자면 능히 선근을 닦아서 번뇌를 만족하게 조복하였으므로 또한 깨끗해진 것이며, 때문에 보배 산에 비유하였다.

나. 산에 있는 소유물을 밝히다[辨所有] 2.
가) 바로 산의 소유물을 밝히다[直辨所有] (若語 54上9)

[疏] 若語山中所有인대 卽明이 各有增上義也니 初地는 聖智法藥이오 二地는 戒香이오 三地는 禪等이 可貴如寶오 四地는 出世如仙이오 五地는 善巧自在가 如夜叉오 六地는 以五地에 修四諦因이 相同聲聞하야 未能出彼나 六地는 超彼하야 成果無盡이오 七은 方便善巧가 如彼龍神하야 超前緣起之因일새 名緣覺果오 八地는 無功用心自在故니 此自在衆은 卽是密迹諸神이라 九地는 善巧攝生이 大力相故오 十地는 佛德如天하야 已淳淨故니라

■ 만일 산의 소유물에 대해 말한다면 '광명이 각기 늘어난다'는 뜻이 있으니 초지는 성인의 지혜와 법의 약이요, 제2지는 계행의 향기가 있고, 제3지는 선정 따위가 보배처럼 귀하게 여김이 있고, 제4지는 신선처럼 세간을 벗어났고, 제5지는 방편 쓰는 것이 야차처럼 자재하며, 제6지는 제5지에서 닦은 네 가지 성스러운 진리의 원인이 모양으로는 성문과 같아서 능히 저기에서 벗어나지 못하지만 제6지는 저 사성제에서 초월하여 과덕을 그지없이 성취하고, 제7지는 방편을 잘 쓰는 것이 저 용이나 귀신과 같아서 앞의 연기의 인행을 초월하므로 연각의 결과를 얻고, 제8지는 공용 없는 마음이 자재한 까닭이니, 이런 자재한 무리는 밀적(密迹)[314]의 여러 귀신을 가리킨다. 제9지는 좋은 방편으로 중생을 섭수함이 큰 힘의 모양인 연고요, 제10지는 부처님의 공덕이 하늘과 같아서 이미 순수하고 청정한 까닭이다.

---

314) 密迹 : 범어 guhyapāda 또는 密迹力士·密迹金剛·金剛密迹·秘密主라고도 번역한다. 손에는 金剛武器를 들고 항상 부처님을 護持하는 夜叉神으로 불의 비밀한 事迹의 本誓를 들으므로 密迹이라 한다. (앞의 책 p.444-)

[鈔] 第三法喩對顯中에 二니 先, 明山體오 後, 若語下는 辨其所有라 於中에 二니 一은 直辨所有하야 以況於法이오 二는 論以義揀이라 今初는 文並可知로다 但計都山과 並大力修羅處者는 準經論說인대 修羅가 總有五種住處하니 一은 在地上이오 二315)는 最居下니 最居下者는 在於海底니 卽毘摩質多羅阿修羅王316)이라 其力最大하야 統領無量 修羅眷屬이오 次上二萬一千由旬에 有阿修羅王하니 名曰勇健이니 威勢次劣이나 亦統無量修羅眷屬이오 次上二萬一千由旬에 有修羅 王하니 名曰華鬘이라 威勢轉弱이나 亦統無量修羅眷屬이오 次上二 萬一千由旬에 有修羅王하니 名曰羅睺라 勢力最劣이나 亦統無量修 羅眷屬이라하니 今此所說은 應是彼王最居上者니라

- (3) 법과 비유를 상대하여 밝힘 중에 둘이니 가. 산의 자체를 밝힘이요, 나. 若語 아래는 산에 있는 소유물을 밝힘이다. 그중에 둘이니 가) 바로 소유물을 밝혀서 법에 비유함이오, 나) 논경에서 의미로 구분함이다. 지금은 가)이니 문장과 함께하면 알 수 있으리라. 단지 계도말저 산과 대력 아수라가 사는 곳뿐인 것은 경문과 논경에 준하여 말한다면 "아수라에게 총합하면 다섯 가지 머물 곳이 있으니 1) 땅 위에 있고 2) 가장 낮은 곳에 있나니, '가장 낮은 곳에 산다'는 것은 바다 밑이란 뜻이니, 곧 비마질다라(毘摩質多羅, Vimalacitra)317) 아수라

---

315) 一은 南續金本作二.
316) 阿修羅 : 범어 asura의 音譯. 阿素羅·阿素洛라고도 쓰며, 非天·不端正이라 번역한다. 六道의 하나. 八部衆의 하나. 인도 古代에는 전투를 일삼는 일종의 귀신으로 간주되었고, 항상 帝釋天(인드라神)과 싸우는 투쟁적인 惡神으로 여겼다. 또 아수라의 거문고를 阿修羅琴이라 하며, 아수라는 그 복덕으로 들으려고 생각만 하면 아무도 거문고를 타지 않더라도 자연히 소리를 낸다고 한다.[雜阿含經卷四十·長阿含經卷二十阿須倫品·大樓炭經卷五·佛爲首迦長者說業報差別經·大毘婆沙論卷一七二·大智度論卷三十](불광대사전 권4 p3651-中; 불교학대사전 p.1011-)
317) 毘摩質多羅: 범어 Vimalacitra 吠摩質·利, 毘摩質多羅고도 쓴다. 아수라왕의 이름. 淨心·綺畵·寶飾이라 번역한다. 乾闥婆의 딸에게 장가들어 舍脂夫人을 낳아 帝釋에게 시집보냈으므로 제석천의 장인이 된다.(法華文句2) (앞의 책 p.618-)

왕을 가리킨다. 그 힘이 가장 커서 한량없는 아수라 권속을 거느리는 까닭이요, 다음으로 21,000유순 위에 아수라왕이 있으니 용건(勇健)이라 이름한다. 위세가 다음으로 열등하지만 역시 한량없는 아수라 권속을 거느린다. 다음으로 21,000유순 위에 아수라왕이 있으니 화만(華鬘)이라 이름한다. 위세는 더욱 약하지만 역시 수없는 아수라 권속을 거느린다. 다음으로 21,000유순 위에 아수라왕이 있으니 라후(羅睺)라 이름한다. 세력이 가장 열등하지만 역시 수없는 아수라 권속을 거느리고 있다"고 하였다. 지금 이렇게 말한 것은 응당 저 왕이 가장 위에 사는 것이 된다.

나) 논경에서 의미로 구분하다[論以義揀] 2.
(가) 논경을 거론하여 비유로 해석하다[擧論釋喩] (論云 55上4)

[疏] 論에 云, 前三과 及六은 非衆生數오 餘皆衆生數라 就非衆生數中하야 有二種事하니 一, 初二와 及第六은 是受用事니 資內報故오 第三은 寶是守護積聚事라 受用中에 有二하니 一, 藥은 是四大增損對治오 二, 香과 及果는 卽長養衆生이니 以乾闥婆가 常食香氣故라 衆生數中에 復有六種難對治하니 一은 五通福田으로 治貧窮難이니 以供彼仙에 能生福故오 二는 夜叉로 治死難이니 威制眷屬하야 不令害人故오 三은 龍으로 治儉難이니 降時雨故오 四는 諸自在衆으로 治不調伏難이니 調伏難調故오 五는 修羅로 治惡業難이니 以呪術力으로 制諸眷屬하야 不造諸惡故오 六은 大威德天으로 治修羅怨敵難이니 以四天王과 三十三天이 俱處此山故라하니라

■ 논경에 이르되, "앞의 셋[1. 雪山 2. 香山 3. 비타리산]과 여섯째 마이산(馬

耳山)은 중생의 숫자가 아니요, 나머지는 중생의 숫자이다. '중생의 숫자가 아닌 것'에 의지하여 두 가지 일이 있으니 (1) 처음의 설산(雪山)과 향산(香山)의 둘과 여섯째, 마이산(馬耳山)은 그 속에 수용하는 일이니 내부적인 과보를 돕기 때문이요, (2) 셋째, 비타리산은 보배이니 수호하여 쌓고 모으는 일이다. 수용하는 일에 두 가지가 있으니 ① 약이니 중생의 사대가 증가하고 손감함에 다스리는 것이요, ② 향과 과일이니 중생을 길러 내는 것이니, 건달바가 항상 향기를 먹기 때문이다. 중생의 숫자에 의지하여 다시 여섯 가지 어려움에 다스림이 있다. (1) (넷째, 신선산에 있는) 오신통(五神通)의 복전은 가난한 어려움을 다스리나니, 저 신선에게 공양하여 능히 복을 생기게 함이요, (2) (다섯째, 유건타라산에 있는) 야차를 죽음의 어려움을 다스리나니 위세로 권속을 제압하여 사람을 해치지 못하게 함이요, (3) (일곱째, 니민타라산에 있는) 큰 용왕은 검약의 어려움을 다스리나니 때맞추어 비를 내리는 것이요, (4) (여덟째, 작갈라산 곧 철위산에 있는) 자재한 힘을 얻은 대중은 조복하지 못하는 어려움을 다스리나니, 조복하기 어려움을 조복하는 것이요, (5) (아홉째, 계도말저산에 있는) 아수라왕은 악업의 어려움을 다스리나니, 주술의 힘으로 모든 권속을 제압하여 모든 악을 짓지 않는 것이요, (6) (열째, 수미산에 있는) 큰 위덕의 하늘은 아수라와 원수 맺은 어려움을 다스리나니, 사천왕과 삼십삼천이 모두 이 산에 있는 까닭이다"라고 하였다.

(나) 소가의 이치로 본경을 해석하다[疏義釋今] (論但)

[疏] 論에는 但顯喩나 義含於法일새 今略合之호리라 初地法藥은 初破無

明故오 二地戒와 六地無漏慧는 資法身故오 三地禪等은 可蘊積故오 四地道品資助는 能生福故오 五地에 修無住하야 不永滅故오 七地에 功用滿足하야 無所少故오 八地三世間化는 得自在故오 九地에 善知稠林하야 得無礙辯하야 破惑業故오 十地는 如佛하야 降四魔故라 皆言集在其中者는 如所說事가 能生一切物故오 不可盡者는 隨順修行하야 不永斷하야 不暫息故니라

■ 논경에는 다만 비유만 밝혔지만 의미로는 법을 포함하고 있으므로 지금 대략 합해 보리라. 초지의 법약(法藥)은 처음으로 무명을 타파한 까닭이요, 제2지의 계행과 제6지의 무루의 지혜는 법신을 돕는 까닭이요, 제3지의 선정 따위는 쌓을 수 있는 까닭이요, 제4지의 보리의 부분법으로 돕는 것은 능히 복을 생기게 하고, 제5지에 머물지 않음을 닦아서 영원히 없어지지 않는 까닭이요, 제7지에 공용행이 가득하여 모자람이 없는 까닭이요, 제8지의 세 가지 세간을 교화함은 자재함을 얻은 까닭이요, 제9지에 조림을 잘 알아서 걸림 없는 변재를 얻어 미혹의 업을 타파한 까닭이요, 제10지는 부처님처럼 네 가지 마군을 항복받기 때문이다. 모두에 '그 속에 모여 있다'고 말한 것은 마치 말한 현상이 능히 일체의 사물을 생겨나게 하는 까닭이요, '다할 수 없다'는 것은 따라서 수행하여 영원히 끊어지지 않고 잠시도 쉬지 않는 까닭이다.

[鈔] 論云前三下는 第二, 論以義揀이라 於中에 二니 先, 擧論釋喩오 後, 論但顯喩下는 疏義釋今이라 其四地道品은 即第一治貧窮이오 五地는 即第二治死오 七地는 即第三治儉이오 八地는 即第四治不調伏이오 九地는 即第五治惡業이오 十地는 即第六治修羅라 並可知로다

- 나) 論云前三 아래는 논경에서 의미로 구분함이다. 그중에 둘이니 (가) 논경을 거론하여 비유로 해석함이요, (나) 論但顯喩 아래는 소가의 이치로 본경을 해석함이다. 그중에 제4지는 보리의 부분법으로 (1) 빈궁을 다스리며, 제5지는 (2) 죽음을 다스리고, 제7지는 (3) 검약을 다스리고, 제8지는 (4) 조복하지 못함을 다스리고, 제9지는 (5) 악업을 다스리고, 제10지는 (6) 아수라를 다스리나니, 함께하면 알 수 있으리라.

(4) 법과 비유를 총합하여 결론하다[總結法喩] 2.
가. 서로 의지함에 대한 설명[明互依] (第四 56上6)

佛子여 此十寶山王이 同在大海하되 差別得名이니 菩薩十地도 亦復如是하여 同在一切智中하되 差別得名이니라
불자여, 이 열 가지 보배 산이 다 같이 바다에 있으면서 차별하게 이름을 얻었듯이, 보살의 십지도 그와 같아서 다 같이 온갖 지혜의 가운데 있으면서 차별하게 이름을 얻었느니라."

[疏] 第四, 總結法喩니 卽結成本意라 本意에 有二하니 一은 旣同一智海하야 得差別名하니 則差非差也로다
- (4) 법과 비유를 총합하여 결론함이니 근본 의미로 결론함이다. 근본적인 의미에 둘이 있으니 가. 이미 지혜의 바다와 같아져서 차별된 명칭을 얻었다면 '차별이 아닌 차별[差非差]'일 것이다.

나. 서로 드러냄에 대한 설명[明互顯] 4.
가) 서로 드러냄을 표방하다[標互顯] (二互 56上7)
나) 바다의 비유를 인용하여 증명하다[引海喩證] (論云)
다) 위배하고 비방함을 회통하다[會違妨] (前言)

[疏] 二는 互相顯義니 謂彼十大山이 因海하야 得高勝名이 若在餘處하면 不足爲高故라 大海도 亦因大山하야 得深廣名하니 含斯大義故라 十地도 亦爾하야 因修佛智하야 故得高勝이오 佛智도 亦因十地所不能窮하야 方顯深廣故니라 論에 云, 因果相顯이라하니라 前言依地는 卽一切智地가 生長住持故오 此言依海는 卽一切智海가 由深廣故라 以山依二處며 法含二義일새 故更顯之니라

■ 나. 서로서로 의미를 드러냄이다. 말하자면 저 열 개의 큰 산이 바다로 인하여 높고 뛰어난 명칭을 얻은 것이니, 만일 다른 곳에 있었다면 높게 불리워지지 않았을 것이기 때문이다. 큰 바다도 마찬가지여서 큰 산으로 인해 깊고 넓은 명칭을 얻은 것이니, 이런 크다는 의미를 포함하고 있기 때문이다. 십지도 또한 그러해서 부처님 지혜를 닦음으로 인해 높고 뛰어남을 얻게 되는 것이요, 부처님 지혜도 또한 십지가 능히 궁구하지 못한 것이 있음으로 인해 비로소 깊고 넓음을 드러낼 수 있는 까닭이다. 논경에서는, "원인과 결과를 서로 드러낸다"고 하였다. 앞에서 '땅에 의지한다'고 말한 것은 곧 일체지혜의 땅이 생장하고 머물러 유지함을 말하기 위함이요, 여기서 '바다에 의지한다'고 말한 것은 곧 일체지혜의 바다가 깊고 넓음으로 말미암은 것임을 말하기 위함이다. 산은 두 곳에 다 의지하였으며 법은 두 가지 이치를 포함하고 있으므로 번갈아 밝혔다.

라) 두 가지 개별 모양을 구분하다[揀二別相] 3.
(가) 단지 의지하기만 하고 겸하여 별상에 들어가다[但依兼入別]
(又地 56下3)
(나) 합치하고 여읨이 아님을 밝혀 구분하다[顯非卽離別] (又山)
(다) 평등하고 평등하지 않음으로 구분하다[等不等別] (又山)

[疏] 又地則但依오 海兼明入故니 一一山이 皆深入大海오 一一地智가 皆入佛智라 又一一山下에 皆有於地오 則一一地中에 皆有佛地니라 又山이 在海인대 海則非山이어니와 山若依地인대 山卽是地니 法合에 是顯非一異義라 思之니라 又山出海上에 高下等殊어니와 若入海中에 量皆齊等인달하야 十地敎行이 則優劣懸差어니와 若證如入智에는 量皆平等이니라

■ 또 지(地)는 단지 의지하기만 하고 바다는 들어감을 겸하여 밝혔기 때문이다. 산 하나하나가 모두 큰 바다에 깊이 들어가는 것이요, 십지의 지혜 하나하나가 모두 부처님 지혜에 들어가는 까닭이다. 또 하나하나의 산 아래에 모두 땅이 있고, 하나하나의 땅에 모두 부처님의 경지가 있다. 또 산이 바다에 있다면 바다가 산이 아니겠지만, 만일 산이 땅에 의지한다면 산이 곧 땅일 것이다. 법과 합에 하나인 것도 다른 것도 아닌 이치를 밝힌 내용이니 생각해 볼 일이다. 또 산이 바다에서 나왔다면 높고 낮음이 모두 다르겠지만 만일 산이 바다에 들어가면 분량이 모두 같은 것처럼, 십지의 교법 수행은 뛰어나고 열등함이 현저하게 다르겠지만 만일 진여를 증득하여 지혜에 들어간다면 분량이 모두 평등할 것이다.

[鈔] 二互相顯者는 前意但因依果오 今則互依라 於中에 有四하니 一, 正明互顯이오 二, 論云下는 義引海喻證이오 三, 前言依地下는 會違오 四, 又地則但依下는 揀二別相이라

相別이 有三하니 一, 但依兼入別이오 二, 又山在海下는 顯非卽離別이오 三, 又山出海下는 等不等別이라

- 나. '둘이 번갈아 모양을 밝힘'이란 앞의 의미는 단지 인행이 과덕에 의지한다는 뜻이요, 지금은 서로 의지한다는 뜻이다. 그중에 넷이 있으니 가) 서로서로 드러냄을 바로 밝힘이요, 나) 論云 아래는 바다의 비유를 인용하여 증명함이요, 다) 前言依地 아래는 위배함과 비방함을 회통함이요, 라) 又地則但依 아래는 두 가지 별상을 구분함이다.

라) 모양으로 구분함이 셋이니 (가) 단지 의지하기만 하고 들어감을 겸함으로 구분함이요, (나) 又山在海 아래는 합치하고 여읨이 아님을 밝혀 구분함이요, (다) 又山出海 아래는 평등하고 평등하지 않음으로 구분함이다.

3. 바다로 큰 과덕의 공덕에 비유하다[海喩大果功德] 2.

1) 총상을 해석하다[總] (第三 57下2)

佛子여 譬如大海가 以十種相으로 得大海名하여 不可移奪이니 何等爲十고 一은 次第漸深이요 二는 不受死屍요 三은 餘水入中에 皆失本名이요 四는 普同一味요 五는 無量珍寶요 六은 無能至底요 七은 廣大無量이요 八은

大身所居요 九는 潮不過限이요 十은 普受大雨하되 無有盈溢인달하여 菩薩行도 亦復如是하여 以十相故로 名菩薩行이라 不可移奪이니 何等爲十고 所謂歡喜地는 出生大願하여 漸次深故며 離垢地는 不受一切破戒屍故며 發光地는 捨離世間假名字故며 焰慧地는 與佛功德으로 同一味故며 難勝地는 出生無量方便神通과 世間所作衆珍寶故며 現前地는 觀察緣生甚深理故며 遠行地는 廣大覺慧로 善觀察故며 不動地는 示現廣大莊嚴事故며 善慧地는 得深解脫하여 行於世間하되 如實而知하여 不過限故며 法雲地는 能受一切諸佛如來의 大法明雨하되 無厭足故니라

"불자여, 마치 큰 바다는 열 가지 모양으로 큰 바다라는 이름을 얻어 고치거나 뺏을 수 없느니라. 무엇이 열인가? 하나는 차례로 점점 깊어짐이요, 둘은 송장을 받아두지 않음이요, 셋은 다른 물이 그 가운데 들어가면 모두 본래의 이름을 잃음이요, 넷은 모두 다 한 맛이요, 다섯은 한량없는 보물이 있고, 여섯은 바닥까지 이를 수 없고, 일곱은 넓고 커서 한량이 없고, 여덟은 큰 짐승들이 사는 데요, 아홉은 조수가 기한을 어기지 않고, 열은 큰 비를 모두 받아도 넘치지 않음이니라. 보살의 행도 그와 같아서 열 가지 모양으로써 보살의 행이라 이름하여 고치거나 뺏을 수 없느니라. 무엇이 열인가? 이른바 환희지는 큰 서원을 내어 점점 깊어지는 연고요, 이구지는 모든 파계한 송장을 받지 않는 연고요, 발광지는 세간에서 붙인 이름을 여의는 연고요, 염혜지는 부

처님의 공덕과 맛이 같은 연고요, 난승지는 한량없는 방편과 신통인 세간에서 만드는 보배들을 내는 연고요, 현전지는 인연으로 생기는 깊은 이치를 관찰하는 연고요, 원행지는 넓고 큰 깨닫는 지혜를 잘 관찰하는 연고요, 부동지는 광대하게 장엄하는 일을 나타내는 연고요, 선혜지는 깊은 해탈을 얻고 세간으로 다니면서 사실대로 알아서 기한을 어기지 않는 연고요, 법운지는 모든 부처님 여래의 큰 법의 밝은 비를 받으면서 만족함이 없는 연고이니라."

[疏] 第三, 大海十相으로 明難度能度大果功德이라 先은 喩오 後는 合이니 皆有總別이라 合中에 總云不可移奪者는 此有二義하니 一은 果海가 因十地相하야 不可奪其果海深廣之名이오 二는 地行因相이 由依智海하야 不可奪其因行之稱이니 以是海家之相故며 果家之因故라 若奪因相인대 則果亦不成이라 喩中에 約果하야 名不可奪이오 法中에는 擧因하야 名不可奪이니 文影略耳니라 故로 論에 云, 因果相順故라하니라 云何相順고 謂十地가 如大海라하니 此는 總擧也오
能度難度者는 顯因順果也니 如海十相으로 方能成海라 得大菩提果故는 果順因也니 如海成時에 不失十相이라 離十相而無海오 離十地而無佛智니 故로 十地가 卽智海也니라

■ 3. 큰 바다의 열 가지 모양으로 건너기 어려움을 능히 건너는 큰 과덕의 공덕을 밝힘이다. (1) 비유로 밝힘이요, (2) 법과 비유를 합함이니 모두 1) 총합적인 모양이요, 2) 개별적인 모양이 있다. (2) 합함에 총합하여 '고치거나 뺏을 수 없다'고 말한 것은 두 가지 의미가 있다. 첫째, 과덕의 바다가 십지의 모양으로 인해 그 과덕의 바다가 깊고

넓다는 명칭을 바꿀 수 없는 것이요, 둘째, 십지의 행법의 인행의 모양과 지혜의 바다를 의지함으로 인해 그 인행의 명칭을 바꿀 수 없는 것이다. 이것이 바다[海家]의 모양인 까닭이며 과덕[果家]의 원인인 까닭이다. 만일 원인의 모양을 바꾼다면 과덕도 역시 이룰 수 없을 것이다. 비유에는 과덕에 의지하여 '바꿀 수 없다'고 말하였고, 법에는 원인을 거론하여 '바꿀 수 없다'고 말하였으니 문장이 비추어 생략하였을 뿐이다. 그래서 논경에서 "인행과 과덕이 서로 순응하는 까닭이다"라고 하였다. '어떻게 서로 순응하는가?' '십지가 큰 바다와 같다'고 하였으니, 이것은 총합적으로 거론한 내용이다.

'건너기 어려움을 능히 건넌다'는 것은 인행이 과덕에 순응함을 밝힘이니, 바다의 열 가지 모양을 갖추어야 비로소 능히 바다를 이룰 수 있는 것과 같다. '큰 깨달음의 과덕을 얻은 까닭'이란 과덕이 인행에 순응한다는 뜻이니, 바다가 성립되었을 적에 열 가지 모양을 잃지 않는 것과 같다. 열 가지 모양을 여의고 바다가 성립될 수 없으며, 십지를 여의고 부처님 지혜가 성취될 수 없나니, 그래서 십지가 그대로 지혜의 바다인 것이다.

[鈔] 合中318)總云下는 疏文有四하니 一, 順釋不奪이오 二, 若奪下는 反以成立이오 三, 喩中下는 會通法喩하야 成俱不奪이니 以喩中에 云得大海名不可移奪로 明約果也오 法合에 則云名菩薩行不可移奪이라하니 故知約因이로다 四, 故論下는 別引論하야 證成이니 由經影略일새 故論에 雙明이라 然이나 論에 具云호대 難度能度大果功德者는 因果相順故니 十地가 如大海하야 難度를 能度하야 得大菩提果故라

---

318) 合中은 南續金本作今初.

하니 今以言揀之하야 使論易了라 然上에 說有三種地하니 一은 修地
오 二는 成地오 三은 法地라하니 今明相順이 正在後二라 度는 卽到也
니라

- 1) 合中總云 아래는 소의 문장에 넷이 있으니 (1) 뺏을 수 없음에 수순하여 설명함이요, (2) 若奪 아래는 반대로 성립함이요, (3) 喩中 아래는 법과 비유를 회통하여 둘 다 뺏을 수 없음을 성립함이다. (3) 비유 중에 "큰 바다라는 이름을 얻어 고치거나 뺏을 수 없다고 말하였다"고 하였으니, 과덕에 의지함을 밝힘이요, 법과 합에서 "보살의 행이란 이름을 얻어 고치거나 뺏을 수 없다"고 하였으니, 이런 연고로 인행에 의지했음을 알게 된다. (4) 故論 아래는 개별로 논경을 인용하여 증명함이니, 경문이 비추어 생략함으로 인해 논경에서 함께 밝힌 내용이다. 하지만 논경을 갖추어 말한다면, " '건너기 어려움을 능히 건너는 큰 과덕의 공덕'이란 인행과 과덕이 서로 순응하는 까닭이니, 십지는 큰 바다와 같아서 건너기 어려운 곳을 능히 건너 큰 깨달음의 과덕을 얻은 것이다"라고 하였다. 지금은 언사로 구분하여 논경을 쉽게 알게 한 것이다. 그러나 위에서 세 가지 지위를 말하였으니 ① 수행하는 지위 ② 성취하는 지위 ③ 법 받는 지위[319]이다. 지금은 서로 순응함을 밝혔으니 바로 뒤의 두 가지에 해당한다. 도(度)는 '도달한다'는 뜻이다.

2) 별상으로 밝히다[別] (別中 58下1)

[疏] 別中에 攝十爲八이니 一은 易入功德이니 以漸故오 二는 淨功德이오

---

319) 위의 光字卷 48上9에 말한 적이 있다.

三은 平等功德이오 四는 護功德이니 護自一味하야 恒不失故오 五는 利益功德이니 利世間故오 六은 六七二句는 合爲不竭功德이니 以深廣故오 七은 住處功德이니 無功用行이 是菩薩所住故라 經云大身者는 以無量身으로 修菩薩行하야 十身相作故라 八은 末後二句는 合名護世間功德이니 九地는 潮不過限이라 不誤傷物이오 知機授法이라 不差根器오 十地는 若無大海하면 水溺四洲니 餘不能受일새 必生毁謗이라 又得此二法하야 用護世間이니라

■ 2) 별상으로 밝힘에서 열 가지를 포섭하여 여덟 가지로 하였으니 (1) 들어가기 쉬운 공덕이니 점차인 까닭이요, (2) 청정한 공덕이요, (3) 평등한 공덕이요, (4) 수호하는 공덕이니, 자성의 한결같은 맛을 수호하여 항상 잃지 않는 까닭이요, (5) 이익되는 공덕이니 세간을 이롭게 하는 까닭이요, (6) 여섯째와 일곱째의 두 구절[無能至底, 廣大無量]을 합하여 고갈되지 않는 공덕으로 삼았으니 깊고 넓기 때문이요, (7) 머무는 곳의 공덕이니, 공용 없는 행법이 바로 보살이 머무는 곳인 까닭이다. 경에서 '큰 짐승'이라 말한 것은 한량없는 몸으로 보살행을 닦아서 열 가지 몸을 서로 짓는 까닭이다. (8) 마지막 두 구절[潮不過限, 普受大雨]은 합하여 '세간을 수호하는 공덕'이라 칭하였다. 제9지는 조수가 기한을 어기지 않는 것이므로 잘못하여 중생을 상하게 하지 않는 것이요, 근기를 알고 법을 주는 것이므로 근기와 어긋나지 않는 것이요, 제10지는 만일 큰 바다가 없다면 사주(四洲)세계에 빠지게 될 것이다. 나머지는 능히 받아들이지 않으므로 반드시 훼방을 내게 된다. 또 이런 두 가지 법[潮不過限, 普受大雨]을 얻고 썼으므로 세간을 수호한다.

[鈔] 以深廣故者는 六은 深이오 七은 廣이라 餘는 可知니라 然涅槃三十三[320])에 明海有八德하니 一者는 漸漸轉深이오 二者는 深難得底오 三者는 同一鹹味오 四者는 潮不過限이오 五者는 有種種寶藏이오 六者는 大身衆生所居오 七者는 不宿死屍오 八者는 一切萬流와 大雨投之라도 不增不減이라하니라 釋曰, 彼經은 通喩佛法이 廣有合相이오 今喩는 次第喩於十地일새 故加至十이니 不同彼次니라

- '깊고 넓기 때문'이란 여섯째는 깊음이요, 일곱째는 넓음이다. 나머지는 알 수 있으리라. 하지만 『열반경』 제33권에 바다에 여덟 가지 공덕이 있음을 밝혔으니, "① 점차 깊어짐이요, ② 깊어서 끝까지 들어가기 어려움이요, ③ 한결같이 짠맛이요, ④ 조수가 기한을 어기지 않음이요, ⑤ 갖가지 보물창고가 있음이요, ⑥ 큰 짐승이 사는 곳이요, ⑦ 송장을 받아들이지 않음이요, ⑧ 온갖 물줄기가 큰비가 퍼붓더라도 늘어나거나 줄어들지 않음이다"라고 하였다. 해석하자면 저 경문에는 불법이 널리 화합한 모양임에 통틀어 비유함이요, 지금의 비유는 차례로 십지를 비유하였으므로 더하여 열 가지를 만들었으니 『열반경』의 순서와 같지 않다.

4. 마니 구슬로 견고한 공덕에 비유하다[珠喩堅固功德] 2.

1) 총상으로 밝히다[總] (第四 59下7)

佛子여 譬如大摩尼珠가 有十種性하여 出過衆寶하나니 何等爲十고 一者는 從大海出이요 二者는 巧匠治理요 三

---

320) 인용문은 『涅槃經』 제30권 師子吼菩薩品 제23의 ⑥의 내용이다. (대정장 권12 p.805 a9-)

者는 圓滿無缺이요 四者는 淸淨離垢요 五者는 內外明徹이요 六者는 善巧鑽穿이요 七者는 貫以寶縷요 八者는 置在瑠璃高幢之上이요 九者는 普放一切種種光明이요 十者는 能隨王意하여 雨衆寶物하며 如衆生心하여 充滿其願인달하여

佛子여 當知菩薩도 亦復如是하여 有十種事하여 出過衆聖하나니 何等爲十고 一者는 發一切智心이요 二者는 持戒頭陀에 正行明淨이요 三者는 諸禪三昧가 圓滿無缺이요 四者는 道行이 淸白하여 離諸垢穢요 五者는 方便神通이 內外明徹이요 六者는 緣起智慧로 善能鑽穿이요 七者는 貫以種種方便智縷요 八者는 置於自在高幢之上이요 九者는 觀衆生行하여 放聞持光이요 十者는 受佛智職하여 墮在佛數하여 能爲衆生하여 廣作佛事니라

"불자여, 큰 마니 구슬은 열 가지 성질이 다른 보배보다 지나가나니, 무엇이 열인가? 하나는 큰 바다에서 나왔고 둘은 유명한 기술자가 다스렸고 셋은 둥글고 원만하여 흠이 없고 넷은 청정하여 때가 없고 다섯은 안팎이 투명하게 밝고 여섯은 교묘하게 구멍을 뚫었고 일곱은 보배 실로 꿰었고 여덟은 유리로 만든 당기 위에 달았고 아홉은 가지가지 광명을 널리 놓고 열은 왕의 뜻을 따라 모든 보물을 내며 중생들의 마음과 같이 소원을 만족하게 하느니라.

불자여, 보살도 그와 같아서 열 가지가 여러 성인보다 뛰어나는 줄을 알라. 무엇이 열인가? 하나는 온갖 지혜를 얻으려는 마음을 냄이요, 둘은 계행을 가지어 두타의 행이 맑음

이요, 셋은 여러 선정과 삼매가 원만하여 흠이 없고 넷은 도행이 청백하여 때를 여의었고, 다섯은 방편과 신통이 안팎으로 사무치게 밝고, 여섯은 연기의 지혜로 잘 뚫었고, 일곱은 가지가지 방편과 지혜의 실로 꿰었고, 여덟은 자유로운 높은 당기 위에 두었고, 아홉은 중생의 행을 관찰하여 들어지니는 광명을 놓고, 열은 부처님 지혜의 직책을 받아 부처님 가운데 들어가 중생을 위하여 불사를 널리 짓느니라."

[疏] 第四, 寶珠로 喩轉盡堅固功德者는 先은 喩오 後는 合이라 各有總과 別하니 總에 云過衆寶者는 論經에 云過十寶性이라하고 雖不列名이나 論에 但云過琉璃等이라하니 意但取玻瓈等이 不能出寶者는 以況小乘八輩와 及緣覺行果는 但有淨相하고 無利生用이라 今以出寶가 乃至放光은 則出過衆寶일새 故取之爲喩라 故로 論에 云, 以出故로 取라하니 亦可以出海故로 取之라 除不出者는 闕餘義故니라

4. '마니 구슬로 점점 모두 견고해지는 공덕에 비유함'이란 (1) 비유로 밝힘이요, (2) 법과 비유를 합함이다. 각기 1) 총상과 2) 별상이 있으니, 1) 총상에서 '여러 보배보다 낫다'고 말한 것은 논경에서는 "열 가지 보배 성품보다 낫다"고 하였고, 비록 명칭을 나열하지는 않았지만 논경에는 단지 "비유리 등보다 뛰어나다"라고만 하였다. 의미로 단지 파려 등이 능히 마니 보배보다 뛰어날 수 없다는 것을 취하기만 한 것은 소승의 여덟 가지 무리[四向과 四果]와 연각행법의 과덕은 단지 청정한 모양만 있고 중생을 이롭게 하는 작용은 없음과 비교하였다. 지금은 보배보다 뛰어나고 나아가 광명을 방출하는 것은 여러 보배보다 뛰어난 것이므로 취하여 비유로 삼았다. 그래서 논경

에서는 '뛰어난 까닭에 취한다'라고 하였으니, 또한 바다보다 뛰어난 연고로 취할 수 있었다. 없애고 내보이지 않은 것은 남은 의미를 빠뜨린 까닭이다.

[鈔] 第四寶珠喩中에 合於十寶者는 八輩爲八이오 緣覺果行爲二니 總成爲[321]十이라 緣覺은 根利하야 不數入觀일새 故無多果오 依學無學하야 但分爲二니라 無利生用者는 合不能出寶니라 下引論出故取者는 正證出寶며 兼出海義니라

● 4. 마니 구슬의 비유 중에 열 가지 보배를 합한 것은 여덟 가지 무리[4向과 4果]를 여덟으로 삼고, 연각의 과덕과 연각의 인행을 둘로 삼았으니 총합하면 열 가지가 된다. 연각은 근기가 날카로워서 자주 관법에 들지 않으므로 여러 과덕이 없으며, 유학과 무학에 의지하여 단지 둘로만 나누었다. '중생을 이롭게 하는 작용이 없다'는 것은 능히 보배보다 뛰어나지 못함에 합하였다. 아래에 논경에서 '뛰어나므로 취한다'고 말한 것을 인용한 까닭은 바로 보배를 내며 겸하여 바다를 낸다는 의미를 증명한 내용이다.

2) 별상으로 밝히다[別] (別中 60上7)

[疏] 別中에 攝十爲八하니 合六과 七과 八故라 八中에 一은 出功德이니 可取者를 選擇出海故니 由初地中에 如智善觀하야 出煩惱海也라 二는 色功德이니 由治理之에 則色明淨故라 三은 形相이오 四는 無垢오 五는 明淨이니 並可知로다 六은 起行功德이니 卽次下三句라 謂智行으로

---

321) 爲는 甲本無, 南續金本作於.

穿徹하고 方便行으로 攝持하고 自在行으로 高顯故라 相用不染이 猶彼琉璃니 頌에 云金剛은 取不動不壞라 上三[322]이 皆是異相莊嚴일새 故合爲一이니라 後二句는 明功用殊勝이니 謂七은 神力功德이니 聞持普照하야 體用微妙故라 八은 不護功德이니 謂隨王雨寶하야 無護惜故라 約法則得佛正智하야 受位如王이오 令一切衆生으로 同己善根藏故며 如隨意雨寶故니 合云廣作佛事라 合文은 可知로다

■ 2) 별상으로 밝힘 중에 열 가지를 포섭하여 여덟 가지로 삼았으니 여섯째와 일곱째와 여덟째[善巧鑽穿, 貫以寶縷, 置在琉璃高幢之上]를 합한 까닭이다. 여덟 가지 중에 (1) '뛰어난 공덕이니 취할 만하다'는 것은 바다에 나온 것을 선택하는 까닭이니, 초지 중에 지혜로 잘 관찰함으로 인해 번뇌의 바다에서 나오는 것과 같다. (2) 색상의 공덕이니 잘 다듬음으로 인해 색상이 밝고 맑아지는 까닭이다. (3) 형상 공덕이요, (4) 때 없는 공덕이요, (5) 밝고 맑은 공덕이니, 함께 대조하면 알 수 있으리라. (6) 수행을 시작한 공덕이니 다음에 아래 세 구절을 가리킨다. 말하자면 지혜로운 행법으로 완전히 뚫고, 방편의 행법으로 포섭하여 가지며, 자재로운 행법으로 높이 드러내기 때문이다. 모양과 작용이 오염되지 않은 것이 저 유리와 같나니, 게송에서 '금강'이라 한 것은 동요하거나 무너뜨리지 못함을 취한 부분이다. 위의 세 가지[智行, 方便行, 自在行]가 모두 다른 모양으로 장엄한 것이므로 합하여 하나로 삼았다. 뒤의 두 구절[普放一切種種光明, 能隨王意雨衆寶物]은 공용이 뛰어남을 밝힌 내용이다. 말하자면 (7) 위신력의 공덕이니 듣고 간직함이 널리 비추어 체성과 작용이 미묘한 까닭이다. (8) 보호하지 않는 공덕[能隨王意雨衆寶物]이니, 말하자면 왕의 뜻을 따라 보

---

322) 三은 南續金本作二.

배를 내어서 보호하거나 아끼지 않는 까닭이다. 법에 의지하면 부처님의 바른 지혜를 얻어 직위를 받는 것이 왕과 같으며, 일체 중생으로 하여금 자기의 선근의 창고와 같게 하는 것이며, 뜻한 대로 보배를 비내린 것과 같은 까닭이니, 합하여 '널리 불사를 짓는다'고 말한다. 합한 문장은 알 수 있으리라.

[鈔] 一出功德323)은 論에 具云호대 一은 出功德이니 選擇而取하야 以善觀故라하니 疏已析324)開解釋이니라
- 一出功德은 논경을 갖추어 말하면 "(1) 뛰어난 공덕이니 선택하여 취하고 잘 관찰하는 까닭이다"라고 하였다. 소가가 이미 분석하고 전개하여 해석한 내용이다.

제3장. 십지품의 유통분[流通分]

(九) 십지의 이익에 관한 부분[地利益分] 2.

제1. 과목 나누기[分科] (大文 61上1)

[疏] 大文第九, 佛子此集下는 地利益分이라 於中에 三이니 初, 顯法利益이오 二, 如此世界下는 結通十方이오 三, 爾時復以下는 他方來證이라
- 큰 문단으로 (九) 佛子此集 아래는 지(地)의 이익에 관한 부분이다. 그중에 셋이니 1. 법의 이익을 드러냄이요, 2. 如此世界 아래는 결론하여 시방에 통함이요, 3. 爾時復以 아래는 다른 방소에서 와서 증

---

323) 出은 南續金本作出生誤.
324) 析은 大續金本作折, 嘉弘南本作扌片; 案扌片本作木片 同析.

명함이다.

❖ 제6회 십지품 제10 法雲地 (科圖 26-96; 光字卷)

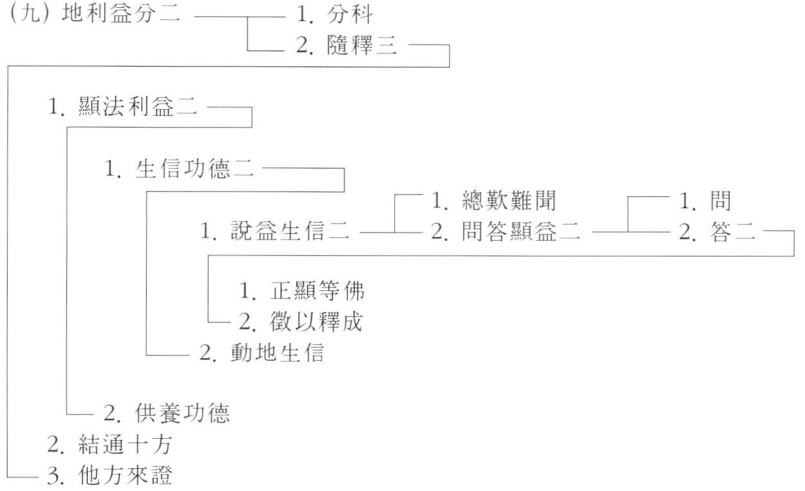

제2. 과목에 따라 해석하다[隨釋] 3.

1. 법의 이익을 드러내다[顯法利益] 2.
1) 믿음을 내는 공덕[生信功德] 2.

(1) 이익을 말하여 믿음을 내게 하다[說益生信] 2.
가. 듣기 어려움을 총합하여 찬탄하다[總歎難聞] (今初 61上5)

佛子여 此集一切種一切智功德菩薩行法門品은 若諸衆生이 不種善根이면 不可得聞이니라

"불자여, 이 갖가지 지혜와 온갖 지혜의 공덕을 모으는 보살행의 법문은 여러 중생이 착한 뿌리를 심지 않고는 듣지 못하느니라."

[疏] 今初를 分二니 初는 生信功德이오 後, 雨衆天下는 供養功德이라 今初가 復二니 先, 明說益生信이니 謂欲令物로 生決定信일새 故說利益이라 後, 爾時下는 動地生信이라 今初에 亦二니 先은 總歎難聞이오.
■ 지금은 1. 법의 이익을 드러냄을 둘로 나누었으니 1) 믿음을 내는 공덕이요, 2) 雨衆天 아래는 공양 공덕이다. 지금 1)에 다시 둘이니 (1) 이익을 말해 믿음을 내게 함이니, 중생으로 하여금 결정된 믿음을 내게 하기 위하여 이익을 말한 부분이다. (2) 爾時 아래는 땅이 움직거리니 믿음이 생겨남이다. 지금은 (1)에 또한 둘이니 가. 듣기 어려움을 총합하여 찬탄함이요,

나. 질문과 대답으로 이익을 밝히다[問答顯益] 2.
가) 질문하다[問] (後解 61上8)
나) 대답하다[答] 2.
(가) 부처님 지혜와 같아짐을 바로 밝히다[正顯等佛] (答中)

解脫月菩薩이 言하시되 聞此法門에 得幾所福이니잇고 金剛藏菩薩이 言하시되 如一切智所集福德하여 聞此法門도 福德如是니라
해탈월보살이 말하였다. "이 법문을 들으면 얼마나 되는 복을 얻겠나이까?" 금강장보살이 말하였다. " 온갖 지혜로 모

으는 복덕과 같이, 이 법문을 들은 복덕도 그와 같으니라.

[疏] 後, 解脫月下는 問答顯益이라 答中에 二니 先은 正顯等於佛智오
- 나. 解脫月 아래는 질문과 대답으로 이익을 밝힘이다. 나) 대답함 중에 둘이니 (가) 부처님 지혜와 같아짐을 바로 밝힘이요,

(나) 물음으로 인해 해석하다[徵以釋成] 2.
ㄱ. 바로 해석하다[正釋] (後何 61下5)
ㄴ. 비방을 해명하다[通妨] (聞已)

何以故오 非不聞此功德法門하고 而能信解受持讀誦이어든 何況精進하여 如說修行가 是故當知하라 要得聞此集一切智功德法門하여야 乃能信解受持修習이니 然後에 至於一切智地니라
왜냐하면 이 공덕의 법문을 듣지 못하고는, 능히 믿고 이해하거나 받아 지니고 읽고 외우지도 못하거든, 하물며 꾸준히 노력하고 말한 대로 수행하겠는가? 그러므로 반드시 이 온갖 지혜의 공덕을 모으는 법문을 듣고야 능히 믿고 이해하고 받아 지니고 닦아 익힐 것이며, 그런 후에야 온갖 지혜의 지위에 이를 수 있음을 마땅히 알지니라."

[疏] 後, 何以下는 徵以釋成이라 先은 反이오 後는 順이라 然聞有二義하니 一者는 汎爾聞이니 爲遠益故오 二는 不取聞相이니 初後圓融하야 眞實聞故라 聞已等佛이어니 何更修也[325]리오 若更修行하면 等多佛故라

■ (나) 何以 아래는 물음으로 인해 해석함이다. 그중에 ㄱ. 반대로 해석함이요, ㄴ. 수순하여 해석함이다. 그런데 들음에 두 가지 뜻이 있으니 (1) 일반적으로 들음이니 먼 이익이 되는 까닭이요, (2) 들은 모양을 취하지 않음이니 처음과 뒤가 원융하여 진실하게 듣는 까닭이다. 듣고 나면 부처님과 같아지는데 어째서 다시 닦겠는가? 만일 다시 수행한다면 여러 부처님과 평등해지기 때문이다.

[鈔] 大文第九, 利益分이라 供養功德者는 非謂供養이 能生功德이라 顯此法勝하야 能令供養이 是地功德이라 上生信도 亦然[326)]이니라

然聞有二義下는 疏文을 分二니 先은 正釋이니 順明不取聞相이라 卽涅槃經에 云,[327)] 若有聞經하며 不作聞相하며 不作說相하며 不作句相하며 不作字相하면 如是一切가 乃爲聞經이라하니 釋曰, 此는 稱理而聞이니 如前[328)]已引이니라 從初後圓融은 卽此經意라 言等佛者는 此經에 說佛智慧觀境하나니 今能正聞이 如彼眞觀일새 故云等佛이니라 聞已等佛下는 通妨이니 先은 妨이오 後, 若更下는 答이라 亦由一多가 無障礙故니라

● 큰 문단으로 (九) 십지의 이익에 관한 부분이다. '공양 공덕'이란 공양이 공덕을 생기게 함을 말했을 뿐만 아니라 이 법문이 뛰어나서 능히 공양하게 하는 것이 지(地)의 공덕임을 밝힌 말이다. 위의 1) 믿음을 내는 공덕도 마찬가지이다.

---

325) 也는 南續金本作耶.
326) 上三十字는 甲本無, 續金本在下經雨衆天華之後, 續本作疏文, 供養功德上續本有第一二字.
327) 인용문은 『涅槃經』 제22권 光明遍照高貴德王菩薩品의 내용이다. 經云, "善男子若有善男子善女人聞大涅槃一字一句不作字相不作句相不作聞相不作佛相不作說相如是義者名無相相, 以無相相故得阿耨多羅三藐三菩提."(대정장 권12 p.749 a10-)
328) 如前은 南續金本作前數.

然聞有二 아래는 소의 문장을 둘로 나누었으니 ㄱ. 바로 해석함이니 순응하여 들음을 취하지 않는 모양에 대해 설명한 내용이다. 곧 『열반경』에 이르되, "만일 경을 듣고도 들었다는 모양을 짓지 않으며, 설했다는 모양을 짓지 않으며, 구절이란 모양을 짓지 않으며, 글자라는 모양을 짓지 않는다면 이 같은 모든 것이 경을 듣는 것이다"라고 하였다. 해석하자면 이것은 이치에 맞추어 듣는 것을 말하나니 앞에서 이미 인용한 내용과 같다. 初後圓融 부터는 본경의 의미이다. '부처님과 같다'고 말한 것은 본경에서 "부처님의 지혜로 경계를 관찰한다"고 설하였으니, 지금은 바로 들을 수 있는 것이 저 진실한 관찰과 같으므로 '부처님과 같다'고 말하였다.

ㄴ. 聞已等佛 아래는 비방을 해명함이니 ㄱ) 비방함이요, ㄴ) 若更 아래는 대답함이다. 또한 하나와 여럿에 걸림이 없기 때문이다.

(2) 대지가 진동하니 믿음이 생겨나다[動地生信] (第二 62上9)

爾時에 佛神力故며 法如是故로 十方各有十億佛刹微塵數世界가 六種十八相動하니 所謂動과 徧動과 等徧動과 起와 徧起와 等徧起와 踊과 徧踊과 等徧踊과 震과 徧震과 等徧震과 吼와 徧吼와 等徧吼와 擊과 徧擊과 等徧擊이니라
"이때에 부처님의 신력이며 으레 그러한 법이므로 시방으로 각각 십억 세계의 티끌 수 세계가 여섯 가지 열여덟 모양으로 진동하니, 이른바 흔들흔들·두루 흔들흔들·온통 두루 흔들흔들, 들썩들썩·두루 들썩들썩·온통 두루 들썩들썩, 울쑥불쑥·두루 울쑥불쑥·온통 두루 울쑥불쑥, 우르

르 · 두루 우르르 · 온통 두루 우르르, 와르릉 · 두루 와르릉 · 온통 두루 와르릉, 와지끈 · 두루 와지끈 · 온통 두루 와지끈 하는 것이었다."

[疏] 第二, 動地生信中에 佛力爲緣하야 而動地者는 亦爲生信故라 又法如是者는 亦是因也라 餘如初會니라
- (2) 대지가 진동하니 믿음이 생겨남 중에 부처님의 위신력을 인연하여 대지가 움직인 것도 역시 믿음을 내게 하기 위함이다. 또 으레 그러한 법[法如是]이란 역시 원인[本願力]이다. 나머지는 제1 적멸도량 법회와 같다.

[鈔] 第二動地者는 然準論經인대 云, 一은 動이오 二는 踊이오 三은 上去오 四는 起오 五는 下去오 六은 吼라하니 遠公이 釋云호대 上去는 是令人覺이오 下去는 謂振下니 如世虛物振撼이라하니라 餘如華藏品329)이라 餘文은 可知로다
- (2) 대지가 진동한다는 부분에서 논경에 준해 보면, ① 진동함이요, ② 솟아오름이요, ③ 위로 진동함이요, ④ 일어남이요, ⑤ 아래로 부딪침이요, ⑥ 와르릉[숫사자의 포효 소리]이라 하였는데, 혜원법사가 해석하되, "③ 위로 진동함은 사람을 깨어나게 함이요, ⑤ 아래로 부딪침은 아래로 진동함을 말하나니, 마치 세상의 가운데가 텅 빈 물건이 떨리고 흔들리는 것과 같다"고 하였다. 나머지는 세주묘엄품의 내용과 같다. 다른 문장은 알 수 있으리라.

---

329) 雜貨腐에 云, "虛物者 中虛之物也 華藏二字 妙嚴之誤 見辰字卷下三十九丈也"(『三家本私記』雜貨腐 p.443-) * 世主妙嚴品 疏文은 (辰字卷下; 39上7-)에 보인다.

2) 공양하는 공덕[供養功德] (供養 62下7)

雨衆天華와 天鬘과 天衣와 及諸天寶莊嚴之具와 幢旛繒蓋하며 奏天妓樂하되 其音和雅하여 同時發聲하여 讚一切智地의 所有功德하니라

"여러 하늘 꽃과 하늘 화만과 하늘 옷과 하늘의 보배 장엄거리와 당기와 번기와 비단 일산을 내리며 하늘 풍류를 잡히니, 소리가 화평하여 한꺼번에 소리를 내어 온갖 지혜의 지위에 있는 공덕을 찬탄하였다."

2. 결론하고 시방과 통하다[結通十方] (經/如此 62下9)

如此世界他化自在天王宮에 演說此法하여 十方所有一切世界도 悉亦如是러라

"이 세계의 타화자재천왕의 궁전에서 이 법을 연설하는 것과 같이 시방의 모든 세계에서도 모두 이와 같이 하였다."

3. 다른 방소에서 와서 증명하다[他方來證] (經/爾時 63上1)

爾時에 復以佛神力故로 十方各十億佛刹微塵數世界外에 有十億佛刹微塵數菩薩이 而來此會하여 作如是言하시되 善哉善哉라 金剛藏이여 快說此法이로다 我等도 悉亦同名金剛藏이요 所住世界도 各各差別하되 悉名金剛德이요 佛號도 金剛幢이시니 我等도 住在本世界中하여

皆承如來威神之力하여 而說此法하되 衆會悉等하며 文字句義도 與此所說로 無有增減이라 悉以佛神力으로 而來此會하여 爲汝作證하노니 如我等이 今者에 入此世界하여 如是十方一切世界도 悉亦如是하여 而往作證이로라
"이때에 다시 부처님의 신통력으로써 시방으로 각각 십억 세계의 티끌 수 같은 세계 밖에 십억 세계의 티끌 수 같은 보살들이 이 회상에 와서 이렇게 말하였다.

"잘 하시도다, 금강장이여. 이 법을 통쾌하게 말씀하십니다. 우리들은 다 같이 이름이 금강장이며 살고 있는 세계가 각각 다르지마는 이름이 다 같이 금강덕이며 부처님 명호는 모두 금강당입니다. 우리들도 우리들 세계에 있으면서 모두 부처님의 위신력을 받들고 이 법을 연설하나니, 모인 대중들도 모두 같고 글자나 구절이나 뜻도 여기서 말하는 바와 늘거나 줄지 아니합니다. 모두 부처님의 신력으로써 이 모임에 와서 당신을 위하여 증명합니다. 우리들이 지금 이 세계에 들어온 것처럼 시방의 모든 세계에서도 다 이와 같이 가서 증명합니다."

(十) 십지를 거듭 노래하는 부분[地重頌分][330] 2.

제1. 의미를 밝히고 과목 나누다[敍意分科] (第三 63上10)

---

[330] 2. 重明位果에 속한 과목으로도 2. 거듭 노래하는 부분은 십지의 거듭 노래하는 부분에 합하다[重頌分 合在 後地重頌分中]에 해당한다.

❖ 제6회 십지품 제10 法雲地 (科圖 26-106; 光字卷)

```
(十) 地重頌分二 ┐
    ├ 1. 敍意分科        ┌ 1. 說偈儀意
    └ 2. 正釋文二 ───────┤
                        └ 2. 正顯偈辭三
        ├ 1. 初一偈總讚勸聽
        ├ 2. 次四十偈正顯諸地八
        │       ├ 1. 初十三偈頌方便分
        │       ├ 2. 次一偈頌三昧分
        │       ├ 3. 次五偈半頌受位分
        │       ├ 4. 次三偈半頌大盡分
        │       ├ 5. 次三偈頌釋名分
        │       ├ 6. 次二偈頌神通分
        │       ├ 7. 次四偈半頌位果分      ┌ 1. 初三偈半頌山喻
        │       └ 8. 後七偈半頌地影像分三 ─┼ 2. 次二偈頌海喻
        │                                   └ 3. 後二偈頌珠喻
        └ 3. 後一偈結說無盡
```

[疏] 第三, 重頌分이라 若取長科인대 即當第十이라 於中에 二니 先은 說偈儀意오 後는 正顯偈辭라

■ (十) 거듭 노래하는 부분이다. 만일 긴 과목으로 취한다면 곧 (十) 십지를 거듭 노래하는 부분에 해당한다. 그중에 둘이니 (ㄱ) 게송을 설하는 모양과 의미요, (ㄴ) 게송의 언사를 바로 밝힘이다.

제2. 경문 해석[正釋文] 2.
1. 게송을 설하는 광경과 의미[說偈儀意] 2.

1) 설하는 광경[說儀] (今初 63下1)
2) 설하는 의미[說意] (後欲)

爾時에 金剛藏菩薩이 觀察十方一切衆會가 普周法界하시고 欲讚歎發一切智智心하며 欲示現菩薩境界하며 欲淨治菩薩行力하며 欲說攝取一切種智道하며 欲除滅一切世間垢하며 欲施與一切智하며 欲示現不思議智莊嚴하며 欲顯示一切菩薩諸功德하며 欲令如是地義로 轉更開顯하여 承佛神力하사 而說頌言하시니라

그때 금강장보살이 시방의 모든 대중이 모인 것이 법계에 두루 함을 관찰하고, 온갖 지혜의 지혜를 얻으려는 마음을 찬탄하려고, 보살의 경계를 나타내려고, 보살의 수행하는 힘을 깨끗이 하려고, 갖가지 지혜를 거두어 가지는 길을 말하려고, 모든 세간의 때를 없애려고, 온갖 지혜를 베풀어 주려고, 부사의한 지혜의 장엄을 나타내 보이려고, 모든 보살의 공덕을 드러내려고, 이러한 지의 뜻을 더욱 열어 보이게 하려고 하여 부처님의 위신을 받들어 게송으로 말하였다.

[疏] 今初니 先은 說儀오 後, 欲讚下는 說意라 意有九句하니 大旨는 同前諸會어니와 今約當會以釋호리라 初句는 卽顯初地오 次句는 卽二地니 以三聚戒로 爲行境故오 三은 卽三과 四二地니 厭禪과 出世智가 皆淨治行力故오 四는 卽五地니 五明으로 成種智故오 五는 卽六地니 般若能除垢故오 六은 卽七地니 空有無礙하고 與一切智故오 七은 卽八地니 無功不思議智로 莊嚴三世間故오 八은 卽九地와 十地니 能說能受諸功德故오 九는 卽總結이니 便指上八句라 如是地義를 以頌說之일새 云更開顯이니라

■ 지금은 1. 게송을 설하는 광경과 의미이니 1) 게송 설하는 광경이요,

2) 欲讚 아래는 설하는 의미이다. 의미에 아홉 구절이 있으니 큰 의미는 앞의 여러 법회와 같지만, 지금은 바로 여섯 번째 법회에 의지하여 해석하리라. 첫 구절은 곧 초지(初地)를 밝힌 내용이요, 둘째 구절은 제2지이니 삼취계(三聚戒)로 수행할 경계를 삼기 때문이요, 셋째 구절은 제3지와 제4지이니 선정과 출세간의 지혜를 만족함이 모두 수행하는 힘을 깨끗이하는 까닭이요, 넷째 구절은 제5지이니 다섯 가지 밝음[331]으로 일체종지를 이루는 까닭이요, 다섯째 구절은 제6지이니 반야가 능히 때를 없애는 까닭이요, 여섯째 구절은 제7지이니 <공>과 <유>에 걸림이 없고 일체지혜를 주는 까닭이요, 일곱째 구절은 제8지이니 공용 없는 불가사의한 지혜로 삼세간을 장엄하는 까닭이요, 여덟째 구절은 제9지와 제10지이니 여러 공덕을 능히 말하고 능히 받아들이는 까닭이요, 아홉째 구절은 총합적인 결론이다. 문득 위의 여덟째 구절을 가리켜 이러한 지(地)의 뜻을 게송으로 말하였으므로 다시 전개하여 밝힌 것이다.

2. 바로 게송을 설하다[正說偈] 3.

1) 듣기를 권함에 대해 총합하여 찬탄하다[初一偈總讚勸聽]

(第二 64上7)

其心寂滅恒調順하고　　　平等無礙如虛空하며
離諸垢濁住於道하니　　　此殊勝行汝應聽이어다

---

331) 五明: 범어 pañca-vidyā의 번역이며 자세히는 五明處라 한다. 명이란 배운 것을 분명히 한다는 뜻으로 다섯 가지의 學藝이다. 인도에서 사용하는 학문과 技藝의 분류법이다. 內五明과 外五明이 있다. 內五明은 ① 聲明(언어, 문학, 문법), ② 因明(논리학), ③ 內明(불교의 宗旨), ④ 醫方明, ⑤ 工巧明(공예, 기술, 曆數)의 다섯 가지이고 外五明은 聲明, 醫方明, 工巧明, 呪術明, 符印明의 다섯 가지이다.

그 마음 고요하고 항상 화평해
평등하고 걸림 없기 허공 같으며
더러운 것 여의고 도에 머무니
이렇게 훌륭한 행 그대 들으라.

[疏] 第二, 正顯偈辭라 又四十二頌을 分三이니 初一偈는 總讚勸聽이오 後一偈는 結說無盡이니라
- 2. 바로 게송의 언사를 밝힘이다. 또 42개의 게송을 셋으로 나누었으니 1) 처음 한 게송은 듣기를 권함에 대해 총합적으로 찬탄함이요, (2) 다음 40개의 게송은 여러 지(地)를 바로 밝힘이요,[332] 3) 뒤의 한 게송은 말함이 끝없음으로 결론함이다.

2) 40개의 게송은 여러 지(地)를 바로 밝히다[次四十偈頌正顯諸地] 8.

(1) 13개의 게송은 방편으로 만족하는 부분을 노래하다
 [初十三偈頌方便分] 2.
가. 두 개 반의 게송은 앞의 제9지에서 선택하는 공덕을 노래하다
 [初二偈半頌前九地中善擇功德] (中間 64下4)

百千億劫修諸善하여　　　　供養無量無邊佛하며
聲聞獨覺亦復然하니　　　　爲利衆生發大心이로다
백천억 겁 동안에 착한 행 닦아
한량없고 그지없는 부처님 공양

---

332) 이 부분은 소문에 빠진 것을 疏鈔表解(p.83-)와 『華嚴經疏鈔科圖集』(p.328-)에 의거해 보충하였다.

성문과 독각들도 역시 그러해
중생을 이익하려 큰마음 내고

精勤持戒常柔忍하고　　　慚愧福智皆具足하며
志求佛智修廣慧하여　　　願得十力發大心이로다
꾸준하고 계행 갖고 참고 유순해
부끄러움 복과 지혜 다 구족하고
부처 지혜 구하려고 지혜 닦으며
열 가지 힘 얻고자 큰마음 내고

三世諸佛咸供養하고　　　一切國土悉嚴淨하며
삼세의 부처님들 다 공양하고
갖가지 극토들을 깨끗이 장엄.

[疏] 中間正頌을 分八이니 初, 十三偈는 頌方便作滿足地分이라 於中에 初二頌半은 總頌前九地同相中하야 善擇功德이라

■ 2) 중간의 본격적인 게송을 여덟으로 나누었으니 (1) 13개의 게송은 방편으로 십지를 만족하는 부분[方便作滿足地分]을 노래함이다. 그중에 가. 처음의 두 개 반의 게송은 앞의 제9지의 동일한 모양 중에 선택하는 공덕을 총합하여 노래함이다.

나. 열 개 반의 게송은 여러 지(地)의 개별적인 뜻을 노래하다
　　[後十偈半頌諸地別義] (餘頌 65下7)

了知諸法皆平等하여　　　爲利衆生發大心이로다
모든 법 평등함을 분명히 알고
중생을 이익하려 큰마음 냈네.

住於初地生是心하여　　　永離衆惡常歡喜하며
願力廣修諸善法하여　　　以悲愍故入後位로다
초지에 머물러서 이 마음 내고
나쁜 짓 아주 떠나 항상 기쁘며
원력으로 선한 법 널리 닦아서
어여삐 여김으로 2지에 들고

戒聞具足念衆生하여　　　滌除垢穢心明潔하며
觀察世間三毒火하여　　　廣大解者趣三地로다
계행 다문 갖추고 중생을 생각
더러운 때 씻으니 마음이 깨끗
세간에서 세 가지 독한 불 관찰
넓고 크게 아는 이 3지에 들고

三有一切皆無常이라　　　如箭入身苦熾然하니
厭離有爲求佛法하는　　　廣大智人趣焰地로다
세 가지 있는 곳이 모두가 무상
화살에 맞은 듯이 고통이 치성
하여진 것 떠나서 불법 구하려
큰 지혜 있는 이가 염혜지 들고

念慧具足得道智하여　　　供養百千無量佛하고
常觀最勝諸功德하니　　　斯人趣入難勝地로다
지혜가 구족하여 보리를 얻고
한량없는 백천의 부처님 공양
가장 수승한 공덕을 늘 관찰하면
이 사람이 난승지에 들어가오며

智慧方便善觀察하여　　　種種示現救衆生하며
復供十力無上尊하여　　　趣入無生現前地로다
지혜와 모든 방편 잘 관찰하고
가지가지 나타내어 중생 구하며
위없는 십력 세존 공양하오면
생멸 없는 현전지에 들어가오며

世所難知而能知하여　　　不受於我離有無라
法性本寂隨緣轉하니　　　得此微妙向七地로다
세상에서 모르는 것 능히 다 알고
<나>란 고집 느끼잖고 유무 떠나며
법의 성품 고요한데 인연 따르면
미묘한 지혜 얻어 7지에 들고

智慧方便心廣大하여　　　難行難伏難了知라
雖證寂滅勤修習하여　　　能趣如空不動地로다
지혜와 방편이며 광대한 마음

행하고 굴복하고 알기 어려워
적멸을 증하고도 항상 닦으면
허공 같은 부동지에 나아가리라.

佛勸令從寂滅起하여　　　　　廣修種種諸智業하시니
具十自在觀世間하여　　　　　以此而昇善慧地로다
부처 말씀 적멸한 데서 일어나
가지가지 지혜 업을 널리 닦아서
10자재 구족하고 세간을 관찰
이러하게 선혜지에 들라 하시네.

以微妙智觀衆生의　　　　　　心行業惑等稠林하고
爲欲化其令趣道하여　　　　　演說諸佛勝義藏이로다
미묘한 지혜로써 중생 마음과
업과 번뇌 빽빽한 숲 다 관찰하고
그들을 교화하려 도에 나아가
부처님의 깊은 도리 연설도 하고

次第修行具衆善하여　　　　　乃至九地集福慧하며
常求諸佛最上法하여　　　　　得佛智水灌其頂이로다
차례로 수행하여 착한 일 구족
9지에서 복과 지혜 쌓아 모으고
부처님의 위없는 법 항상 구하여
부처님 지혜 물을 머리에 붓고

[疏] 餘는 頌諸地別義라 若依總攝인댄 即次第頌前十地라 前八地中에 唯三地는 半偈오 餘各一頌이오 九地는 有三頌이오 兼結入位니라
- 나. 나머지[열 개 반의 게송은]는 여러 지(地)의 개별적인 뜻을 노래함이다. 만일 총상에 의지하여 포섭한다면 순서대로 앞의 십지를 노래한 내용이다. 앞의 여덟 지위 중에 오로지 제3지만은 반 개의 게송[觀察世間三毒火 廣大解者趣三地]이요, 나머지는 각기 한 개의 게송이요, 제9지는 세 개의 게송으로 노래하였고, 겸하여 들어가는 지위를 결론하였다.

(2) 삼매를 얻은 부분을 노래하다[次一偈頌三昧分] (二有 66上2)

獲得無數諸三昧하며　　　亦善了知其作業하니
最後三昧名受職이라　　　住廣大境恒不動이로다
수없이 많은 삼매 골고루 얻고
삼매의 짓는 업도 분명히 알아
나중의 삼매 이름 직책 받는데
광대한 경계에서 동하지 않으니

[疏] 二, 有一偈는 頌三昧分이라
- (2) 한 게송은 삼매를 얻은 부분을 노래함이다.

(3) 다섯 개 반의 게송은 직위를 받는 부분을 노래하다
　　[次五偈半頌受位分] (三有 66下4)

菩薩得此三昧時에 　　　　大寶蓮華忽然現커늘
身量稱彼於中坐하니 　　佛子圍遶同觀察이로다
보살이 이 삼매를 얻을 적에는
보배 연꽃 어느덧 앞에 나타나
연꽃같이 큰 몸으로 위에 앉으니
불자들이 들러앉아 우러러보고

放大光明百千億하여 　　滅除一切衆生苦하고
復於頂上放光明하여 　　普入十方諸佛會로다
찬란한 백억 줄기 큰 광명 놓아
중생의 모든 고통 없애 버리고
정수리에 또 다시 광명을 놓아
시방의 부처 회상 두루 들어가

悉住空中作光網하여 　　供養佛已從足入하니
卽時諸佛悉了知 　　　　今此佛子登職位로다
공중에서 광명 그물 모두 되어서
부처님께 공양하고 발로 들어가
그때에 부처님은 이 불자들이
직책 받는 지위에 오른 줄 알고

十方菩薩來觀察하니 　　受職大士舒光照하며
諸佛眉間亦放光하사 　　普照而來從頂入이로다
시방의 보살들이 와서 살피니

직책 받은 보살들 광명을 펴고
부처님 미간서도 광명을 놓아
여기 와서 비추고는 정상에 들다.

十方世界咸震動하고　　　　一切地獄苦消滅이라
是時諸佛與其職하시니　　　如轉輪王第一子로다
시방의 세계들이 다 진동하고
모든 지옥 고통이 소멸되거늘
그때에 부처님이 직책을 주어
전륜왕의 태자가 되듯 하니라.

若蒙諸佛與灌頂이면　　　　是則名登法雲地라
정수리에 부처님이 물을 부으면
법운지에 올랐다 이름하나니

[疏] 三, 有五偈半은 頌受位分이라
- (3) 다섯 개 반의 게송은 직위를 받는 부분을 노래함이다.

(4) 세 개 반의 게송은 크게 다함에 들어가는 부분을 노래하다
　　[次三偈半頌大盡分] (四有 67上2)

智慧增長無有邊하여　　　　開悟一切諸世間하되
지혜가 점점 늘어 끝 간 데 없어
모든 세간 중생을 깨우쳐 주며

欲界色界無色界와　　　　　法界世界衆生界와
有數無數及虛空이여　　　　如是一切咸通達이로다
욕심 세계 형상 세계 무형 세계와
법계와 모든 세계 중생 세계들
셀 수 있고 셀 수 없고 허공까지도
이런 것을 모두 다 통달하오며

一切化用大威力과　　　　　諸佛加持微細智와
秘密劫數毛道等을　　　　　皆能如實而觀察이로다
일체를 교화하는 위덕의 힘과
부처님이 가지한 미세한 지혜
비밀한 많은 겁과 범부들까지
모두 다 사실대로 관찰하오며

受生捨俗成正道와　　　　　轉妙法輪入涅槃과
乃至寂滅解脫法과　　　　　及所未說皆能了로다
태어나고 집을 떠나 바른 도 이뤄
법 바퀴 굴리기도 열반하기도
필경에 적멸하고 해탈하는 법
말하지 않은 것도 능히 다 알아

[疏] 四, 有三偈半은 頌大盡分이라
■　(4) 세 개 반의 게송은 크게 다함에 들어가는 부분을 노래함이다.

(5) 세 게송은 명칭을 해석하는 부분을 노래하다[次三偈頌釋名分]

(五有 67上9)

菩薩住此法雲地에　　　　　具足念力持佛法하니
譬如大海受龍雨하여　　　　此地受法亦復然이로다
보살이 법운지에 머물러서는
생각하는 힘 구족하여 불법 갖나니
큰 바다가 용의 비를 모두 받듯이
이 지에서 받는 법도 그와 같더라.

十方無量諸衆生이　　　　　悉得聞持持佛法이라도
於一佛所所聞法이　　　　　過於彼數無有量이로다
시방에 한량없는 모든 중생들
부처님 법 얻어 듣고 지니었거든
한 부처님 계신 데서 들은 불법도
저보다 지나가서 한량없으며

以昔智願威神力으로　　　　一念普徧十方土하여
霪甘露雨滅煩惱일새　　　　是故佛說名法雲이로다
옛적의 지혜 서원 위신력으로
잠깐에 시방세계 널리 퍼지게
감로와 같은 비 내려서 번뇌를 소멸
그래서 법운지라 이름하오며

[疏] 五, 有三偈는 頌釋名分이라
- (5) 세 게송은 명칭을 해석하는 부분을 노래함이다.

(6) 두 게송은 신통력이 최고이거나 아닌 부분을 노래하다
  [次二偈頌神通分] (六有 67下4)

神通示現徧十方하여　　　超出人天世間境하며
復過是數無量億하니　　　世智思惟必迷悶이로다
신통을 나타내어 시방에 두루
인간·천상 경계를 뛰어났는데
이보다 더 지나서 한량없는 억
세상 꾀로 생각하면 마음이 아득,

一擧足量智功德을　　　乃至九地不能知어든
何況一切諸衆生과　　　及以聲聞辟支佛가
발 한 번 드는 동안 지혜와 공덕
제9지 보살들도 알 수 없는데
하물며 모든 범부 중생들이나
성문이나 벽지불 어찌 아리오.

[疏] 六, 有二偈는 頌神通力有上無上分이라
- (6) 두 게송은 신통력이 최고이거나 아닌 부분을 노래함이다.

(7) 네 개 반의 게송은 제10지의 결과 부분을 노래하다
   [次四偈半頌位果分] (七有 68上4)

   此地菩薩供養佛에   十方國土悉周徧하며
   亦供現前諸聖衆하여   具足莊嚴佛功德이로다
   이 지의 보살들이 부처님 공양
   시방의 모든 국토 두루 다니고
   지금 있는 성인께도 공양하여서
   구족하게 부처 공덕 장엄하였고

   住於此地復爲說   三世法界無礙智하고
   衆生國土悉亦然하며   乃至一切佛功德이로다
   이 지에 머물러선 다시 삼세의
   걸림 없는 법계 지혜 연설하오며
   중생과 국토들도 다 그러하여
   부처님의 모든 공덕 이르기까지

   此地菩薩智光明으로   能示衆生正法路하니
   自在天光除世闇이어든   此光滅暗亦如是로다
   이 지에 있는 보살 지혜 광명이
   중생에게 바른 길 보여 주나니
   세간 어둠 멸하기는 자재천 광명
   이 광명도 그와 같이 어둠을 소멸.

住此多作三界王하여　　　善能演說三乘法하며
無量三昧一念得하고　　　所見諸佛亦如是로다
이 지에 머물러선 삼계왕 되어
삼승의 모든 법문 연설도 하고
잠깐 동안 한량없는 삼매 얻으며
부처님을 뵈옴도 이와 같더라.

此地我今已略說하니　　　若欲廣說不可盡이라
이 지 공덕 지금 대강 말했거니와
전부를 말하자면 끝이 없나니

[疏] 七, 有四偈半은 頌前位果라 亦是神通分攝이니 如長行辨이니라
■ (7) 네 개 반의 게송은 앞의 지위의 결과 부분을 노래함이다. 또한 신통분에 포섭되기도 하나니 장항에서 분별한 내용과 같다.

(8) 일곱 개 반의 게송은 제10지의 영상인 부분을 노래하다
　　[後七偈半頌地影像分] 3.
가. 세 개 반의 게송은 산의 비유를 노래하다[初三偈半頌山喩]

(八有 68下3)

如是諸地佛智中에　　　如十山王巍然住로다
이런 지는 부처님의 지혜 가운데
열 가지 산왕처럼 우뚝 솟으니

初地藝業不可盡이　　　譬如雪山集衆藥하며
二地戒聞如香山하며　　三如毘陀發妙華[333]하며
초지의 모든 예술 끝이 없어서
설산에 여러 약초 모이듯 하고
2지의 계율 다문 향산과 같고
3지는 비타산에 묘한 꽃 피듯

焰慧道寶無有盡이　　　譬如仙山仁善住하며
五地神通如由乾하며　　六如馬耳具衆果하며
염혜지는 도의 보배 다함이 없어
신선산에 어진 이들 머문 것 같고
5지의 자재 신통 유간산 같고
6지는 마이산에 과일 많은 듯

七地大慧如尼民하며　　八地自在如輪圍하며
九如計都集無礙하며　　十如須彌具衆德이로다
7지의 큰 지혜는 니민타라산
8지의 자재함은 윤위산 같고
9지는 게도산에 걸림 없듯이
십지는 수미처럼 모든 덕 구족.

[疏] 八, 有七頌半은 頌地影像分이라 於中에 初三偈半은 頌山喩라

---

333) 毘陀의 毘는 麗明淸杭鼓纂本作鞞, 案上長行地影像分하면 山喩上勝功德中 鈔云鞞陀梨 下偈復云毘陀; 據此應從宋元宮聖合南續金本作毘.

■ (8) 일곱 개 반의 게송은 십지가 영상처럼 비치는 부분을 노래함이다. 그중에 가. 처음의 세 개 반의 게송은 산의 비유를 노래함이다.

나. 두 게송은 바다의 비유를 노래하다[次二偈頌海喩] (次二 68下9)

初地願首二持戒며 　　　三地功德四專一이며
五地微妙六甚深이며 　　七廣大慧八莊嚴이며
초지는 서원이요, 2지는 계율
3지는 공덕이요, 4지는 정진
5지는 미묘하고, 6지는 깊고
7지는 넓은 지혜, 8지는 장엄

九地思量微妙義가 　　　出過一切世間道며
十地受持諸佛法이니 　　如是行海無盡竭이로다
9지에는 미묘한 뜻을 헤아려
세간의 모든 길을 뛰어났으며
10지에선 부처님의 법을 받아서
이러한 수행 바다 마를 줄 몰라

[疏] 次二는 頌海喩라
■ 나. 두 게송은 바다의 비유를 노래함이다.

다. 두 게송은 마니주의 비유를 노래하다[後二偈頌摩尼珠喩]
(後二 69上4)

十行超世發心初요　　　　　持戒第二禪第三이며
行淨第四成就五요　　　　　緣生第六貫穿七이며
열 가지 행 뛰어나니 초지는 발심
계율은 제2지요, 선정은 3지
깨끗한 행 제4지요, 5지는 성취
12인연 6지요, 꿰는 건 7지

第八置在金剛幢이요　　　　第九觀察衆稠林이며
第十灌頂隨王意니　　　　　如是德寶漸淸淨이로다
제8은 금강 당기 위에 두는 듯
9지는 빽빽한 숲 관찰하는 것
10지의 관정위는 왕의 뜻 따라
이렇게 공덕 보배 점점 깨끗해.

[疏] 後二는 頌珠喩라 池와 及地利益分은 文略不頌이니라
- 다. 두 게송은 마니주의 비유를 노래함이다. 연못의 비유와 (九) 십 지의 이익에 관한 부분은 경문에서 생략하고 노래하지 않았다.

3) 설함이 끝없음으로 결론함을 노래하다[後一偈結說無盡]

(其利 69上7)

十方國土碎爲塵이라도　　　可於一念知其數며
毫末度空可知量이어니와　　億劫說此不可盡이로다
시방 국토 부수어 티끌 된 것은

한 생각에 그 수효 알 수 있고
털끝으로 허공 재어 안다 하여도
이 공덕은 억겁 동안 말로 못다 해.

[疏] 其利益分이라 亦可結說無盡頌之니라 十地는 竟하다
- (뒤의 한 게송은) 그 이익에 관한 부분이 되기도 하나니 3) 설함이 끝없음으로 결론함을 노래함이다. 제26 십지품을 마친다.

제26. 십지품(十地品) 終

십지품 작업을 마무리하면서

참으로 겁없이 달려들었던 셈이다. 1999년에 청량소 제1권이 나오고 교계 신문과의 인터뷰에서 청량소 전체를 번역하겠다는 역자의 포부가 세상에 알려지면서 나 스스로도 자신이 없었다. 1999년 해인사 강사 시절, 참으로 어려운 여건 속에서 작업을 시작하였다. 이때에는 은해사 대학원 시절 목판본을 모두 입력하던 그 기억으로 가행정진에 힘을 보태곤 하였다. 주위의 강사 요청을 모두 뿌리치고 창녕 암자에서 혼자 작업을 하려다가, 결국 다시 화엄 연찬도량을 찾아 나선 것이 봉선사 능엄학림과의 인연이다.

1세대 대강백이신 월운스님께서는 고희(古稀)를 넘긴 노령에도 불구하고 청량소를 교재로 후학제접(後學提接)에 여념이 없으셨다. 혼자 애쓰던 어려움이 점차로 봄눈 녹듯이 사라지고 번역 작업에 박차를 가할 수 있었고, 잘못된 부분은 능엄학림에서 청강하면서 바로잡을 수 있었다.

이제 만 4년이 되는 즈음에 책을 내게 되어 감회가 새로울 수밖에 없다. 그동안의 시간은 마치 복잡한 미로(迷路)를 거쳐 나온 느낌이다. 더구나 유명한 궐자권(闕字卷) 제6. 현전지(現前地)에 이르러서 12연기의 순관과 역관 부분에 이르면 갈피를 잡을 수 없었다. 봉선사 연밭의 청초한 연꽃과 내 방의 작설차가 그나마 여적(餘滴)이었다. 주자권(珠字卷)으로 넘어오면서 점차 앞이 보이기 시작했다.

우스운 일화 하나 소개한다면, 작년 11월에 1차 번역을 마치고 인도네시아 보르부드르 사원과 발리로 봉선사 권속들과 함께 여행을 갔을 때 일이다. 호텔 풀장에 겁없이 풍덩 뛰어들었다가 2m가 넘는 줄 모르고 허우적댄 일이 있었다. 마치 천학비재(淺學非材)를 돌아보지 않고 십지품 작업에 뛰어들듯이 말이다. 그때에도 나는 "가더라도 책은 내고 가야 할 텐데"라는 생각뿐이었다.

이곳 봉선사는 공부하는 학인들에게 참으로 좋은 환경을 제공하는 도량이다. 조실이신 월운스님께서는 노구에도 항상 수불석권(手不釋卷)하신다. 강의를 하실수록 건강이 좋아지시는 것 같다. 그리고 공부밖에 모르고 열심히 정진하는, 가끔 다담(茶談)을 나누던 능엄학림의 후배 학인들, 참으로 고마운 인연들이다.

　그리고 역경을 시작할 수 있도록 희망과 용기를 주신 교육원장 무비 큰스님, 어려운 출판 여건 속에 출판을 담당해 주신 동국역경원 출판부장 최철환 님과 편집 및 디자인을 맡은 '해조음' 출판사의 여러분께 감사를 드리고, 교정을 위해 애써 주신 선운사 법장스님, 청암사 지형스님, 해인율원장 혜능스님, 통도사 우현스님, 그리고 도반처럼 늘 도와주던 현암스님께 지극한 감사의 예를 표한다. 또 일일이 감수를 해 주신 월운 큰스님께 분향삼배 드린다.

　그 외에도 입력과 윤문을 해 준 여러분과 책이 출판될 수 있도록 화림회의 회원이 되어 준 여러 불자님, 봉선사 신도회장 조관음행, 부산 보탑사 주지 혜운 큰스님 등 많은 분들이 계시지만 다 밝히지 못한다.

　이제 한 매듭을 풀었다는 생각으로 천천히 끈덕지게 작업에 임할 생각이다. 십지품 작업은 그 자체로 나의 정진바라밀을 엮어가는 도량이요, 한 매듭일 뿐이다. 그리고 이런 작업이 이루어진 것은 선학(先學)들의 연구와 새롭게 일어나고 있는 화엄연구의 풍부한 토대 위에 가능한 일이었다.

　나무화엄해회 제불제보살

불기 2547년 癸未年 穀雨節
봉선사 능엄학림 연구원 瑞峰盤山 합장

화엄경청량소 제22권

| 초판 1쇄 발행_ 2019년 10월 28일

| 저_ 청량징관
| 역주_ 석반산

| 펴낸이_ 오세룡
| 편집_ 손미숙 박성화 김정은 이연희 김영미
| 기획_ 최은영 곽은영
| 디자인_ 김효선 고혜정 장혜정
| 홍보 마케팅_ 이주하
| 펴낸곳_ 담앤북스
　　　　서울특별시 종로구 새문안로3길 23 경희궁의 아침 4단지 805호
　　　　대표전화 02)765-1251 전송 02)764-1251 전자우편 damnbooks@hanmail.net
　　　　출판등록 제300-2011-115호
| ISBN 979-11-6201-197-3 04220

정가 30,000원